W0300662

MATTHES & SEITZ BERLIN PAPERBACK

Herbert Müller-Guttenbrunn

ALPHABET DES ANARCHISTISCHEN AMATEURS

Herausgegeben von
Beatrix Müller-Kampel

Matthes & Seitz Berlin

⌐Qual des Lebens – Lust des Denkens!⌐

Eigenes und zu Eigen Gewordenes.

Inhalt

9 / Herbert Müller-Guttenbrunn
Alphabet des anarchistischen Amateurs

283 / Beatrix Müller-Kampel über Herbert Müller-Guttenbrunn
»Der aussichtslose Versuch, den Spiritus zu rektifizieren!«

295 / Anhang

297 / Zeittafel Herbert Müller-Guttenbrunn

305 / Kommentar

331 / Editorische Notiz

333 / Literatur- und Siglenverzeichnis

335 / Personenregister

337 / Stichwortregister

347 / Stichworteverzeichnis

365 / Abbildungsverzeichnis

Alphabet des anarchistischen Amateurs

Abbau / Nur wer anbaut, kann nicht abgebaut werden.

/ Eine politische Tätigkeit, die nie bei den das Dach des Staatsgebäudes bildenden Personen, sondern bei denen, die sein Fundament bilden, vorgenommen wird, wodurch die meisten Staaten heute das Aussehen des schiefen Turms von Pisa erlangt haben.

Abend / Jene Tageszeit, zu der der Staatsbürger vor dem Besuch des Exekutionsbeamten ziemlich sicher sein kann.

Abenteuer / Das, was man mit Sicherheit jedesmal erlebt, wenn man bei einer Behörde zu tun hat.

Abgeordneter / Ein Zweibein, das von jeder Ordnung getrennt – eben ab-geordnet – ist und diese Tatsache durch Pappenathletik zu bemänteln sucht. Wie der Fisch nur in seinem Element, dem Wasser, so kann dieses Zweibein nur im Element des Schwätzens leben und atmen. Wird es an das feste Land der Taten geworfen, so geht es an der Angst vor der Verantwortung ein.

Abhängig / Abhängig kann nur der sein, der die Erde unter den Füßen verloren hat, mit dem Kopf am Hintern eines »Höheren« klebt und so von diesem »abhängt«, wobei er dessen Fußtritten hilflos preisgegeben ist.

Ablaß / Ein Schwindel, aus dessen Erträgnissen die Peterskirche in Rom erbaut wurde, das heiligste Gebäude der kirchlichen Christenheit! Nach Christi Worten: »An ihren Früchten werdet ihr sie erkennen. Sammelt man etwa Trauben von Dornen oder Feigen von Disteln?« liegt die Vermutung nahe, daß man auch vom Schwindel wieder nur Schwindel ernten kann.

Abonnement / Heißt auf deutsch: Die Vorausbezahlung, was ich jene Leser, die nicht einmal hinterher zahlen, zu bedenken bitte.

Abort / Die Klause, in der sich der Mensch verbirgt, um die Fiktion, daß er ein Ebenbild Gottes sei, wenigstens vor den anderen aufrechterhalten zu können.

Abrechnung / Das, was kommen wird.

Abrüstung / Ein Anlaß zur Abhaltung internationaler Konferenzen.

Abrüstungskonferenzen / Man kann nie wissen, was die Menschen zum Lachen reizt. Zum Beispiel: Bei der letzten Beratung des Völkerbundes über die Abrüstungsfrage erhob sich der Vertreter Chinas und meinte, er finde es sonderbar, daß über die Abrüstung soviel geredet werde. Die Sache sei doch höchst einfach: man verlade sämtliche Waffen auf die Kriegsschiffe, soweit sie darauf Platz haben, fahre mit diesen an einem festzusetzenden Tage aufs Meer und versenke sie dort. Aus den noch übriggebliebenen Waffen mache man Pflüge und Werkzeuge. Der Erfolg dieses Vorschlages war ein schallendes Gelächter aller anderen Delegierten. Es ist aber auch eine Naivität zu glauben, daß es sich bei einer Abrüstungskonferenz um die Abrüstung handle. Handeln tut es sich immer nur um das Handeln und versenkt werden höchstens die Hände in den Hosentaschen und die Nasen in den Tintenfässern. Und abgerüstet kann schon deshalb nicht werden, weil's dann keine Gelegenheit mehr zu Abrüstungskonferenzen gäbe.

/ Deshalb gibt es – obwohl es viel Blödsinn auf dieser Welt gibt – keinen größeren Blödsinn als diese sogenannten Abrüstungskonferenzen, bei denen in den Pausen zwischen den die Hauptsache bildenden Mahlzeiten schwachsinnige Diplomaten nach einer Möglichkeit suchen, den Kapitalismus beizubehalten und gleichzeitig den Krieg zu »ächten«, was ungefähr ebenso geistreich ist, wie das Geschwätz der Dichter von einem »ewigen Frühling«. Denn was sollte ein Frühling erneuern, wenn ein Winter vorher nicht alles zerstört hätte und wohin sollte der Kapitalismus führen, wenn ihm nicht immer wieder Kriege den Gefallen erwiesen, seine Versprechungen illusorisch zu machen und seine Früchte zu zerstören, damit er sich auf sie ausreden und den Schwindel von vorne beginnen kann.

Absatz / Das einzige, für dessen Hebung man sich heute noch interessiert.

Abstinenz / Das, was zum Unsinn wird, wenn es Schwierigkeiten bereitet.

Absurd / Der altbekannte Ausspruch »Credo, quia absurdum«, den die Professionals der Gläubigkeit gern für besonders tiefsinnig ausgeben, ist ein ganz normaler Kohl. Was absurd ist, kann durch Denken und Erfahrung widerlegt werden, kann also nie Gegenstand des Glaubens, sondern höchstens des Aberglaubens sein.

Abwiegeln / Das, was die Politiker mit den Massen tun, wenn sie ihre Schäfchen im Trockenen haben.

Acker / Die einzige Quelle menschlicher Freiheit. Ein in vollem Ertrag stehender Acker gehört zu den fünf wunderbarsten Dingen auf Erden. Die vier andern sind: die Augen einer Frau, die uns liebt; die Augen eines Kindes, das uns vertraut; der Schweiß, den eine schwere, aus Liebe verrichtete Arbeit kostet; das selbstgebaute Brot.

Adel / Adel und edles Blut finden heute nur auf dem Gebiete der Viehzucht Anerkennung und man hat in Österreich beim Kriegsende nicht vielleicht bloß Adelige, die sich als unedel erwiesen haben, degradiert und in die Masse der Promenademischungen zurückgestoßen, sondern man hat – welch tiefes Symbol! – für alle kommenden Zeiten den Adel überhaupt abgeschafft, obwohl doch gerade die Sozialdemokraten hätten wissen können, wie viele adelige Herzen gerade unter Bauern- und Arbeiterkitteln schlagen, denen man durch Aufhebung des Großgrundbesitzes statt des Adels Gelegenheit zu wunderbarer Entwicklung hätte geben können. Und man muß sagen: es ist gelungen! Wenn man heute einem, der sie nicht kennt, diese Welt bezeichnen müßte, man könnte es nicht besser tun als mit den Worten: sie ist eine Welt, in der es keinen Adel mehr gibt! Nur Erzeuger, Händler und Konsumenten des Pofels.

Affe / Ein Tier, das von der Wissenschaft immer wieder durch die Behauptung, der Mensch stamme von ihm ab, unverdient gekränkt wird.

Afrika / Ein Erdteil, der von Gott in Voraussicht des Tonfilms geschaffen wurde.

Agent / Der repräsentative Mensch dieser Zeit. Er lebt nicht, sondern ist ein das Leben Bereisender, der statt der Erde den Markt, zu dem sie längst geworden ist, bearbeitet.

Agitation / Eine Tätigkeit, die dazu führt, daß Leute, die geistig schlafen, körperlich aufwachen und so tun, als wären sie auch geistig aufgewacht. Das ist der günstigste Fall. Es kann aber auch vorkommen, daß die Agitation von den Menschen angesteckt wird und selber einschläft.

Agrarier / Ein Zweibein, das die Lebensmittel durch ihre Hingabe für Geld schändet.

Akademie / Eine Lehranstalt, in der die Leute das zu lehren versuchen, was man nicht lernen kann.

Akademisch / Kakademisch.

Akkord / Eine Arbeitsweise, die zu Dissonanzen führt.

Akt / Hat verschiedene Bedeutungen. Im Theater: Jener Teil eines modernen Stückes, der dadurch entsteht, daß sich der Vorhang schämt und herunterfällt. Im Amt: Der Antipode des Staubsaugers, eine Vorrichtung zur Verwandlung von Leben und Blut in Papier und Tinte. In der darstellenden Kunst: Der von Textilindustrie und Konfektion unberührte menschliche Körper. Bei den Behörden sehr unbeliebt. Am unbeliebtesten ist noch immer das Aktbild der nackten Wahrheit.

Aktuell / Eine Eigenschaft, die die größte Dummheit mit einem Schein von Wichtigkeit verklärt.

All / Eine Gegend, die auf ihre Erschließung für den Fremdenverkehr durch die Raketenflugzeuge wartet. Derzeit führt sie nur ein kümmerliches Dasein als Beweismaterial für die Relativitätstheorie.

Allgemeinheit / All-Gemeinheit.

Altar / Ein immer undurchsichtiger Zauberschrank, hinter dem die Welt wesentlich anders aussieht als vor ihm.

Altern / Altern ist die allmähliche Verschiebung des menschlichen Hauptinteresses von der Sexualität auf einen regelmäßigen Stuhlgang.

Altvordere / Die Vorfahren der Neuhintern. Pakete aus Knochen, die mit dem bekannten deutschen Mark gefüllt sind.

Amateur / Ein Sportsmann, der entweder nichts kann oder nur unter vier Augen Geld annimmt.

Amerika / Ein Erdteil, auf dem niemand so intelligent ist, zu bemerken, daß Zeit nicht Geld, sondern das Gegenteil von Geld ist. Denn wer Geld spart, hat Geld; wer aber Zeit spart, hat niemals Zeit.

Amerikaner / Die Amerikaner, das sind mir Schlankeln! Die spitzen doch rein schon auf alle Zuspitzungen, um bei den Rückwirkungen, bei denen wir draufzahlen, etwas zu verdienen!

/ »Die Amerikaner« (die wo bekanntlich den elektrischen Stuhl erfunden haben, und überhaupt für jeden Fortschritt sind) »essen zu jeder Mahlzeit Obst und die Masse trinkt dort nicht.« Infolgedessen wird am amerikanischen Wesen noch einmal die Welt genesen. Weit davon entfernt, aus Rücksicht auf andere Wesen kein Fleisch zu essen, trinken sie nicht einmal aus Rücksicht auf das eigene Wesen keinen Alkohol, sondern verbieten anderen aus Rücksicht auf die Rentabilität des eigenen Betriebes das Trinken! Das ist eine ganz besonders komplizierte Ethik, die in noch reinerem Licht erstrahlt, wenn man bedenkt, daß mehr als die Hälfte aller Amerikaner magenkrank sind, weil sie sich aus Opposition zu den Schweinereien in den Schweineschlachthäusern zu Chicago hauptsächlich von »Ice-Cream«, Konfitüren und Kaugummi nähren.

Amerikanisches / In New York gibt es eine Ecke, die dafür bekannt ist, daß sich dort fast jeden Tag mindestens ein Verkehrsunfall ereignet. An dieser Ecke befindet sich ein Restaurant, an dem ein Schild mit folgender Inschrift angebracht ist: »Von hier aus kann man sehen, wie die Passanten totgefahren werden.« Die Geschäfte gehen glänzend.

/ Wie aus Amerika gekabelt wird, hat der Gouverneur des Staates New York die für den 11. d. M. angesetzte Hinrichtung von fünf im Sing-Sing-Gefängnis sitzenden, zum Tode verurteilten Verbrechern mit der erstaunlichen Begründung aufgeschoben, daß für den Exekutionstag die Vorstellung einer von den Gefangenen einstudierten Operette angesetzt sei. Die Beamten des Gefängnisses, die die Meinung vertraten, daß die fünffache Hinrichtung den Erfolg der Aufführung beeinträchtigen müsse, hatten das von den Gefangenen beim Gouverneur eingereichte Gesuch um Verschiebung der Hinrichtung befürwortet. Dem Gesuch wurde dann auch Folge gegeben und die Hinrichtung der fünf Mörder bis nach Weihnachten vertagt.

/ Die amerikanische Industriekonferenz verlautbart interessante Daten: Im Jahre 1926 haben von zehn Einwohnern Nordamerikas nur vier für den Lebensunterhalt gearbeitet. 62 Prozent der Bewohner des Landes leben von Anlagepapieren oder von der Arbeit anderer.

/ Ist es zu verwundern, wenn die Amerikaner bei dieser Fixigkeit im Abtöten des Fleisches auch eine gewisse Erfahrung auf dem Gebiete des Küssens haben und wenn das Gesundheitsamt des Staates Kansas ein Regulativ fürs Küssen herausgibt, in dem es heißt:
»Küsse niemals in überfüllten Räumen oder in schlecht gelüfteten Zimmern. Nimm dich während des Küssens vor plötzlichen Temperaturveränderungen in acht. Wenn man zuerst in einem dicken Mantel küßt und dann in einem leichten Kleid, so gerät man in die Gefahr, sich zu erkälten. Bei Gesellschaftsspielen, bei denen geküßt wird, soll man nach jedem Kuß gurgeln. Das ist überhaupt beim Küssen zu empfehlen. Wenn du küssen mußt, nimm ein heißes Senffußbad und vermeide jeden Zug, wenn du dich nachher nicht wohl fühlst.«
Vor dem Kuß ein heißes Senffußbad, nach dem Kuß gurgeln: so entsteht die Menschheit.

/ In Oklahoma hat, wie berichtet wird, eine Damen-Zehen-Schönheitskonkurrenz stattgefunden. Ein Mitglied des amerikanischen Senats war der Anreger dieses Wettbewerbes. Preisgekrönt wurden die Zehen einer gewissen Miss Gish. Die Photopost aus New York brachte sechs Bilder von dieser Konkurrenz. Bild 1 zeigt uns die Stadt Oklahoma im Flaggenschmuck; Bild 2 sechsunddreißig in buntem Dreß steckende Schöne; Bild 3 sechsunddreißig Paar Beine (numeriert); Bild 4 die Siegerin Miss Gish; Bild 5 (Großformat) die Füße der Siegerin; und Bild 6 das Senatsmitglied, das die Konkurrenz angeregt hat. Den Bildern waren die Biographie der Miss Gish und des Senatsmitgliedes angehängt. Außerdem eine Bitte der New Yorker Photozentrale an die Redakteure, bei der Veröffentlichung der Bilder und

Texte den Namen des Senatsmitgliedes ganz auszuschreiben. Gleichzeitig wird aus Kassel berichtet, daß dort ein Kind, das Brot gestohlen hat, bei der Verfolgung durch einen Polizisten vor Aufregung Kartoffelschalen erbrochen hat! So verschieden ist das Leben in den »Gläubigerstaaten« und den »Schuldnerstaaten«. Jene veranstalten Zehenkonkurrenzen und unterzeichnen, wenn sie gut aufgelegt sind, »Stillhalteabkommen« mit diesen, die Kartoffelschalen fressen und stillhalten. Wie lange noch? Das ist die Frage.

Amt / Das Wigwam der Beamten, einer Klasse von Menschen, die sich das Leben dadurch zu erleichtern trachten, daß sie es andern erschweren.

Anarchie / Das Wort Anarchie kommt von dem griechischen Wort Arché, das sowohl Herrschaft wie auch Anfang bedeutet, wodurch die Sprache wieder einmal in wunderbarer Weise ein Geheimnis lüftet und denen, die Ohren haben zu hören und Augen zu sehen, verrät, daß die Herrschaft nur etwas für den Anfang ist und daß die Menschen nach Überwindung eines sozialen Anfangsstadiums des Beherrschtwerdens zur Anarchie, zur Herrschaftslosigkeit fortschreiten müssen.

/ Nichts gegen die Schönheit des Gedankens der Anarchie. Denn die Menschheit ist von Natur aus nicht unfähig, in Herrschaftslosigkeit zu leben, sondern sie wird nur systematisch unfähig dazu gemacht, und zwar von denen, die herrschen und einen Grund für die Behauptung haben wollen, daß es ohne sie nicht gehe. O wie gut es ginge! Von wem erwartet man denn beim Eintreten anarchischer Zustände die Einleitung des Kampfes aller gegen alle, das Beginnen mit Gewalttätigkeiten und Raubzügen? Doch nur von den Besitzlosen. Ja aber gäbe es denn überhaupt Besitzlose auf dieser Welt, wenn es nie Regierungen gegeben hätte, also Apparate, die nur dazu da sind, den Irrsinn gesetzlich zu verankern und die Menschen mit Gewalt im Zaume zu halten, die die Aussichtslosigkeit ihres schon

mit ihrer 6 verpfuschten Proletendaseins zu Tigern macht? Was für Gründe hätten denn diese Menschen für Überfälle auf andere, wenn sie wieder ein Stück Erde besäßen und ein Heim und nur die geringste Aussicht auf die bloße Möglichkeit eines Glücks? Hätte einer, dessen ganze Arbeitskraft von dem ihm zugehörigen Stück Land in Anspruch genommen wird, noch Verlangen nach mehr und fände irgendein Kapitalist noch einen, der für ihn arbeitete, wenn jeder die Möglichkeit hätte, für sich und die Seinen zu arbeiten? Brauchte man noch Gesetze in einer Gemeinschaft, in der das Gesetz herrschte, das keiner Verlautbarung bedarf, weil es eben eines von den Naturgesetzen ist, die noch nie der Verlautbarung in einem Reichsgesetzblatt bedurft haben und doch die Welt bewegen, aber nicht beherrschen? Könnte nicht einmal die Ordnung statt der Ab-Geordneten herrschen? Und sind die unentwegten Autoritätsaposteln der Gewalt Idioten oder ist Laotse einer, wenn er sagt:
»Je mehr Verbot, um so mehr Übertretung.
Je mehr Vorschrift, um so mehr Nichterfüllung.
Je mehr Berechnung, um so mehr Fehlgehen.
Je mehr Handeln, um so mehr Verwirrung.«

/ Wenn die Reichen sich um die Angelegenheiten der Armen kümmern, so ist das Wohltätigkeit; wenn sich aber die Armen um die Angelegenheiten der Reichen kümmern, dann ist das Anarchie.

Anarchismus / Der Anarchismus! Der Anarchismus ist eben die einzige sozialistische Richtung, die den Menschen nicht seelenlos machen will; deshalb wird er alle andern überleben und wenn auch nicht die nächste Zukunft, die fernste gehört ihm allein.

/ Ich las neulich irgendwo den lapidaren Satz: Der Anarchismus, der das Herrschen verpönt, wird immer eine Utopie bleiben, weil die Menschheit nie ohne Führer existieren können wird. Ich dachte: Ist das ein Schöps! Er hat noch immer nicht kapiert, daß Führer und Herrscher nicht dasselbe sind und sich zueinander ungefähr so verhalten wie ein Amateur zu einem Professional: der eine handelt aus Liebe zur Sache, der andere aus Sucht nach Geld. Der eine dient einem Ideal, der andere verdient an ihm.

/ Es gibt im Sozialismus zwei Richtungen, die gerne als bloße Geschmacksrichtungen hingestellt werden. Wären sie Geschmacksrichtungen, es ließe sich über sie ebensowenig streiten wie über den Geschmack überhaupt. Jede hat zwar das Ziel, allen Menschen einen möglichst großen Wohlstand zu sichern, aber jede strebt diesem Ziel auf einem anderen Weg zu. Die Sozialisten der einen Art behaupten, daß es auf das allgemeine Glück ankomme, die Sozialisten der andern Art behaupten, daß es darauf ankomme, jedem die Möglichkeit zu geben, auf seine Art glücklich zu sein. Die einen wollen die Macht des Staates, die anderen anerkennen keine Macht; die einen fordern ein Monopol für den Staat, die andern wünschen die Abschaffung aller Monopole; die einen möchten die jetzt beherrschte Klasse in Zukunft zur herrschenden machen, die andern wünschen die Aufhebung aller Klassen; die einen glauben an einen sozialen Krieg, möchten zu diesem Zweck die ganze Menschheit in Kasernen unterbringen und jedem einzelnen vorschreiben, wo er zu wohnen, wie er zu wohnen, wo er zu essen, wann er zu essen, was er zu essen, wann er zu »lieben«, wen er zu »lieben«, wie er zu »lieben«, wann er zu arbeiten, was er zu arbeiten, wie er zu arbeiten, was er zu denken, was er zu reden, wie er zu reden hat usw. usw., die andern glauben nur an ein Werk des Friedens, möchten alle jetzt schon bestehenden Kasernen wieder auflassen und wollen niemandem vorschreiben, was er zu tun habe.
Es ist nicht zu leugnen, daß dieser Kasernensozialismus – euphemistisch auch Kommunismus genannt – heute dem Sozialismus der Kasernengegner, der sich Anarchismus nennt, gegenüber im Vorteil ist.

/ Ein weiteres Argument gegen die Absichten des Anarchismus ist die geradezu verblüffende Beobachtung, daß es immer und überall Herrschende und Regierungen gegeben habe. Selbst wenn man davon absieht, daß dieses Argument an Schlagkräftigkeit ungefähr auf gleicher Stufe mit der Behauptung steht, daß die Welt ohne Wanzen nicht existieren könne, weil es eben immer welche gegeben habe und daß das Fahrrad zu verpönen sei, weil die Menschen bisher immer zu Fuß gegangen seien, so ist auch dieses Argument ein Schwindel wie alle anderen. Regierung und Regierung sind eben zweierlei. Selbst die Lästigkeit der wahrscheinlich lästigsten Regierung des klassischen Altertums, nämlich der des römischen Reiches verhält sich zur Lästigkeit einer heutigen Regierung, die ihre Untertanen mit Telephon und Telegraph, mit Radio und Zeitung verfolgt, wie die Lästigkeit einer Mücke, die einen alle Jahre einmal sticht, zur Lästigkeit eines Elefanten, der täglich auf einem herumtrampelt. Gab es damals überhaupt eine Steuer, so gibt es heute überhaupt nur noch Steuern und bei der schäbigsten Betätigung des Stoffwechsels erscheint die Regierung in Gestalt eines Amtsdieners, wünscht gute Verrichtung und hält die Hand auf. Gab es damals alle zwanzig Jahre einmal eine lex, in Erz gehauen und bestimmt, Jahrtausende zu überdauern, so ist heute die Zeit nicht mehr ferne, in der es täglich zwanzig neue Gesetze geben wird, auf die der Bürger nur mehr die naheliegendste Reaktion finden kann und die heißt: Leckt's ——!

Anarchist / Der Momo der politischen Kinderstube ist der Anarchist. Wenn die politischen Kinder, welche die Erwachsenen solange bleiben werden, als sie sich inmitten des allseitigen Fortschrittstohuwabohus zum Fortschritt über das Ideal des Bürgers einer korrupten Republik hinaus unfähig fühlen – wenn diese politischen Pamperletschen einmal keine öffentliche Ruhe geben wollen, wird von der Regierung regelmäßig die furchtbare Vorstellung berufen, die sich die Phantasiearmut des Bürgers vom Anarchisten macht. Aber während vom Wauwau des privaten Bürgerhauses die Sage geht, er fresse die Kinder, hat es dieser Momo des öffentlichen Würgerhauses ohne Zweifel auf das Fressen der Eltern abgesehen, das heißt der Regierung, die uns

Untertanen Rabenvater und Stiefmutter gleichzeitig ersetzt, von ihrer eigenen Unersetzlichkeit aber durchdrungen ist. Denn jede Regierung hat einen geheimen Erbfolgevertrag in ihrem Diebsbeutel, der bestimmt, daß ihr im Falle ihres Todes durch Anarchistenhand das von ihr erzeugte Chaos und der von ihr gezeugte und auf den Namen »Ordnung« getaufte Kampf aller gegen alle nachzufolgen haben, wobei aber streng darauf zu sehen ist, daß diese ihre Kinder für die Kinder ihres Mörders, des Anarchisten, ausgegeben werden, damit ihre zeitlebens bewiesene Impotenz auch nach ihrem Tode keiner unsittlichen Verdächtigung ausgesetzt sei. Denn es sei längst für alle Zukunft bewiesen, daß der Mensch eine Regierung brauche, und zwar ganz einfach deshalb, weil dies seit aller Vergangenheit von den Gelehrten behauptet werde, die nicht Unrecht haben könnten, da sie ja im Genusse der sogenannten »Freiheit der Wissenschaft« stünden, deren Heiligkeit jede Regierung so lange bezahlt und garantiert, als ihr von der Gegenseite die Heiligkeit der Regierung im Kompensationswege garantiert wird. Es erscheint also nur verständlich, wenn alle, die sich den Teufel darum scheren, wo wir heute samt unserer Regierung sind, bei der sanftesten Äußerung anarchistischer Gedanken warnend den Zeigefinger erheben und mit urblödem Gesichtsausdruck fragen: »Wohin kämen wir denn ohne Regierung?!«
Um keinen jener Gedanken, die immer wieder von brennenden Herzen und erleuchteten Köpfen, die noch an eine Zukunft dieser gemarterten Menschheit glauben, wie Perlen vor die Säue geworfen werden, hat die am Schweinetrog der Zeit sich mästende Dummheit einen solchen Lügendunst erzeugt wie um den Gedanken der Herrschaftslosigkeit. Mit dem gesunden Menschenverstand, der in der Hand des Unverständigen immer etwas Gesundes ist, mit Philosophie, mit Geld und Kerker, mit Deportation und Galgen, mit Hohn, mit Schwindel und Verleumdung verfolgt man ihn seit seiner Geburt. Und obwohl jeder Staat selbst Anarchist ist und es immer als seinen größten Ruhm betrachtet, von keinem anderen beherrscht zu werden und koste es noch so viel Blut seiner Untertanen, so ächtet er doch alle

jene, die ihr eigenes Blut riskieren für die endliche Befreiung ihres Lebens von dem stets drohenden Zugriff der Pratzen der Obrigkeit, die sich die Niedrigkeit zur gesetzlichen Fundierung ihrer Räubereien installiert hat. Und so sehr wir ihn auch heute überlegen belächeln mögen: der Spruch »Ja, Bauer, das ist etwas anderes!« gilt noch ebenso wie im Mittelalter. Was für Schindluder wird nicht schon mit dem bloßen Namen »Anarchist« getrieben! Mit diesem Namen, der als Ehrentitel jedem fühlenden Menschen gebührt, wenn er nur einmal im Leben tief und schmerzlich die Schmach empfunden hat, stündlich der Präpotenz und gesetzgeberischen Impotenz von Menschen ausgeliefert zu sein, mit denen er keine fünf Minuten sprechen könnte, ohne daß ihm übel würde. Jeder, der an der Aussichtslosigkeit seines durch Verordnungen aus der Ordnung gebrachten Lebens zum Narren wurde und gegen einen Potentaten den Revolver zieht; jeder Schwachkopf, der sich von einem Attentat auf einen Politiker den Tod der Politik erhofft; jeder Idiot, der eine Bombe gegen einen Eisenbahnzug schleudert und hinterher nicht mehr weiß, warum er es getan hat; jeder gewitzte Verbrecher, der weiß, daß der Vorwand politischer Beweggründe bei einer Flucht ins Ausland unter Umständen seine Auslieferung erschweren kann; jeder Hurentreiber, der einem Schutzmann eine lange Nase dreht und dadurch in den Verdacht kommt »Umtriebe zu machen« – alles, alles, was seelisch schlecht und geistig verworren ist, wird von einer kommandierenden Hirnrissigkeit, die sich für die Seele der Welt hält und nur ihr Wurmfortsatz ist, unter dem Namen »Anarchist« subsumiert. Und die Verwirrung der Begriffe erreicht den Höhepunkt, wenn der Anarchist, der alle Zwangsherrschaft von Menschen über Menschen verpönt, im Sprachgebrauch der Alltäglichkeit nicht nur dem Bolschewiken gleichgesetzt wird, der sich aus Lust am Beherrschtwerden jetzt statt eines Czaren deren tausend füttert, sondern auch dem Kommunisten, der den Wahnsinn des Beherrschtwerdens durch andere auf die Spitze treiben will, indem er jeden Menschen den kontrollierenden Neid- und Haßgefühlen aller andern überliefern möchte und die Diktatur einer All-

Gemeinheit errichten will, die es als notorische Analphabetin einmal mit dem Diktieren versuchen möchte.
Aber der Schwindel, der sich so schon beim Namen mit unverschämter Schüchternheit hervorwagt, treibt natürlich bei der Sache selbst noch weit tollere Blüten. Wir brauchen eine Regierung: der Satz steht fest für alle, die ohne Regierung die Welt wackeln sehen, weil sie entweder von ihrer Herrschsucht einen Affen haben oder von ihren Minderwertigkeitsgefühlen einen Kater. Und es ist eine überaus tröstliche Vorstellung, daß der darbenden Menschheit an den Regierungen wenigstens ein Artikel, den sie braucht, im Überfluß zur Verfügung steht, wenn sie schon so vieles, was sie sonst noch brauchte, entbehren muß.
Aber gleich neben dieser tröstlichen Vorstellung liegt die überaus peinliche Frage: Wozu brauchen wir erst recht eine Regierung, wenn trotz ihrer Unentbehrlichkeit so viele nicht einmal das Unentbehrlichste haben?

Anfang / Jener Zeitpunkt, an dem das Wort bekanntlich noch bei Gott war. Heute ist es längst bei den Idioten. Das Gegenteil des Anfangs, das Ende, dürfte also nicht mehr allzu weit sein.

Anführer / Einer, der die Leute anführt.

Angestellte / Leute, die sich anstellen müssen und nach Belieben wieder weggestellt werden können.

/ Sie schwanken wie Rohre in den politischen Stürmen, sie haben gar nicht Mäntelchen genug, um sie nach all den Winden zu hängen, die sie umbrausen. Die manuelle Tätigkeit des Arbeiters tritt nur selten in irgendeine Berührung mit seiner Gesinnung, aber geistige Arbeit erfordert oft tägliche Opferung der Gesinnung auf dem Altar des notwendigen Fraßes für sich und die Familie. (...) Ist der Arbeiter für das Fressen bloß zur Leistung einer Arbeit verpflichtet, so ist der Angestellte heute überdies noch zur Leistung – nein, zum Erheucheln einer Gesinnung verbunden.

Anleihe / Der Stein der Regierungsweisen. Sie bereichert die Herrschenden und muß von den Beherrschten zurückgezahlt werden.

Anonym / Eine Eigenschaft jener Menschen, die in Wahrheit die Welt beherrschen und sich hüten, an die Öffentlichkeit zu treten, weil ihr Anblick das Speien befördern und den Absatz verringern könnte.

Ansehen / Gewöhnlich ist das, was Ansehen genießt, nur des Wegsehens wert.

Anstand / Ein Ding, das so eifrig wie kein zweites bewahrt und dabei so häufig wie kein andres verletzt wird. Das ist merkwürdig, erklärt sich aber ungezwungen aus der Tatsache, daß es 2 Arten von Anstand gibt: den falschen, der immer bewahrt, und den echten, der immer verletzt wird.

Anstoß / Eine sittliche Valuta, durch deren kluge Bewirtschaftung jeder moralisch reich werden kann. Man braucht sie nur immer zu nehmen und nie zu geben.

Antimetaphysik / Wer stolz verkündet, daß er alles Metaphysische bezweifle, und dabei am Physischen nicht verzweifelt, ahnt nicht, was er damit zugibt; denn so etwas kann nur ein ausgesprochener Schöps.

Antisemitismus 1929 / Der Antisemitismus wirft alle Juden in einen Topf und lehnt alle geistigen Bestrebungen, an denen ein Jude auch nur entfernt Anteil hat, ab. Nicht aus sachlichen Gründen, sondern wegen des mangelnden Arierparagraphen. Und da nun Juden – zu ihrer Ehre sei's gesagt – an allen Vereinigungen von Menschen, die sich für eine schönere Zukunft der Menschheit mühen, beteiligt sind, sind die deutschen Studenten gezwungen, alle diese oft rein idealistischen Bestrebungen zu boykottieren. Was ihnen an Idealen, für die zu kämpfen ihnen ihr Antisemitismus gestattet, übrigbleibt, das sind die Ideale der Reaktion:

ein Papst – eine Christenheit, vielmehr: ein Hirt – eine Herde; ein starkes katholisches Kaisertum, eine durch Zwang aufrechterhaltene »Heiligkeit« der Ehe, eine von der Polizei dekretierte Sittlichkeit der Kleidung, die Festigung einer Ordnung, in der es ohneweiteres möglich ist, daß nebeneinander der eine am Zuvielfressen, der andere am Hunger krepiert, die militaristische Verwendung der Besitzlosen zum Kampfe für die Integrität des Besitzstandes der Besitzenden und schließlich der Übergang sämtlicher jüdischer Banken und Bankkonten in arischen Besitz.

Apathie / Eine Krankheit, die den von ihr Befallenen zum Sklaven macht.

Applaus / Oft, wenn ich sehe, wie das Publikum irgendeinem Esel applaudiert und in die Hände schlägt, ergreift mich ein satanisches Verlangen, es auf die Köpfe zu schlagen, daß es nur so eine Art haben sollte, wie hohl sie klingen.

Approbation / Die bischöfliche Bestätigung, daß eine vorliegende Druckschrift nicht einen einzigen selbständigen Gedanken enthält.

Arbeit / Fünfzig Prozent der Menschen arbeiten über ihre Kräfte, neunundvierzig Prozent mühen sich um Unsinn und für die Befriedigung blödsinniger Bedürfnisse und ein Prozent arbeitet überhaupt nichts und verstinkt bei lebendigem Leibe. Das ist die heutige abendländische Wirtschaft!

/ Nach der Arbeit ist gut ruhen? Sich etwa gar freuen, wenn die Stunden der maschinellen Herstellung jenes Mistes, den in Wahrheit niemand wirklich braucht, vorüber sind? Nee! Is nich! Sie organisieren die Freude, damit sie besser arbeiten können. Sie koitieren, damit sie keine Pusteln im Gesicht bekommen (denn Pusteln erschweren in diesem Dasein das Fortkommen) und damit sie hübsch gesund bleiben; zur Arbeit, versteht sich!

Arbeiter / Menschen, die nur dazu da sind zu arbeiten und danach Arbeiter heißen, hat es in Zukunft nicht mehr zu geben. Denn das Arbeiten ist weiter nichts als eine von den vielen Tätigkeiten, mit denen Menschen ihr Leben zubringen, aber durchaus nicht die höchste oder gar einzige.

Arbeitnehmer / Das Letzte auf Erden. Die Arbeit ist das einzige, was der Kapitalist dem Arbeiter zu nehmen gestattet. Solange der Arbeiter von dieser gnädigen Erlaubnis Gebrauch macht, ja sogar noch eine Partei bildet, die dieses Nehmen organisiert, ist an ihm Hopfen und Malz verloren.

/ Die Arbeit ist das einzige, was die Nichtbesitzenden immer den Besitzenden nehmen dürfen, ohne daß die Polizei sofort einschreitet. Sie heißen dann Arbeitnehmer. Die Besitzenden aber, die die zur Erhaltung und Vermehrung ihres Besitzes unentbehrliche Arbeit abgeben, weil sie selbst nicht gerne schwitzen, heißen Arbeitgeber.

Arbeitsbeschaffung / Besonders übel wird mir immer, wenn ich irgendwo das Wort »Arbeitsbeschaffung« höre oder lese und wenn mir irgendwer mit tiefsinniger Miene die Um- und Auf-Weisheit aller gehirnweichen Volkswirtschaftler zuflüstert: alles würde gut werden, wenn es nur gelänge, »die Arbeitslosen wieder in den allgemeinen Arbeitsprozeß einzugliedern.« Gliedert nur ein, ihr superklugen Laberln, und bildet euch weiter ein, ihr könntet den gestörten »allgemeinen« Arbeitsprozeß, den es natürlich ebensowenig gibt wie einen allgemeinen Verdauungsprozeß, durch ein paar Notverordnungspillen wieder in Gang bringen. Meiner Treu, manchmal möchte ich vor nichts zurückscheuen und wünschen, nur einmal wenigstens fünf Minuten lang den Kopf eines solchen Wirtschaftsphilosophen aufzuhaben, um authentisch feststellen zu können, wies da drinnen aussieht! Vermutlich so wie auf der Erde am zweiten Schöpfungstag: teils wüst, teils leer. Arbeitsbeschaffung! – man stelle sich nur einmal vor, welche Fülle geistiger Verbogenheit in diesem einen Wort verborgen liegt! Erstens wird mit ihm gesagt, daß es ganz wurst ist, was gearbeitet wird, und daß es nur darauf ankommt, daß gearbeitet wird. Wir haben hier also wieder einmal ein deutliches Symptom jener heute überall grassierenden irrsinnigen Sucht, jedes Mittel zum Leben zum Zweck des Lebens umzulügen. Und zweitens liegt in dem Wort »Arbeitsbeschaffung« die haarsträubende Feststellung, daß es Leute mitten unter uns gibt, denen die Arbeit, also jene Tätigkeit, ohne die in unseren Breiten der Mensch gar nicht leben kann, erst von anderen verschafft werden muß, die also, obwohl erwachsen, so hilflos sind wie Säuglinge, denn auch diesen müssen die Dinge, ohne die sie nicht leben könnten, von andern verschafft werden. Daß solche Hilflosigkeit überhaupt möglich ist, zeigt dem, der durch die Nationalökonomie noch nicht verrückt gemacht worden ist, deutlich, nicht nur wo das Leiden sitzt, sondern daß es auch viel tiefer sitzen muß als in der Störung eines »allgemeinen« Arbeitsprozesses, der nirgends in der Natur, sondern nur in der Einbildung jener Leute existiert, die von der Rabies complicatorica, von der krankhaften Wut, einfache Zusammenhänge zu verwickeln, befallen sind. Die Ursache des Leidens der Arbeitslosigkeit sitzt so tief, daß sie gar nicht tiefer sitzen kann, denn sie sitzt im Grunde d.h. im Mangel des Grundes, der Erde für jeden Menschen. Die Leute, die über die Arbeitsbeschaffung und den allgemeinen Arbeitsprozeß reden, sind zwar in Beziehung auf den ausgefallensten Blödsinn furchtbar gescheit, aber das Einfache und Naheliegende erfassen sie nicht. Nämlich: Daß es Arbeit für sich allein gar nicht geben kann, sondern daß zur Ermöglichung der Arbeit vor allem etwas dasein muß, was bearbeitet wird, ferner eine Stätte, wo gearbeitet wird, und schließlich etwas, womit gearbeitet wird. Die Leute aber, die sich heute Arbeiter nennen, haben weder das erste noch das zweite noch das dritte, können also gar keine Arbeiter sein, sondern sind nur Sklaven. Das, was zu bearbeiten wäre (der Grund und Boden und die Rohstoffe), das, wo gearbeitet wird (die Werkstätten und Fabriken) und das, womit gearbeitet wird (die Werkzeuge und Maschinen) gehören einer ganz kleinen Clique von Besitzenden, deren Handeln lediglich durch die Aussicht auf den Profit bestimmt wird. Diese Leute sperren eben in einer Zeit wie der heutigen – ich möchte fast sagen: einem Naturgesetz folgend – ihre Bude zu und wenn sich alle Wirtschaftsphilosophen deshalb auf den Kopf stellen und die Beine ringen über die unmöglich gemachte Arbeitsbeschaffung und den gestörten »allgemeinen« Arbeitsprozeß. Da hilft kein volkswirtschaftliches Trankerl, keine »Formel« und keine Konferenz, die sie in den Pausen zwischen den einzelnen Mahlzeiten von ihren Teilnehmern suchen läßt, da gibt's nur Eines: die Leute, die die Quelle, an der sie sitzen, mit ihrem Besitzfleisch verstopfen und zusehen, wie andere verdursten, davonzujagen und auch jenen Kerlen lange Beine zu machen, die ihren Großgrundbesitz nur extensiv bewirtschaften – ein Großgrundbesitz kann nur extensiv bewirtschaftet werden – und zusehen, wie die, die von ihm leben könnten, verhungern. Denn daß der Besitzer eines genügend großen Grundstückes arbeitslos geworden wäre, das war noch nicht da, seit die Welt steht. Und wer für seinen Bedarf Werkstoff und Werkzeug besitzt, der kann logischerweise erst dann arbeitslos werden, wenn er nichts mehr bedarf, also wenn er tot ist.

Arbeitslosenunterstützung / Wird vom Staat denen, die vom Nehmen von Arbeit leben und doch keine finden können, dafür gezahlt, daß sie nichts anderes nehmen. Vor allem keine Erde, die als verläßlichster Arbeitgeber Arbeit genug zu vergeben hätte. Die Arbeitslosenunterstützung ist also, genau betrachtet, wohl eine Unterstützung der Arbeitslosen, aber jener, die keine Arbeit zu vergeben haben, und nicht jener, die keine Arbeit zu nehmen kriegen.

Arbeitsmarkt / Man hat heute schon so vieles entdeckt, aber daß der »Arbeitsmarkt« der legitime Nachfolger des Sklavenmarktes ist, noch nicht.

Archimandrit / Der oberste Medizinmann jener Kirche, die sich griechisch zu nennen erfrecht. Wie alle nobleren Stellvertreter

Gottes trägt auch er das Kreuz, das Christus auf dem Rücken trug, auf dem Bauch.

Areligiös / Wenn ein junger Mensch areligiös ist, so ist das noch kein Beweis dafür, daß an ihm Hopfen und Malz verloren ist. Wenn aber ein Alter areligiös ist, dann ist er bestimmt ein Trottel.

Ärger / Das Rächen der Fehler anderer an sich selbst; eine sehr geistreiche Beschäftigung.

Aristokrat / Ein besonders naiver Mensch, der glaubt, seine Vorfahren genau zu kennen, wobei er stillschweigend annimmt, daß es ausgerechnet in seiner Familie keine weiblichen Ehebrecher gegeben habe.

Armee / Ein Kollektiv von geistig Armen, was schon Sokrates gewußt hat, als er sagte: Es muß so lange philosophiert werden, bis die Heerführer als Führer von Eseln entlarvt sind. Der Plural wird hier nicht durch das Anhängen eines »n,« sondern eines »e« an den Singular »der Arme« gebildet, so daß ein »ee« entsteht, das symbolisch an den Ruf eines Schafes erinnert; was mir ein sehr glücklicher phonetischer Witz der Sprache zu sein scheint.

Armut / Arm ist der, welcher mehr braucht, als er hat; und hätte er noch so viel. Reich dagegen ist der, welcher mehr hat, als er braucht; und hätte er noch so wenig.

/ Die größte Macht für den, der sie freiwillig wählt, und die größte Ohnmacht für den, der gezwungen ist, in ihr zu leben.

Arrangement / Ein kaufmännisches Fremdwort für Betrug.

Arrest / Ein Ort, an dem sich die kleinen Gauner befinden. Die größeren Gauner befinden sich im Kerker. Die größten aber in Freiheit.

Arteigen / Arteigen ist der diametrale Gegensatz von eigenartig.

Astrologe / Ein Mann mit starkem Bartwuchs, der felsenfest davon überzeugt ist, daß die Sterne ebenso blöd sind wie die Menschen.

Atheist / Ein Mensch, der sich nach langem wissenschaftlichem Bemühen endlich entschlossen hat, definitiv an den Urschleim zu glauben.

Atonalität / Der Versuch, Musik mit dem Auge (Notenbild) und dem Verstand zu betreiben. Entspricht dem Versuch, Logik mit den Ohren und dem Gefühl zu betreiben.

Auf die Welt kommen / Wenn (…) einer irgendwohin kommt, dann muß er unbedingt irgendwoher gekommen sein. Das ist gar nicht anders denkbar. Und wenn einer auf eine Welt kommt, dann kann er nur aus einer andern Welt gekommen sein. Auch daran ist nach den Gesetzen des menschlichen Verstandes ein Zweifel wohl kaum möglich.
Daraus folgt wieder zwingend zweierlei: Erstens, daß es verschiedene Welten gibt; und zweitens, daß man von einer in eine andere übersiedeln kann. (Es sei denn, man nimmt an, daß man auf eine Welt wie ein anderer auf den Hund kommen kann. Das glauben aber nur Leute, die geistig schon auf den Hund gekommen sind.)
Der Weg von einer Welt in die andere führt durchs Grab in jener und einen Vater und eine Mutter in dieser.

Auferstehung des Fleisches / Es wird mir immer unverständlich bleiben, weshalb die Katholiken so krampfhaft an eine Auferstehung des Fleisches glauben, statt froh zu sein, es durch den Tod losgeworden zu sein.

Aufklärung / Der Versuch, an Stelle eines Gottes mit einem Vollbart einen Urschleim mit einem Heiligenschein zu setzen und religiöse Finsternis durch wissenschaftliche Finsternis zu erleuchten.

/ Die Marxisten sind mehr für die Aufklärung; ich bin mehr für die Abklärung. Wo sich alles aufhört, dort fange ich an.

Auflauf / Eine Mehlspeise, die in der politischen Sudelküche verboten ist, da sie keinem Regierenden schmeckt.

Aufmarsch 1931 / Ein Sonntagsspiel für Männer, die sich die kindliche Seele bis ins Alter bewahrt haben. In Österreich besonders beliebt bei den von den großen Kaufleuten ausgehaltenen kleinen Raufleuten (Heimwehr).

Aufstand / Ein sonderbares Wort, das von den Regierenden mit Vorliebe gebraucht wird, ohne daß sie sich in ihrer Schwachsinnigkeit bewußt wären, was sie mit diesem Wort zugeben. Denn aufstehen kann doch nur jemand, der vorher auf dem Boden gelegen ist! Und wer es ihm verbieten will, muß doch ein Interesse daran haben, daß er auf dem Boden liegen bleibe.

Auge / Der einzige Teil des Körpers, in dem sich Jenseitiges spiegeln kann.

Ausbauen / Ein Wort, ohne das die Politiker nicht zu sagen wüßten, was sie eigentlich tun.

Ausbeutung / Ein Verbrechen, das von keinem einzigen bürgerlichen Gesetzbuch der Welt verboten ist, weil die ganze bürgerliche Gesellschaftsordnung auf ihm basiert.

Aussatz / Eine Krankheit, von der man nach einem viel zu wenig bekannten Gebot Christi (Matth. 8,4) dadurch wieder rein werden kann, daß man einen Vogel schlachtet, einen andern Vogel in dessen Blut tunkt und dann noch zwei Lämmer und ein jähriges Lamm umbringt und sich mit deren Blut wieder den Ohrknorpel, den Daumen und die große Zehe anschmiert (III. Mos. 14, 1-20).

Ausschuß / Etwas Minderwertiges bezeichnet das Wort Ausschuß; gleichzeitig bedeutet es eine Körperschaft, die aus einer größeren durch Majoritätsbeschluß ausgewählt wird, womit die Sprache andeutet, daß durch die Mehrheit immer nur die Minderwertigkeit ans Ruder gebracht werden kann.

Ausstand / Die einzig wirksame Waffe des Arbeitnehmers. Sie müßte aber nicht zum Kampf um bessere Bedingungen des Arbeitnehmens gebraucht werden, sondern dazu, von den Besitzenden endlich einmal anderes zu nehmen als die Arbeit; gerade die könnte man ihnen gerne lassen, damit ihnen wenigstens etwas bleibt.

Austria / Eine Prostituierte, die vom Fremdenverkehr zu leben gezwungen ist und von den Schillingen, die ihr die feschen schwarzen Herren aus dem Ausland in den Strumpf stecken, durch dessen Löcher sie den weniger feschen schwarzen Herren, die im Inland am Ruder sind, in die Pratzen rollen. Teils als Kongrua, teils als Schandgewerbesteuern.

Auswanderung / Eine Tätigkeit der Arbeitnehmer, die dadurch verursacht wird, daß man die Arbeitgeber noch immer nicht zur Auswanderung gezwungen hat.

Auto / Eine Maschinerie zur gewöhnlich überflüssig raschen Ortsveränderung des Kadavers in der Geographie.

Autogramm / Das einzige, was manche Prominente allein zu schreiben im Stande sind.

Automat / Der von der Technik und vom Bolschewismus angestrebte Typ des Übermenschen.

Autor / Ein Ausbeutungsobjekt: a) für den Verleger; b) für den Übersetzer; c) für den Leser (Leihbibliothek); und d) für den anderen Autor. Von den Theaterdirektoren gar nicht zu reden. Wundert sich, wenn's ihm schlecht geht.

Autorität / Ein Zaubergewand, mit dem es der Schwachsinnigkeit noch immer gelingt, ihre Blößen zu bedecken.

//

B-Liebe, W-Liebe / Es gibt eine Art von Liebe, wenn die ins Herz strömt, schäumt sie auf wie Bier, das in ein Glas gegossen wird. Herz und Glas scheinen voll, drohen überzugehen und gehen wohl auch über. Und je wärmer Liebe und Bier sind, desto mehr schäumt es. Nach gewöhnlich schon kurzer Zeit aber ist der Schaum verschwunden und das Glas ist zur Hälfte oder gar nur zu drei Vierteilen leer und was übriggeblieben ist, schmeckt schal. Es gibt aber auch eine Liebe, die ist wie alter Wein; sie rinnt still, ohne zu schäumen und höchstens ein paar Luftblasen bildend in Herz und Glas, füllt beide bis zum Rand und wird nie weniger, als sie scheint. Die Liebe, die wie Bier ist, löscht den Durst; die Liebe, die wie Wein ist, wirkt als Medizin, stärkt das Herz und macht gesund; jene ist gut gegen die Hitze des eigenen Leibes, diese ist gut gegen die Kälte der Welt; jene kühlt, diese wärmt. Usw. Usw. Ja diese Analogie ist in allen Punkten so treffend, daß man mit ihrer Hilfe sogar ein Sprüchlein aller Trinksachverständigen auf die Liebe anwenden kann: Wein auf Bier, das rat ich dir; Bier auf Wein, das lasse sein!
Nennen wir der Einfachheit halber die erste Art der Liebe die B-Liebe, die zweite die W-Liebe. Die B-Liebe erzeugt als Nachwirkung, wie das Bier, einen benommenen Kopf, die W-Liebe aber tut das nicht, falls nur der Wein echt war; in ihr liegt wie im Weine die Wahrheit. Mit dieser Feststellung will ich aber nicht werten und die B-Liebe herabsetzen. Denn sie kann in ihrer Art ebenso köstlich sein wie die W-Liebe. Man muß nur jeder nach ihrer Art Gerechtigkeit widerfahren lassen, man muß sie streng auseinanderhalten und nicht von der einen verlangen, was nur die andere geben kann. Nicht von der B-Liebe, daß sie Dauer habe und erwärme, nicht von der W-Liebe, daß sie erfrische und den Durst lösche. Achtet man darauf, dann

kann man mit Sicherheit darauf rechnen, daß man auf dem Schlachtfeld Liebe nie als Leiche liegen bleiben wird und es, wenn auch nicht ohne Verwundung, so doch als Sieger oder wenigstens als Unbesiegter verlassen wird, wenn man dereinst genötigt sein wird, ins Greisenasyl überzusiedeln, um den Tod und die Erlösung von dem köstlichen Unsinn, den man Leben nennt, zu erwarten.

Badebetrieb / Der Versuch der Menschen, einander nun auch Wasser, Luft und Sonne zu verkaufen. Vorarbeiten: Absperren der Auen, Verbot des Badens in den Flüssen, Erklärung des Alleinbadens für unanständig. Es ist dasselbe, wie der bereits gelungene Versuch, einander die ebenso zum Leben notwendigen Nahrungsmittel zu verkaufen. Vorarbeiten dazu waren: Absperrung der Erde, Verbot des Nehmens auch jener Früchte, die die Erde ohne menschliche Arbeit für alle hervorbringt, Verächtlichmachung des Bauern als eines Menschen zweiter Klasse. Die Folge: Wer kein Geld hat, eine Badekarte zu lösen, kann schwitzen; und wer kein Geld hat, Lebensmittel zu kaufen, kann verhungern. Zur Beruhigung »subversiver Elemente«, die die Gemütlichkeit der Ausbeutung stören könnten: Massenfreibäder und Arbeitslosenunterstützung.

Bahre / Universaltransportmittel, auf welchem jeder Mensch die Weltbühne verläßt, sobald seine Rolle ausgespielt ist.

Bandit / Auf deutsch: Straßenräuber. Also auch Zolleinnehmer. Überhaupt jeder, der an den Straßen lauert, um den Vorübergehenden Geld abzunehmen. Ob er ihnen dabei eine Pistole, gegen die sie wehrlos sind, oder ein »Gesetz«, gegen das sie ebenfalls wehrlos sind, an die Brust setzt, ist gleichgültig.

Bank / Zwei Bedeutungen. Mit vier und mehr Füßen: eine Gelegenheit zum Sitzen; mit vier und mehr Direktoren: eine Gelegenheit, diese vor dem Sitzen zu bewahren. Und zwar durch Vernebelungen der Betrügereien mit volkswirtschaftlichen

Fachausdrücken und durch Vergrößerung der Schadensziffer bis zu jener Höhe, bei der nicht mehr der Polizist mit einem Gummiknüttel, sondern nur mehr der Staat mit einem Gummiparagraphen, der seine Bürgschaft erklärt, helfen kann.

/ Die Banken verlangen zuerst Deckungen und geben aus diesen dann Vor-Schüsse ab.

Bann / Der höchste Zauber, der im Untersagen jedes Zaubers besteht, also erst recht eigentlich die Notwendigkeit des Zaubers demonstrieren soll.

Banner / Ein Gegenstand, der gerade von jenen Leuten, die am tiefsten stehen, notwendiger Weise am höchsten gehalten werden muß. Eine färbige Windel für geistige Wickelkinder, durch deren Schwingen die Wasserköpfe den Anschein erwecken wollen, daß sie schon trockengelegt seien.

Bar / Ein heute sehr häufig gebrauchtes Wort, das sowohl »ohne« als auch »Geld« bedeuten kann; was tief blicken läßt.

/ Eine Stätte, an der durch Schnäpse, Musik und halbangezogene Frauen professionsmäßig jene halbe Bewußtlosigkeit erzeugt wird, die der Großstädter braucht, um das Leben nach Beendigung seiner Tagesarbeit ertragen zu können. Mit anderen Worten also: um sich großartig vorkommen zu können. Man nennt diese halbe Bewußtlosigkeit »Stimmung«, denn man fühlt bei vollem Bewußtsein deutlich, daß irgend etwas verstimmt sein muß.

Barbaren / Im Altertum alle Nichtgriechen. Heute auch die Griechen.

Bart / Die Schamhaare rund um den Mund. Treten nur beim Manne auf, woraus man schließen möchte, daß nur ein Mann fähig ist, sich der Tätigkeiten seines Mundes zu schämen: des Essens und des Redens. Eine Vermutung, die durch die Tatsachen bestätigt wird; denn das Fasten und das Schweigen sind zwei rein männliche Ideen, auf die nie im Leben eine Frau verfallen wäre.

Bauch / Der Weltkönig. Regiert auch in den Republiken.

Bauer / Eine Menschengattung, die heute beinahe schon ausgestorben ist und deren Vertreter man kaum mehr findet. Was sich heute »Bauer« nennt, ist Viehhirt und Lebensmittelhändler auf der einen und Abnehmer von Industrieprodukten auf der anderen Seite, während der Bauer der alten Zeit (wie er z. B. noch in Roseggers Geschichten lebt) alles, was er zum Leben brauchte, selbst erzeugte, ja auch in den meisten Fällen selbst verarbeitete. Er baute nach eigenen Entwürfen selber sein Haus aus den Stämmen seines Waldes und deckte es selber mit dem Stroh von seinen Feldern. Er schlug Ziegel aus dem Lehm seines Grundes, er löschte Kalk aus seinen Felsen, er spann und webte die Stoffe für seine Bekleidung aus der Wolle seiner Schafe und dem, was er an Flachs und Leinen von seinen Äckern erntete. Und er ernährte sich von ungemischter unverfälschter Speise, die er seiner Arbeit verdankte. Diese Arbeitszusammenfassung machte ihn nicht nur körperlich allseitig geschickt, lebenstüchtig und geistig rege, sondern verschaffte ihm auch einen durch einseitige Arbeit nie erreichbaren Blick für das Wesentliche des irdischen Lebens und seine Abhängigkeit von dem Walten höherer und unbekannter Mächte. Er war der Schöpfer des Notwendigen, des Notwendenden, während die Arbeitsteilung nur das Überfließende, das Überflüssige hervorbringt.

/ Er ist ein Industrieller des Bodens geworden, der mit Hilfe der Erde Waren für den Markt erzeugt und das Brot durch seine Hingabe für Geld schändet. Zur Strafe dafür ist er ebenso wie alle andern abhängig von Zöllen und Krisen. Er schindet sein Vieh so wie ihn der Staat schindet. Er mißbraucht die Erde.

Baum / Ein vollkommenes Symbol der Sehnsucht des Irdischen nach dem Himmlischen.

Becken / Jenes Gefäß, in dem die Menschen ausgekocht werden.

Bedürfnisse / Das, was den Menschen knechtet und arm macht. Der Mensch ist nur dann glücklich, wenn er alles hat, dessen er bedarf. Je weniger einer bedarf, desto wahrscheinlicher wird sein Glück.

/ Wie viele Dinge gibt es doch, die ich nicht brauche! Ist man so weit, ist viel gewonnen. Man wird keine hysterische Angst vor Entbehrungen mehr haben, die bei uns Abendländern ein höchst gewöhnliches Leiden ist. Verreist heute einer nur für einen Tag, schleppt er schon einen ganzen Pinkel voll Schnickschnack mit sich herum. Wird ihm dieser Pinkel gestohlen, sieht er sich dem Tode ausgeliefert.

/ Ihr habt gehört, daß von den Aposteln des Fortschritts gesagt worden ist, gegen die Mechanisierung des Lebens durch die Maschine aufzutreten sei Unsinn, denn man könne das Rad der Entwicklung weder aufhalten noch zurückdrehen. Ich aber sage euch, man kann es, wenn man noch kein Sklave seiner Bedürfnisse ist und einem das Lebensmittel noch nicht zum Lebenszweck geworden ist. Denn es gibt heute nur eine Entwicklung: die Entwicklung der Bedürfnisse. Eine andere Entwicklung ist nirgendwo zu bemerken; immer nur die alte Leier längst dagewesener Irrtümer und Ideale. Die Bedürfnisse aber gleichen dem Salzwasser; je mehr man davon trinkt, desto durstiger wird man. Das Rad der Bedürfnisentwicklung ist nur dadurch aufzuhalten, daß man auf alles verzichtet, was nicht einer Not abhilft, also nicht Not-wendend, nicht notwendig ist. Durch solchen Verzicht kämen alle Menschen gleichmäßig in den Besitz alles Notwendigen und es wäre nicht mehr möglich, daß hundert Menschen im Zeppelin zum Vergnügen um die Erde fliegen können, während gleichzeitig hunderttausende kein Geld haben, sich die Schuhe fürs Zu-Fuß-Gehen zur Arbeit besohlen zu lassen; daß die einen Paläste besitzen, Millionen aber nicht einmal die ärmste Hütte ihr eigen nennen können; daß die einen am Zuvielfressen sterben, die andern am Hunger. Ja, säßen die Leute, die das Rad der Entwicklung nicht aufhalten zu können vermeinen, in einem Eisenbahnzug, vor dem sich ein Abgrund aufgetan hat und die Schienen weggerissen sind, dann schrien sie sofort nach Gegendampf und Rückwärtsfahrt. Denn sie begreifen: wo die Schienen verschwunden sind, ist für den Zug die Möglichkeit des Fahrens zu Ende. Das aber begreifen sie nicht: wo die unter allen Umständen gesicherte Existenz verschwunden ist, ist für den Menschen die Möglichkeit, Mensch zu sein, zu Ende.

/ Xenophon berichtet, daß Sokrates einmal gesagt habe: Die Speisen, die auch ohne Hungergefühl zum Essen verlocken, die sind es, welche den Körper zugrunde richten. Mit demselben Rechte kann man sagen: Die Waren, die zum Ankauf verlocken, auch wenn man sie nicht notwendig braucht, die sind es, welche die Seele zugrunde richten, die sind es, die den Menschen zum Opfer des Geldes machen. Und wer vermittelt uns solche Waren, wer verfolgt uns mit ihnen? Der Handel. Jeder Abenteurer, der sich mit einem kapitalskräftigen Spekulanten verband, hatte früher einmal die Möglichkeit, in fremde Länder zu fahren, die dortigen Eingeborenen zu betrügen oder zu berauben, und Waren, die in einem andern Erdstrich vielleicht notwendig sind, für Schnaps und Schießpulver einzutauschen und nach Europa zu bringen, wo man bisher ohne sie ausgekommen war, so wie man dort ohne Schnaps und Schießpulver ausgekommen war; und so den Menschen neue Bedürfnisse anzuerziehen. Jeder Scharlatan kann heute irgendeinen Dreck erzeugen, morgen seinen gesetzlich geschützten Namen mit einem Flugzeug an den Himmel schreiben und in der Presse annoncieren, sein Dreck sei unentbehrlich für den mondainen Herrn, für die elegante Dame, für die Hausfrau, für den Geschäftsmann, kurz, für jeden Menschen, der auf der Bahn des Fortschritts in den Abgrund torkelt. Übermorgen kauft man den Dreck bereits und überübermorgen glaubt man wirklich, man könne ohne ihn nicht mehr leben und vor seiner Erfindung habe man bloß so dahinvegetiert und sei ums Beste des Lebens betrogen gewesen.

Befehlen / Befehlen hieß ursprünglich: Jemandem etwas anvertrauen. Diese Bedeutung stammt noch aus einer Zeit, in der es noch freie Männer gab, die wohl ein Vertrauen zu rechtfertigen wußten, aber auf die Zumutung, einem fremden Willen blind zu gehorchen, die heute das Wesen des ›Führerprinzips‹ ausmacht, wahrscheinlich mit Maulschellen geantwortet hätten.

Begierde / Eine Frotzelei des Menschen durch die Natur, durch die sie ihn ihren Zwecken gefügig zu machen versucht.

Begriffe / Das, was immer wieder verdreht wird und daher immer wieder richtig gestellt werden muß. Ein Begriff ist dann richtig, wenn er so anschaulich ist, daß man ihn be-greifen, also seinen Sinn mit Händen greifen zu können vermeint.

/ »Der größte Teil aller Streitigkeiten unter den Menschen trägt einen rein verbalen Charakter«, meint Locke, »und es ist ganz dasselbe, wenn man es unternimmt, Menschen, die keine festen Begriffe haben, aus ihren Irrtümern zu vertreiben, als wenn man einen Landstreicher, der keinen festen Aufenthalt hat, aus seiner Wohnung vertreiben wollte.« (...) Und das klare Denken besteht zum großen Teil in der Kunst, sich der Sprachgeborenheit und Sprachgebundenheit der Begriffe immer bewußt zu bleiben und sich immer wieder in Erinnerung zu bringen, daß es das Wesen eines Begriffes ist, von der Wirklichkeit zu abstrahieren und daß man ihn schon deshalb in der Wirklichkeit nur mit größter Vorsicht ver-wenden darf. Man kann mit Federstielen zwar den Plan zu einem Gebäude zeichnen, aber man kann dieses Gebäude nicht mit Federstielen als Werkzeugen in natura erbauen. Und gerade das wird von den Wirrköpfen immer wieder versucht. Und die Menschen stehen dabei, sehen ehrfurchtsvoll dem Unsinn zu, ergreifen Partei bald für diesen, bald für jenen, und erhitzen ihre Gemüter zur Wut, statt alle miteinander in ein unauslöschliches Gelächter auszubrechen, wenn sie sehen, wie die Maurer, die das Gebäude unserer Zukunft zu bauen unternommen haben, statt Ziegeln Begriffe schupfen.

Behörde / Die Be(amtete)-Horde. Eine Horde von kleinen Dschingis-Khanerln und Tamerlanerln, die Hürden zwischen den Menschen errichten, um für deren Passieren Abgaben abnehmen zu können.

Behufs / Der Schimmel ist ein Huftier, der Amtsschimmel hingegen ein Behufstier. Seine Behufe werden von den behördlich geprüften Behufsschmieden, den Beamten, mit Tinte gefärbt und mit einem aus den Akten gewonnenen Blech beschlagen. Behufs Schonung des amtlichen Schimmelmaterials.

Beichte / Das, was den Sünder absolviert. Der, dem gebeichtet wird, hat zu schweigen und nicht zu absolvieren. Tut er es, dann ist er ein Frechling, der keine Ahnung vom Wesen der Beichte hat.

Beischlaf / Vielleicht die Ursache der Verschlafenheit der Menschen, da sie doch ihm ihr Leben verdanken?

Beliebt / Ist immer der, der sich von seinen Mitmenschen gutwillig betrügen läßt.

Beneiden / Die Hauptbeschäftigung des Menschen. Man beneidet andere Menschen jener Dinge wegen, die sie besitzen und die man selber gerne besitzen möchte. Der Neid ist also so eine Art Sehnsucht des Podex.

Bequemlichkeit / Die Haupteigenschaft des Menschen. Das Fundament aller Knechtschaft.

Berg / Ein Naturgebilde, dazu geschaffen, den Menschen immer wieder zu demonstrieren, daß alles Emporsteigen Schweiß kostet. Sie kapieren diesen Sinn aber nicht.

Berichten / Be-richten heißt eigentlich: zurechtmachen! Das weiß aber niemand mehr und die Leute glauben daher, was die Zeitungen berichten, d. h. zurechtmachen.

Berufen / Etwas derart preisen, daß es durch Mitwirkung böser Geister ins Gegenteil umschlägt. Der Beruf ist das, was in den meisten Fällen durch Berufen (der Beruf ist doch das Höchste im Leben!) ins Gegenteil verkehrt wurde: Eine Lebensaufgabe wurde zu einer Lebensqual. Der böse Geist, der dabei mitwirkte, ist das Geld; denn man kann sich für die Durchführung seiner Lebensaufgabe nicht von einem Arbeitgeber bezahlen lassen.

Beschlagnahmung / Staatlicher Diebstahl. Der gewöhnliche Dieb stiehlt nur das, was er brauchen kann. Der Staat stiehlt auch das, was er bestimmt nicht gebrauchen kann: Druckschriften, in denen die Wahrheit steht.

Besitz / Besitz ist das, worauf man sitzt, was man also be-sitzt. Die Menschen nach ihren Besitzverhältnissen beurteilen, heißt die Welt aus der Arschperspektive betrachten.

Besitzer / Die Besitzer sind gewöhnlich Besessene.

Bestialität / Auf deutsch: tierische Roheit. Eine nur bei den Menschen anzutreffende Eigenschaft.

Betrachtung / Das des Menschen würdigste Verhalten der Welt gegenüber, dem die Erkenntnis, daß auch das Hinschauen nicht der Mühe wert ist, mit Notwendigkeit auf dem Fuße folgen wird. Besonders heutzutage.

Betrieb / Es gibt nur einen Betrieb: den der Ausbeutung.

Bett / Das Hauptmöbel des Menschen, in dem er gezeugt und geboren wird, in dem er schläft und beschläft, leidet und stirbt.

Bewußtsein / Das schlechthin Unerklärliche, durch das alles, was ist, ist; und doch in jedem Menschen anders ist.

Bezahlte Anzeige / Ein lebenserhaltender Ausschlag, der sich vom Hinterteil der Zeitung allmählich auf das ganze Blatt ausdehnt und es immer lebensfähiger macht.

BGBL / Eben fällt mir ein, daß BGBL wahrscheinlich die amtliche Abkürzung für Bürgerlicher Blödsinn ist.

Bibel / Besteht aus zwei Testamenten: dem alten und dem neuen. Jeder Jurist weiß, daß ein neues Testament das alte aufhebt; besonders dann, wenn es so widersprechende Bestimmungen enthält wie hier. Da aber bei Gott (und daher natürlich auch bei seiner Kirche!) kein Ding unmöglich ist und überhaupt das Absurde des Glaubens süßestes Kind ist, muß an beide nebeneinander geglaubt werden. Was zu Verwirrungen Anlaß gibt.

Bilanz / Das, was immer falsch ist.

Bildung / Ist in den meisten Fällen Einbildung.

/ Wichtiger als alle Bildung der Jugend ist ihre Ausbildung, die dann vollendet ist, wenn's mit der Bildung aus ist.

Blech / Etwas Dünnes und Klapperndes, das durch Auseinanderwalken des Konzentrierten entsteht. Ein beliebtes Schreib- und Redeprodukt.

Blind / Eine Aufgabe: Die Leute darauf aufmerksam zu machen, daß es neben dem, was sie sehen, indem sie nichts sehen, noch etwas gibt, etwas Zartes, Heiliges und Tiefes, das sie täglich mehr mit ihren Fortschritten zu Tode trampeln, etwas, das nicht ausgesprochen, sondern nur gefühlt werden kann und dennoch die ausgesprochene Ursache alles Wertes auf Erden ist.

Blockade / Die kriegerische Folge der Mißachtung der Erde. Nur gegen jene Völker anwendbar, die den idiotischen »Planwirtschaftlern« glauben, die neuestens lehren, daß jene Länder, in denen das Getreide nicht so gut wächst wie in Canada und Australien, eben den Ackerbau aufgeben und sich ganz der Industrie oder der Viehzucht widmen müßten, um »auf dem Weltmarkt konkurrenzfähig bleiben zu können«. Wenn die ganze Planwirtschaft, die doch Sozialdemokraten und Kommunisten als das einzige Heilmittel anstreben, so aussehen wird wie diese ersten schüchternen Versuche – dann gute Nacht! Man wird daran erinnern müssen, daß »plan« auf gut deutsch blöd heißt.

Blond / Die einzige Haarfarbe, die bisher in die Politik Eingang gefunden hat. Vermutlich deshalb, weil sich mit ihr die Leute am leichtesten anschmieren lassen, da ihr die Eigenschaft, Maulhelden in Helden verwandeln zu können, angedichtet wird. Außerdem ist sie nicht nur durch Edelrassigkeit, sondern auch durch Wasserstoffsuperoxyd zu erlangen.

Blüte / Das Geschlechtsorgan der Pflanze; man halte sie neben das des Menschen und ermesse, um wieviel die Pflanze höher stehen muß als der Mensch.

Blut / Ein Saft, der leider nur von den Literaten, nicht aber von den Politikern für etwas Besonderes gehalten wird.

Blutmysterium / Eisen: Ein Mittel zum Blutvergießen, aber gleichzeitig eines gegen Blutarmut. Seltsames Blutmysterium.

Blutstropfen / Leute, die immer ihren letzten Blutstropfen für etwas hingeben möchten, sind mit dem ersten gewöhnlich sehr sparsam.

Bollwerk / Eine Phrasenburg des Mundwerks.

Börsianer / Haussierer und Baisstien.

Botschaft / Eine legitime Spionagezentrale.

Bourgeois / Der Bürger, der mit der Staatsform zufrieden ist. Also auch der Sozialdemokrat, der mit der Republik zufrieden ist.

Branche / Heißt eigentlich: Zweig. Also: die dürren Zweige, auf die die Menschen durch den Kommerz gekommen sind.

Branntwein / Eine Flüssigkeit, durch deren Ausschankbewilligung der Staat dafür sorgt, daß die Irrenhäuser nie leer werden.

Brauchtum / Unter Anleitung von geschäftigen Städtern gräbt der Bauer heute wieder alte Bauernbräuche, alte Bauerntrachten, Volksweisen und Volkstänze aus dem Schutt der durch das Geld vollständig versauten ländlichen Verhältnisse und führt sie den geehrten zahlungskräftigen Fremden als Gspaß vor, um sie zu längerem Verweilen und weiterem Konsumieren seiner bäuerlichen Produkte zu animieren. Man bildet sich ein, man könnte das Tote »beleben«, indem man es einfach ausgräbt, man jagt Gespenster aus den Gräbern und läßt sie vor gelangweilten Sommerfrischlern gegen Entree tanzen. Daß sich der heutige Bauer zu so etwas hergibt, charakterisiert ihn.

Broadway / Kommt schon in der Bibel vor: der breite Weg, der zum Verderben führt; was die bibelfestesten Amerikaner nicht hindert, ihn zu benützen.

Brot / Das am meisten verfälschte, vergiftete und entwertete menschliche Nahrungsmittel, dessen Verkäuflichwerden der Anfang allen Jammers war; denn dadurch ging die Unentbehrlichkeit des Brotes auf das Geld über und die Falschheit des Geldes auf das Brot. Heute versucht man das entwertete Brotmehl wieder künstlich mit Vitaminen »anzureichern« (…), aber nur das selbstgebaute, selbstgemahlene und selbstgebackene Brot enthält das Vitamin der Freiheit, das noch kein Nahrungsmitteltechniker entdeckt hat.

Brüderlichkeit / Eine sagenhafte Sympathie, die man kaum noch zwischen Brüdern findet; geschweige denn zwischen fremden Menschen.

Brunft / Eine der zahlreichen Lebenstatsachen, die das Tier vorteilhaft vom Menschen unterscheiden.

Brüste / Nach Schiller die Halbkugeln einer besseren Welt. Jede von beiden muß nach Meinung der Franzosen so groß sein, die Hand eines Ehrenmannes auszufüllen. Überhaupt: Der Größe nach verhält sich die Hand des Mannes zu der der Frau wie die weibliche Brust zum männlichen scrotum. Nach solchen Maßen schneidert die Natur! Niemand merkt die Absicht und niemand wird verstimmt.

Buchstabe / Was ein Buchstabe alles ausmacht: Lästig – listig – lustig – lüstig.

Buddhismus / Logischer Fehler im Buddhismus: Das Leben ist schmerzlich und die Vergänglichkeit ist traurig! Das geht nicht. Entweder das eine oder das andere. Ist das Leben schmerzlich, dann kann die Tatsache, daß es vergänglich ist, nicht traurig sein. Vor einem, der die Vergänglichkeit bejaht, schrumpft der ganze Buddhismus im Augenblick zu einer Alfanzerei zusammen.

/ Apropos Buddhismus: Wer schaut denn darauf, daß das Karma sich erfüllt und alles in der richtigen Ordnung abläuft? Vermutlich der Gott, ohne den der Buddhismus auskommen zu können glaubt.

/ Der buddhistische Grundsatz: Man soll sein Herz an nichts hängen, ist genau so geistreich, wie wenn sich einer entschließt, sich sein ganzes Leben lang nicht zu waschen, weil es ohnehin wurst sei, ob er rein oder dreckig in den Sarg komme; oder nie eine Reise zu machen, weil er ohnehin immer wieder nach Hause zurückkehren müsse.

Budget / Ein Voranschlag der Obertanen, dem der Anschlag auf die Taschen der Untertanen a tempo folgt.

Bundespräsident / Jenes staatliche Organ, das vor allem zur Eröffnung der Kanarien- und Kaninchenausstellungen, die sonst uneröffnet bleiben müßten, berufen ist.

Bürgerlich / Der weiche Brei der Untertanen, der sich aus Geschäftsgründen um die Burg etabliert hat.

Bürgerseele / Sie stinkt wie eh und je nach ihren für erledigt gehaltenen Idealen, nach Blut und Dummheit, nach Sittlichkeit und Verwesung, nach Bodenständigkeit und Ausbeutung und eine Herde von treuherzigen Zuhältern umschwärmt sie.

Burg / Der feste Sitz der Herrschenden.

Burgtheater Wien / Ein Theater, dem man die Hofburg genommen und das nun verstümmelt als Staatstheater weiterleben soll, wobei ihm der Staat die größte Konkurrenz macht, da er längst selber Theater (als unmoralische Anstalt betrachtet!) geworden ist.

/ Burgtheater! Der Nerv der österreichischen »Kultur« zuckt schmerzlich auf, sobald die Nadel der Kritik nur in seine Nähe gerät. Und dabei ist das Ganze – rück näher, Bruder, und sei ehrlich! – doch nur ein Schwindel, ein Popanz, ein Vorurteil, wenn man sich sehr milde ausdrücken will. Denn jener Weise dürfte noch nicht geboren sein, dem der Nachweis gelingen könnte, daß unser hochberühmtes Burgtheater etwas Ernstliches mit Kultur zu tun hat. Vielleicht wird er erst geboren, wovor ihn ein freundliches Geschick und der gütige Professor Schmerz behüten möge.
Denn im unbarmherzigen Scheinwerferlicht der Wahrheit besehen, schrumpft dieses vielgepriesene Kultur- und Kunstinstitut zu einer Bühne zusammen, zu einem Ensemble von Komödianten, die nicht besser und schlechter Komödie spielen

als jene zweier anderer Wiener Bühnen. Das ist die Wahrheit, die bisher noch niemand in dieser Atmosphäre allgemeiner Verlogenheit aussprechen konnte oder wollte.
Dafür kostet uns dieses Monstrum jährlich einige Millionen Schilling, für die viele mit Recht bekümmerte Steuerzahler eine wahrhaft bessere Verwendung wüßten. Die Hauptsache ist, daß eine Behörde über dem Ganzen steht, daß Akten fabriziert werden und einige höhere Beamte verwaltend intrigieren und Politiker das Gleichgewicht haltend protegieren können.

Busen / Die sichtbar gewordene platonische Idee des Überflüssigen ist der Busen eines schönen Mädchens, das in einer Vorlesung über Metaphysik sitzt.

Butter / Das, was die Politiker auf dem Kopf haben. Zum Ersatz dafür, daß sie nichts drin haben; was sie täglich von neuem dadurch beweisen, daß sie die Verordnungsnot durch Notverordnungen kurieren wollen.

//

Café / Eine Örtlichkeit, an der die Welt wirklich so aussieht, wie es in den Journalen zu lesen steht. Ein wahres Ca(fé)pua der Geister und insoferne als es Kaffeehausliteraten beherbergt sogar ein Capua der Papua des Geistes.

Caprice / Das weibliche Plagiat an der männlichen Originalität.

Caritas / Das katholische Zerrbild menschlicher Hilfsbereitschaft. Da es laut katholischer Auffassung nach dem Willen Gottes Arme geben muß, wäre ja Wohltun ein freventlicher Eingriff in Gottes allerweiseste Absichten. Man hilft also dem Nächsten nicht seinetwegen, sondern nur deshalb, um sich selbst »einen Schatz im Himmel« zu erwerben. Gott wird zum Lohnauszahler entwürdigt, menschliches Elend zu himmlischer Kapitalsbildung benützt und überhaupt: Die Besitzlosen sind nur dazu da, dem Besitzenden Gelegenheiten zu geben, ab und zu einmal auch eine Kleinigkeit für seine Seele zu tun. Denn man kann ja nicht wissen: Eine unvorhergesehene Blinddarmentzündung und schon steht man (gleichgültig ob mit oder ohne Blinddarm) vor Gottes Richterstuhl und wird peinlich nach der Verwendung seiner alten Unterhosen für Caritas-Zwecke befragt. Was dann???

Carnegie / Ein amerikanischer Stahl-Industrieller, der sich einbildete, mit Profiten aus Waffengeschäften könne man dem Frieden einen Palast erbauen, in dem er sich wohl fühlt.

Casus belli / Der Kriegsgrund. Kriegsgründe sind blutrote Blüten, die, billig wie Brombeeren, auf Zäunen wachsen. Von diesen werden sie dann im Bedarfsfall gebrochen, mit Geld und Patridiotismus befruchtet und entwickeln sich zu Reparationsmelonen, die kein Steuerzahler verdauen kann.

Chamäleon / Heißt auf deutsch: Der Erdlöwe. Wer es auf Erden zum anerkannten Löwen bringen will, muß seine Farbe wechseln können wie das Chamäleon.

Chamberlain, Houston Stewart / Ein Schwiegersohn Richard Wagners, des Erfinders der Zukunftsmusik, bemühte sich, seinerseits die Vergangenheit in Musik zu setzen; und zwar für alle jene, die Jehova, sonst aber nichts auf dieser Welt fürchten. Durch die Aufnordung Christi zum Arier! Wodurch natürlich indirekt der Beweis dafür erbracht ist, daß auch der heilige Geist, der Maria beschattet hat, nur eine arische Taube gewesen sein kann. Woraus dann wieder hervorgeht, daß auch Jehova ein Arier sein muß; denn wenn Drei Eins sind, ist es unmöglich, daß einer von ihnen ein Jud, die zwei andern aber Arier sind. Sie würden sonst eben nicht eins sein, das ist klar, sondern miteinander raufen, wodurch die religiösen Grundlagen des XIX. Jahrhunderts bedenklich erschüttert würden.

Chaos / Was die Hölle für den Theologen, das ist das Chaos für den Politiker. Hölle wie Chaos werden für die Zukunft angedroht, damit die Leut nicht draufkommen, daß sie längst gegenwärtig sind. Und beide werden in den schrecklichsten Farben gemalt, damit die Leut drauf schwören, sie seien im Verhältnis zu solchen Zuständen jetzt noch im Himmel, respektive in dessen irdischem Gegenstück: einer demokratischen Republik.

/ Nie wird es der Mensch auf die Dauer ertragen, als Industriearbeiter mit den Seinen von Wirtschaftskrisen und Absatzstockungen und den Spekulationen verborgener Drahtzieher abhängig zu sein und heute oder morgen wird er aufstehen und das Rad der Entwicklung nicht aufhalten, sondern kurz und klein schlagen. Und ich sage euch: Nicht das Chaos wird dann kommen, sondern die Ordnung. Das Chaos ist längst da. Oder ist der Kampf aller gegen alle, der heute tobt, vielleicht eine Ordnung? Auch das Chaos hat seine Gesetze. Die Gesetze sind in den bürgerlichen Gesetzbüchern niedergelegt, die tausenderlei verbieten nur die Ausbeutung nicht, weil ohne Ausbeutung diese ganze bürgerliche Gesellschaft unmöglich wäre. Wehe denen, deren Rechtsprechung die Rechtsbrechung ist! Wehe denen, die, um oben nicht anzustoßen, nach untenhin Fußtritte austeilen! Wehe den Gerichten, die sich für Bettler interessieren, aber für die Möglichkeit, daß Menschen betteln müssen, nicht! Wehe denen, welche die, deren einziger Feind die Gesellschaft ist, »Feinde der Gesellschaft« heißen und von ihnen verlangen, daß sie dem Darben der Ihren und dem Rachitischwerden ihrer Kinder zusehen und dazu das Lied »Üb immer Treu und Redlichkeit« singen! Wehe denen, die nicht begreifen, daß das ungeheuerste Eigentumsdelikt das Eigentumsrecht an der Erde ist! Weg mit allen diesen auf Amtsschimmeln reitenden Wasenmeistern, die jeden Menschen, der keinen Beißkorb trägt, mit ihren Gesetzesschlingen fangen wollen! Weg mit allem, was an der Krippe sitzt, süße Diäten nascht und den Entbehrenden diätische Vorschriften machen möchte! Weg mit diesen unverantwortlichsten Elementen, die jeden, der sie zur

Verantwortung zieht, ein unverantwortliches Element nennen! Weg mit diesen Frechlingen, die strafen, um abzuschrecken, und so jedem Redlichen die Angst vor ihren Strafen als Motiv seiner Redlichkeit unterschieben möchten! Weg mit allem, was so tiefstehend ist, daß es gar nicht mehr herabgesetzt werden kann und was dennoch fortwährend herabgesetzt zu werden behauptet und deshalb den Staatsanwalt mobilisiert.

Charakter / Hat zwei höchst verschiedenartige Bedeutungen: Persönlichkeit oder Rang (Stand, Titel). Wer seinen Charakter im Sinne von Persönlichkeit verleugnet, bekommt als Entschädigung dafür einen Charakter im Sinne von Titel. Denn irgendeinen Charakter muß der Mensch nun einmal haben. Eigentlich aber bedeutet das Wort Charakter ein Werkzeug zum Eingraben. Seines Namens in die Erinnerung seiner Zeitgenossen!

Chauffieren / Kommt von Chauffeur = Heizer; dürfte also auf deutsch »Einheizen« bedeuten. Jetzt wird klar, weshalb diese Tätigkeit bei den Damen, deren gottgewollte Aufgabe es ist, den Herren einzuheizen, so beliebt ist.

Chef / Das Ideal, dem alle zeitgenössischen Heringsbändiger nachstreben. Heute heißt sogar der Direktor einer Schule, der ehemals mehr patriarchalisch »Alter« oder »Tatl« genannt wurde, bei den Schülern Chef. Die hoffnungslose Kommerzialisierung dieses Geschlechts ist auch daran zu erkennen.

Chiffre / Kommt vom arabischen cifar, was soviel wie leer oder Null bedeutet. Chiffren sind also jene Nullen, mit denen Nullen (Diplomaten) sich verständigen, das heißt vielmehr: einander mitteilen, daß sie sich nicht verständigen können. Denn verständigen können sich nur Verständige und nicht Nullen; außerdem ist es doch die Hauptaufgabe der Diplomaten, sich nicht zu verständigen. Dafür werden sie ja von den Regierenden, die von den Gegensätzen und nicht vom Einvernehmen zwischen den Völkern leben, bezahlt.

Christ / Ein naiver Mensch, der sich einbildet, Christus habe ihm geglichen.

Christentum / Insoferne eine der originellsten Religionen, als ihr Anhänger verbunden ist, das Gegenteil von dem zu tun, was ihr Stifter gelehrt hat.

/ Die christlichen Kirchen verhalten sich zur Lehre des Buddha wie ein paar Erd-äpfel zum Erd-ball.

/ Die christliche Sittlichkeit ist und bleibt ein gefährliches Monstrum, das sich von Selbstmörderblut nährt und seinen Durst mit den Tränen derer stillt, die »gefallen« sind, weil sie gefallen haben. Sie erklärt das Körperlich-Natürliche, aber nur insoferne als es sich in gewissen Regionen des Leibes abspielt, für eine Schweinerei, die geistige Schweinerei aber, die an ihm Anstoß nimmt, für gefestigte sittliche Grundsätze. Sie teilt den Körper in zwei Teile. Nördlich des Nabels ist er ein Ebenbild Gottes, südlich des Nabels eine Erfindung des Teufels. Aber das Zwerchfell, das Oberleib und Unterleib trennt und die spanische Wand abgeben soll, die Gut von Böse scheidet, krümmt sich über eine solche Zumutung und gerät in derartige Erschütterungen, daß ein homerisches Gelächter die Folge ist.

/ Christentum – die Angst, es könnte einem noch etwas geschehen, wenn man schon tot ist. Das ist übertrieben.

Christus / Das Wertvollste, was uns Christus hinterlassen hat, ist nicht die heutige christliche Religion, die nicht von ihm, sondern von den Aposteln, den Konzilien und den Päpsten stammt, sondern die Idee einer durchaus möglichen Lösung der sozialen Frage durch die Liebe. Denn in dem Augenblick, in dem keiner mehr für sich selbst sorgt und arbeitet, sondern nur mehr für den anderen, sorgen und arbeiten alle anderen für den einen, es kann ihm nichts mehr geschehen und die Welt ist vom Übel, insoferne es von Menschen stammt, erlöst.

»Die christliche Religion ist eine intentionierte politische Revolution, die, verfehlt, nachher moralisch geworden ist«, sagt Goethe. (...) Darum Vorsicht und Mißtrauen vor Christus, wenn ihn andere zum Stifter einer Religion machen wollen, während ihn lediglich eine Religion zu ihrem Stifter ernannt hat, eine Religion, die mit seinen sozialen Ideen kaum etwas gemeinsam hat und mit ihnen sozusagen lediglich durch Personalunion verbunden ist. Darum aber auch Ehre Christo, dem fühlenden und empörten Menschen, dem Revolutionär, der für seine Überzeugung gelitten hat und gestorben ist! Gestorben als Opfer derselben Obertanen, die ihn heute dazu verwenden wollen, die Untertanen, die er befreien wollte, kirre zu kriegen.

Citoyen / Hieß wörtlich der »Bürger«, war aber eigentlich eine altertümliche Bezeichnung für »Genosse«; während heute das Wort Genosse schon wieder zu einer neuzeitlichen Bezeichnung eines Bürgers geworden ist. So ändern sich die Zeiten.

Claque / Eine Gesellschaft zur Erzeugung von Lärm für den, der ihr Tribut zahlt.

Clique / Eine Gesellschaft zur Erzeugung von Schweigen um den, der ihr keinen Tribut zahlt.

Communiqué / Ein amtlich punziertes Sammelsurium von Lügen, Beschönigungen und Verdrehungen. Denn das Volk »herrscht« zwar in der Demokratie, darf aber beileibe nicht wissen, wie's beim Herrschen zugeht.

Couleur / Farben, durch deren Anlegen farblose Jünglinge diesen ihren Mangel verdecken möchten. Während die Weiber, wenn sie sich schon colorieren, wenigstens revolutionär sind und energisch Rot auflegen, legen diese Männer (eigentlich sind's keine Männer, sondern nur Hosenträger) immer nur reaktionär gefärbte Textilprodukte an.

Courths-Mahler / Kotz-Mahler.

Credit / Der modernisierte Glaube; denn credo heißt glauben. Früher glaubten die Menschen an das Versprechen himmlischer Belohnungen, heute creditieren sie auf das Versprechen irdischer Belohnungen hin. Früher sangen sie ein Credo, heute singen sie in Genf um Credite. Ehemals machte der Glaube, heute machen die Credite selig.

Creditanstalt / Eine ebenso wie die Kirche auf Glauben gegründete Anstalt. Daher die Sympathie der Kirche für die Banken. Diese wie jene kann man nur durch Erschütterung des Glaubens ins Wackeln bringen.

Cruzifix / Immer wieder wird Christus am Kreuz, also das Cruzifix dadurch geschändet, daß es in allen Gerichtssälen des Landes als Behelf zum Richten und Schwören verwendet wird, obwohl Christus diese beiden Tätigkeiten ausdrücklich verboten hat.

Cunnilingus / Eine sexuelle Praktik der Hunde. Durch die Psychoanalyse auch bei den Menschen wissenschaftlich ausgebaut und vertieft.

//

Dach / Kommt aus der indogermanischen Wurzel »teg«, die ganz allgemein jede Art von schützender Hülle bedeutet (auch das Wort »toga« stammt von ihr). Ein Mensch ohne schützende Hülle ist schutzlos, ein schutzloser Mensch kann nicht frei sein. Daher sind neben dem eigenen Brot das eigene Dach und die Kleidung die Hauptgrundpfeiler jeder menschlichen Freiheit.

Dadaismus / Eine literarische Richtung, deren Jünger wenigstens zugeben, daß sie lallen.

Damen / Der Name für die offiziellen Beischläferinnen der Kapitalisten. Erinnerten schon Schopenhauer an die heiligen Affen in

Benares, denen alles erlaubt ist. Die vornehme Dame ist jene Mißgeburt, die aus der Vermischung von Weib und Geld, also von Natur und Unnatur, von Wärme und Kälte entstanden ist. Das Geld, die Unnatur und die Kälte siegen und ergeben miteinander die Dame.

Dämon / Kommt von dem griechischen Wort Daimon, das ganz einfach »Geist« bedeutete. Unter dem Einfluß der katholischen Kirche aber erhielt das Wort im Mittelalter die Bedeutung »böser« Geist; denn die Kirche kann 1.) einen Geist überhaupt nicht brauchen; 2.) wenn schon einer da ist, muß er wenigstens bös sein.

Dandyismus / Trottelei.

Dankbarkeit / Eine Eigenschaft, die mit großer Schärfe das Zweibein vom Menschen scheidet. Denn das Zweibein bedrückt der Gedanke, jemandem zu Dank verpflichtet zu sein, den Menschen aber der Gedanke, sich jemanden zu Dank verpflichtet zu wissen.

Darben / Das Darben stört nicht nur die körperliche Entwicklung dessen, der darbt, sondern auch, wenn viele Menschen darben, die geistige Entwicklung aller jener Zeitgenossen, die nicht zu darben brauchen. In solchen Zeiten gibt es keine Philosophie, keine Kunst, keine Dichtung und hat es nie eine gegeben. Das Gesetz dieser merkwürdigen und schicksalhaften Zusammengehörigkeit, es duldet keine Ausnahme. Schade um jede Mühe, die darauf verwendet wird, es zu umgehen. Hier scheint ein Kniff der Natur vorzuliegen: Sie will durch solche Aussichtslosigkeit seiner gewohnten Beschäftigung den höher organisierten Geist förmlich dazu zwingen, in solchen Zeiten seine ganzen Kräfte zur Bekämpfung des Darbens der Menschen und seiner Ursachen zu verwenden. Dort ist sein Platz und sonst nirgends!

Darmputzer / Ein Gewerbe, das den Menschen in seiner tiefsten Erniedrigung zeigt.

Dasig / Heißt in Wien soviel wie »hier befindlich«, hat aber gleichzeitig auch den Sinn von belämmert. Daraus lassen sich verschiedene Schlüsse ziehen.

Dauern / Heißt »leidtun« und gleichzeitig »währen«. Da ist ein buddhistischer Gedankengang in die deutsche Sprache geraten! Nur was den Menschen dauert, hat Dauer; was ihm wohltut, keine.

Debatte / Der Versuch zweier Redner, einander durch Worte zu überzeugen. Da aber infolge Verwirrung der Begriffe unter demselben Wort jeder etwas anderes versteht, ist ein solcher Versuch noch nie geglückt und wird doch täglich von neuem unternommen.

Defaitist / Der, welcher sagt, daß ihm flau ist. Wird von jenen, denen auch flau ist, die es sich aber noch nicht zu sagen trauen, als für ihre kriegerische Stimmung gefährlich angezeigt. Eine schöne kriegerische Stimmung, die vor einem Flaumacher Angst hat!

Defensive / Das, wofür bekanntlich in der Theorie alle Armeen gehalten werden, alle Rüstungen betrieben werden.

Defilee / Eine Vorführung der Militärmaschine. Ein Schwingen der Haxen als Zeichen, daß der Verstand die Schwingen verloren hat.

Defilirium tremens teutonicus 1933 / Es ist kein Zweifel mehr: In Deutschland ist ein Exerzierwahnsinn ausgebrochen, wie ihn die Geschichte bisher noch nicht kannte. Ein Defilirium tremens, das die von ihm befallenen Kranken ununterbrochen zwingt, Vorbeimärsche entweder »entgegenzunehmen« oder an ihnen teilzunehmen oder sie mit anzusehen. Daß geistig Gesunde im Stande sind, ein paar hundert Kilowatt Radioenergie zur Übertragung von Gewehrgriffen zu verwenden, das wird mir niemand weismachen. Und der Eindruck des allgemeinen Übergeschnapptseins wird zur Überzeugung, wenn man einen scheuen Blick in irgendein illustriertes Blatt wirft, das Bilder aus Deutschland bringt. Man sieht nichts als Paraden, Defilierungen, Menschen in Uniformen ähnlich denen der dressierten Affen marktfahrender Italiener, geschwungene Haxen, wehende Fahnenwälder und salutierende Führer, die sich an den Kopf greifen, als glaubten sie nicht, daß sie einen haben. Wohl haben sie einen, aber drin ist nix. Und so was soll Jahrhunderte dauern und durch nichts zu ersetzen sein!

Defloration / Die Entjungferung. Eine sagenhafte Geschichte, die man heute nur mehr vom Hörensagen kennt.

Dekalog / Jene zehn Gebote Gottes, die aus den ca. 36.000 Geboten Gottes, von denen die Bibel und der Talmud berichten, als die harmlosesten ausgewählt wurden. Andere Gebote Gottes zum Beispiel sind: Was aber wiederkäuet und hat Klauen und spaltet sie nicht, das sei euch unrein und sollt es nicht essen. Die Kaninchen und Hasen wiederkäuen wohl, aber sie spalten die Klauen nicht, deshalb sind sie euch unrein. Auch was sonst vier Füße hat unter den Vögeln, soll euch eine Scheu sein! (Diese wunderbare Stelle, die jeder Katholik auf Befehl des tridentinischen Konzils zu glauben verpflichtet ist, obwohl sie zeigt, daß der Schöpfer der Tiere nicht einmal weiß, welche wiederkäuen und welche vier Füße haben, befindet sich III. Mose 11,4-6 und 33.) Weitere Gebote: Du sollst deines Vaters und deiner Mutter Scham nicht blößen! (III. Mose 18,7. Das scheint beim Volke des Herrn ein beliebtes Gesellschaftsspiel gewesen zu sein, weil's immer wieder bei jeder Gelegenheit verboten wird.) Weiter: Siehst du unter den Gefangenen ein schönes Weib und hast Lust zu ihr, daß du sie zum Weibe nehmest: so führe sie in dein Haus und laß ihr das Haar abschneiden und ihre Nägel beschneiden und die Kleider ablegen, darinnen sie gefangen ist, und laß sie sitzen in deinem Haus und beweinen einen Monat lang ihren Vater und ihre Mutter. Danach schlaf bei ihr! (V. Mose 21,11-13) Ferner: Wenn du ein Nest auf dem Wege findest, auf einem Baum oder auf der Erde, und daß die Mutter auf den Jungen sitzet, so sollst du nicht die Mutter mit den Jungen nehmen, auf daß dir's wohl gehe und lange lebest! (V. Mose 22,6-7) Noch eins: An dem Fremden magst du wuchern, aber nicht an deinem Bruder, auf daß dich der Herr, dein Gott segne … (V. Mose 23,20) usw. usw. – Und eine Menschheit, die seit Jahrhunderten mit solch einem heiligen Buch herumrennt, wundert sich noch über was!

Dekolleté / Eine früher besonders auf Hofbällen in ihrem Umfang genau vorgeschriebene Entblößung des Busens der Ballteilnehmerinnen, die so dosiert war, daß die vorhandenen alten Exzellenzen gerade noch eine Freud hatten, ohne in Anfechtungen zu verfallen.

Dekorierung / Im Kriege: die Feier jener Taten mit Orden, die im Frieden mit Schwurgerichtsverhandlungen und Aufhängen gefeiert worden wären.

Delikatesse / Eine Leckerei. Zum Beispiel: die mit Leichenteilen gefüllte Harnblase des Schweins. (Preßwurst genannt.)

Dementi / Widerruf einer Lüge durch eine andere.

Demokratie / Wieviel Mühe, wieviel Enttäuschung hätte man sich ersparen können, wenn man vorher die Entscheidung der Sprache über die Demokratie eingeholt hätte! Denn die hätte gesagt: Demokratie = Volksherrschaft; Volk wieder = alle Menschen, die einen Staat bewohnen; daher ist Demokratie die Herrschaft aller Menschen, die einen Staat bewohnen. Ja, über wen denn? Da bleibt ja gar niemand zum Beherrschen übrig und zu einer Herrschaft gehören doch wie zu einer Prügelei immer zwei: einer, der prügelt, und einer, der geprügelt wird! Seht, aus diesem kurzen Urteil der Sprache wäre sonnenklar hervorgegangen, daß das Wort Demokratie etwas Unmögliches, ein Nichts bezeichnet, daß es also ein durchaus leeres Wort ist, das nur auf dem Papier bestehen, nie aber in die Wirklichkeit umgesetzt werden kann. Woraus folgt, daß alles, was in der Praxis je Demokratie geheißen hat und noch heißt, gar keine war und ist. Eine nette Überraschung!

/ Das Wort Volksherrschaft ist blöd, denn wenn ich – das Volk – das tun kann, was ich will, dann herrsche ich nicht, sondern werde höchstens nicht beherrscht; und das Wort Volksherrschaft ist blöd, denn um herrschen zu können (wenn man auch nicht sagen kann, über wen oder was!) müßte das Volk wissen, was es will, müßte mit sich selber einig und dürfte nicht in Parteien gespalten sein; aber gerade das Volk in Parteien zu spalten oder in dieser Spaltung zu erhalten, es also herrschaftsunfähig zu machen, ist ja das liebste Gesellschaftsspiel der Demokratie und das Geschäft gerade jener Querköpfe, die sich »Volksbeauftragte« nennen, aber die eigentlichen Vernichter der Demokratie sind.
So kann man also nie von Volksherrschaft sprechen, sondern höchstens von Majoritätsherrschaft, eine Herrschaft übrigens, die von allen Herrschaften die unerträglichste ist. Denn erstens ist die Majorität immer die Dummheit, Majoritätsherrschaft also Dummheitsherrschaft; zweitens kann man sie nicht packen: Majorität ist unfaßbar, eine Ziffer, weiter nichts. Einen einzelnen, der herrscht, kann man wegjagen, wenn er nichts taugt, und seine Nachfolger ebenso; so lange, bis einer kommt, der etwas wert ist; die Majorität kann man nicht wegjagen, obwohl ihr Regiment das der absoluten Willkür ist; denn es ist ja gerade ein Wesentliches in der Demokratie und etwas, worauf sich alle Demokraten furchtbar viel einbilden, daß je nach Laune der Majorität und der Wirkung der Wahlpropaganda auf sie ununterbrochen der Kurs geändert werden kann, statt daß jener Kurs, der das Wohl der Menschen bezweckt und keiner Mode unterliegt, dauernd eingehalten würde.
Aber das ist lange noch nicht alles, was an Begriffsverwirrung auf dem Gebiet der Demokratie sein Unwesen treibt. Denn das Wort Demokratie schillert bei denen, die es täglich dröhnend im Munde führen, in so vielen, einander oft gänzlich entgegen-

gesetzten Bedeutungen, daß man ein Buch schreiben müßte, um sie alle aufzuzählen. Bald bedeutet das Wort Demokratie den Schutz des Menschtums, bald Entscheidung durch Mehrheitsbeschlüsse, bald den Rechtsstaat, bald den Klassenstaat (des Proletariats), bald »freie Bahn dem Tüchtigen!«, bald Herrschaft des Tüchtigsten usw. usw. Bald sieht sie aus wie in Rußland, bald wie in der Schweiz! Für jede Wendung der Debatte haben die Verfechter der Demokratie eine andere Bedeutung dieses heillosen Wortes in der Reserve. Deshalb ist mit ihnen nicht zu streiten, ehe nicht vorerst einmal schriftlich festgelegt ist, was das Wort Demokratie in der nun folgenden Unterredung zu bedeuten haben wird. Denn wenn Demokratie die Staatsform bedeutet, in der das Recht des Menschen gilt, dann kann sie nicht gleichzeitig jene Staatsform bedeuten, in der die Willkür der Majorität gilt. Eins oder das andere, meine Herren Pappenathleten!
Und wenn ihr es als Vorzug der Demokratie preist, daß sie dem Tüchtigen freie Bahn gebe und damit den Tüchtigsten an die Führerstelle bringe, so muß man schon darauf aufmerksam machen, daß die Tüchtigkeit, Führer zu werden, und die Tüchtigkeit, ein Führer zu sein, zwei himmelweit voneinander verschiedene Tüchtigkeiten sind. Die zum Führer-Werden Tüchtigsten, die Pappenathleten, die Volksschmeichler, die Katzbuckler, die Ellbogengebraucher, die kommen in der Demokratie empor, ohne Zweifel. Aber die zum Führer-Sein Tüchtigsten, die unbestechlich Wahren, die Guten, die Gerechten, die Aufrechten, die Geistesklaren, die, denen das wahre Wohl des Volkes und nicht ihr eigenes am Herzen liegt, jene, die wenigstens versuchen wollen, die soziale Frage der andern und nicht die ihre praktisch zu lösen und die man wegen dieser praktischen Absichten seltsamerweise Ideologen zu schelten pflegt, die verkümmern – irgendwo. (...) Trotzdem wird alle Jahre wieder der Sieg der Demokratie über die Monarchie gefeiert und es bleibt nichts übrig, als jenen vielberufenen und mit den kalendis graecis identischen Augenblick zu erwarten, an dem das Volk für die Demokratie endlich »reif« geworden sein wird. Denn die wahre

Reife des Volkes für die Demokratie wäre nur dann vorhanden, wenn die Demokratie für das Volk reif wäre und es daranginge, durch Mehrheitsbeschluß – die Demokratie abzuschaffen. Denn auch diese Möglichkeit liegt in der Demokratie verborgen. Und es ist wahrlich ihre beste!

/ Was ist besser: Die politischen Zustände sind gut, aber man darf kein freies Wort über sie sagen, oder sie sind schlecht, man darf ungescheut über sie schimpfen, aber nichts ändert sich. Die Demokraten dürften für die zweite Möglichkeit sein, obwohl sie offenbar die schlechtere ist. Aber es herrscht Demokratie und wenn Demokratie herrscht, dann ist alles gut, wenn auch alles schlecht ist. Denn ebenso wie heute das Lebensmittel zum Lebenszweck geworden ist, so ist auch das politische Mittel zum politischen Zweck geworden.

/ Insoferne unter der Demokratie Rede- und Schreibfreiheit, Gedanken- und Gewissensfreiheit herrscht, besteht neben der großen Möglichkeit, daß es durch Majoritäts- also Dummheitsbeschlüsse schlechter wird, auch die kleine Möglichkeit, daß es auf Anregung von Minoritäten hin besser wird; wenn auch nicht auf demokratischem Wege, denn das ist und bleibt der Weg der Majorität, also der Dummheit. Wegen dieser in ihr schlummernden vagen Möglichkeit des Besserwerdens aber die Demokratie als gut, ja als einzig mögliche Regierungsform zu bezeichnen, ist wohl etwas übertrieben. Aber immerhin, es besteht unter der Demokratie die Möglichkeit des Besserwerdens von innen heraus, während bei der Diktatur infolge des Maul- und Hirnverbotes nur von außen etwas anders werden kann, und zwar durch die Zertrümmerung der Diktatur, wie wir es eben jetzt im zweiten Weltkrieg erleben. Demokraten werden sich durch diese entgegenkommende Feststellung wahrscheinlich trotzdem beleidigt fühlen, weil sie der Überzeugung sind, daß Majoritätsbeschlüsse auch gut sein können. Und weil ich gerade gut aufgelegt bin, will ich ihnen sogar das zugestehen. Wenn Majoritätsbeschlüsse auf dem Gebiet des Denkens auch immer dumm sind, so können sie auf dem Gebiet des Empfindens doch auch manchmal gut sein, denn das Richtige empfinden kann die Masse, das Richtige denken kann sie nicht. Und die überzeugten Demokraten können zwischen Denken und Fühlen nicht unterscheiden und haben deshalb selbst dort unrecht, wo sie recht haben und anscheinend dort recht, wo sie unrecht haben. Und damit ist's genug der Zugeständnisse.

Demut / Stammt aus der althochdeutschen Wurzel dio = Knecht und muot = Gesinnung; hieß also ehemals soviel wie: die Gesinnung eines Knechtes. Heißt auch heute nichts anderes, wenn natürlich auch die Religionen, die die Knechtseligkeit propagieren, zum Beispiel das Christentum, ein intensives Gezaubere um die Demut vollführen und sie als weiß Gott was Großartiges hinstellen. Im übrigen halte ich es für eine Geschmackssache, ob man sich für die Demut entscheidet oder nicht. Ich bin für den Grundsatz: »Lieber tot als Sklave!« Wenn ich nicht frei sein kann, pfeife ich auf das Leben und wenn ich bei Gandhi (»Mein Leben«) lese, daß er sich, als er einmal geprügelt wurde, bemüht habe, die, die ihn prügelten, während sie ihn prügelten, zu »lieben«, so reizt mich das zum Kotzen, so sehr ich ihn auch wegen anderer Taten schätze. Ich halte Demut, wenn sie krampfhaft gewollt wird, für einen Ausfluß teilweiser geistiger Unnatur und Perversität, wenn sie aber dem Menschen natürlich ist, für das Produkt, das im Herzen entsteht, wenn sich in den Adern Dreck befindet. Etwa so wie Butter aus Milch.

Denaturieren / Das Wort stammt aus der Alkoholbranche und bedeutet: den Alkohol zum Zwecke der Ersparung von Steuern der Natur berauben, ungenießbar machen, vergällen. Das Gegenstück dazu ist die heute allgemein durchgeführte, wenn auch nicht zugegebene Denaturierung des Menschen, die allerdings zum Zwecke der Einhebung der Steuern von Staat, Kirche und Industrie praktiziert wird. Auch der so denaturierte Mensch wird seiner Natur beraubt, wird ungenießbar und vergällt. Ein Blick in die Gesichter der Zeitgenossen auf der

Straße zeigt die Richtigkeit dieser Behauptung. Man wird unter hundert kaum einen finden, der nicht ungenießbar und nicht vergällt dreinschaut.

Denken / Das Denken ist die Tätigkeit eines Motors (des Verstandes; siehe dens.), der nie von selbst in Bewegung geraten kann, sondern immer durch ein Gefühl angeworfen werden muß. Er bedarf als Betriebsstoffes eines Gemisches von Gehirnschmalz und Kausalitätsluft, wie der Benzinmotor eines Gemisches von Benzin und atmosphärischer Luft. Gerät dieser Motor über die Grenzen des Reiches der Kausalität hinaus in das Reich des Glaubens, so geht ihm die Kausalitätsluft aus und er bleibt entweder stehen (»der Verstand steht einem still«) oder wenn er weitergeht, zieht er nicht mehr, arbeitet er nicht mehr, sondern erzeugt nur mehr ein leeres, aber desto lauteres Wortgeknatter.

Deppesche [!] / Eine Depesche, insoferne sie von Diplomaten ausgeht und Staatszwecken dient.

Derb / Kommt von dem althochdeutschen derp = ungesäuert. Wenn ich also derbe Worte gebrauche, so denkt in Zukunft, daß ich ungesäuerte, also süße Worte gebrauche, während die feinen Worte die gesäuerten sind, was seinen Grund nur darin haben kann, daß sie gewöhnlich aus einem Hirn stammen, das sauer geworden ist.

Detektiv / Der Heros des Maschinenzeitalters, der die Bösen vernichtet und die Guten rettet. Er kann nur ein Zivilist sein, denn der moderne Krieger taugt infolge der Passivität, zu der ihn der Maschinenkrieg verdammt, nicht mehr zum Heros. An einem Fleck sitzen und warten, ob einem eine Bombe auf den Schädel fällt und ohne zu wissen, worum es eigentlich geht, hinter einem Leithammel in die Schlacht zu rennen, entspricht mehr dem Wesen eines Schafes als dem eines Helden.

Deutsch / Die Sprache der Teutungen und der Deutungen, in der zwar alles deut-lich ist, aber dennoch gedeutet werden muß, weil die einzige Sprache, die die Zeitgenossen noch verstehen, die Sprache der Ziffern ist.

Deutsche Blödheit / Sie glauben an den »Aufstieg des deutschen Volkes durch deutsche Arbeit«. Ich glaube an das Eingehen des deutschen Volkes an deutscher Blödheit. Daß es eine »deutsche Arbeit« gibt, dürfte so leicht nicht zu beweisen sein, denn die Arbeit wird sich wohl bei den verschiedensten Völkern gleichbleiben. Daß es aber eine ganz spezielle deutsche Blödheit gibt ist zu offenbar, als daß es noch bewiesen zu werden brauchte.

Diäten / Die Taggelder, insbesondere die der Abgeordneten; also mit anderen Worten das, was das Volk für die Erlaubnis, herrschen zu dürfen, bezahlen muß. Die »Volksherrschaft« dürfte übrigens die einzige Art von Herrschaft sein, bei der der Herrschende, statt etwas gezahlt zu bekommen, etwas zahlen muß. Sie ist somit also auch in dieser Beziehung höchst bemerkenswert, obwohl man in der Praxis nicht viel von ihr merkt.

Dichter / Ist der, der das, was er zu sagen hat, sprachlich, geistig und seelisch so viel als möglich verdichtet. Leider ist für jene »Dichter«, die das, was sich in einem Aphorismus sagen ließe, zu einem dreibändigen Roman auseinanderwalken, der Name Verdünner noch nicht eingeführt, obwohl schon Goethe bemerkt hat, daß alle neueren Poeten viel Wasser in die »Dinte« tun.

/ Die Leut hab ich überhaupt gern, die sich selber Dichter nennen und vom Dichten leben wollen! Und wenn sie gar den Handel mit Seelischem en gros betreiben und »Dichter«-Akademien gründen, dann kennt meine Liebe schon gar keine Grenzen; ich vergönne ihnen alles, selbst das Hungern. Vielleicht kommen sie dadurch auf gescheitere Gedanken und sehen ein, daß Goethe, den sie unentwegt als ihren Berufskollegen feiern, recht hat, wenn er sagt: »Das Lied, das aus der Kehle dringt, ist Lohn, der reichlich lohnet!« Noch Geld für Wurst und Bier damit verdienen wollen, ist zuviel verlangt. Nächstens wird einer drauf kommen, daß er ein Naturempfinder ist, wird den Naturempfinderberuf ins Leben rufen und sich beschweren, wenn er ihm nichts einträgt. Leben kann man von der Journalistik, vom Schlagerkomponieren und überhaupt von der Lesefutterbereitung für geistige Allesfresser. Aber Kunst und Liebe kann man – auch heute noch – nur im Nebenberuf ausüben. Wer von ihnen leben will, ist ein Prostituierter. Gott sei Dank, daß das so ist!

/ Die Klage über das Verschwinden der Dichtkunst ist heute allgemein. Neben dem Ausrufe: »Es gibt keine Kinder mehr!« hört man keinen so oft wie den: »Es gibt keine Dichter mehr!« Und mag man sich auch bemühen, gegen jenen durch die Beibehaltung des §144 anzukämpfen, gegen diesen sind alle geschwätzgebenden Körperschaften machtlos.

/ Dunkelheit des Ausdrucks bei einem Autor ist nichts weiter als der Ausdruck der Dunkelheit dieses Autors.

/ Ein Schriftsteller, der »auch anders kann«, kann nichts.

Dichtung / Heute nicht mehr das Verdichtete, sondern das Dichtende. Was das ist, wurde mir klar, als ich vor Jahren einmal ein Buch angekündigt fand, das den Titel führte: »Die Dichtung der Verbrennungsmotoren mit besonderer Berücksichtigung des Automobilbaues«. Diese aus der Technik geborene Dichtung ist die wahre Dichtung dieser Zeit, eine Abdichtung, ein Abgesang, der auf das Absterben aller Kunst symbolisch hinweist. Sie bemüht sich, die Löcher und Ritzen zu verstopfen, durch welche sonst die revolutionären Explosionen einer unpoetisch und ungeduldig gewordenen Menschheit dem kapitalistischen Maschinenbesitzer Schaden zufügen könnten und ist bestrebt, nach wie vor ihre restlose Umsetzung in Kraft und Arbeit (natürlich für andere!) zu fördern, indem sie die soziale Ungeduld durch sexuelle Schmonzes literarisch zu beruhigen und auf ein

ungefährliches Nebengeleise zu verschieben trachtet, bis der revolutionäre Überdampf durchs Vermehrungsloch, dieses wunderbare Sicherheitsventil des Körpers gegen den Druck überschüssiger Kräfte sowie zu vieler sozialer Sorgen – siehe die starke Vermehrung der Proletarier – entwichen ist.
So sucht also die bürgerliche Dichtung dieser Zeit die soziale Verstopfung durch sexuelle Abführmittel zu unterstützen, was originell zu sein scheint, in Wirklichkeit aber schon oft dagewesen ist.

Dienen / Wenn es aus Liebe geschieht, die beglückendste, wenn es ums Geld geht, die bedrückendste menschliche Tätigkeit.

Diktatur / Eine Diktatur ist dann vollendet, wenn die Leute aus Angst, bei ihrer Hinrichtung unfreiwillig den Geist aufgeben zu müssen, lieber zur Erleichterung ihrer Herrichtung schon bei Lebzeiten freiwillig den Geist aufgeben.

Diktatur des Proletariats 1934 / Das einzige, was ich an der heutigen »Diktatur des Proletariats« in Rußland verstehe, ist die naive Freude der Leute, die bisher nicht einmal schreiben konnten, am Diktieren.

Diplomat / Heißt auf deutsch: der Urkundenkenner. Das Wesen dieser Kennerschaft erhellt am besten aus den von Diplomaten der einzelnen Länder herausgegebenen Urkundensammlungen über den [Ersten] Weltkrieg. Die österreichische Diplomatie veröffentlichte 69 Dokumente, von denen 38 gefälscht waren; die deutsche 30, wovon 18 gefälscht waren; die russische 79, davon 20 falsche; die französische unter einer mir nicht bekannten Anzahl 5 gefälschte. Nur den Engländern, die Gott bekanntlich hätte strafen sollen, weil sie soviel lügen, konnte keine einzige Fälschung nachgewiesen werden. Aber diese Enttäuschung wird, wie mir scheint, reichlich durch die Überraschung aufgewogen, unser treuherziges Österreich, was Urkundenkennerschaft anbelangt, an der Spitze aller Nationen marschieren zu sehen.

Diplomaten / Kaum sind die Diplomaten irgendwo zusammengekommen, gehen die Meinungen schon auseinander; und es wird nicht eher Frieden werden, ehe nicht die Meinungen zusammenkommen und die Diplomaten auseinandergehen. Howgh, ich habe gesprochen.

Diva / Eine Diva kann ihre Herkunft vom Divan nicht verleugnen, allwo sie mit einem »n« gepaart erscheint, das wohl der Anfangsbuchstabe einer Null sein dürfte; aber einer prominenten, die Dienste auf der Bettleinwand mit Diensten auf der Filmleinwand vergelten konnte.

Doktor / Wenn ein Bauer große Kartoffeln erntet, so heißt es gleich: die dümmsten Bauern haben die größten Kartoffeln! Denn diejenigen, die kleinere Kartoffeln haben, wollen wenigstens als Entschädigung die Versicherung haben, daß sie gescheit seien. Und diejenigen, die nicht Doktoren sind, wollen wenigstens die Genugtuung haben, daß andere auch keine werden können sollen; denn sie bilden sich ein, der Doktortitel sei ein untrügliches Zeichen ganz besonderer geistiger Kapazität, während er tatsächlich von jedem Idioten nicht nur erstuckt, sondern auch ersessen werden kann und täglich an Tausende verliehen wird, die von jedem aufgeweckten Arbeiter geistig, menschlich und seelisch übertroffen werden. Auch die unsinnige Abschaffung des Adels in Österreich durch die sozialdemokratische Regierung der Nachkriegszeit fällt in dieses Kapitel des Neides, der um so unerquicklicher und komischer ist, je mehr er jeder Berechtigung entbehrt. Statt die Güter des Adels zu konfiszieren und aufzuteilen, wovon alle etwas gehabt hätten, hat man seine Prädikate konfisziert und damit nur den dümmsten Neidhammeln eine Freude bereitet, die davon überzeugt sind, Titel seien etwas. Daß doch so wenige Menschen einsehen wollen, daß nur eines nottut: jedem Menschen, und sei er wer immer, die Befriedigungsmöglichkeit seiner Urbedürfnisse sicherzustellen, und zwar unter allen Umständen, auch gegen seinen Willen und mit solcher Gründlichkeit, daß er sich dieser Sicherstellung, und wenn er es auch wollte, gar nicht entäußern kann. (...) Der Kampf gegen Titel ist so unsinnig wie jeder soziale Kampf, der nicht ein solches Ziel anstrebt, und ist nur eine Verschwendung von Energie. Ich nehme durch meinen Doktortitel weder jemandem etwas vom Notwendigsten, noch herrsche ich durch ihn über andere.

Dokument / Die schriftliche Bestätigung darüber, daß man geboren worden ist, was einem nur noch bei den Wilden aufs bloße Ansehen hin geglaubt wird.

Dollar / Der unbestrittene Weltgötze, der von allen angebetet wird. Hat einen wilden Westen in einen idiotischen verwandelt.

Dollfußindianer / Neulich hörte ich den Jesuiten Muckermann im Radio von den Idealen, der die wo den Hahnenschwanz am Haupte tragen, jodeln. Uralter Kohl, an dem sich die Ahnen einst überfressen haben, wird jetzt wieder aufgewärmt, damit er den Enkeln munde, die sich am Marxismus überfressen haben. Doll! Sie sind zwar keine Rothäute, diese Indianer, sondern ganz gewöhnliche Schwarze, die stier sind und daher sogar einen begreiflichen Pick auf alles Rote haben, aber sie schließen mindestens ebenso kühn wie die Apachen und Comanchen Karl Mays aus dem verstärkten Krächzen aller Kuttengeier auf das Herannahen der Morgenröte einer neuen Zeit und suchen ihren Gedankenpofel loszuwerden, solange das Lämpchen der Konjunktur glüht.

Don Juan / Wenn Don Juan hätte einen Beruf ergreifen müssen, hätte er vielleicht den eines Busenhalters gewählt.

Dreschen / Eine gottgewollte rhythmische Gymnastik.

Drohne / Das, was auf dem Throne sitzt.

Druckerschwärze / Das, womit heute ganz allgemein ein Abendländer den andern anzuschmieren versucht. Stammt die Körperschwärze der unzivilisierten Welt in Afrika vom Übermaß des Lichts, so stammt die Seelenschwärze der unkultivierten Wilden in Europa und Amerika vom Übermaß des Dunkels einer in Druckerschwärze schwimmenden Welt.

Dumm / Die Dummheit ist eine Naturkraft. Deshalb richtet die Intelligenz, die eine Naturschwäche ist, so wenig gegen sie aus.

/ Die Mehrzahl der Menschen muß mit Notwendigkeit dumm sein, weil sonst schon längst der Betrieb der Welt an einem allgemeinen Massenselbstmord gescheitert wäre. Ach, alle diese Idioten sind zufrieden in dem Bewußtsein, daß sie »auf der Höhe der Zeit stehen«. Ob aber die Zeit auf der Höhe steht, danach fragt niemand.

Dünger / Das, was der Mensch absondert und was durch die Erde wieder in neue Nahrung verwandelt wird. Der Mensch ohne Erde kann sich nur durch Anlage von Kanälen vor dem Ersticken im eigenen Dreck retten.

Dünkel / Ein geistiges Dunkel, das durch die zwei Punkte auf dem »u« auch nicht heller wird.

Dunst / Ein Giftgas, das nicht auf die Atmungswerkzeuge, sondern auf die Denk- und Empfindungswerkzeuge einwirkt. Lange bevor die Menschheit etwas vom Phosgengaskrieg wußte und zu einer Zeit, als sie ihre Wanzen noch Stück für Stück mit der Hand fing, wurde dieses Giftgas schon von Staat, Aristokratie, Kirche und Presse zur Benebelung der Hirne der Untertanen, Gläubigen und Leser verwendet. Angeblich soll die Farbe des Dunstes die blaue, also die Farbe der Treue sein. Das scheint insofern zu stimmen, als durch ihn ja immer nur treue Staatsbürger, treue Gläubige und treue Leser erzeugt werden. Um ganz sicher zu wirken, wird dieses Giftgas schon in der Schule den Kindern mit Hilfe von Lehr- und Religionsbüchern ins Hirn eingeblasen und ertötet in diesen Hirnen auf Lebenszeit jede

Fähigkeit zu selbständigem Denken. Der mit vaterländischem, religiösem und journalistischem Dunst Vergaste sieht hinfort alles genau so, wie es der Vergaser wünscht, singt Volks- und Bundeshymnen, betet inbrünstig Litaneien und ist sogar davon überzeugt, daß ein bezahlter Leitartikel die langgesuchte Wahrheit enthalte. In den letzten Jahrzehnten hat auch die Kaufmannschaft begonnen, mit Dunst zu arbeiten. (Siehe: Reklame!) – Das beste Gegenmittel gegen dieses Giftgas ist das genaue Besehen der Vergaser aus der Nähe, am besten im Schwimmkostüm ohne jedes Zaubergewand. Hat man außerdem noch Gelegenheit, ein paar Worte mit ihnen zu reden, kann man (in nicht allzuschweren Fällen von Dunstvergiftung) mit sicherer Heilung rechnen. Diese kündigt sich zuerst durch ein homerisches Gelächter an, in das man verfällt, steigert aber im weiteren Verlauf sehr die Disposition zu Tätlichkeiten, was bei der großen Zahl der Verdunsteten und noch Ungeheilten zu Verwicklungen, Aufläufen und Religionsstörungen führen kann. – Verdunstung ist beim Wasser der Übergang vom flüssigen zum gasförmigen Aggregatzustand, beim Menschen der Übergang vom produzierenden zum bloß reproduzierenden Hirnzustand.

//

Ebenbild / Ein Bild des Ebenen, das heißt also des Flachen, und das heißt wieder: der Masse. Nur von dem, was in Massen vorhanden ist, kann es ein Ebenbild geben, nie aber von dem, was einzigartig ist und nur einmal vorkommt. Nach einer solchen Definition ist es daher gleichgültig, ob Gott den Menschen nach seinem Ebenbild oder jeder Mensch seinen Gott nach seinem Ebenbild erschaffen hat. Im ersten Fall ist der Mensch das Abbild der Flachheit seines Gottes, im zweiten der betreffende Gott das Abbild der Flachheit seines Menschen. Beides stimmt. Und ebenso stimmt es, daß einzigartige Menschen keinen Gott zu haben scheinen, weil es eben unmöglich ist, ein Ebenbild von ihnen, die zackig, steil, hochragend und voller Abgründe sind, zu konstruieren. Christus war sicherlich ein einzigartiger Mensch; es ist also zu vermuten, daß sein Gott wesentlich anders ausgeschaut haben dürfte als der gerichtlich geschützte Gott, den seine Anhängermassen loben. Vielleicht hat sein Gott überhaupt nicht ausgeschaut. Auch möglich.

Ecclesia militans / Ecclesia militans ist die auf Erden streitende Kirche. Sie ist, wie das meiste von dem, was die Kirche fördert, von Christus ausdrücklich verboten worden. Mit den Worten der Bergpredigt »Ich aber sage euch: Ihr sollt euch dem Ruchlosen nicht widersetzen!« (Matth. 5,39) Also schon gar nicht mit ihm streiten. Wir aber bilden uns sogar ein, ein »christlicher« Staat sei möglich, also ein Staat, der die linke Backe hinhält, wenn er auf die rechte einen Schlag bekommen hat. Es kann zwar ein staatliches »Christentum« geben (das ist eben die Kirche!), niemals aber einen christlichen Staat. Denn Christus und der Staat sind zwei höchst verschiedene Herren und niemand kann ihnen gleichzeitig dienen. Auch der Papst nicht, der auf den von Christus ausdrücklich verbotenen Namen »heiliger Vater« hört. (Matth. 23,9)

/ Neben dieser streitenden Kirche gibt es auch noch eine leidende Kirche (im Fegefeuer) und eine triumphierende Kirche im Himmel. Wo aber eigentlich die liebende Kirche versteckt ist, weiß kein Mensch. Am wenigsten die gefüllten Amtspersonen dieser sonderbaren Religion der Liebe.

Echt / Ein Adjektiv, das jedes Substantiv, mit dem es (von Rechts wegen) in Verbindung steht, zu etwas Erfreulichem macht. Diese Wirkung ist so durchschlagend, daß selbst ein echter Idiot ein weitaus erfreulicherer Anblick ist als ein unechter Weiser. Leider gibt es heute kaum mehr noch etwas Echtes. Und die vielen, die das Zeug zu echten Idioten unzweifelhaft in sich hätten, laufen als unerfreuliche Intellektuelle umher. Und dünken sich weise.

Edel / Ebenfalls ein Adjektiv, das im Aussterben begriffen ist, weil man es in einer Welt, die der Sachlichkeit und der Rentabilität huldigt, nicht mehr brauchen kann. Das hängt vielleicht mit der Diskreditierung des Wortes Adel, das von dem Wort edel abstammt, zusammen. Statt Unwürdigen, die adelig waren, den Adel abzuerkennen, hat man entweder den Adel überhaupt abgeschafft oder zum mittelalterlichen Plunder erklärt und so jene Vorstellung hinweggeräumt, die noch als letzte der vollständigen Versauung der Welt durch den Handel widerstrebte: Die Vorstellung eines reservierten Gebietes, einer Reservation, in der das Geld nichts zu bedeuten hat und nichts der Vorteil, sondern nur der Edelmut, der Adel und der Mut. Naturschutzparke für Pflanzen und Tiere gibt es schon; wann wird endlich ein Naturschutzpark für Menschen inmitten dieser tollgewordenen Kommerzwelt errichtet werden? Ein stilles, weites, fruchtbares, abgeschiedenes, von einer hohen Mauer umgebenes Tal, in das allen reisenden Kaufleuten und automobilisierten Handlees der Eintritt bei Todesstrafe verboten sein müßte. Ein Tal, in dem sich Menschen darauf besinnen könnten, daß sie im Grunde eigentlich etwas anderes sind als Produzenten von Galanteriewaren und Konsumenten von Textilerzeugnissen und Steuerträger und Stimmvieh und Publikum alles dessen, was keine Publizität verdient.

Edison / Der Son von irgendeinem amerikanischen Edi, der durch die Verbesserung des Telegraphen zuerst einmal die Möglichkeit, nach allen Weltrichtungen, über ungeheure Strecken hin in der kürzesten Zeit die größten Lügen und Albernheiten zu verbreiten, gründlich ausgebaut und vertieft hat. Worauf er durch die Erfindung des Kintopps, des Phonographen und der Glühlampe jenes sonderbare licht- und lärmerfüllte geistige Dunkel begründete, in dem wir heute leben und des Telegraphen Lügen für wahr und seine Albernheiten für wichtig halten.

Effekt / Eines der wenigen Worte, die heute noch dem Abendländer imponieren. Am imposantesten im Plural: die Effekten. Vermittler des höchsten Ideals: Geld ohne Arbeit!

Egoismus / Ein ganz besonders intensiv verwirrter Begriff. Alles, was ein Mensch tut, kann er nur aus Egoismus tun und auch die altruistischste Handlung ist im Grunde eine egoistische – das ist richtig. Daraus aber auf die Entbehrlichkeit der Ethik zu schließen, ist unrichtig. Denn die Ethik wertet ja nicht nur den Täter, sondern vor allem die Tat. Die Motive des Täters haben wohl Bedeutung für die Wertung des Täters, sind jedoch für die Wertung der Tat bedeutungslos. Ob eine gute Tat aus egoistischen oder altruistischen Motiven entsprungen ist, ist faktisch bedeutungslos. Eine Tat, die nur Wohl oder doch mehr Wohl als Wehe erzeugt, ist gut; eine Tat, die nur Wehe oder doch mehr Wehe als Wohl erzeugt, ist schlecht. In dieser Wertung aber steckt bereits die Idee des Guten, also der eigentliche Gegenstand der Ethik. Und wer die Idee des Guten leugnet, beweist damit, wie mir scheint, nichts weiter als seine Armut an Ideen.

Ehe / Die Überwindung des Alltags durch eine Liebe, die die Wahrheit verträgt. Sehr selten!

/ Verwandlung des Sexualtriebes in eine kirchliche Einnahmsquelle oder in eine staatliche, wodurch er geheiligt wird.

/ Das Wort »ehe« deutet im Deutschen etwas zeitlich Vorangehendes an. Auch mit großem Anfangsbuchstaben geschrieben, bedeutet es nichts anderes, mag das Konversationslexikon immerhin behaupten, das Wort Ehe komme vom altdeutschen ewa = Gesetz. Ehe noch Liebe im oben umschriebenen Sinn entstehen kann, eine Liebe, die im wahrsten Sinne des Wortes unvergänglich ist, muß Ehe vorhanden sein, wobei unter Ehe, wie sich wohl von selbst versteht, nicht jeder bekannte, durch allen möglichen staatlichen und kirchlichen Zauber geheiligte und anerkannte Zustand zu verstehen ist, sondern das jahrelange Zusammenleben zweier Menschen verschiedenen Geschlechtes im Alltag und das Überwinden des Alltags und des Alltäglichen, das heißt Gemeinen. Mit anderen Worten: das gemeinsame Ertragen der schwersten seelischen Belastung, die im Bereiche des Menschlichen denkbar ist.

/ Ja, das ist es: den Alltag überwinden! Die Ehe ist glücklich, die den Alltag überwindet. Ein klägliches Ziel, wird man vielleicht sagen. Mit Unrecht. Nur was den Alltag überwindet, kann hoffen, alle Tage zu überdauern, das heißt: zu etwas Ewigem, also zur Liebe werden.
Es gibt Ehen, die am Alltag scheitern, es gibt anscheinend glückliche Ehen, die im Alltäglichen ersticken, versulzen und verdorren, und es gibt Ehen, in denen beide Partner, dank dem Geld, das sie besitzen, »vor dem Alltag fliehen« und sich so ein Glück vortäuschen können, dessen absolute Negativität sie nicht sehen wollen, aber eines Tages doch mit Schrecken sehen müssen. Es gibt aber auch Ehen, die den Alltag überwinden. Solche Ehen allein sind mit Recht glücklich zu nennen. Die Ehe ist ein Wahrheitsboden ohnegleichen, ein Scheidewasser zwischen Echtem und Falschem von verblüffender Kraft und nie versagender Wirkung. Das Alltäglichste jedes Menschen kommt in ihr zum Vorschein, kein Fehler ist in ihr auf die Dauer zu verbergen. Und so, wie es gegen allzugroße Vorzüge eines anderen kein anderes Rettungsmittel als die Liebe gibt, so gibt es auch gegen die Fehler und Alltäglichkeiten des Ehepartners kein anderes Rettungsmittel als die Liebe.

/ Die wichtigste Grundlage für eine glückliche Ehe ist eine im großen und ganzen ähnliche Auffassungsart und Auffassungskraft, verbunden mit körperlicher Sympathie. In einer glücklichen Ehe spielt die Sexualität eine weit geringere Rolle, als man gewöhnlich anzunehmen pflegt, wenn natürlich auch die sexuelle Befriedigung der Frau eine conditio sine qua non jeder glücklichen Ehe ist.
Ehen, die aus Gründen der Versorgung, aus Rücksicht auf die Meinung der Menschen, den guten Ruf und eine eventuell vorhandene Schwangerschaft geschlossen werden, Ehen, die aus Rücksicht auf die Ratschläge von Tanten oder aus Trotz gegen

diese Ratschläge eingegangen werden, Ehen, die dem Mitleid, der Nachgiebigkeit, dem Verlangen nach Häuslichkeit und Überdruß an der Wirtshauskost, der Angst vor der Altjungfernschaft, der Eitelkeit auf einen berühmten Mann oder eine schöne Frau ihr Entstehen verdanken, ja selbst jene Ehen, die der Sehnsucht nach Kindern oder der Gemeinsamkeit, und sei's auch geistiger Interessen, die sich wie alles ändern oder erlahmen können, entsprungen sind, solche Ehen sind fast ausnahmslos schon von vornherein dazu verdammt, unglücklich zu enden. Die Ehen aber, die auf Grund jenes Gefühls geschlossen werden, das man so im Volksmund als »Liebe« zu bezeichnen pflegt, sind gewöhnlich die einseitigsten von allen und als solche erst recht zum Scheitern verurteilt. Es ist eine alte Erfahrungstatsache, daß sich die Ereignisse im Leben gerade in umgekehrter Richtung zu entwickeln pflegen als in jenen Romanen, Operetten und Filmen, aus denen heutzutage der Mitteleuropäer seine erste Liebeserfahrung zu schöpfen pflegt; im Roman lernt man sich zuerst kennen und heiratet dann, im Leben heiratet man zuerst und lernt sich dann kennen; in der Operette ist der Jammer zu Ende, wenn zwei sich kriegen, im Leben beginnt er erst mit diesem Augenblick; im Film entsteht aus Liebe eine (natürlich!) glückliche Ehe, im Leben sehr oft erst aus der glücklichen Ehe Liebe. Selbstverständlich ist auch im Leben am Beginn einer glücklichen Ehe Liebe vorhanden. Diese Vor-Liebe der beiden Ehepartner füreinander und zueinander traut sich zwar ehrlich die Kraft zu, Widerwärtigkeiten ertragen zu können, die sie gar nicht kennt, weil sie im stillen überzeugt ist, daß die Ehe mit dem angebeteten Partner gar nichts anderes als eitel Wonne sein könne, aber es ist noch sehr die Frage, ob diese Kraft dann ausreichen wird, wenn es in Wirklichkeit so kommt, wie es immer kommt: wenn das Geld nicht reicht, die Kinder quäken, die Frau verblüht, der Mann einen Schmerbauch bekommt, und Auffassungsart und Auffassungskraft der beiden Verbundenen scheußlich zu divergieren beginnen. Aber die Gewißheit, mit einem andern Wesen seelisch eins zu sein, die Erkenntnis, daß es nur eine Seele gibt, die allem innewohnt, also die Liebe, ist nur in den seltensten Fällen von allem Anfang an da, und ist sie nicht da, erwirbt man sie nicht im Handumdrehen, denn ein solches Glück erblüht nur aus Opfern und Tränen und jahrelangem Einander-Zugehören. Ist ein solches Glück aber einmal in seiner ganzen Unsäglichkeit zwei Menschen erblüht, dann gilt das Bibelwort »Die Liebe höret nimmer auf«, dann ist es durch kein Ereignis und keinen Zufall des irdischen Lebens mehr zerstörbar, dann kann man mit Sicherheit sagen: Wenn eine solche Liebe je aufhören oder sich nur vermindern kann, dann ist sie es nie gewesen.

Ehebruch / Die Irritierung einer Unterleibsangelegenheit, die sich fälschlich Ehe nennt, durch eine andere Unterleibsangelegenheit, die sich fälschlich Liebe nennt.

Ehre / Die ritterliche Ehre, ein schon von Schopenhauer mit Elan hingerichteter idiotischer Begriff, der nicht unseren tatsächlichen Wert zum Maßstab nimmt, sondern die Meinung der anderen, und seien sie auch die größten Trottel, von unserem Wert (das ist ja eben die »Ehre«!), ist im Einzelleben längst lächerlich geworden, treibt aber in den Beziehungen der Völker zueinander immer noch sein Unwesen unter dem Namen »Prestige«. Vor fünfzig Jahren machten Menschen oft nur deshalb die Matura, um satisfaktionsfähig zu werden, und wer die Satisfaktionsfähigkeit verloren hatte, beging womöglich Selbstmord, weil er, vor der Meinung der Menschen als Satisfaktionsunfähiger gebrandmarkt, nicht mehr weiterleben zu können meinte. Heute, in einer Zeit, in der auch Leute, die keine Matura gemacht haben, nolens volens als vollwertige Menschen anerkannt werden müssen (eins der ungeheuerlichsten Verdienste der Sozialdemokratie um die Menschheit!), kriegt jeder vernünftige Mensch einen Lachkrampf, wenn ihn ein anderer fordert und damit der Überzeugung Ausdruck gibt, daß durch Gewalt oder durch Geschicklichkeit im Waffengebrauch irgendeine Lage im Sinne des Rechtes geklärt werden könne. Er lacht über eine solche veraltete Zumutung ebenso, wie der auf den

Zweikampf Erpichte wahrscheinlich über die Zumutung lachen würde, durch ein Gottesgericht und durch Schreiten über glühende Eisenplatten sein Recht zu erweisen. Wann werden die Völker auch so weit sein, über die Zumutung eines Krieges ebenso zu lachen? Wann wird jede Kriegserklärung nicht mehr das nationale Ehrgefühl eines imaginären »Volkes«, sondern das Zwerchfell jedes einzelnen reizen? Die Frage ist leicht zu beantworten: dann, wenn die Völker ebenso wie heute fast schon jeder einzelne alle Vorurteile der ritterlichen Ehre abgelegt haben und diejenigen zum Teufel gejagt haben werden, die diese Vorurteile bei den Völkern nicht aussterben lassen wollen, weil sie allein durch die Ausschrotung und Anstachelung dieser Vorurteile durch die Presse verdienen und jene Ablenkung der Blicke der einzelnen von ihrem Schweinetreiben erreichen können, die sie brauchen, um es ungestört fortsetzen zu können.

Ehrgeiz / Der erste Ehrgeizige hat die Erde vergiftet.

Eiche / Der deutsche Baum. Darin liegt ein tiefes Symbol. Sie ist wunderbar anzuschauen; ein Bild der Kraft und Stärke. Aber von ihren Früchten mästen sich die Schweine und ähnliches Obertanen-Viehzeug.

Eid / Die Eselsbrücke der Juristen. Das Einbekenntnis der staatlichen Hilflosigkeit auf geistigem Gebiet.

Eifersucht / Ist eine Leidenschaft, die mit Eifer sucht, was Leiden schafft. Es gibt keine bessere Definition als diese von Schleiermacher aus dem Geist der Sprache herausgekitzelte.

/ Der legendarisch verbrämte erste Coitus zwischen Adam und Eva, der nach ihrer Lehre die Erbsünde, den Tod und die Notwendigkeit der Reinigung jedes neugeborenen Kindes durch die Taufe zur Folge hat, hat dieser im allgemeinen nichts weiter als vergnüglichen Betätigung der Unterleibsorgane eine derart katastrophale Bedeutung imputiert, daß man heute nach Jahrtausenden noch nicht imstande ist, den Geschlechtsverkehr mit den unvoreingenommenen Blicken eines Hellenen zu betrachten. Ein eifersüchtiger Naturmensch ist so unvorstellbar wie ein nicht eifersüchtiger Europäer. Der Naturmensch kann nicht eifersüchtig sein, weil er bei seiner Geringschätzung des Weibes keine andere als die sexuelle Liebe kennt, der Europäer aber hat einmal etwas läuten gehört von einer wahren Liebe, mit der es sich, wie La Rochefoucauld sagt, ebenso verhält wie mit einer Geistererscheinung: alle reden von ihr, aber keiner hat sie gesehen. Aber weil beim Schwinden dieser Liebe eifersüchtiger Schmerz wegen ihres hohen Wertes seine Berechtigung hat, darf doch nicht, wie üblich, jedesmal, wenn irgendeine Marianka ihren sexuellen Gusto wechselt, gleich das Schießeisen gelockert werden! Die jungen Männer lernen heute in der Schule Tausende von Vokabeln. Daß aber die Vokabel »Liebe« ganz verschiedene Bedeutung haben kann, lernen sie nicht und begehen infolge dieser fortwährenden Verwechslung von Liebe und Liebe Morde und Selbstmorde. Vielleicht gelingt's aber doch noch, es ihnen beizubringen.

/ Ich verlange ja auch von der Rose, an der ich rieche, nicht, daß sie anderen nicht dufte; wenn nur andre nicht gleichzeitig mit mir ihre Rüssel in sie stecken wollen! Dann werde ich wild.

Eigenbrötler / Einer, der das Brot, das er ißt, selber herstellt. Wird von allen, die ihr Brot beim Bäcker kaufen – den Bäckerbrötlern – als ein nicht ganz normaler Verschwender von Zeit und Kraft und Übertreter des heiligen Gebotes der Rationalisierung belächelt. Bis eines Tages ruchbar wird, was für Mist die Bäckerbrötler beim gekauften Brot eigentlich mitfressen; oder bis der Bäcker eines Tages seinen Laden zusperrt, weil kein Brot vorhanden ist wie einst im Krieg, worauf den Bäckerbrötlern nichts weiter übrig bleibt, als mit wenig lächelnden Mienen aufs Land zum Eigenbrötler hamstern zu fahren. Ganz zu schweigen von dem Fall, daß der Herr Chef den Bäckerbrötler abbaut, der Bäcker ihn mangels Bezahlung hinauswirft und auch zum Hamstern kein Geld da ist.

Eigensinn / Eignen Sinn soll man sich nach Goethe nicht rauben lassen. Soll aber Eigensinn berechtigt sein, so setzt das voraus, daß man zu den wenigen Menschen gehört, die über einen Sinn verfügen. Die vielen Sinnlosen aber können aus Mangel an Sinn gar nicht eigensinnig, sondern höchstens eigenartig sinnlos sein.

Eigentum / Die Summe jener Dinge, zu denen das Wörtchen »mein« zu sagen man gesetzlich berechtigt ist. Auf viel mehr läuft das ganze Eigentumsrecht nicht hinaus. Und deshalb Räuber und Mörder!

Einbildungsgeschwülste / Ich habe (...) nicht mehr und nicht weniger entdeckt, als daß es nicht nur im Bereich der Körper, sondern auch im Bereich der Seelen eine Krebskrankheit gibt. Und zwar entsprechen den Neubildungen im Körper auf seelischem Gebiet die sogenannten Einbildungen. Die wenigsten von diesen Einbildungen sind nämlich so harmlos, wie sie scheinen, die meisten sind bösartig wie die körperlichen Neubildungen des Krebses und führen langsam, aber sicher und machmal unter großen Qualen zum Tod im Geiste, das ist zum Zustand des Spießers. (...) Und nur in der frühesten Jugend, wo auch der spätere Spießer noch wenig an Einbildungen leidet, ist heutzutag in den Herzen noch Platz für große und unverbildete Gefühle. Man sagt dann, die Jugend sei eben noch begeisterungsfähig und habe Ideale. Richtiger sollte man sagen: sie hat im Herzen infolge Einbildungsmangels noch Platz für Begeisterungsfähigkeit und Ideale. Sie ist zwar schon von der Schule her, die ja dazu da ist, den Menschen mit Vorurteilen anzufüllen, mit Vorurteilen angesteckt und auch ihre Ideale beruhen oft auf Vorurteilen, aber sie ist wenigstens noch im Fühlen frei, weil sich aus diesen Vorurteilen noch keine Einbildungsgeschwülste gebildet haben, denn die Inkubationszeit des seelischen Krebses, die Zeit von der Ansteckung mit Vorurteilen bis zum Ausbruch der Einbildungen, beträgt gewöhnlich eine ziemliche Anzahl von Jahren.

/ Jugenderlebnisse, die falsch bewertet wurden, können das ganze Leben stören. Zahllose Einbildungen verdanken ihr Dasein dem Lesen von Büchern, dem Besuch von Operetten und Stücken, die unwahr, die Kitsch, also potenzierte Unnatur sind. Besonders die unzähligen Einbildungen der Frauen, die keine natürliche Arbeit und keine natürliche Umwelt haben, sind meist literarischer Provenienz, während die Einbildungen der Männer wieder auf ihre Beschäftigung mit etwas so Unnatürlichem, wie es die Politik ist, zurückzuführen sind oder auf ihr Aufgehen in einem Beruf, durch den sie völlig einseitig geworden sind. Und niemand ruft einen Arzt, daß er an seiner Seele eine Auskratzung von unerwünschtem Einbildungssegen vornehme!

Einfach lächerlich / Der grundlegende Irrtum: Man hält das lächerlich Einfache für einfach lächerlich. Dabei ist es die Wahrheit, die man sucht.

Einfall / Ein neuer Gedanke, der ein bisher für wahr gehaltenes Gedankengebäude zum Einfallen bringt.

Einfalt / Das stumme Wissen um das namenlose Geheimnis des Einen, das der Vielfalt der äußeren Welt, die uns unsere Sinne vermitteln, zu Grunde liegt.

Eingabe / Ein Schriftstück, das der Untertan an die Behörde richtet, die dann infolge göttlicher Eingebung das (die) absolut richtige Erkenntnis fällt.

Eingeweide / Der Apparat zur Umsetzung von Nahrungsmitteln in Lebewesen.

Einlauf / Ich las jüngst im Gebäude eines Gerichts über einer Türe wieder einmal das Wort »Einlauf«. Ich dachte: Die Justiz litte wohl an Verstopfung, wenn sie nicht täglich ihren Einlauf bekäme. Da sie ihn aber bekommt, ist alles in Ordnung, sie kommt täglich zu Stuhle und fabriziert den Dreck ihrer Urteile.

Einleiten / Ich muß immer lachen, wenn ich irgendwo lese, die Behörde habe ein Verfahren eingeleitet. Damit ist die Sache schon verfahren.

Einsamkeit / Das Scheidewasser, mit dessen Hilfe man bei den Geistern Gold von Talmi unterscheiden kann.

Eiter / Heißt beim Volk (in der Steiermark) »Materie«! Allen Materialisten gleich hinter dem Sprüchel: »Volkes Stimme ist Gottes Stimme« ins Stammbuch.

Elend / Bedeutete ursprünglich (...): in fremdem Lande befindlich und daher unglücklich. Die Leute damals haben eben keine Ahnung von den Segnungen des Fremdenverkehrs gehabt.

Ellbogengenies / Das Genie setzt sich immer durch! behaupten jene Ellbogen, die sich durchgesetzt haben und jetzt meinen, sie seien Genies.

Empfängnisverhütung / Wie ein Damoklesschwert schwebt heute noch die Möglichkeit, einer ungewollten Empfängnis über dem Koitus jener Menschen, denen die gottgewollte Ordnung nur noch die Möglichkeit Leben zu erzeugen, gelassen hat, während sie ihnen die Möglichkeit, ihres Lebens auch nur in bescheidenstem Maße froh zu werden, längst genommen hat. In dieser steten Bedrohung der Menschen mit Qual durch die Lust liegt heute einzig und allein noch jene Bedeutung des Koitus, als eines Deliktes, die jene, die aus der Unfreiheit der Vielen die Subsistenzmittel zu dem freien Räuberleben, das sie führen, ziehen, um jeden Preis erhalten wollen. Die Welt stürbe aus, beteuern sie, wenn ein allgemein zugängliches Mittel der

Empfängnisverhütung gefunden würde. Na, Prost Mahlzeit, das muß dann eine gute Welt sein, von der sie auf der andern Seite, weil's ihnen gut geht, behaupten, sie sei die beste der Welten! Wenn in einem Laden den Kunden nichts geboten wird, wenn sie im Gegenteil die Gewißheit haben, ausgeraubt zu werden, dann bleiben sie eben aus und Zusperren ist die Lösung. Das ist nicht bloß ein Geschäfts-, das ist überall dort, wo menschliche Logik herrscht, ein Lebensprinzip.

/ Traktätchen gegen die Empfängnisverhütung? – Die Tintenejakulation eines Mannes, der unterbewußt wild darüber ist, daß er infolge einer Unterlassung der Empfängnisverhütung zur durch und durch verderbten Welt gekommen ist, und jetzt den andern auch nichts Besseres gönnt.

Empörer / Auch so spricht die Sprache Recht: Empörer kommt von empor. Empören kann man sich also nur gegen etwas, was einen am Emporkommen hindern will, was also tiefer steht, als man stünde, wenn es nicht wäre. Den staatlichen und allen anderen Mächten zur Beachtung.

Entpolitisierung / Der Verfassungsgerichtshof wurde bekanntlich durch die im Herbst vorigen Jahres erfolgte »Verfassungsreform« »entpolitisiert«. Ist das Wort »politisieren« unbestreitbar schon ein Synonym für das schlichte deutsche Wort »verblöden«, so bedeutet »entpolitisieren« geradezu ebensoviel wie: einen Blödisten um den letzten Rest seines Verstandes bringen. Es läßt dem Entpolitisierten auch nicht mehr die Spur einer eigenen, wenn auch noch so dummen Meinung und macht ihn zur vollständig willenlosen Kreatur jener Drahtzieher, die das Wohl des Vaterlandes im Auge zu haben behaupten, während sie vor lauter Balken in den eigenen Augen überhaupt nichts mehr sehen können als jene Punkte, an denen für sie noch etwas herausschaut. Die Folgen der Entpolitisierung auf den Verfassungsgerichtshof sind nun offenbar geworden: er hat das getan, was der letzte Bezirksrichter alle Tage tut. Er hat erklärt, er sei bloß dazu da, die Gesetze anzuwenden und könne »Regungen des Mitleids nicht Raum geben«. Mit anderen Worten also: die Meinung, die obersten Gerichtshöfe eines Landes seien unter anderem auch dazu da, neues Recht zu bilden und den alten Blödsinn wenigstens in neue Schläuche zu füllen, ist irrig. Sie sind in Wahrheit bloß Automaten wie die Bezirksgerichte und haben lediglich die hehre Aufgabe, den inkarnierten Idiotismus, den die Hanswürste im Parlament kompromistender [!] Weise bald neu beschließen, bald sich nicht anzurühren trauen aus Ehrfurcht vor seinem Alter, in die Tat umzusetzen. Muß man sich angesichts solcher Verhältnisse nicht fragen: Wann wird denn endlich einmal als Pendant zum Maschinenmenschen ein Maschinenrichter erfunden werden, der, nach Einwurf eines Tatbestandes oben ins Maul, auf eine kurze Kurbeldrehung hin (nach rechts selbstverständlich bitte! Nur nicht nach links, denn das ist die Weltrichtung des Teufels!) prompt aus dem Zündloch ein sauber geschriebenes, rechtskräftiges und den Anforderungen des Gesetzes entsprechendes Urteil fallen läßt? Was für Kapitalien an Richtergehalten könnte man dadurch im Laufe der Generationen ersparen und für gescheitere Zwecke verwenden! Nicht auszudenken!

Entschuldigung / Oft ist die Entschuldigung schlimmer als die Schuld.

Enttäuschen / Jemandem eine Täuschung nehmen, in der er befangen war. Daß diese Tätigkeit die Bedeutung von etwas Schlechtem bekommen konnte, zeigt, wie richtig der Satz von der Welt ist, die getäuscht, aber nicht ent-täuscht werden will.

Erde / Das Mittel zur Lösung aller sozialen Fragen für Zeit und Ewigkeit.

/ Ist es je einem Esel eingefallen, den Leuten, die heute in Strandbädern wie die Südseeinsulaner umherlaufen, den Vorwurf zu machen, sie hätten das »Rad der Entwicklung« wieder bis zum

Wilden zurückgedreht? Warum aber macht man diesen Vorwurf immer wieder denen, die zur Erde zurückkehren wollen? Weil alle Schwachköpfe noch immer nicht kapieren, was diese neuen Menschen eigentlich wollen. Sie wollen nicht die Primitivität vergangener Jahrhunderte, sondern sie lechzen, von dieser öden Maschinenwelt im Innersten angeekelt und zu Tode gelangweilt, nach Freiheit, Sicherheit und Lebensfreude und sie wissen, daß diese drei nur die Erde geben kann. Nicht nach einer niedrigeren, sondern nach einer höheren Stufe der Kultur streben sie. Denn die Höhe einer Kultur kann nur mit dem Maßstab des Glücks und nicht mit dem des Komforts gemessen werden, so wie die Spannung eines elektrischen Stroms nur mit dem Voltmeter und nicht mit dem Zentimeter gemessen werden kann. Fünf Meter Elektrizität sind ein ebensolcher Unsinn wie ein »Kulturmensch« ohne Freiheit, Sicherheit und Lebensfreude, also: ohne Erde! Wann wird man das endlich kapieren?

/ Der Weg zur Freiheit geht nur über die Erde. Einen anderen gibt es nicht! Denn nur der satte Mann ist ein ganzer Mann. Satt aber wird er ohne Geldsklaverei nur durch die Erde. Ohne sich um Krisen, Absatzstockungen, Lohnkonflikte und Börsentendenzen zu kümmern wie der Lohn, liefert sie dem, der sie bebaut, das Essen und damit das Leben und stärkt ihm dadurch das Rückgrat gegen alle Ausbeuter. Niemand braucht deshalb Bauer zu werden und kein Bauer braucht deshalb besorgt zu werden, wenn die, die ohnehin nichts kaufen können, sich selber versorgen. Es ist längst nachgewiesen, daß der Mensch nur 56 Arbeitstage im Jahr, verteilt auf Frühling, Sommer und Herbst, benötigt, um mit Hilfe eines Stückchens mittelguten Grundes von 2000 m^2 seine Nahrung fürs ganze Jahr zu erzeugen. Länger braucht er nicht zu arbeiten, denn er will ja nicht wie der Bauer durch Verkauf von Lebensmitteln Geld zur Befriedigung aller andern Bedürfnisse erwerben. Für diese bleiben ihm ohnehin noch 309 Tage im Jahr. In diesen kann er andere Arbeiten verrichten und, wenn er will, auch für andre arbeiten. Aber als freier Mann, der jederzeit gehen kann, wenn ihm etwas

nicht paßt, weil er weiß, daß er und die Seinen nie verhungern können.
Seid ihr noch Männer? Dann haut auf den Verhandlungstisch, an dem quatschend die Unnützen als Nutznießer eurer Not sitzen, und brüllt ihnen in die Ohren: Wir wollen nicht »Schrebergärtner« spielen oder »Weekend«, wir pfeifen auf eine »Innenkolonisation«, die, sei's mit staatlicher, sei's mit privater Kapitalshilfe, nur ein paar von uns aufs Land bringt und auf Jahrzehnte hinaus mit Zinsen und Zinseszinsen verpflastert, und wir haben es satt, dem Verblühen und Verwelken unserer Frauen und dem Rachitischwerden unserer Kinder zuzusehen und dazu das Lied »Üb immer Treu und Redlichkeit« zu singen. Wir können keine Heimat schützen, weil wir keine haben, aber wir wollen uns eine erobern. Unsere Kinder sollen einmal ein Vaterland haben, weil ihr Vater Land hatte. Wir haben keines. Wir haben kein Ährenfeld, haben also auch auf einem Feld der Ehre nichts verloren. Wir brauchen keine Gnaden und kein gnädiges Entgegenkommen. Wir haben ein RECHT auf Leben und daher ein RECHT auf Essen und daher ein RECHT auf Erde.

Erfolg / Erfolg ist der Gott, den die Dummen anbeten. Mit Recht, denn er zeigt sich besonders ihnen geneigt.

/ Erfolg und Glück! So tief reicht das durch unser staatliches und religiöses Leben großgezogene Vorurteil in die besten Köpfe: daß das Herrschen über andere und der rein äußerliche Erfolg im Leben notwendige Bedingungen und nicht – wie es sich in Wahrheit verhält – meist Hindernisse des Glücks sind.

Ergötzen / Kommt vom althochdeutschen irgezzan, was soviel wie »vergessen machen« bedeutete, woraus hervorgeht, daß in der Sprache auch schon die Schopenhauerische Entdeckung von der Positivität des Leids und der Negativität der Lust = Abwesenheit von Leid beschlossen liegt.

Erlebnisse / Erlebnisse sind das Gegenteil von Tatsachen. Tatsachen sind Taten, die zu Sachen geworden sind; also etwas ehemals Lebendiges, das nun tot ist. Erlebnisse hingegen sind etwas ehemals Totes, das erst hinterher Leben bekommt, durch die sich mit ihm beschäftigende Phantasie zum Leben erweckt, eben erlebt wird. Im Augenblicke des Geschehens gewöhnlich kaum in ihrer Bedeutung abzuschätzen, durch verschiedene Nebenumstände und Gleichzeitigkeiten meist unangenehmen und störenden Charakters getrübt, erwachsen sie erst mit der Zeit und in der Erinnerung, wenn alles Unangenehme, das sie begleitete, vergessen ist, zu voller, blühender Schönheit und Einzigartigkeit heran. Schon nach ein paar Jahren kann niemand mehr mit Sicherheit sagen, ob das, was er als Erlebnis im Herzen trägt, je wirklich war. Eins aber kann jeder mit Bestimmtheit sagen: so, wie er sich heute einbildet, daß es gewesen sei, ist es bestimmt nicht gewesen. Das Süße, das jeder Liebe, auch der mit den unerträglichsten Situationen verbunden gewesenen, in der Erinnerung anhaftet und den Dichter sagen läßt »es sei wie es wolle, es war doch so schön!« beruht meist auf dieser Eigentümlichkeit des Erlebnisses und veranlaßt den Menschen, sich in Hoffnung auf neue Erlebnisse immer wieder in neue Abenteuer zu stürzen. Ein ewig Genasführter. Aber ein glücklicher. Wenigstens hinterher. Einer, der sich immer wieder durch die Gegenwart wie durch einen lästigen Brei hindurchfressen muß, um ins Schlaraffenland der Erinnerung zu gelangen, wo ihm dann die gebratenen Erlebnisse nur so ans Herz fliegen.

Erobern / Eine Tätigkeit, bei der einer er-niedert wird.

Erster Schultag / Der erste Schulgang! Mir krampft es immer das Herz zusammen, wenn ich ihn ein fröhliches Kind ahnungslos dahinhüpfen sehe! Denn er ist ein Gang zur seelischen und geistigen Hinrichtung behufs verstandesmäßiger Herrichtung zu der schweren Kunst, so zu leben, daß es keinen Sinn mehr hat zu leben und dies obendrein noch als den Sinn des Lebens zu preisen.

Erziehung / Das Ziehen eines jungen Menschen in der Richtung auf den Standpunkt seines Erziehers hin. Da ein Ziehen ohne Gewaltanwendung undenkbar ist, scheint die Sprache von den modernen prinzipiell gewaltlosen Erziehungsmethoden nicht viel zu halten. Und es ist auch merkwürdig, daß die alte Methode Männer hervorbrachte, die neue aber junge Selbstmordkandidaten und Scheißer.

Eselsführer / So lange man lieber Heere ins Feld als eine Würde in Frage stellt, so lange niemand hellauf lacht, wenn ein Oberbonze, der zum Federstiel greift, um ein Kriegsmanifest zu unterzeichnen, tönt, er müsse zu den Waffen greifen, so lange ist das Ziel des alten Sokrates noch immer nicht erreicht, der bekanntlich gesagt hat: »Es muß so lange philosophiert werden, bis die Heerführer als Eselsführer entlarvt sind!«

Ethik / Abgesehen davon, daß es ein trauriges Eingeständnis ist, wenn sich eine Lehre nur von einer gewaltsamen Verzapfung an geistig unmündige und kritiklose Kinder noch einen billigen Erfolg verspricht, ist die Behauptung der Notwendigkeit kirchlicher Gesinnung zu ethischem Handeln ebenso geistreich wie die Behauptung, man benötige zur Entscheidung der Frage, wieviel zwei mal zwei sei, den Heiligen Geist und eine Inspiration der Gottheit. Denn die Entscheidung, ob etwas ethisch sei oder nicht, ist höchst einfach; nur die Umsetzung der Erkenntnis in die Tat bereitet dann, weil dies mitunter die Bequemlichkeit ganz erheblich stört – jene bekannten Schwierigkeiten, zu deren Ausdruck Gott die stereotype Redewendung: »Das ist ja alles recht gut, aber …« geschaffen hat. Nein, das alte, gute und jedem Esel verständliche Sprüchlein: Was Du nicht willst, daß man Dir tu, das füg'‹ auch keinem andern zu! genügte vollständig zur Aufrechterhaltung des ethischen Betriebes auf Erden, bedarf keiner religiösen Aufmachung und keiner Unterstützung durch Offenbarung und ähnlichen Kohl.

Eukalyptusöl / Ein von Gott eigens für die Darmspülungen der Masdasnananhänger geschaffenes Öl.

Europa / Heute noch ebenso wie in der griechischen Sage eine fesche Jungfrau, die auf ihrem höchsten Gott (im Altertum Zeus; heute: das Geld), der sich infolge der stieren Zeiten in einen Stier verwandelt hat, dahinreitet.

Evangelium / Die Sammlung jener Theorien, die der kirchlichen und staatlichen Praxis widerstreiten.

Evangelische Kirche / Die evangelische Kirche ist jene Kirche, in der jeder glauben kann, was er will, wenn er nur die Kirchensteuer pünktlich zahlt. Daß er die nicht zu zahlen brauche, darf er nicht glauben. Das ist aber auch das einzige, was er nicht glauben darf.

Evolution / Die Entwicklung nach vorwärts in der Richtung des Fortschritts, der allgemeinen Mechanisierung und der sukzessiven Verblödung durch Wissensanhäufung. Ihr Gegenteil ist die Revolution, auf deutsch: die Zurückwälzung, das »Zurückdrehen des Rades der Entwicklung« bis zu jenem Punkte, an welchem es noch möglich war, seines Lebens froh zu werden.

Exegese / Die Kunst, aus der Bibel Sachen herauszulesen, die nicht drinstehen. Die Kunst, aus der Bibel das herauszulesen, was drin steht, also die brotlose Kunst, die ich betreibe, hat noch keinen Namen.

Exekution / Die Hinrichtung. Heute auch: Die Pfändung. Die Pfändung ist also die moderne Form der Hinrichtung. Der Gepfändete bringt sich selber um und macht so dem Staat keine weiteren Kosten und Scherereien.

Exekutive / Drexekutive.

Exkremente / Das von den Dichtern vielbesungene »Innere« des Menschen ohne poetische Verklärung.

Export / Das Sanctissimum aller Handelsbilanzverpositivierungsapostel. Eine allgemeine Annahme dieser alleinseligmachenden Wirtschaftsreligion in allen Staaten ist logischerweise erst dann möglich, wenn die Zugsverbindung mit dem Mond hergestellt ist, um dort die exportierten Güter abzuladen. Ich bin bloß für den Export der Idioten, d. h. für die Entvölkerung.

Expressionismus / Behauptet, etwas auszudrücken. Aber niemand weiß, was.

//

Fahnen / Fahnen sind jene Tücher, die dazu bestimmt sind, die geistigen Blößen der Leute, die mit ihnen wacheln, zu bedecken und einen lebendigen Leithammel zu ersetzen.

Familie / Eine Überraschung für Junggesellen: Das Wort Familie kommt vom lateinischen Wort familia, das soviel wie die Gemeinschaft der Knechte bedeutet.

Faschismus / Abgesehen davon, daß das Wort »Fascismus« irgendwie mit dem Faschieren aller politischen Gegner verwandt oder verschwägert zu sein scheint, geht sein Wesen schon aus der ihm eigentümlichen Grußform hervor, welche bekanntlich darin besteht, die Rechte aufzuheben! Ich bitte: dieser Gruß ist uralt. Als die Römer ihn erfanden, wußte noch kein Mensch auf Erden etwas vom Faschismus, der noch ungeboren in Abrahams Wurstkessel ruhte. Und dennoch gibt heute die Beschreibung dieses Grußes durch die Sprache gleichzeitig die unbarmherzigste Enthüllung dessen, was die politische Partei, die einen Gruß ahnungslos eingeführt hat, im Grunde will: die Rechte aufheben.

Faschist / Wenn Mussolini in seiner Rede den Satz geprägt hat: »Diese Menschen von faszistischer Gestaltung haben feste Nerven, kurze Redewendungen und wissen festzuhalten«, so ist das eine unbezahlbare anarchistische Propaganda, denn er enthüllt mit diesen Worten auch dem Begriffsstützigsten die Ähnlichkeit zwischen einem Menschen faszistischer Gestaltung und einem Straßenräuber, der mit den Worten: Geld oder Leben! ebenso feste Nerven, kurze Redewendungen und die Wissenschaft des Festhaltens bekundet.

Fatal / Fatal heißt soviel wie unangenehm und gleichzeitig: vom Schicksal bestimmt, was kein gutes Licht auf das Schicksal wirft.

Feigheit / Keine Feigheit, sondern Mut zeigen, junger Mann! Was aber ist Feigheit? Was ist Mut? Feigheit ist bekanntlich – was? – wenn ein Schießender auf einen Scheißenden schießt, was einem Polizisten im »Hinblick« auf eine so gröbliche Verletzung des öffentlichen Anstandes anstandslos zuzutrauen ist. Mut aber ist – was? – wenn ein Scheißender auf einen Schießenden scheißt. So sollen sie handeln!

Fernsehen / Was haben wir vom Fernsehen, wenn es uns mit dem Anblick von Arschgesichtern aus Amerika versorgt, wo unser Bedarf an solchen doch vom Inlande reichlich gedeckt wird?

/ Das Problem des Fernsehens wäre nun glücklich gelöst. Aber das Problem, wie man das Zunächstliegende sehen könne, ist es noch lange nicht.

Fische / Ungesicherte Ernährungslage: Dieses Volk lebt aus der Hand der Haifische in den Mund der Stockfische.

Flinte ins Korn / Ich bin nicht der Mann, der die Flinte, die er einmal in der Hand hat, so schnell ins Korn wirft. Denn das Korn ist nicht dazu gewachsen, daß Flinten hineingeworfen werden. Und auch die Flinten haben eine andere Bestimmung.

Folter / In Deutschland wurde die Folter zum letztenmal im Jahre 1826 im Amte Neinersen in Hannover angewendet. – Folter und Sexualität in Vergangenheit und Gegenwart stehen in einem sonderbaren Verhältnis verkehrter Proportionalität zueinander. Früher einmal, als die Leute noch einen Glauben hatten, gaben sie das Foltern zu und verheimlichten ihre sexuellen Lüste. Heute, wo der Glaube verloren ist, geben sie ihre sexuellen Lüste zu und verheimlichen, daß in Polizeistuben und Gefängnissen noch immer lustig drauflosgefoltert wird. Der Fortschritt liegt darin, daß man nicht merkt, daß, im Grunde genommen, eigentlich alles beim alten geblieben ist. Eines aber hat sich doch geändert: früher gab's wenigstens noch eiserne Jungfrauen, heute gibt's bekanntlich überhaupt keine Jungfrauen mehr. Das ist die furchtbare Folge der modernen Glaubenslosigkeit.

Fortschritt und Technik / Die Zahl der Vorurteile ist Legion. Das heute am meisten verbreitete Vorurteil ist der Glaube, daß Fortschritt und Technik allein seligmachend seien.

/ Wehe den Menschen, die den Tanz ums technische Kalb tanzen und nicht erkennen, daß der Fortschritt darin besteht, daß Elektrizitätswerke zuerst den Ruß erzeugen, um ihn nachher zu beleuchten, und daß die Menschen vorerst gezwungen werden, unhygienisch zu leben, um dann hinterher mit der Hygiene beglückt zu werden.

Frage der Zeit / Individualismus oder Kollektivismus? ist die Frage der Zeit. Sie ist, wie die meisten Fragen dieser Zeit, falsch gestellt. Denn weder Individualismus noch Kollektivismus ist etwas wert, wenn er ein Programm bildet, aber jeder ist wertvoll, wenn er dem Leben und der Forderung des Augenblicks dient. (...) Denn alle Programme sind des Teufels, sind Mittel, die zum Zweck entartet sind.

Frauen / Die Frauen sind schon deshalb gefährlich, weil sie einem sinnlose Dinge schenken; z. B.: das Leben.

Frauenemanzipation / Emanzipation heißt auf deutsch: aus der Hand lassen; eine emanzipierte Frau ist also eine, die der Mann aus der Hand gelassen hat. Damit wird vieles klar.

/ Manche Frauen wollen sich nicht dadurch emanzipieren, daß sie die Mängel des Weibes ablegen, sondern dadurch, daß sie zu diesen auch noch die Borniertheiten des Mannes annehmen.

/ Die Frau wurde der Sklaverei der Familie entrissen und schwelgt jetzt in der Freiheit, die Gott zwischen der Erschaffung der Hühneraugen und der Plattfüße den Fabriksarbeiterinnen bereitet hat.

/ Ich will (...) ja nicht sagen, daß ich den Harem für einen erstrebenswerten Zustand halte, aber soviel traue ich mich zu behaupten, daß sich 80% aller europäischen Weiber im Hause eines potenten Haremsbesitzers glücklicher fühlen würden als im Stabe eines nervösen Chefs oder dicken Polizeiministers und sei's auch als noch so hohe Beamtinnen. Denn so furchtbar die Hysterische ist, der wegen der sexuellen Impotenz der Männer der Unterleib in den Kopf gestiegen ist: furchtbarer noch ist die Emanzipierte, der wegen der finanziellen Potenz der Männer der Verstand in den Unterleib gekrochen ist und von dort aus doziert, die Frau, die glücklich genau so blöd geworden ist wie der Mann, habe ihre höchste Entfaltung erreicht. Pfui Teufel!

/ Was euch »aus der Sklaverei des Mannes befreiten« Frauen diese Freiheit teils wirklich, teils in der Einbildung bedeutet, kann ich eigentlich nicht recht verstehen. Das kommt vielleicht daher, weil es bei mir sicherlich jede Frau so gut hätte, daß sie gar nicht auf die Idee käme, sich zu befreien. Das scheint mir überhaupt ein Unterschied zwischen Frau und Mann zu sein: Die Frau verlangt nach Freiheit nur wenn's ihr in der Abhängigkeit schlecht geht, der wirkliche Mann aber (es gibt heute sehr wenige) verlangt auch dann nach Freiheit, wenn's ihm in der Abhängigkeit gut geht und in der Freiheit schlechter ginge. Auch kommt es mir so vor, daß man die meisten »befreiten« Frauen viel besser als »entfesselte« Frauen bezeichnen könnte, was auch dafür spricht, daß die Frauen kein positives Verhältnis zur Freiheit, sondern höchstens ein negatives zur Fessel haben. Übrigens gar so »frei«, wie ihr zu sein meint, kommt ihr mir gar nicht vor. Statt von einem Mann abzuhängen, hängt ihr heute vom Florieren einer Aktiengesellschaft, von einem Bürovorstand, von Konjunktur und Krise ab, und statt euch nur einmal zwecks Verheiratung in den Konkurrenzkampf zu stürzen, bringt ihr jetzt euer ganzes Leben im Konkurrenzkampf zu. Aber die Frauen müssen heute nun einmal eine Stellung haben, weil so viele Männer arbeitslos sind! Das ist klar. Die Männer sind heute in großer Zahl arbeitslos, weil zu viele Frauen Stellungen haben. Das ist mindestens ebenso klar. Nicht alle Frauen können Männer finden. Das ist richtig. Nicht alle Frauen können Stellungen finden. Das ist ebenso richtig. Der Erfolg einer Frau im Leben darf nicht von ihrem hübschen Gesicht abhängen; das wäre unwürdig. Damit bin ich einverstanden. Der Erfolg einer Frau im Leben darf nicht von ihrer Eignung zum Maschinenschreiben und ihrer Anstelligkeit im kommerziellen Betrieb abhängen. Damit bin ich auch einverstanden, denn das wäre noch unwürdiger. Die Frauen dürfen – aber hören wir auf! So kommen wir nie auf einen grünen Zweig. Fragen wir lieber die Mutter aller grünen Zweige, die Natur, um ihre Meinung zu diesem Problem der Technisierung. Aber aus der Natur ist überhaupt kein gescheites Wort herauszubringen; sie handelt nur. Und wie handelt sie? Ohne viel Aufregung und Lärm läßt sie jedes Volk, das die Entfesselung seiner Frauen duldet, kurzerhand aussterben. Basta. Das sind so ihre Methoden. Ob sie uns gut, ob schlecht erscheinen, kümmert sie nicht. Sie sind eben. Sie nimmt den selbständigen Frauen den Mutterinstinkt und damit sind sie erledigt. Wozu braucht auch eine verdienende Frau, die sich jeden Tag bei irgendeiner Versicherungsgesellschaft für ihre alten Tage schmerzlos versichern lassen kann, unter Schmerzen Kinder zu gebären? Nur wegen der drohenden Einsamkeit? Lachhaft! Man wird Mitglied eines Bridgeklubs und hat Unterhaltung bis an sein seliges Ende. Die Natur hat ein wunderbares Mittel, die Erde von größenwahnsinnigen, die Natur angeblich »beherrschenden« Eseln zu reinigen: sie nimmt ihnen die Sehnsucht nach Kindern, ja die Fähigkeit, im Kinderkriegen überhaupt noch einen Sinn zu finden, verwandelt sich in eine Mortur und läßt sie aussterben. Sie macht durch die heute so moderne Kameradschaft zwischen den Geschlechtern die Männer zu Weibern und die Weiber zu Männern und wird diesen geschlechtlich indifferenten, nur auf streng geteilte Rechnung bedachten Schleim, wenn ihr sein Aussterben zu langsam vor sich geht, vermutlich durch einen Gaskrieg vertilgen.

/ So bin ich – reaktionär bis in die Knochen.

Freidenker / Es fällt mir nicht im Traume ein, zu bestreiten, daß die durchschnittlichen Freidenker weitaus bessere und idealerfülltere Menschen sind als die Durchschnittskatholiken. Aber gerade weil sie bessere Menschen sind, wird für sie der Tag kommen, an dem sie, im Innersten unbefriedigt, den Schwachsinn des Freidenkerweges durchschauen werden. Denn welchen wertvolleren Menschen könnte es befriedigen, wenn er auf die Frage: Verdanke ich (oder ein Mensch, den ich liebe und der mein Alles ist) das Leben wirklich nur dem Umstande, daß unseren Eltern seinerzeit ein sogenanntes Malheur passiert ist? Und verdanke ich meinen Tod (oder den Tod eines Menschen, den ich liebe und der mein Alles war) wirklich nur der Schadhaftigkeit eines Ziegelsteines vom Dach des Nachbarhauses? – Welchen wertvolleren Menschen, frage ich, kann es befriedigen, wenn er auf diese Fragen immer nur ein Achselzucken zur Antwort erhält? Und könnt ihr Freidenker diese Frage mit etwas anderem als einem Achselzucken beantworten oder höchstens mit dem Hinweis darauf, daß diese Fragen, von deren Beantwortung sehr wohl der innere Frieden eines Menschenherzens weiterhin abhängen kann, mit Wissenschaft nichts zu tun hätten? Mein Gott, wie viel Wichtiges auf dieser Welt hat mit Wissenschaft nichts zu tun! Glaubt ihr wirklich, daß mit der bienenemsigen

Anhäufung eines Wissenswustes im Kopf, mit Botanisieren und Zählen von Staubgefäßen, mit Experimentieren und Anhören geschwätziger Vorträge der elementare Schrei des Lebens nach Erklärung seiner Unerklärlichkeit unterdrückt werden kann?

Freiheit / Die Freiheit ist adelig und man darf ihr das Wörtchen »von« nicht vorenthalten, wenn man sich ein Bild von ihr machen will. Erst wenn man weiß, von was einer frei ist, kann man beurteilen, ob er wirklich frei ist. Das Wort »Freiheit« ohne »von«, also sozusagen die bürgerliche Freiheit, ist schlechthin sinnlos.

/ Es gibt nur einen Weg zur Freiheit, nur ein Mittel, Unterdrükkung, Abhängigkeit und Erniedrigung dauernd von jedem Menschen fernzuhalten: die Rückkehr zur Bebauung der Erde. Es gibt nur eine Möglichkeit, Unzufriedenheit und Neid unter den Menschen auszuschalten: die gerechte Verteilung aller zur Erhaltung des Lebens notwendigen, also der eine Not wendenden Dinge. Die Gesetze sind dazu da, diesen einmal hervorgerufenen Zustand der gleichen Lebensmöglichkeit, trotz der Verschiedenheit der Menschen, zu bewahren und in einen dauernden zu verwandeln.

/ Ein darbender Freier ist immer noch ein erfreulicherer Anblick als ein verfetteter Knecht.

Freiheit, Gleichheit, Brüderlichkeit / Die heilige Dreieinigkeit aller revolutionären Brüllaffen.

Freizeit / Nie hat man soviel freie Zeit, als wenn man eingesperrt ist.

Fremdenverkehrswerbung / Fremdenverkehrspropaganda hat viel Ähnlichkeit mit dem Treiben von Animiermädchen, die ebenfalls die geehrten Fremden unter Hinweis auf ihre verborgenen Naturschönheiten und noch nicht jedem bekannten Sehenswürdigkeiten zur Einreise einladen und ihnen den Anblick wundervoller Berge und Täler versprechen.

Freud, Sigmund / Antwort

»Im Schöpfungsplan ist nicht enthalten
Die Absicht, daß ihr glücklich seud!«
Dies Wort, ihr Fortschrittsmißgestalten,
Es ist – es tut mir leid – von Freud.

Das alte Lied: Erst wird betrogen
Der Mensch ums Glück durch Staat und Geld,
Dann kommt der Philosoph gezogen,
Der es für »nicht enthalten« hält!

Anscheinend ist im Schöpfungsplane
Enthalten bloß die Industrie,
Das Konkordat, die Rote Fahne,
Der Völkerbund, das Hitlervieh,

Die Bumsmusik auf Radiowellen,
Der Lippowitz, der Ludendorff,
Der sex appeal, die Zucht von Fellen
Und Charakteren, die amorph.

Ach, als der Mensch noch keine Bilder
Von Freud im Auslagfenster sah,
Als er noch lebte wie ein Wilder
In Afri- oder Amerika,

Als er noch Seele und nicht Psyche
Besaß und hüpfte wie verrückt,
Voll Lust und Kraft gleich einem Vieche,
Gab nichts es, was ihn nicht beglückt.

Heut hat er Angst vor seinen Trieben,
Der Fortschritt warf ihn weit zurück;
Unkultiviert ist er geblieben,
Was nicht geblieben, ist sein Glück.

Er gähnt, wo jene staunend gafften,
Er ward gelehrt und dabei leer
Und zwischen den Errungenschaften
Schleicht er gelangweilt hin und her.

Im Schöpfungsplan ist nicht enthalten
Die Absicht, daß ihr glücklich seid?
Ach, schmeißt ihn auf den Mist, den alten!
Schafft einen neuen! Es ist Zeit.

//

Gäa / Wenn ich mich frage, ob heute überhaupt eine neue Religion möglich sei und wie sie beschaffen sein müßte, so möchte ich noch am liebsten für einen Gäa-Kult, einen Kult der Erde stimmen. Als Gegensatz zur Erde und als männliches, befruchtendes Prinzip träte dann auch wieder der Ouranos, der Himmel, auf den Plan; mit einem Wort also: wir müßten wieder dort anfangen, wo die Griechen begonnen haben.

Gans / »Ruf nach dem Menschen, der zu mir paßt! Stelle ihn mir ritterlich, gütig, froh und gebildet vor. Um diesen Mann Wärme u. Behaglichkeit zu verbreiten, ihm Liebe u. Treue zu schenken – soll mein Leben sein. Oberförster, Kaufmann, Herrenjäger od. Jagdliebhaber bevorzugt. 38 bis 50 J. Besondere Herzensgüte, Natur- und Tierliebe sind mir eigen. Bin aus guter Familie, evangelisch, blond, frisch, froh u. gesund. Welche gleichgesinnte Seele schreibt mir? Aussteuer vorhanden. Zuschriften unter ›11.811 L. N.‹ Ullstein-Zifferdienst, Berlin, Kochstraße 22-26.« Aus der »Grünen Post«, Berlin. Ein Oberförster, Herrenjäger oder Jagdliebhaber wird hier von einer, die sich besonderer Herzensgüte und Liebe zu den Tieren rühmt, zwecks Erhaltung ihrer Rasse gesucht. Aussteuer ist zwar vorhanden, Hirn aber anscheinend keines. Trotzdem ist sie frisch, froh und gesund. Aber mein Gott: es rennen mehr Leut ohne Hirn herum und befinden sich ganz wohl dabei. Ich bin sonst ein absoluter Gegner der Jungfernschaft, aber in diesem Ausnahmsfall wünschte ich, daß der Ruf dieser Maid verhallt, daß sie dereinst als alte Jungfer in die ewigen Jagdgründe fährt und als Wildschwein wiedergeboren wird, damit ihr wenigstens im nächsten Leben ein Herrenjäger mit erhobenem Spieße naht, und so die Sexualität – wenn auch verspätet – zu ihrem Rechte komme. Dann kann sie Liebe und Wärme um ihn verbreiten. Die Gans!

Gebete / Da halten sie sich einen allweisen Gott; aber statt ihn unbehelligt das Allweise tun zu lassen, bestürmen sie ihn mit Bitten, das zu tun, was sie wollen, allso das Allblöde. Ist aber das, was sie wollen, das Gescheite und bitten sie Gott darum, es zu tun, dann trauen sie ihm zu, daß er von alleine das Blöde täte. Es gibt nur diese zwei Möglichkeiten. Eine ist so merkwürdig wie die andere. Wenn Gott aber die zähe Ausdauer und schleimige Hingebung, mit der sie ihn bestürmen, endlich satt hat und, um nur einmal Ruhe zu haben, das Blöde geschehen läßt, das sie von ihm wollen, dann singen sie ein Tedeum, was soviel bedeutet als: sie loben ihn! Da wird er sich sehr geehrt fühlen! Man kann es ihm ordentlich nachempfinden.

Geburt / Strafversetzung aus einer schönen Welt in eine bloß interessante.

/ »Ins Leben treten heißt ins Sterben eingehen«, sagt Laotse. Und Nestroy meint: »Das Leben des Menschen ist nix anders als ein an seinem Geburtstag gefälltes, auf unbestimmte Zeit sistiertes Todesurteil.« Die in diesen beiden Aussprüchen festgehaltene Erkenntnis kann auch aus der deutschen Sprache bezogen werden; denn das Wort ge-bären ist desselben Stamms wie das Wort Bahre. Gebären heißt also: Etwas für die Bahre Bestimmtes hervorbringen! (Die Veranlassung zu dieser Tätigkeit liegt im Geschlecht, im genus, im Genuß!)

Geburtenrückgang / Je mehr aber die Menschheit ausstirbt, desto mehr ist Gott der Blamierte, der »sahe, daß es gut war«, und der Teufel wird hoffentlich jene Priester holen, die die Präservative verfluchen, weil die Kanonen, die sie segnen, zu wenig Futter haben.

Gegensatz / Der Typus des Gegensatzes: Astronomie und Gastronomie.

Gegenwarterei / Womit verbringt der Kulturmensch seine Zeit? Mit Warten! Alles wartet hierzulande und heutzutage. Man hat Vergangenheit und Zukunft, aber niemand hat eine Gegenwart, höchstens eine Gegenwarterei. Der Kulturmensch wartet ununterbrochen auf etwas Besseres, auf eine Änderung, er wartet Tag für Tag, Woche für Woche, Jahr für Jahr bis zum Grabe, ja selbst im Grabe wartet er noch auf das Jüngste Gericht.

Gehirnerweichung / Zunehmende Herzensverhärtung geht fast immer parallel mit zunehmender Gehirnerweichung.

Gehupft wie gesprungen / Ob eine Prostituierte einem alten Herrn, der ihr nicht gefällt, für Geld zu Willen ist, oder ein Richter für sein Gehalt einem alten Paragraphen, der ihm nicht gefällt, dürfte gehupft wie gesprungen sein.

Geist, Körper / Das Tier kennt keine Schamhaftigkeit. Aber wenn der Geist erwacht, dann muß sich der Körper bekleiden; so wie sich der Geist verhüllen muß, wenn der Körper erwacht und seine Funktionen auszuüben beginnt. Eine nette Einträchtigkeit ist mir das!

Geistesmenstruation / Ein Kriegsanhänger dürfte dadurch zustande kommen, daß die Natur die Verkümmerung der Schilddrüse (was bekanntlich Idiotie zur Folge hat) durch eine Vergrößerung der Schwertdrüse auszugleichen sucht. So entstehen dann die Männer, die in ihren Reden periodisch Blut absondern müssen, also sozusagen geistig menstruieren.

Geistesverirrungen / Es gibt Leute, die die Verirrungen ihres Geistes für Bedürfnisse ihres Herzens ausgeben.

Geld / Geld ist etwas, was gilt, im Grunde und an und für sich also eigentlich nichts wert ist. Noch deutlicher kommt dieser Schein beim Worte Geld-schein zu Tage.

/ Der Gedanke, daß Geld ein Äquivalent jener Güter sein könne, ohne die der Mensch in Not und Elend verkommen und verhungern müßte, muß ausgemerzt werden. Daß Brot für Geld käuflich wurde, hat den heutigen Zustand des Abendlandes verschuldet.

/ »Das Geld arbeitet«, heißt es so rührend. Was das Geld nicht alles kann! Es arbeitet sogar! Und noch dazu beim Liegen! Fabelhaft!

/ Das heutige Geld ist überhaupt kein Geld mehr und besteht aus unkontrollierbaren Papierwischen, mit denen unbekannte Medizinmänner anonymen Hokuspokus treiben. Wer behauptet, das Geld sei heute noch ein Tauschmittel, ist entweder ein Esel oder er lügt bewußt. Es ist ein Raubmittel und kein Tauschmittel, denn ein Tauschmittel müßte zuerst einmal wirklich vorhanden sein und dürfte nicht im Keller irgendeiner Notenbank liegen, während nur schemenartige Scheine in Erscheinung treten. Und zweitens ist ein Tauschmittel, das Zinsen trägt, ein Unding.

/ Tatsache ist, daß das Geld den Menschen seelenlos macht. Daß es nicht nur den seelenlos macht, der es nicht besitzt und sich seinetwegen erniedrigen muß, sondern auch den, der es besitzt und seinetwegen erhöhter scheint, indem es ihm den Wert der Welt durch den steten Hinweis auf ihren Preis verekelt.
Je intensiver man sich in das komplizierteste aller Probleme, in das Problem des Geldes, vertieft, desto rettungsloser stürzt man ins Bodenlose. Das Geld ist das typische Beispiel eines Geistes, den man – angeblich aus Bequemlichkeitsgründen – gerufen hat

und nun nicht mehr los wird, da er unaufhaltsam damit beschäftigt ist, zu beweisen, daß Bequemlichkeit ebenso wie Müßiggang aller Laster Anfang sei. Neunzig Prozent alles Unglücks auf Erden verdankt heute seine Möglichkeit dem Geld und den Folgen seiner Verwendung. Man quatscht viel über die Unerbittlichkeit der Naturgesetze und die Dichter singen schmerzerfüllt: das Menschenherz hat keine Stimme im finstern Rate der Natur; aber das Unerbittlichste auf Erden ist eine menschliche Erfindung, ist das Geld und seine Gesetze, die nur der Teufel festgesetzt haben kann, denn der Anblick der Geldwirtschaft ist das einzige, was an den Teufel glauben lehren könnte. Das Geld hat uns aus der Natur vertrieben und uns in Gegensatz zu allen anderen Wesen gebracht. Der Bezirk des Geldes ist der Komplex aller jener Geschehnisse, die mit Natur nicht das Geringste zu tun haben, deren Ablauf allen Naturgesetzen entrückt ist, weil er das absolut Unnatürliche darstellt, so wie die Natur mit ihm nichts zu tun haben will, wie schon jener Börseaner im Gebirge bedauernd feststellte, von dem der Ausspruch stammt: Der Nebel steigt, der Regen fällt, und unsereiner kann nix dabei verdienen. Das Geld ist die unübersteigliche Schranke, die zwischen uns und der Möglichkeit des Wieder-Kind-Werdens, also dem Himmelreich, steht. Nur bei den Frauen, die mit dem Geld weniger als wir zu tun haben, ist noch ein Zipfelchen dieses Himmelreiches zu finden. Wo auch sie dem Gelde verfallen (...), werden auch sie automatisch seelenlos. Neunzig Prozent alles Ärgers, alles Seelengiftes, aller Galle, neunzig Prozent aller Haßgedanken, neunzig Prozent aller Verbrechen, aller Morde, aller Selbstmorde und Verzweiflungsausbrüche, neunzig Prozent aller Qual, aller Not, aller Tränen haben heute irgendwie ihre Ursache im Geld. Menschen verhungern wegen des Geldes, Herzen brechen wegen des Geldes, Kinder verkrüppeln fürs Leben wegen des Geldes. Jeder Krieg ist ein Kampf ums Geld und um die trüben Quellen, aus denen es fließt, immer flüssig erhalten durch Beimischung von Blut und Tränen. Zahl' Dividende et impera! Und dieses Geld wurde angeblich einstmals zur Vereinfachung des Tauschverkehrs zwischen den Menschen

geschaffen! Und hat heute die Erde ins komplizierteste Irrenhaus und in ein Labyrinth von kunstvoll angelegten Mördergruben verwandelt. Und wird immer und immer wieder auch heute noch gepriesen, weil es die Welt von den unvorstellbaren Schrecken eines unbequemen Naturalien-Tauschverkehrs bewahrt hat! Man könnte lachen, wenn es nicht zum Weinen wäre.
Wer das Geld erfunden hat, ist aus keinem Liede, aus keinem Heldenhaupt- oder Kassabuch zu erfahren. Wenn ich mich aber im Geiste in jene primitiven Zeiten zurückversetze, in denen es noch kein Geld, aber Glück und Lebensfreude gegeben hat, in denen noch niemand auf die Wahnsinnsidee verfallen war, das Rohprodukt aus dem Ausland einzuführen, das Halbfabrikat wieder auszuführen und das Fertigfabrikat noch einmal einzuführen, damit die Nationalökonomen etwas über den Segen der Arbeitsteilung zu schmusen haben, wenn ich mich frage, wer in jenen Zeiten, als die Menschen noch mit der Erde verbunden waren und die Begriffe Arbeitslosigkeit und Konjunktur noch friedlich nebeneinander in Abrahams Wurstkessel ruhten und noch nicht zum Dasein und Verschweinen des Lebens erwacht waren, wenn ich mich frage, wer in jenen Zeiten, in denen die Menschen das hatten, was sie brauchten, und nicht mehr brauchten als das, was sie hatten, auf die Idee des Tauschverkehrs gekommen sein kann, dann sehe ich die Hütten der Medizinmänner, Zauberer und Pfaffen vor mir, jener ersten Geschäftsleute, die zuerst die Furcht vor Geistern erzeugten, um hinterher an ihr profitieren zu können. Und ich sehe, wie sich vor den Hütten dieser ersten Unholde, die sich von der Erde lossagten, weil sie von der Dummheit mit mehr Bequemlichkeit zu leben hoffen konnten, die Lebensmittel zu Bergen türmen, Lebensmittel als Weihegaben und Stolgebühren dort von den Ängstlichen niedergelegt. Und ich sehe hinter der Stirn des ersten Priesters angesichts der verderbenden Lebensmittel, die er aufzuessen nicht imstande ist, angesichts der für einen viel zu vielen gleichartigen Bedarfsgegenstände, mit denen er nichts anzufangen weiß, zum erstenmal den Gedanken auftauchen, man könne doch den größten Teil dieser Gegenstände bei Nach-

barstämmen gegen andere Waren umtauschen, die mehr locken, weil sie hierzulande nicht zu sehen sind, und man könne von den Stammesgenossen statt der Lebensmittel die Ablieferung von Dingen fordern, die unverderblich und auch bei den Nachbarn geschätzt seien – des ersten Geldes.

Wenn man heute das Geld abschaffen und auch nur den Naturalien-Tauschverkehr wieder einführen wollte, hätte mehr als die Hälfte der abendländischen Menschheit nichts hinzugeben, um Lebensmittel dafür einzutauschen, und müßte verhungern. So weit sind wir glücklich durch das Geld, das den Menschen von der Erde losgerissen hat, gekommen. Aber die wenigsten merken es. Früher einmal hatte das Leben einen Zweck. Man lebte, um glücklich zu sein, machte damit andere glücklich und gedieh. Das einzige Lebensmittel, das es gab, das einzige Mittel, das Leben zu erhalten und zu genießen, war die Erde und ihre Bebauung beanspruchte nur einen Bruchteil der Lebenszeit, da sich die Bedürfnisse innerhalb der Grenzen des Notwendigen hielten. Seit aber das Geld den Menschen von der Erde getrennt hat, ist das Geld statt der Erde zum obersten Lebensmittel, zum Spender aller übrigen Lebensmittel geworden. Die Bedürfnisse stiegen mit dem Aufhören ihrer Beschränkung auf die Produkte des begrenzten Stückes Erde, das man bebaute, ins Uferlose, der Herbeischaffung des Geldes zu ihrer Bezahlung mußte immer mehr Zeit geopfert werden und schließlich wurde das neue Lebensmittel, das Geld, zum Lebenszweck. Statt Geld für das Leben hinzugeben, gibt man heute sein Leben für das Geld hin und nichts kann den irrsinnigen Zirkel, in den wir verstrickt sind, anschaulicher machen als der Gesang der Arbeiter in Upton Sinclairs Roman »Petroleum«:

»Wir arbeiten
Um das Geld zu kriegen,
Um die Nahrung zu kaufen,
Um die Kraft zu haben,
Um zu arbeiten,
Um das Geld zu kriegen,
Um die Nahrung zu kaufen,

Um die Kraft zu haben,
Um zu arbeiten,
Um das Geld zu kriegen,
Um die Nahrung zu kaufen,
Um die Kraft zu haben,
Um zu arbeiten ...«

usw., usw., bis einem der Atem aus- oder doch vorher noch ein Licht darüber aufgeht, wie herrlich weit wir es infolge des Geldes gebracht haben. Was die Arbeit, die einem solchen Tretmühlendasein entstammt, wert ist, drückt wieder Alfons Petzold, der Dichter, der selbst Arbeiter war, am überzeugendsten aus:

»Da stehen sie und regen schwer die Glieder
in den durchdampften Räumen der Fabrik.
Ein jeder senkt auf seine Arbeit nieder
den noterstarrten, teilnahmslosen Blick.//
Sie sind nicht Menschen mehr, sind nur Maschinen,
die in dem vorgeschriebnen Stundenkreis
sich drehen müssen, ohne daß von ihnen
nur einer seine Kraft zu schätzen weiß.//
Sie können nimmer ihre Hände spannen
nach ihrer Tage mühevollem Tun
um eigne Werke; was sie je begannen,
muß halbvollendet tot im Dunkel ruhn.//
Sie schaffen abertausend Gegenstände,
sie machen viele Dinge stark und groß;
doch ist nicht Gott im Regen ihrer Hände,
und was von ihnen kommt ist seelenlos.«

(...) Auch die Vorschläge, das Geld zu reformieren, ihm einen unveränderlichen Wert zu verleihen und es dem Gepackle der internationalen Haderlumpen zu entziehen, die sich von der Ausnützung seiner von ihnen hervorgerufenen Wertschwankungen Yachten kaufen, halte ich nicht für zum Ziele führend und nur für relativ gut. Der größte Teil des Irrsinns, die Abhängigkeit von Konjunkturen und Krisen, bliebe dabei ja doch erhalten. Nicht deshalb ist das Geld verderblich, weil die, die es haben, durch alle möglichen Schiebungen seinen Wert,

wie es ihnen gerade paßt, verändern können, sondern deshalb, weil es den Menschen bloß auf seine Arbeitskraft stellt, die heute begehrt sein, morgen aber schon ohne jede Nachfrage bleiben kann, weil es ihn also in die Luft stellt. (…)
Der einzelne, der in dieses Irrenhaus ohne sein Zutun hineingegeben worden ist, kann natürlich weder das Geld abschaffen noch sich von Industrie und Handel emanzipieren; benötigt er doch ihre Produkte, um ihren Geist zu bekämpfen und zu sagen und immer wieder zu sagen und es in alle Winde zu schreien, daß sie Geiseln der Menschheit sind. (…)
Die ganze abendländische Menschheit seufzt unter der Geißel des Geldes. Ganz wurst, ob Arbeiter oder Unternehmer, Arbeitsloser oder Kapitalist. Aber niemand kann es mit seiner Würde als moderner Mensch vereinbaren, zum Komfort endlich einmal: Geh fort! zu sagen. Die privatesten Angelegenheiten des Lebens, die Geburt eines Kindes, die Frage der Liebe und des Sterbens, alle diese Fragen sind heute schon zu reinen Geldfragen geworden und in Amerika hat sich sogar schon die Zeit in Geld verwandelt. Weg mit der Schweinerei!
Die Frage des Friedrich von Logau
»Wozu ist Geld doch gut?
Wer's nicht hat, hat nicht Mut,
Wer's hat, hat Sorglichkeit,
Wer's hat gehabt, hat Leid«
ist mit einem einstimmigen: Zum Krenreiben! zu beantworten.
Die Juden haben recht: Das Berühren des Geldes macht unrein. Aber nicht nur am Sabbat, sondern an allen Tagen. Dann würde jeder Tag wieder ein Sabbat, das heißt: ein Festtag sein.

Geld und Ware / Ist es auch aufgefallen, daß auf Erden alles, also auch die Waren, dem Verwesen, dem Verderben, der Wertminderung durch den Ablauf der Zeit ausgesetzt sind, das goldgedeckte Geld aber als einziges auf Erden nicht? Daß es infolge dieser seiner Einzigartigkeit kein Tauschmittel für Waren sein kann, da es im Wesen von allen Waren verschieden ist? Daß der, der Geld besitzt, immer im Vorteil sein wird gegenüber dem, der Waren oder Arbeitskraft besitzt, denn er kann warten, diese aber nicht, weil ihre Waren verderben und ihre Arbeitskraft täglich ernährt werden muß? Nur diese widernatürliche Eigenschaft des Geldes gibt seinem Besitzer die Macht, alle, die es nicht besitzen, auszubeuten und zu beherrschen.

Gelebter Tod / Der Tod ist die höchste Einsamkeit und ein einsames Leben ist ein gelebter Tod.

Gelehrte / Leute, von denen die Sprache bloß trocken feststellt, daß man sie viel gelehrt habe, während sie sich darüber, ob sie auch etwas gelernt haben, diskret ausschweigt.

Gemeinheit / Gemeinnutz geht vor Eigennutz? Nee! Gemeinheit geht vor Eigenheit!

Gemeinschaft / Nicht von der Vollkommenheit der Menschen hängt die Vollkommenheit der Gemeinschaftsverfassung ab, sondern von der Vollkommenheit der Verfassung die Vollkommenheit der Menschen. Die Leute, die immer verkünden, daß der Mensch zuerst selber gut werden müsse, ehe der Staat gut werden könne, können warten bis zum Jüngsten Tag. In einer schändlichen Umgebung gut zu werden, bringt von Hunderttausenden kaum einer zusammen. Wenn aber die Regierenden gut sind, dann werden die Regierten von selber gut. Das wußten die Chinesen schon vor Jahrtausenden und auch das Wunder der Griechen ist auf Solon, Perikles und Lykurg zurückzuführen und nicht auf eine besondere Veranlagung des griechischen Volkes. Denn kaum wurden die Herrschenden schlecht, wurde es auch das Volk. Und überhaupt: Daß ein Mann mit Hirn und Herz zur Gewalt in einem Staate komme, ist unwahrscheinlich; daß aber alle Menschen eines Staates unter der Herrschaft von Idioten oder Verbrechern plötzlich gleichzeitig gut werden, ist noch weit unwahrscheinlicher. So lebt der Mensch politisch voll Hoffnung auf das Unwahrscheinliche inmitten des Unerträglichen. Aber was ist schließlich auch schon der Mensch?

Generationen / Wenn ich mir für das letzte Drittel meines Lebens auf Erden noch etwas wünschen sollte, ich wünschte mir dies: Noch die Vollendung der Geburt des neuen Menschentypus zu erleben, in deren Wehen die abendländische Welt trotz allem und allem dennoch zittert und stöhnt; des Menschen, dessen Vater meine Generation ist. Als Kind, im ersten Drittel meines Lebens erlebte ich noch die Alten, die mit schwammigen Leibern, langen Bärten und dicken Bäuchen im Gehrock und Zylinder Landpartien machten, alle Samstage ein Fußbad und alle Monate ein Dampfbad nahmen und vom Siegestaumel über den Triumph der Wissenschaft und der die Natur »besiegenden« Technik und Maschine erfüllt waren. Im zweiten Drittel meines Lebens kamen wir, die Generation, der ich zugehöre, ans Ruder. Wir schufen die Welt um, aber wie das schon bei jungen Leuten so geht, rein äußerlich. Wir befreiten die Weiber vom Mieder, wir stürzten uns auf den Sport, wir setzten die Rückkehr zu natürlicheren und gesünderen Lebensbedingungen durch und das heutige sportgestählte Geschlecht der neuen Sachlichkeit sind unsere Kinder, ist unser Werk. Es ist kein durchaus erfreuliches Werk, wie mir scheint. Teils gestört und verkümmert durch die wahnsinnige Entwicklung der Technik und die aus ihr folgende soziale Not, teils verflacht durch jene Rekordsucht und Bravour, die den tiefsten Sinn körperlicher Übungen gar nicht versteht; und seelisch oft tief unter der Generation der Alten stehend.

Genitaliengarderobe / Ein Schweizer Katholischer Verein propagiert, alle seine Einladungen zu gesellschaftlichen Veranstaltungen mit dem Zusatz zu versehen: »Damen bitte in geschlossener Kleidung zu erscheinen!« Ich würde zur Abwechslung noch folgende Ermahnungen vorschlagen: »Die Mitnahme der Genitalien in den Saal ist ausnahmslos verboten. Selbe sind in der Garderobe abzugeben!« – »Zwecks Verhinderung einer Störung des zuhörenden Publikums durch das Geräusch des Anstoßnehmens, ist selbes nur in der großen Pause gestattet!« – »Wer seinen Hosenlatz verflucht und zugenäht, des Seele direkt in den Himmel geht!« – »Damen ohne Unterleib Eintritt frei!« –

»Busen sind zum Kinderstillen, doch ansonsten zu verhillen!« – »Wer stets denkt an seinen Schweifel, den holt ganz bestimmt der Teifel!«

Genpolitik / »Budapest, 27. September [1927]. Der neugewählte Dekan der philosophischen Fakultät der hiesigen Universität Dr. Ludwig Mehely hielt gestern bei der Eröffnung der Universität einen Vortrag, dem auch der Kultusminister Klebelsberg beiwohnte. Professor Mehely machte Mitteilung von einem biochemischen Verfahren, das er erfunden haben will. Nach diesem Verfahren könne das Vorhandensein jüdischen Blutes unzweifelhaft festgestellt werden. Mehely führte in seinem Vortrag aus, daß die Rasse sich in den weißen Blutkörperchen offenbare. Wenn die Eltern heterogenen Rassen angehören, so entstehen degenerierte Nachkommen. Bei den Eheschließungen müsse darauf Bedacht genommen werden, daß unter den Blutgruppen eine gewisse Verwandtschaft herrsche. Heiraten verschiedenartiger Rassen müssen verhindert werden. Die Mischung der Rassen führe zum Aussterben der Menschheit. (…)«
Die Philosophie fordert die Polizei auf, an allen Orten, wo sich die Menschen »vermischen« könnten, aufzupassen. »Was treibst Du da, Du Hundsfott?« »Großmächtiger Herr Gendarm, ich will mich vermischen.« »Bist Du ein kleiner Landwirt?« »Halten zu Gnaden, nein!« »Zurück, Du Schwein! Ordne sofort Deine Kleider! Weißt Du nicht, daß Du einer heterogenen Rasse angehörst?« »Aber, süßer Herr, ich gehöre doch zur Intelligenz, die sich fortpflanzen darf!« »Wo hast Du Deinen staatlichen Fortpflanzungserlaubnisschein?« »Den hab ich bei meinem letzten Besuch in Lequeitio vergessen.« »Wie willst Du dann nachweisen, daß Du zur Intelligenz gehörst?« »Bitte, ich kann schreiben!« »Dann schreib' etwas auf!« »Was?« »Schreib auf den gebräuchlichsten Fluch des ungarischen Volkes, das gegen die Vermischung heterogener Rassen ist.« »Baszmeg az anyád! Koitiere deine Mutter!« »Richtig. Elöre, tessék! Vorwärts, bitte! Vermische Dich weiter! Egészségec! Zur Gesundheit!«

Gerechtigkeit / Denn was man heute pathetisch »Gerechtigkeit« zu nennen pflegt, ist ja doch nichts weiter als die amtliche Betreibung dessen, was der Majorität in den Kram paßt.

Gescheiter / Die Blödisten haben es gut: Sie merken nichts. Aber die Gescheiteren müssen sich im Schweiß ihres Angesichts eine Religion zusammenbasteln, um es aushalten zu können, und den Gescheitesten ist auch das nicht möglich und ständige Übelkeit ist ihr beklagenswertes Los.

Geschichtsnebel / Der Versuch, die Geschichte Europas als eine Aufeinanderfolge von Nebelperioden zu begreifen, ist meines Wissens bisher noch nie unternommen worden. Er würde sich aber lohnen. Auf die beinahe nebelfreie Zeit des klassischen Altertums folgten ungefähr zur Zeit Karls des Großen die ersten großen Nebel, ohne welche die jetzt neu in die Geschichte eintretenden Völker, die ein Niflheim als religiöses Requisit von ihren Ahnen übernommen hatten, vermutlich nicht leben konnten. So begann mit der gewaltsamen Unterwerfung des Sachsenherzogs Widukind unter eine Religion der Gewaltlosigkeit der große kirchliche Nebel seine Herrschaft. Da aber ein Nebel immer zu dem Zwecke von den Wenigen hervorgerufen wird, um auf Kosten der benebelten Vielen ein auskömmliches Einkommen zu beziehen und der Ertrag des kirchlichen Nebels zum größten Teile dem Papste zufloß, während die weltlichen Fürsten zu einem mehr bescheidenen Leben gezwungen waren, das ihnen nicht paßte, erzeugten sie etwas später den dynastischen Nebel, indem sie sich mit der Kirche in Kämpfe einließen und so auch für sich das Recht der Nebelerzeugung in Anspruch nahmen. Jahrhundertelang herrschten nun der kirchliche und der dynastische Nebel, bald in Eintracht, bald in Zwietracht nebeneinander, bis aufklärendes Wetter eintrat und das Zeitalter der Aufklärung den kirchlichen, die französische Revolution den dynastischen Nebel in jene Fetzen riß, die in zurückgebliebenen Staaten noch jahrzehntelang die Gehirne bedeckten. Beinahe wäre so ungefähr zur Zeit Josefs des Zweiten, zur Zeit, als Friedrich der Zweite die Worte sprach: »Wenn meine Soldaten zu denken anfingen, würde keiner bei seinem Regimente bleiben« – ein ziemlich unbekannter Ausspruch übrigens, von dem sich kein kriegerischer und deutschnationaler Abonnent der Zeitschrift »Fridericus« etwas träumen läßt – beinahe wäre zu dieser Zeit Mitteleuropa nebelfrei geworden und das sofortige Aufblühen aller Künste und Wissenschaften zu jener Zeit menschlicher Entfaltungsmöglichkeit war die logische Folge davon. Die Herrlichkeit dauerte aber nur ein paar Jahrzehnte. Kleinere lokale Polizeistaatnebel begannen die Aussicht und damit auch die Einsicht wieder zu beschränken und im Jahre 1848 begannen sich mit der Einführung der Parlamente und der Durchsetzung der Preßfreiheit wieder ungeheure Nebel zu entwickeln, welche die Errungenschaften dieses Jahres in kurzer Zeit illusorisch machten und ins Blödsinnige verkehrten.

Geschichtstaumel / Der Gang der Europäer durch die jüngste Geschichte hat sehr viel Ähnlichkeit mit dem Zickzack-Gang eines Betrunkenen durch eine enge Gasse. Er taumelt von rechts nach links, prallt hier an eine unübersteigliche Wand an, taumelt hierauf von links nach rechts, findet hier wieder eine unübersteigliche Wand und taumelt wieder zurück. Warum? Weil er eben besoffen ist und den Weg der Mitte, den Weg der Vernunft nicht finden und selbst wenn er ihn fände, nicht gehen kann. Unter Weg der Mitte aber ist hier nicht jener vielgepriesene Weg der Mittelmäßigkeit gemeint, der ein Kompromiß zwischen rechts und links ist, sondern der einzig mögliche gerade Weg der Vernunft, der ebensowenig mit rechts als mit links gemein hat. Während des Mittelalters bis ins 18. Jahrhundert hinein tappten sich die europäischen Völker unter Führung ihrer absoluten Fürsten bald mehr aufrecht, bald auf allen vieren an der rechten Wand entlang. Da empfahl ihnen die Aufklärung etwas mehr nach links, nach der Straßenmitte, nach der Vernunft zu halten. Sie folgten diesem Rat, aber sie taumelten, als Masse einmal im Schwung, in der französischen Revolution über diese Mitte weit hinaus ganz nach links und prallten an die linke Wand an, an jene unübersteigliche Dummheitswand, wie sie überall dort zu spüren ist, wo die Masse ihr Schicksal selbst in die Hand nimmt und sich selber regieren will. Die Folge davon war ein Zurücktaumeln nach rechts auf die Seite der Reaktion des Vormärz und ein Anprall an jene rechte Dummheitsmauer, die überall dort zu spüren ist, wo einzelne, ohne Rücksicht auf die Gesetze des Rechts und der Vernunft aus Familien-, Eitelkeits- oder Geldinteressen die Völker zu regieren versuchen. Der Anprall an diese Mauer waren die Revolutionen des Jahres 1848 und die Folge davon wieder ein Zurücktaumeln nach links auf die Seite der Konstitutionen und der Demokratie. Der Anprall an die Wand der Demokratie ist heute gerade vorüber und es beginnt, wie wir alle Tage sehen können, wieder ein Zurücktaumeln nach rechts auf die Seite der 1848 verlassenen Ideale des Konkordats und des sogenannten »Autoritätsstaates«. (…) Wann dieses Taumeln aufhören wird? Jedenfalls erst dann, wenn die Völker durch das fortwährende Mauernanrennen mit dem Kopf nüchtern geworden sein werden, und ohne Stütze, ohne Mauer, ohne Regierung, sei diese nun eine linke oder eine rechte den Weg der Mitte, den Weg, den die Weisen aus dem Reich der Mitte antraten, den Weg der Vernunft gerade und aufrecht gehen können werden. Ob diese Ernüchterung überhaupt jemals stattfinden wird, oder gar wann sie kommen wird, wage ich nicht zu entscheiden. Soviel jedoch steht fest: die heutigen Erfolge der Kirche und die steigende Beliebtheit aller jener Institutionen, die nach Gewalt und Autorität einzelner Menschen und nicht ewiger Naturgesetze stinken, ist nicht deren Verdienst, sondern das Verdienst aller linksorientierten Impotenz; ebenso wie nach 1848 die Begeisterung für Konstitutionen und Demokratie das Verdienst der rechtsgerichteten Impotenz war, zu der man heute wieder zurückwackelt. Aus der immer offenbarer werdenden Schwachsinnigkeit der Demokratie und des Rationalismus schließt man einfach auf die Tiefsinnigkeit ihrer Gegenspieler, der Diktatur im landesüblichen Sinne und der Kirche. Das ist aber ein Irrtum. Alle viere, Demokratie und Diktatur, Rationalismus und Kirche sind gleichmäßig schwachsinnig. Nur das Vorzeichen des Schwachsinns ist verschieden.

Geschichtsschweinehandel / Offiziell, mein Lieber, geht heute wohl Gemeinnutz vor Eigennutz, aber in Wirklichkeit Gemeinheit vor Eigenheit. Alles Schwindel! Wegen des Schweinehandels verfeindeten sich vor dem Krieg die Österreicher mit den Serben, wegen dieser Feindschaft wurde Franz Ferdinand ermordet, wegen dieser Ermordung, also eigentlich wegen des Schweinehandels kam es zum Weltkrieg! »Wie sich der kleine Moritz die Weltgeschichte vorstellt!« wirst Du jetzt gewiß empört ausrufen. Ich höre es förmlich. Du naive Seele, die es noch immer nicht weiß, höre: So wie sich der kleine Moritz die Weltgeschichte vorstellt, so ist sie. Nicht um ein Jota anders. Verstanden?

Geschlechtslebensmüde / Daß einer lebensmüde werden kann, versteht man; daß einer geschlechtslebensmüde werden kann, versteht man nicht. Das ist merkwürdig, denn im Worte Geschlecht kommt sicherlich nicht ohne tiefere Bedeutung das Wort schlecht vor.

Geschlechtsverkehrsopfer / Erst wenn einmal die Zahl der Opfer des Verkehrs die Zahl der Opfer des Geschlechtsverkehrs übersteigen wird, ist Aussicht vorhanden, daß die Menschheit auszusterben beginnt.

Geschwätz / Im Gespräch mit einem Schwerhörigen merkt man mit Erstaunen, wie viel man spricht, was nicht wert ist, wiederholt zu werden.

Geschworenengerichte / Seitdem Geschworenengerichte bestehen, sind sie damit beschäftigt, »Fehlurteile« zu fällen und es gibt noch immer anspruchslose Leute, die sich bei jedem Schwurgerichtsprozeß von neuem darüber wundern. Sie kapieren eben noch immer nicht die Grundbedingungen des Schwurgerichtsbetriebes, der die beiden Verbote Christi hinsichtlich des

Richtens und Schwörens ebenso glücklich wie sinnig in einem Worte vereinigt; sie ahnen eben noch immer nicht, daß weder der Mörder noch der Ermordete, sondern ganz jemand anderer schuldig ist.

Gesetzgeber / Einem Gesetzgeber, der Gesetze gibt und gleichzeitig an der Krippe sitzt und sitzen bleibt, sollte man immer mißtrauen, denn er will herrschen, und der Verdacht liegt nahe, daß er die Gesetze für sich und nicht fürs Volk gemacht habe und die Zinsen seiner Tätigkeit, die entweder aus materiellen Vorteilen oder aus Ruhm bestehen können, einkassieren will.

Gesichterkonfektion / Ein Blick auf alte Photographien und Bilder gibt Antwort: die Gesichter sind es, die sich verändert haben! Und je weiter man in der Zeit zurückgeht, desto deutlicher wird es: die Menschen haben heute neben so vielem anderen auch noch das menschliche Gesicht verloren. Sie werden im Gesichtsausdruck den Regenwürmern immer ähnlicher, den Karpfen und den Eidechsen. Was gab es noch zur Zeit der napoleonischen Kriege für Köpfe in dieser Gegend! Und was für welche erst im Mittelalter! Jedes in anderer Weise vertepscht, verbeult, geknetet, aber jedes ein Gesicht, jedes der Ausdruck intensivsten Lebens und Erlebens, hinter jedem, wenn schon nicht eine ganze transzendente Welt, so doch wenigstens die Natur in all ihrer Schönheit, Bestimmtheit und Brutalität. Und heute? Die Verschiedenheit all dieser Fisch- und Reptilienvisagen ist nicht viel größer als die Verschiedenheit entblößter Ärsche und der Ausdruck Poponem, den ich schon öfter in visionärer Stimmung für jene Viehsiognomien gebraucht habe, die dieser Zeit mit ihrer Fülle der Gesichte und Leerheit der Gesichter entsprungen sind, erhält durch solche Vergleichung auch vom Verstande her Realität, Sinn und tiefere Bedeutung.
Woher kommt diese Veränderung? Schon einmal – soweit man das heute noch aus Büsten und Bildern zu rekonstruieren vermag – glichen die Gesichter der Menschen einander wie ein faules Ei dem andern: in der römischen Kaiserzeit. Diese

Augustus-, Titus-, Caligula- und Tiberiusbüsten zeigen alle das gleiche Gesicht, das trotz aller Regelmäßigkeit unschöne und ausdruckslose Knabengesicht einer verweichlichten, verweiblichten und untergehenden Kultur (...). Heute wiederholt sich die Geschichte, was man am deutlichsten am nordamerikanischen Menschen merkt, dessen Mechanisierung schon am weitesten fortgeschritten ist. Die Gesichter der heute heranwachsenden amerikanischen Sportgeneration gleichen einander schon wie die Anzüge dieser Leute und scheinen fabrikmäßig hergestellt und konfektioniert wie diese. Und wer gar auf einem Bild, das zehn amerikanische Girls im Badetrikot darstellt, dieses Kollektivum von zwanzig Armen, zwanzig Brüsten, zwanzig Beinen, zehn Bäuchen und einem Stupsnäschen, einem grinsenden und gefärbten Mündchen und einem dauergewellten Wuschelkopf nach den Gesichtszügen in zehn Einzelindividuen zerlegen kann, erhält von mir einen Thaler, respektive einen Dollar bar auf die Hand.

Gewalt / Die Regierung ist die organisierte Gewalt, und die organisierte Gewalt ist der Gipfel des Unsinns. Wenn einer dem anderen eine Ohrfeige herunterhaut, weil er sich von ihm beleidigt wähnt oder über eine seiner Taten empört ist, so ist das zwar nicht ästhetisch, aber immerhin menschlich begreiflich und aus einem Mangel an Selbstbeherrschung, aus einer gewissen Hitze des Blutes erklärlich. Auch die Welt fällt deshalb nicht ein und den Schaden haben nur die beiden Beteiligten. Wenn man aber aus dem Kampfgeist von Menschen, die einander kennen und divergierende Interessen haben, folgert, der Krieg sei etwas Natürliches und werde bestehen, solange die Welt besteht, dann beginnt jener große Betrug, der sich nicht entblödet, ein Ohrfeigenduell als einen Weltkrieg im kleinen hinzustellen. Zwei Bauern, die Nachbarn sind, einander kennen und um einen Obstbaum oder einen Grenzstein streiten, die können divergierende Interessen haben; ein deutscher Bauer aber und ein französischer Bauer, die nichts voneinander wissen, können nie im Leben divergierende, sondern nur immer die gleichen Interessen haben: daß das Wetter gut, das Vieh gesund, die Ernte reichlich, die Steuern klein und die Regierenden nicht unerträglich seien. Diese Leute durch die Presse zu verwirren und zu belügen, diesen Leuten weiszumachen, sie hätten verschiedene Interessen, nur wüßten sie es nicht, denn die Interessen der Regierenden, die von der Kontinuität des Stankes leben, seien ihre Interessen, diese Leute mit Waffen auszurüsten und ihnen, die sich gar nicht kennen, zu befehlen, einander die Köpfe einzuschlagen – das ist die wahre Regierungskunst in Frieden und Krieg. Kampfgeist gibt es wohl und niemand kann es leugnen, daß er viel Gutes auf Erden hervorgebracht hat, daß er und nicht der Krieg der Vater aller Dinge ist, daß er aber auch die größte und dankbarste Aufgabe noch vor sich hat: dem Kriegsgeist den Garaus zu machen, diesem Geist, der nur in jenen Hirnen Platz hat, aus denen jeder andere Geist verschwunden ist. Der Kampfgeist kann sich wohl manchmal auch in Gewalt äußern, in einer Gewalt, die eruptiv ist, kurz währt, ein Gefühl der Erleichterung hinterläßt und die vor allem nichts beweisen will. Der Kriegsgeist hingegen muß sich unter allen Umständen in Gewalt äußern, in einer unnatürlichen Gewalt, die seit langem vorbereitet und organisiert ist, einer Gewalt, die durch die ihrer Anwendung ihre ganze Sinnlosigkeit verrät, einer Gewalt, die als Übel weitaus größer ist als das, was sie verhindern will, einer Gewalt, die sich nicht entblödet, etwas beweisen und eine Frage beantworten zu wollen, nämlich keine geringere als die nach dem Recht.

/ Und die Ausübung der staatlichen Gewalt besteht eben aus der Verübung von Verbrechen. Wer's nicht glaubt, braucht ja nur einmal zu versuchen, das zu tun, was die Regierung alle Tage tut: Leute hinrichten und einsperren zu lassen, Banknoten zu drucken, Steuern einzutreiben, Mauten einzuheben und andere zu ähnlichen Tätigkeiten anzustellen. Er wird sofort wegen Mord, Einschränkung der persönlichen Freiheit, Geldfälschung, Erpressung, Raub, Hochverrat und Aufruhr eingekerkert werden. Nicht jeder hat das Recht Unrecht, zu tun und der, welcher es durch Majoritätsbeschluß, also durch die Dummheit, zugesprochen erhielt, hat es nur solange als nicht ein anderer so stark wird, daß er ihn einsperren lassen und nun seinerseits über ihn »Recht sprechen« kann. Denn Gewalt geht – sie mögen ölige Phrasen drechseln wie sie wollen – wenn es ums Janze jeht, immer noch vor Recht, heute wie in der Steinzeit. Und zwar, wie Stirner sagt, mit vollem Recht. Denn sie ist wenigstens ehrlich und gebärdet sich nicht als das Recht oder das Unrecht, die ja doch nur scheinbar verschiedene Attrappen derselben Gewalttätigkeit sind.

/ Die starken Regierungen sind die, die mit Gewalt herrschen. Aber dazu braucht man wahrhaftig keine Regierung, damit die Gewalt herrsche. Das kann sie von alleine.

Gewaltlosigkeit / Ach eure Gewaltlosigkeit! Ach eure Autoritätsgegnerschaft! Ach eure Toleranz! Ist es denn wirklich so schwer einzusehen, daß einer, der etwas wirklich wünscht oder will, niemals für die Demokratie sein kann, weil er in diesem Fall ja das, was er will, dem Zustandekommen eines Majoritätsbeschlusses, also dem nackten Zufall überlassen müßte? Ist es wirklich so schwer zu begreifen, daß man nicht pauschaliter für oder gegen »Gewalt«, für oder gegen »Autorität« sein kann, weil Gewalt und Autorität ganz inhaltslose Worte sind und es ganz darauf ankommt, was mit Gewalt durchgesetzt werden soll und wer oder was Autorität haben soll? Ist es wirklich so schwer zu kapieren, daß Denkfreiheit nur denen gebührt, die denken können, aber nicht jedem Idioten; daß Schreibfreiheit nur denen gebührt, die schreiben können und daß Toleranz, so menschlich schön sie auch ist, notwendig eine Grenze haben muß, will sie sich nicht selbst aufheben?

/ Wenn ich nur nicht immer wieder hören müßte, daß die Gewaltlosigkeit gut, Gewalt aber schlecht sei! Gewalt an und für sich ist weder gut noch schlecht und es kommt einzig darauf an, was mit ihr durchgesetzt werden soll. Ein Messer an und für sich ist ja auch weder gut noch schlecht: es kann ebenso zum Mord wie zur Lebensrettung durch eine Operation verwendet werden. Leider hat sich die Gewalt bisher fast ausnahmslos in den Händen von Idioten und Verbrechern befunden – dadurch ist sie in Mißkredit gekommen. Die Folge davon ist eine maßlose Überschätzung der Gewaltlosigkeit, die so weit geführt hat, daß man heute gar nicht mehr weiß, was Gewalt und Gewaltlosigkeit ist. Das System Gandhis in Indien zum Beispiel ist gar kein gewaltloses; es bedient sich nur neuartiger Mittel, um die Engländer zu zwingen, etwas zu tun, was sie weder einsehen noch wollen. (…) Ich weiß natürlich so gut wie Sie, daß Gewaltlosigkeit ein wunderbares Mittel ist, einen im Grunde guten einzelnen Menschen, der Unrecht tut, zu entwaffnen, aber ich weiß auch, daß Gewaltlosigkeit nie im Stande ist, eine sadistisch veranlagte Verbrecherhorde, die nur nach Macht und Geld giert und was sich nicht in Ziffern ausdrücken läßt, überhaupt nicht versteht (und solche Leute regieren heute!) zur Einkehr zu bewegen. Solchen Leuten imponiert nur die Gewalt, wobei es ganz gleichgültig ist, ob sie mit Bomben oder Boykotten dreinschlägt. Und wenn man ihnen überhaupt eine Überzeugung beibringen kann, so nur die, daß es gefährlich zu werden beginnt. Denn sie sind feig und Feiglingen kann man nur mit Gewalt imponieren, während Gewaltlosigkeit nur auf Tapfere Eindruck zu machen vermag.

Glaubensverlust / Mit drei Jahren verliert man den Glauben an den Momo, »der gleich zur Tür hereinkommen wird«, mit fünf Jahren verliert man den Glauben an den Krampus, mit sieben Jahren den an das Christkind, mit zehn Jahren den an den Storch und mit fünfundzwanzig – das gilt aber nur ganz ungefähr und variiert sehr stark je nach Verdauung und Familienverhältnissen – den an die Ideale. Wann aber verliert man den Glauben daran, daß das Leben das hat, was man so im Volksmund einen »Sinn« zu nennen pflegt? Denn es ist nicht einzusehen, weshalb man ausgerechnet diesen Glauben nicht verlieren sollte. Ein normaler Glauben scheint überhaupt nur zum Verlieren da zu sein.

Gleichheit / Heute herrscht nur mehr insofern Gleichheit, als alle Männer die gleiche Aussicht haben, im kommenden Krieg unbekannte Soldaten zu werden.

/ Vor dem Gesetz sind alle gleich! Das klingt großartig. Aber so lange es Menschen gibt, die vor dem Leben nicht gleich sind, haben sie auch vor dem Gesetz nicht gleich zu sein. Und wenn ein Reicher stiehlt, so tut er nicht dasselbe wie ein Armer, der stiehlt.

Globalisierung / Und das, worauf es einzig und allein immer und immer wieder ankommt, das Glück des Menschen, stirbt sichtlich vor unseren Augen mit jedem Tag mehr dahin. Was haben wir von dem »Siegeslauf« der Technik, wenn sich der Mensch auf dem Wege von Niederlage zu Niederlage befindet? Was soll das Flugzeug, mit dem einer von Amerika nach Europa fliegen kann, um hier Bier zu trinken und für Brauereien Reklame zu machen (...)? Was hilft uns das Radio, wenn es uns aus Australien die Klänge eines Jazz vermittelt, den unten im Wirtshaus ohnehin eine Kapelle spielt, daß man auf und davon laufen möchte? Was haben wir vom Fernsehen, wenn es uns mit dem Anblick von Arschgesichtern aus Amerika versorgt, wo unser Bedarf an solchen doch vom Inlande reichlich gedeckt wird? Es ist gehirnweich, zu schließen, weil die Technik vollkommen sei, sei auch die Welt, die diese Technik hervorgebracht hat und benützt, vollkommen.

/ Amerika ist reich und es hat Massenproduktion und keine Zölle. Also weg mit den Zöllen und her mit der Massenproduktion und Europa wird ebenso reich werden wie Amerika! Und die geistigen Armutschkerln, die arbeitslos dastehen, und mit dem wenigen, das sie erzeugen, nicht wissen, wohin, fallen auf diesen neuen Schwindel ebenso hinein, wie vorher auf den alten mit den Kriegsidealen, um so mehr, als ihnen der neue Mumpitz auch mit Idealen garniert wird, allerdings mit den entgegengesetzten, da die alten allen Kredit verloren haben. Tönte es früher vom Endsieg und Weltgeltung, so tönt es jetzt von Völkerversöhnung und ewigem Frieden. Nur die Zölle müssen weg und die Massenproduktion des Überflüssigen muß eingeleitet werden. Die beste Kur dafür, daß zu wenig Leute Arbeit haben und trotzdem zuviel erzeugen, soll es sein, wenn noch weniger Leute noch mehr erzeugen. Denn das und nichts anderes will die Massenproduktion, von der sie faseln, das erheischt das Gesetz der heiligen Rentabilität. O du lieber Augustin!

Globus / Ob die Erde nicht doch so eine Art Deportationsinsel für die Idioten des ganzen Kosmos ist? Und ob nicht alle Gescheiten, die man hier trifft, sozusagen bloß wandelnde Justizirrtümer sind?

Glocken / Früher läuteten einmal die Sonntagsglocken und der Lenz war da, heute läuten die Reklameglocken, die mit Ladenschwengeln betrieben werden, und der Dreck ist da.

Gott / Ein Wort, mit dem überhaupt keine Vorstellung verbunden ist und mit dem daher auch der allergrößte Mißbrauch getrieben wird, ist das Wort »Gott«. Was stellt sich denn eigentlich der normale Mitteleuropäer vor, wenn er das Wort »Gott« lallt? Einen alten Herrn mit Vollbart, der, wie I. Mos. 18 berichtet, mit Abraham zusammen Kalbfleisch gegessen hat? Oder den Besitzer eines Hauses, in dem nach Joh. 14,2 viele Wohnungen sind? Oder einen allgütigen Riesen, der zu seinem Spaß eine Welt geschaffen hat, deren Geschöpfe einander gegenseitig auffressen müssen, um leben zu können? Das Wort Gott auszusprechen, ist von den Stiftern mancher Religionen mit Recht verboten worden, weil sich kein Mensch unter diesem Wort etwas Vernünftiges vorstellen kann und weil für den Menschen, sobald er das Reich, d.h. die Reich-Weite seiner Sinne verläßt, mit Notwendigkeit alles un-sinnig werden muß und sinn-los.

/ Priester zum Delinquenten: »In einer Stunde werden Sie vor Gott stehen!« – Delinquent (französischer Marquis): »Ich bin schon neugierig, ob er bei näherer Bekanntschaft gewinnt.«

Gottesbeweis / Man kann nicht logisch nachweisen, daß es keinen Gott gebe, denn im Augenblick, wo einer an ihn glaubt, gibt es einen.

Götz / Mit Götz fang an, mit Götz hör auf, das ist der beste Lebenslauf!

Größe / »Das Gute liegt nicht im Großen, sondern das Große liegt im Guten.« Das ist eine Entdeckung, die Zenon vor über 2000 Jahren gemacht hat. Was hat's gnutzt?

/ Nur den Kleinen imponiert das Große.

Größenwahn / Größenwahn kann immer nur der Wahn der Kleinen sein.

//

Habenichtse / Die Kirchen sind für die Leute, die keine Religion haben, die Gesetze für die Leute, die keine Moral haben, die Mode für Leute, die keinen Geschmack haben, die Politik für Leute, die kein Hirn haben – alles auf dieser Welt ist für die, die nichts haben! Und da wagt man zu behaupten, wir wären nicht sozial!

Habsburgisches 1914 / Ich hörte mit eigenen Ohren, wie der Kommandant der Division, Erzherzog Peter Ferdinand mit dem ihm zugeteilten Bruder der späteren Kaiserin Zita, dem Prinzen Elias von Parma, wettete, ob bei einem vierzehnjährigen ruthenischen Knaben, der am nächsten Tage wegen Spionage gehenkt werden sollte, trotz seiner sexuellen Unreife bei der Hinrichtung schon eine »ejaculatio seminis«, wie man sich gelehrt ausdrückte, eintreten werde oder nicht.

Halbnarren / Die Halbnarren sind die gefährlichsten, denn man weiß nie, mit welcher Hälfte man es zu tun hat.

Hammelreich / Jedes Himmelreich ist in Gefahr, ein Hammelreich zu werden.

Handel / Daß der Handel die Völker verbinde, das war einmal wahr; daß er allein es ist, der sie entzweit, das ist heute wahr.

/ Ich las neulich im »Economist« wieder die entzückenden Worte »Handel und Wandel«. Ich dachte: die einen handeln, die andern wandeln; ich bin fürs Wandeln. Wer gleichzeitig handelt und wandelt, ist ein Hausierer.

/ Der Handel verdirbt den Charakter. Denn da der Handel keine Werke schafft, kennt er auch nicht die zur seelischen Gesundheit notwendige Freude am eigenen Werk; er kennt nur die Freude am Profit. Er macht auch das wesenhafteste Erzeugnis menschlichen Geistes zu seelenloser Ware. Er zwingt den Menschen, von der Dummheit der andern zu leben, ja er macht die Dummheit der andern oft geradezu zur Grundlage der eigenen Existenz. Jeder Händler sucht zuerst einen Dummen, der ihm etwas billig verkauft, und hierauf einen zweiten Dummen, der es ihm teuer abkauft.

Händler / Je mehr Staat und Kirche abwirtschaften, desto brennender wird die Frage nach einem vollgültigen Ersatz für diese nicht zu missenden Faktoren. Nun, im Kaufmann scheint er gleich für sie beide gefunden.

/ Händler zu sein ist ein vertrackter Beruf. Auch schon eine Beschäftigung, dieses Täuscheln mit Materie!

/ Erzeuger und Konsumenten sind praktisch dieselben Individuen, nämlich die »Arbeitnehmer«, die auf der einen Seite unter Lohndruck billig erzeugen müssen, was sie auf der andern Seite unter Kartelldruck wieder teuer zurückkaufen müssen. Der Händler aber, der sich dazwischen geschoben hat, ist heute der eigentliche Herr der Welt.

Harnindustrie / Wie mir ein Chemiker mitgeteilt hat, werden die sogenannten »kußfesten« Lippenstifte aus Harnstoff fabriziert. Die Wege der Industrie sind schon bald so verschlungen und weise wie die der Natur. Sekrete des Unterleibs werden dazu verwendet, auf dem Umweg über eine verlockende Färbung des Oberleibs wieder andere Sekrete des Unterleibs zur Ausscheidung zu bringen, die dann entweder als abgetriebene Halbfabrikate der Natur Medizin und Justiz beschäftigen oder als »Fertigwaren« des Unterleibs wieder Verwendung in der Industrie finden: teils als Arbeitnehmer zum Lohnempfangen, teils als Arbeitslose zum Lohndrücken.

Hauptmann, Gerhart / Die Proletarier Deutschlands, die – niemand kann es leugnen – in ihren Elendswohnungen zuwenig Raum und in ihren Schüsseln zuwenig zum Dasein hatten, haben am 1. August 1914 beschlossen, über die Proletarier Frankreichs und Rußlands, die Raum und Dasein in Hülle und Fülle besaßen, herzufallen, und der Feldzug ist nur deshalb nicht geraten, weil Gerhart Hauptmann, der im Kriege am Schreibtisch der Ehre folgendes dichtete:

»Komm, wir wollen sterben gehen,
In das Feld, wo Rosse stampfen...
Eh' ich nicht durchlöchert bin,
Kann der Feldzug nicht geraten.«

trotz aller Gelegenheit, die er der Entente dazu gegeben hat, noch heute nicht durchlöchert ist.

Haushund / Es gibt Leute, die sich zur Bewahrung ihrer Seelenruhe einen Gott halten wie andre zur Bewachung ihres Hauses einen Hund.

Heiliger Stuhl / Der Heilige Stuhl ist hart und denkt nicht daran, ein Abführmittel einzunehmen, auf daß er weicher werde.

/ Noch immer die bequemste Sitz- und Rastgelegenheit (...) für alle jene biederen Popos, die vom Sitzen auf den Wolkenbänken geistigerer Weltanschauungen das Reißen bekommen haben. Und überhaupt: Die einleuchtendste Entschuldigung für alles Blöde ist halt noch immer der Hinweis darauf, daß es uralt sei; und der heilige Stuhl ist uralt. Und er hat schon so oft versagt, daß wirklich nicht einzusehen ist, warum er jetzt zur Abwechslung nicht auch einmal nicht versagen sollte.

Heiliger Vater / Scheinheiliger Vater.

Heiraten / Heiraten, sage ich euch, ist das schwerste Raten und wer sich trauen läßt, darf kein Traumichnicht sein.

Helden / Die Nationalen jammern, daß uns das »Heldische« abhanden gekommen sei. Diese naiven Seelen glauben wirklich, daß ein normaler Mensch in den Kämpfen um Absatzgebiete, Ölquellen und Kohlenlager, die heute von den Staaten vorbereitet werden, zum Helden werden könne. Höchstens zum heroischen Esel!

/ Ich sah, wie Offiziere dafür ausgezeichnet wurden, weil sie durch unfähige Führung ihrer Truppe Gelegenheit gegeben hatten, sich für das Ideal der Dummheit ihres Kommandanten hinschlachten zu lassen, ich sah ganze Regimenter, die eben erfahren hatten, daß sie in der nächsten halben Stunde angreifen müßten, vor dem Heldentod korporativ in die Büsche verschwinden, falls welche vorhanden waren; denn der Unterleib war noch Natur und kannte nicht die Verstellungskünste des Maules. Und ich sah schließlich einmal einen Kanonier, der mit keinem Ohrwaschel wackelte, als eine schwere Granate knapp neben ihm in den Boden schlug. Ein Held, wird man sagen. Aber als diesen Helden eine Viertelstunde später sein Hauptmann anbrüllte, weil er widerrechtlich seine Fleischkonserve aufgefressen hatte, die zur eisernen Portion bestimmt gewesen war, da wurde er leichenblaß und zitterte vor Angst am ganzen Körper. Durch solche Beobachtungen lichtete sich für mich allmählich das Mysterium eines Heldentums, das heute schon wieder die Obertanen und solche, die zu ihnen werden wollen, schüchtern zu propagieren beginnen. Und ich erkannte: die kriegerische Tapferkeit war in 99 von 100 Fällen nichts weiter als pervertierte Feigheit. Fürchtete der Feigling den Tod mehr als den Hauptmann, so fürchtete der sogenannte Held den Hauptmann mehr als den Tod; das war der ganze Unterschied.

Hemmungslosigkeit / Ich habe noch nie gehört, daß einer an sexueller Hemmungslosigkeit zu Grunde gegangen ist, weil ihn die Natur selbst hemmt, wenn er es zu weit treiben will, dagegen habe ich schon oft beobachtet, daß einer an der sittlichen Hemmungslosigkeit, mit der die Gerichte verurteilen, gestorben ist.

Herbergssuche / Ich möchte wirklich wissen, was heutzutage ein guter katholischer Bauer machte, wenn eines Abends plötzlich ein hochschwangeres, mit ihrem Bräutigam umherziehendes Weib an seine Türe klopfte und an ihn das Ansinnen stellte, in seinem Stall ein Kind zu bekommen?

Herzensbeulen / Niemand kann daran zweifeln, daß man zu wahrer Bildung nur durch Ausbildung und nie durch Einbildung kommt, nur durch Ent-Wicklung der eigenen Möglichkeiten und nicht durch Ver-Wicklung, Um-Wicklung, Fesselung und Lähmung dieser eigenen Möglichkeiten mit von außen her bezogenen Unmöglichkeiten, nur durch der Natur und nicht fremder Unnatur entsprechendes Handeln. Trotzdem bildet sich das der Natur entfremdete Herz der Menschen – Herz natürlich in übertragenem Sinne gemeint – heute in seinem Innern soviel »ein«, setzt dort immer wieder soviel beulenartigen Unsinn an, daß es statt zu einer Herzensbildung zu einer Herzensmißbildung und überhaupt soweit kommt, daß im Herzen schließlich kein Platz mehr ist für ein großes Gefühl und nur mehr kleine ihr Dasein fristen können, die überdies noch durch die Auswüchse der Einbildungen im Innern eines solchen Herzens, denen sie sich in der drangvoll fürchterlichen Enge, die dort herrscht, gezwungenerweise anpassen müssen, völlig vertepscht sind und ihr natürliches Aussehen fast ganz verloren haben.

Hirnverbrannt / Feuerköpfe sind immer irgendwie hirnverbrannt.

Hitler / Nichts ist näherliegend, als daß sich ein kleiner Anstreicher in einen großen Anschmierer verwandelt.

Hitlers Phrasengurgeln / Zu dem umfangreichen Ereignis, das über Deutschland hereingebrochen ist, läßt sich vorläufig nicht viel mehr sagen, als daß es sich so abspielt, wie ich es mir vorgestellt habe. In seinem Werk »Mein Kampf« (das besser »Mein Krampf« hieße) sagt Hitler auf S. 202: »Er (der Deutsche) hat keine blasse Ahnung, wie man das Volk beschwindeln muß, wenn man Massenanhänger haben will.« Es ist nur gut, daß Hitler davon eine Ahnung zu haben scheint; woraus überdies hervorgeht, daß er sich selber für keinen Deutschen hält. Ich habe mir den »geliebten Führer« in den letzten Wochen zweimal via Radio beim Phrasengurgeln angehört und konnte beim zweitenmal den übrigen Zuhörern vor dem Radiolautsprecher vor jedem Redeabsatz so ungefähr schon voraussagen, was jetzt kommen werde. Im übrigen: Die Ur- und Grunzlaute der als Publikum jubelnden Dummheit, das Röcheln, Glucksen, Schluchzen und Stimmengezittere des Redners und vor allem seine Hamburger Aussprache des st sind anhörenswert. Das bringt kein Österreicher fertig, das kann nur ein gelernter Komödiant.

Höhere Zwecke / Die von den Obertanen den Untertanen immer wieder als Ideale empfohlenen sogenannten »höheren« Zwecke sind die Zwecke der Höheren.

Höllenfeuerversicherungsgesellschaft / Die Kirche ist eine Organisation, welche die Aufgabe hat, die irdischen Bedürfnisse ihrer Priester aus den überirdischen Bedürfnissen ihrer Anhänger herauszuwirtschaften. Eine Höllenfeuerversicherungsgesellschaft.

Homo sapiens / Wie viele von diesen Zweibeinen, die heute schlagerbrüllend mit Hosenknöpfen und ähnlich notwendigem Zeug handeln, verdienen noch diesen Namen?

Hormonie / Alle seelische Harmonie ist Hormonie.

Hungerrevolten / In Hamburg haben Arbeitslose unter dem Rufe: »Hunger!« Lebensmittelgeschäfte gestürmt. Die Polizei hat die Führer wegen »Aufreizung gegen die bestehende Ordnung« verhaftet und die »Ordnung mit dem Gummiknüttel wiederhergestellt«. So oder ähnlich lesen wir alle Tage. Die »Ordnung« aber, die wiederhergestellt wird, besteht in einem Rechtszustand, der es ermöglicht, daß nebeneinander der eine am Hunger, der andere am Zuvielfressen krepiert. Das ist das Komische. Doch dieser Zustand ist nicht imstande, gegen sich selbst aufzureizen, sondern braucht noch Führer, die das tun. Das ist das Tragische.

//

Ideale / Ideale sind ja schließlich dazu da, hochgehalten zu werden, und die Gefahr, daß sie bei diesem Hochgehaltenwerden schwindlig werden und abstürzen könnten, kommt gar nich in Frache [!], denn sie sind den Schwindel gewöhnt, da sie ihm in den weitaus meisten Fällen ihr Dasein verdanken.

Ideen / Die Zeitideen fallen immer bei denen auf den fruchtbarsten Boden, die keine eigenen Ideen haben.

Ideengebäude / Bolschewismus; oder das Leben eine Fabrik. Nationalsozialismus; oder das Leben eine Kaserne. Demokratie; oder das Leben ein Wirtshaus. Monarchie; oder das Leben ein Zeremoniensaal. Bitte, sich, je nach Geschmackslage, zu bedienen!

Impotenz / Und ich sehe alle Völker, um deren Unsittlichkeit sich kein Hirte schert, von Kraft strotzen, während mir die abendländischen nur noch in bezug auf das Maul körperlich leistungsfähig zu sein scheinen.

/ Ein Mensch, der immer gern möchte, aber nicht kann, verdankt vielleicht einem mißglückten coitus interruptus sein Leben.

/ Es gibt Männer, bei denen das Fleisch nicht einmal dazu stark genug ist, schwach zu werden.

In sich gehen / Die Leute gehen ja manchmal in sich; sie kommen aber immer wieder sehr rasch zurück. Wahrscheinlich ist dort nicht viel los.

Individualismus / Der Individualismus ist nur scheinbar gegen alles Gemeinsame. In Wahrheit erschließt er allein schließlich das einzig Gemeinsame: das große Einende.

Industrie / Die verheerende Wirkung industrieller Arbeit liegt vor allem in der Zerstörung aller Persönlichkeitswerte; denn wie sollten Menschen, die tagein, tagaus dasselbe tun, ja oft Dinge wie Maschinenteile machen, von denen sie kaum wissen, wozu sie gehören, wie sollten solche Menschen noch etwas anderes werden können als selber zu Maschinen? In ihrem Stumpfsinn klammern sie sich dann an ein paar politische Schlagworte, die ihnen immer und immer wieder in die Ohren geschrien werden. Die Maschine hat die Menschen zugrunde gerichtet, weil sie ihnen jedes persönliche Verhältnis zu ihrem Lebenswerk nahm. Sie hat das Handwerk ruiniert, das Kunstgewerbe zerstört und den Mittelstand totgeschlagen. Sie hat die Landschaft verhunzt und die Städtebilder für ewige Zeiten geschändet. Sie hat endlich die Geschlossenheit ganzer Völkergemeinden gesprengt, und sie, die Maschine, wird auf diesem Weg fortfahren, weil sie die furchtbarste Mauer, den Klassenhaß, innerhalb der Völker begründete und errichtete. Die Maschine hat es fertiggebracht, daß sich große Schichten ein- und desselben Volkes feindseliger gegenüberstehen, als wären sie wildfremde, ja verschiedenfarbige Rassen. Die Maschine hat alle Kultur begraben, und sie wird es weiterhin tun, wenn sich die Menschen nicht endlich auf sich selbst besinnen und dieses Ungeheuer zertrümmern.

/ Industrie und Kapitalismus sind zwei untrennbare Dinge. Wer das eine will, muß das andere in Kauf nehmen. Man muß der Sache an sich auf den Leib rücken, nicht den unerläßlichen Nebenerscheinungen. Halbe Maßnahmen sind von vornherein aussichtslos, und das Treiben der meisten Arbeiterführer kann nur ein verzweifeltes Scherzwort ins Gedächtnis zurückrufen, das man sich in den letzten Kriegsmonaten an der Westfront gegenseitig zuraunte; es lautete: »Die Lage ist ernst, aber hoffnungslos, die Stimmung der Truppe ist gut«.

/ Augenblicklich sind die Massen abgestumpft und müde. Man täusche sich aber nicht dauernd selbst! Mögen andere ruhig glauben, die Menschen hätten ein für allemal nichts Gescheiteres zu tun, als auf das schrille Pfeifen der Fabriksirenen herbeizulaufen, um zeit ihres Lebens stumpfsinnig Hebel hin- und herzuschieben und Räder in Schwung zu halten. Nein, die Menschen werden das auf die Dauer nicht tun! Gott sei Dank, sie werden es ganz bestimmt nicht tun!

Inflation / Inflation ist die Kunst, jemandem das Geld aus der Tasche zu stehlen ohne hineinzugreifen.

Inflationshaderlumpen / Alles, was sich ehrlich arbeitende Menschen im Lande im Schweiße ihres Angesichtes erworben und erspart haben, alle Renten für Not und Alter, alle mündelsicheren Papiere der Jugend, alle Spargroschen der Liebe und Fürsorge sind von heute auf morgen um ein Viertel, um ein Drittel oder gleich um die Hälfte weniger wert, wie es eben gerade jenen Leuten in den Kram paßt, die die Aufgabe haben, ein verbrecherisches System am Ruder der Ausbeutung zu erhalten. Und keiner Regierung, die die kleinen Diebe hängt, fällt es ein, diesen überdimensionalen Haderlumpen, die sich – mit Recht! – Wirtschaftsführer, also Führer des Durcheinanders nennen, jenes Handwerk zu legen, das heute allein noch einen goldenen Boden hat, obwohl es mit Gold längst nichts mehr zu tun hat. I wo! Ist doch jede Regierung heilfroh, daß durch einen solchen Schnitt auch die Millionen gestutzt werden, die sie diesen Halawacheln schuldet. Denn das ist ja das Honorar für ihre Nichtintervention zu Gunsten der Ausgebeuteten. Und aufs Zwangskursregeln und Augenzudrücken folgt mit Notwendigkeit das Handaufhalten.

Innen, -innen, / innen / Das Femininum eines Femininums zu finden, blieb nach Gottes unerforschlichem Ratschluß den »Dresdner Neuesten Nachrichten« vorbehalten: »Verkaufskanonen(innen) erzielen täglich hoh. Verdienst in bar. Bei Eignung Fahrt im Auto nach Außenbezirken. Melden Breite Straße 14, 4, im Verkaufsbüro.« Jetzt schießen also bereits die Koofmichs mit automobilisierten Kanoninnen nach Kunden in Außenbezirken. Die Welt wird unheimlicher mit jedem Tag und die »Breite Straße« scheint unbedingt jene zu sein, die zur Hölle führt.

Intellektuelle / Intellektuelle sind Leute, auf die die Erde jede Anziehungskraft verloren hat und die nur für die Großstadt schwärmen. Aber ein Mensch, auf den die Erde die Anziehungskraft verloren hat, kann auf dem Kopf stehen, ohne es zu merken und wird diese Lage sogar für die natürliche halten.

//

Ja / Apropos Niederreißen: Nur Esel sagen zu allem: J – A.

Jagdausstellungsbesucher / »Sagns amol, Herr Nachbar«, fragt der eine, »was is denn dös für a Jager auf dem Bild dortn mitn Hirsch, der a Kreuz aufm Kopf hat?«

»Was, dös wissens net? Dös is ja der heilige Hubertus, der Schutzpatron von die Jager!«
»Ja – aber – 'ntschuldign scho, warum war denn dös a Heiliger?«
»Was, dös wissens a net? Weil er eben von dem Augenblick an, in dem er den Hirsch mit dem Kreuz zwischen dem Geweih gsegn hat, nimmer auf die Jagd gangen is.«
»Ja – aber – 'ntschuldign scho, warum is er denn nacher der Schutzpatron von die Leut, die no immer auf die Jagd gehn?«
»Sö san a Esel!« sagte der andere und wandte sich weg.

Jägerei / Ein hygienischer Freiluftbetrieb der Fleischhauerei.

Jauche / »Jauche« hängt zusammen mit dem Wort ius, das (...) auch Brühe bedeuten kann, worin ein mystischer Hinweis auf unsere heutige Paragraphenbrühe = Paragraphenjauche liegt.

Jugend / Auf der Lebensunkenntnis und der Dummheit der Jungen basiert die Welt und der Bestand der Menschheit. Sie vermehren sich immer wieder und halten dadurch den Betrieb aufrecht, sie starten immer wieder mit vollen Segeln auf einen Ozean von Schwachsinn! Und da wundert man sich noch über etwas!

Journale / Buchstabenmisthaufen, aus denen der beißende Dunst von Verhetzung und Lüge zum Himmel stinkt.

Journalisten / Detailhändler der Weltgeschichte.

Juristen / Die Ver-brecher werden eingesperrt, aber die Ver-bieger (des Rechts) laufen als Juristen frei herum.

Justiz / Ius = das Recht und ius = die Brühe, Suppe (die man sich einbrockt, wenn man es sucht).

/ Im Leben gewinnt man Erkenntnisse, bei der Justiz aber fällt man Erkenntnisse. Wie die Bäume. Das sagt alles.

/ Die Justiz nähert sich immer mehr dem Punkte, an dem jeder, der etwas auf sich hält, es als Schande betrachten müssen wird, mit ihr noch nicht in Konflikt gekommen und noch nicht eingesperrt worden zu sein. Hat sie diesen Punkt erreicht, ist sie erledigt.

/ Die Justizkomödie ist eine Tragikomödie in vier Aufzügen, denen – alle Gutgesinnten ersehnen es – hoffentlich bald einmal ein einziger, dafür aber desto gründlicherer Abzug folgen wird. Um die Unschuld der Geschworenen an der Tragik dieser Komödie und an der Komödie dieser Tragik zu erweisen, bitte ich Sie, geehrtes Publikum, mit mir einmal ganz kurz die vier Akte der Reihe nach durchzugehen und zu betrachten. (...)
I. Akt: Die Versauung des Lebens. Dieser erste Akt enthält, wie es sich für einen richtiggehenden ersten Akt gehört, die Exposition der tragischen Justizkomödie. Ohne ihn, also ohne die Versauung des Lebens, wäre alles das, was in den folgenden drei Akten vor sich geht, überhaupt nicht möglich und vor allem unverständlich. Ich weiß, es gab und gibt Leute (ja sogar solche, die sich für Philosophen hielten und halten), die dadurch, daß sie den Irrsinn unserer Zivilisation ernst nahmen und nehmen, so gründlich denaturalisiert worden sind, daß sie das Bestehen und die Möglichkeit eines Naturrechtes überhaupt leugnen. (...)
Deshalb wird aber die Sache doch nicht anders und deshalb, geehrtes Publikum, ist die Justiz doch ein Zivilisationsprodukt, nicht wichtiger für den Bestand der Welt als Bersons Gummiabsätze oder das Waschmittel Persil. Auch wenn sie wie dieses in den Himmel erhoben wird. Die Justiz basiert auf Gesetzen, die der Verlautbarung bedürfen und daher nach Laotse nicht Gesetz sind, denn dieses bedarf keiner Verlautbarung als Gesetz. (...)
II. Akt: Das Entstehen der Gesetze und Verordnungen. Schon in der Verbindung der Worte »Entstehen« und »Gesetze« leuchtet der ganze Unsinn, der in diesem Akt beschlossen liegt, auf. Denn wenn man auch nicht die geringste Ahnung davon hat, was ein Gesetz ist, so viel muß jedem, der denken kann, a priori klar sein, daß es etwas sein muß, das weder entstehen noch

vergehen kann; aber merkwürdigerweise haben allein die Engländer ein rudimentäres Gefühl für diese Notwendigkeit, denn sie heben kein einmal beschlossenes Gesetz auf. In welchem Jahre ist denn zum Beispiel das Gesetz der Schwerkraft entstanden? In welchem Jahre das Gesetz, nach welchem Wasser in kommunizierenden Gefäßen stets in gleicher Höhe stehen muß? In welchem Jahre das Gesetz, nach welchem Gegenstände, die spezifisch leichter als Wasser sind, auf dem Wasser schwimmen müssen? Ja, werdet ihr sagen, das sind Naturgesetze! Der Mensch aber hat nichts mehr mit Natur zu tun? Da habt ihr einmal recht. (...) Naturgesetze, der Natur des Menschen entsprechende Gesetze, sind wohl unverwendbar geworden, weil sie nicht in unseren organisatorischen Kram passen? O ihr Esel! Der Mensch, der zum Verbrecher wird, der sich gegen eure Gesetze auflehnt, der handelt nach einem Naturgesetz, und so wahr die Natur stärker ist als ihr, wird der Tag kommen, an dem ihr als Verbrecher dastehen werdet und der, der sich gegen euch aufgelehnt hat, als Sieger. (...)
III. Akt: Die Anwendung der Gesetze und Verordnungen. Also zum Richten! Es erübrigt sich, dazu viel zu sagen; jeder von uns, geehrtes Publikum unserer Justizkomödie, hat es wohl schon einmal im Leben empfunden, was es heißt, vor dem Richter zu stehen, jeder kennt das Richten aus eigener Anschauung. Auch ich. Ich hatte einmal, als ich noch Mieter in Wien war, einen Zivilprozeß mit unserem Hausherrn, der glaubte, mich betrügen und ausbeuten zu können. Naiv, wie ich damals noch war, »beschritt ich den Rechtsweg«. Ach, ein Weg, der ins Verderben führt und mit Paragraphen gepflastert ist! Mehrere Verhandlungen fanden statt, denn die einfache Sachlage erschien dem Richter auf Grund der Gesetze überaus kompliziert. Es war kein rechter »Tatbestand« vorhanden und gerade der ist die Hauptsache! Die Zeugen, die ich führte, sagten aus, was sie wußten. Wußten sie etwas nicht, sagten sie, sie wüßten es nicht. Anders die Zeugen der Gegenseite. Diese logen, daß sich die Balken bogen, und schwuren ausnahmslos jeder einen Meineid. Ich wurde verurteilt. Nach der Urteilsverkündung sprach ich

unter vier Augen mit dem Richter. »Schaun S'«, sagte er, »ich weiß, daß Sie recht haben und daß die andern alle Meineide geschworen haben; aber kann ich's ihnen nachweisen? Wenn ich jetzt nicht Sie, sondern den Hausherrn verurteilt hätte, hätt' er bestimmt berufen. Die bei der Oberinstanz aber, die die Zeugen nie g'sehn haben und nur nach dem Protokoll urteilen – und nach dem Protokoll haben unbedingt Sie Unrecht, denn die Zeugen Ihres Gegners haben klipp und klar ausgesagt, sich an alles genau erinnern zu können, und alles feierlich beschworen! – die Oberinstanz also hätt' mir den ganzen Akt zurückg'schmissen und hätt' g'sagt: Was ist denn das für ein Esel von einem Richter! Ich wär' für mein Leben in meiner Karriere g'schädigt. Und das wern S' doch net wollen, net wahr?« Ich war sprachlos und ging und berief nicht. (…)
IV. Akt: Was dabei herauskommt. Also, was kommt dabei heraus? Man müßte lachen, wenn's nicht so traurig wäre: Es kommt nämlich beim Betrieb der Justiz das genaue Gegenteil von dem heraus, was man erreichen wollte. Bitte, das ist kein Witz, das sind statistisch erwiesene Tatsachen! (…) Die Strafe hat nach der Meinung ganz gescheiter Juristen nämlich einen dreifachen Zweck: Erstens soll sie bessern; das wird ihr noch immer nachgesagt, obwohl, wie ich glaube, seit dem Bestehen der Welt noch nicht ein einziger Mensch (außer solchen ausgesprochenen »hündischen« Temperamentes) durch eine Strafe gebessert worden ist, da man nur durch Erkenntnis des Unrechts, das man begangen hat, und freiwillige Wiedergutmachung und Buße gebessert werden kann. Zweitens soll sie abschrecken. Wie sehr sie das tut, habe ich selbst schon oft zu bemerken Gelegenheit gehabt. (…) Drittens soll die Strafe die Gesellschaft vor gesellschaftsfeindlichen Individuen schützen. Das wäre der einzige vernünftige Zweck, den eine Strafe haben könnte. Aber wozu eine Strafe? Wer ehrlich ist und nicht auf den Kopf gefallen, der muß zugeben, daß diese Gesellschaftsfeindlichkeit einzelner Menschen auf Gegenseitigkeit beruht und daß das Primäre die Feindlichkeit der Gesellschaft gegen die Menschen und nicht die eigentlich sinnlose, weil aussichtslose einzelner

Menschen gegen die Gesellschaft ist. Durch Niederreißen dieser feindlichen Einstellung der Gesellschaft gegen einzelne Menschen und ganze Klassen von Menschen würde die Zahl der gesellschaftsfeindlichen Individuen auf ein Minimum vermindert werden, und erst jene Menschen, die trotzdem gesellschaftsfeindlich sind, obwohl ihnen die Möglichkeit geboten ist, zu leben und glücklich zu sein, erst diese hätte die Gesellschaft ein Recht zu internieren. Aber nicht in Kerkern, sondern in Irrenhäusern, und nicht zeitlich beschränkt, sondern dauernd. So schließt also der letzte Akt der Justizkomödie mit einem allgemeinen Fiasko. Die Strafe, die bessern soll, bessert nicht, denn die Vorbestraften stellen das größte Kontingent der Eingesperrten; die Strafe, die abschrecken soll, schreckt nicht ab, denn die Zahl der Straffälle vermehrt sich von Jahr zu Jahr; die Strafe, die die Gesellschaft schützen soll, schützt sie nicht, denn sie bessert weder, noch schreckt sie ab, sondern läßt dieselben ungebesserten und unabgeschreckten Menschen immer wieder auf die Gesellschaft los.

/ Die Justitia hat heute längst die Binde von den Augen genommen. Sie täte gut daran, sich diese Binde vor die Nase zu binden.

/ Fiat justitia, pereat mundus? Pereat Justitia, fiat mundus!

Justiz der Zukunft / Der Mensch, der Schlechtes getan hat, wird unter Aufsicht gestellt und, wenn nötig, mit Gewalt dazu gezwungen werden, Gutes zu tun, und zwar vor allem dem, dem er Schlechtes getan hat und so lange, bis er auf den Geschmack des Guten gekommen ist und erkannt hat, daß man von guten Taten weit mehr hat als von bösen. Und wenn es auch immer Leute geben wird, die das nie einsehen werden, so bleibt das Gute, das von ihnen erzwungen wurde, doch bestehen als Gutes.

Justizpalastbrand, Wien 1927 / Am fünfzehnten Juli zwischen 11 und 12 Uhr vormittags (…) haben ein paar hundert Wiener das

Wigwam ihrer obersten Gerichtsbehörden, den Justizpalast angezündet und damit symbolisch zum Ausdruck gebracht, was man schon lange munkelte, daß nämlich sozusagen das »Vertrauen des Volkes zur Rechtspflege erschüttert« sei. Wenn Menschen eines Schlages, der auf der ganzen Welt wegen seiner Gutmütigkeit in Verruf ist, sich zu einer solchen Tat hinreißen lassen, so muß das wohl ganz besondere Gründe gehabt haben. Bei anderen Völkern, die nicht so wie der Österreicher geneigt sind, das Treiben ihrer Bonzen als gottgewollten Pallawatsch mit Geduld und Humor zu ertragen, hätte wohl die Tatsache, daß die Leute, die die Invaliden als Bettler verkommen lassen und durch Verordnung und Judikatur das Kleinrentnerelend auf dem Gewissen haben, noch immer in Palästen amtieren, allein zum Ausbruch des Zornes genügt. Von den Wienern aber, die den Justizpalast angezündet haben, wußten nach dem Berichte von Augen- und Ohrenzeugen die meisten überhaupt nicht, was sie für ein Gebäude vor sich hatten und, zu einer friedlichen Demonstration ausgezogen, handelten sie, erst von einem Reiterangriff der Polizei bis aufs Blut gereizt, gleichsam visionär. Man mag über diese Reaktion des Volkes auf einen Gerechtigkeitsbetrieb, der seine Pranken mit allen Salben geschmiert, aber noch niemals in Unschuld gewaschen hat, denken, wie man will, Sinn hatte sie, wie alle Gewalttaten, keinen.

Justizsabotage / Nicht weil der Mensch an und für sich gut ist, sondern weil die Justiz an und für sich blöd ist, muß Partei für jeden Verurteilten genommen werden. So lautet das von mir entdeckte eherne Gesetz der Justizsabotage.

//

Kaiser und König / Wahrhaftig, der Beruf eines Kaisers und Königs (...) ist ein höchst merkwürdiger. Denn wenn man mit vorurteilslosen Augen die Geschichte Revue passieren läßt, wird man finden, daß bei keinem Beruf die perzentuelle Beteiligung ausgesprochener Dummköpfe eine so hohe ist wie bei diesem.

Kampf / Kampf ist jede kollektive Gewaltanwendung in eigener Regie der Kämpfenden, Krieg aber ist jede kollektive Gewaltanwendung in Regie der die Krieger kommandierenden anonymen Geschäftsleute; beim Kampf fühlt und weiß jeder Kämpfende, worum es geht und warum er zur Gewalt zu greifen gezwungen ist, beim Krieg aber muß den Kriegern entweder durch die Zeitungen oder sonstwie mitgeteilt werden, worum es eigentlich geht; denn worum es wirklich geht, dürfen sie nie erfahren, weil dies die radikalste pazifistische Aktion wäre, die sich denken ließe; Kampf entsteht aus Aufläufen, Krieg aus Aufmärschen; Bürgerkampf ist eine Begleiterscheinung von Revolutionen und die Reaktion des Rechtes gegen die Unterdrückung im eigenen Lande, wenn alle anderen Mittel versagen, Bürgerkrieg ist eine Begleiterscheinung von Staatsstreichen und eine Aktion des Unterdrückens zur Erzeugung des sogenannten Rechtszustandes. Daß der Kampf ein Übel ist, wissen die Kämpfenden; trotzdem wählen sie ihn, gezwungen und bewußt als das kleinere von zwei Übeln, da sie die Zustände, die zum Kampfe führten, die Zustände, die ohne Kampf zu gewärtigen wären, als das größere Übel empfinden. Den Kriegern aber ist alles andere eher bewußt, als daß der Krieg ein Übel sei; im Gegenteil, sie sind abgerichtet, ihn für etwas Großartiges zu halten, für ein Stahlbad, für eine nach Gottes Gymnastik-System vorgeschriebene gymnastische Übung, die zur Erhaltung seelischer Volksgesundheit erforderlich ist.

Kanonisches Recht / Daß das kanonische Recht und die Kanonen in mystischem Zusammenhange stehen, obwohl jenes von canon abstammt, diese von canna = Rohr, wird blitzartig klar, wenn in einem besonders »christlichen« Staat mit Kanonen auf von Weibern und Kindern bewohnte Häuser bei jedem kleinsten Aufstand geschossen wird.

Kant / Als Freund des ewigen Friedens kein guter Deutscher.

Kapitalismus / Gegen den Industrialismus geht der Kampf in erster Linie, nicht gegen den Kapitalismus, wie den verblendeten Massen eingetrichtert wird. Erst die geradezu widernatürliche Arbeitsleistung, die an und mit der Maschine allerorts vollbracht wird, hat es indirekt ermöglicht, Papierzettel mit phantastischen Zahlenreihen zu bedrucken. Erst der Maschinenunsinn hat als Folgeerscheinung den kapitalistischen Wahnsinn in Reinkultur aufblühen lassen. Aber so wahr als Reformatoren erstanden, die dem Papste den Krieg erklärten und die Macht der Kirche brachen, so gewiß werden die kommenden Zeiten Kämpfer hervorbringen, unter deren Schlägen die stumpfsinnige Herrschaft des Industrialismus in Trümmer gehen wird. Der ganze Unsinn kommt daher, daß sich ein großer Teil des Proletariats noch heute den Kapitalismus folgendermaßen ausmalt: »Die Reichen haben schwere Kisten mit viel Gold drin – schrumm!« Daß der ganze Kapitalismus ein Kredit-System, ein auf dem Papier mittels Zahlen festgelegter Glaube der eigenen an die Leistungsfähigkeit der anderen ist, das dämmert noch lange nicht allen. Ein solches System kann man nicht bekämpfen, solange noch die Mehrzahl der Erdbewohner daran festhält. Lassen wir doch in Gottes Namen neidlos die anderen Nationen die ganze Welt mit Wellblech, T-Eisen, Nieten, Draht, mit unnützen Galanteriewaren und überflüssigen Modeartikeln überschwemmen! Verzichten wir endlich auf den zweifelhaften Ruhm, die meisten Hosenknöpfe der Welt und ähnliche interessante Dinge herzustellen. Ach, wann wird der Wind Hosen anziehen und den Handel mit Hosenknöpfen auf den Meeren vernichten?

/ Der Grundsatz des Kapitalismus ist ein durchaus christlicher: »Wer hat, dem wird gegeben werden; wer aber nichts hat, dem wird auch noch das Wenige, was er hat, genommen werden.«

Kastration / Zur Zeit der Grazer Tagung der Frauenliga für Frieden und Freiheit erschien im »Panther« ein Artikel, der sich mit dem volksverräterischen Treiben dieser Frauen beschäftigte und den Titel trug: »Entmannung durch Frauen!« Eine Delegierte, die davon hörte, lachte und meinte, sie verstünde das nicht; gerade die Frauen hätten doch an einer solchen Tätigkeit am allerwenigsten Interesse! Weil's wahr ist. Unverständlich bleibt es wieder für mich, weshalb gerade die impotenten Männer wie die Haftelmacher aufpassen, daß sie niemand entmanne (...). Dies scheint mir das 345. Welträtsel zu sein. Heiliger Haeckel, erleuchte uns!

Katholische Kirche / Ich weiß nicht, ob es Ihnen schon aufgefallen ist, daß die katholische Kirche heute beinahe ausnahmslos das gerade Gegenteil von dem tut, was Christus gelehrt hat. Angefangen vom Papst, der sich entgegen dem ausdrücklichen Verbot Christi (Matth. 23, 9) als Vater – und noch dazu als heiliger! – titulieren läßt, bis herab zum letzten Pfarrer, der die Leute animiert, in die Kirche zu gehen, obwohl Christus ausdrücklich das stille Kämmerlein zum Orte des Betens bestimmt hat.

/ Die katholische Kirche ist eine derart ungeheuerlich große Organisation des Schwindels, daß man ihr mit einem einzigen Worte auch annähernd nicht gerecht werden kann. Ihre Kunst des Betrügens ist wahrhaft unerschöpflich und unergründlich und wer sich ihrer Betrachtung widmet, hat das Gefühl, ins Bodenlose zu fallen. Unsere Gegend wimmelt noch immer von Leuten, die meinen, die katholische Kirche sei abgetan, die gelangweilt glauben, der Worte über sie seien nun genug gewechselt, ohne daß sie auch nur im Traum daran dächten, uns endlich Taten sehen zu lassen und wenigstens aus ihr auszutreten, und die, in Wohlerzogenheit lebend und webend, jedes herzhafte und anschauliche Urwort zur Charakterisierung dieses Konsortiums seelischer Verbrecher verpönen, weil man nach den Gesetzen des Anstandes zwar insgeheim ein Schweinehund sein, aber um Gottes willen nicht öffentlich sagen darf, daß einer ein Schweinehund sei. Aber man darf der katholischen Kirche nicht gleichgültig oder schwach ablehnend gegenüberstehen; man muß sie hassen, um nur annähernd erkennen zu können, was sie ist: ein genial organisierter Geheimbund zur Verblödung der Menschheit; eine Institution zur täglichen millionenfachen Lästerung eines Gottes, den sie anzubeten vorgibt; eine betrügerische Bande, die unter Berufung auf Christus das Gegenteil von dem tut, was er gelehrt hat und dadurch das Andenken eines erhabenen Menschen täglich zum Zwecke schmutziger Geschäfte schändet; ein Ungeheuer, an dessen Pranken das Blut von Millionen Menschen klebt, während sein Maul salbungsvoll die Worte »Liebet eure Feinde!« säuselt; ein Geschäftshaus ohne Beispiel, in dem aus dem heiligsten Empfinden betrogener Menschen Stolgebühren geschunden werden, obwohl Christus, der betrügerischerweise als Firmainhaber geführt wird, es ausdrücklich verboten hat; ein ulkiges Wachekonsortium über die sogenannte Heiligkeit der Ehe, vor dem nur der ein zweites Mal heiraten darf, der horrende und genau festgesetzte Taxen an den Papst zahlen kann; ein Verein von professionellen Fälschern der Bibel, also des »Wortes Gottes«; eine von Lügen stinkende Kongregation zur religiösen Fundierung des Kapitalismus; eine himmlisch gefärbte Genossenschaft von Fleischhauern, die sich gegenüber den Tieren ein Seelenmonopol anmaßt; eine Idiotenanstalt, in der man im Namen Christi, der (Matth. 26, 52) gesagt hat: »Stecke dein Schwert in die Scheide, denn alle, die das Schwert ergreifen, werden durch das Schwert umkommen«, Waffen weiht und Mörder segnet; ein Verein »Antiflamme«, der nie gegen das Verbrennen der Lebenden war, aber gegen das Verbrennen der Toten ist, weil dabei weniger gezaubert, also auch weniger verdient werden kann, und außerdem die Taxen für das Belegen und Wiederbelegen der Gräber in Fortfall kommen, welche usuelle Exhumiererei der Pfaffe beim Begräbnis »ewige Ruhe« nennt; eine Gesellschaft von Schöpsen, die zur Stärkung des Staates christliche »Parteien« gründen, obwohl Christus ausdrücklich gesagt hat (Matth. 12,25): »Jedes Reich, das in Parteien sich trennt, wird verwüstet« und die sich also offensichtlich entweder für gescheiter als Christus halten oder den Staat – wär schade um ihn! – verwüsten wollen;

eine ganz gewöhnliche Horde von Betrügern, die sich auf eine eingebildete »Erlösung« des Menschen aus der Qual, in die sie ihn heimtückisch versetzt haben, spezialisierten und davon ihren dreckigen Lebensunterhalt beziehen. Denn es ist bei dieser »Erlösung« genau so wie sonst überall auf dieser Affenwelt: die Leute brauchen heute die Hygiene, weil sie vorerst gezwungen worden sind, unhygienisch zu leben; sie brauchen heute die Justiz, weil sie durch die Justiz und den jahrhundertelangen Anblick ihres Wirkens so herabgekommen sind, daß sie eine Justiz brauchen; sie brauchen heute den Staat, weil sie durch den Staat so engstirnig geworden sind, daß sie einen Staat brauchen, und sie brauchen heute schließlich die »Erlösung« durch die Kirche, weil sie durch deren Lehre von ihren eigenen Augen so schlecht und schuldig geworden sind, daß sie sich einbilden, ohne eine durch die Kirche gegen Bezahlung vermittelte göttliche Hilfe und Erlösung könnten sie nie dem Höllenpfuhle entrinnen. (...)
Man kann sich die Gefahr, die die Kirche auch heute noch für die Entwicklung der abendländischen Zweibeiner zu wahren Menschen bedeutet, gar nicht groß genug vorstellen. Sie ist das, wenn auch nicht einzige, so doch weitaus mächtigste Hindernis für alle Ideen des Sozialismus, Pazifismus, der Anerkennung des Tieres, des Vegetarismus und des Selbstbestimmungsrechtes des Menschen. Sie hat es dahingebracht, daß wir heute gar nicht mehr wissen, was Religion ist. Religion ist unser Verhältnis zum Problem des Todes. Mag nun jeder Mensch ein anderes Verhältnis zu diesem Problem haben, keinesfalls hat dieses Problem etwas mit dem Klimbim der Kirche zu tun, keinesfalls bedarf es der Tätigkeit der Priester und »Seelsorger«. Jeder sorge gefälligst endlich einmal selber für seine Seele.

/ Ich wäre blind, wollte ich leugnen, was ich alle Tage vor Augen sehe: daß die katholische Kirche – sogar so bar jeder echten Religion, wie sie heute ist! – noch immer viele Menschen religiös befriedigt. Das ist aber weniger ein kirchliches als ein Verdienst dieser Menschen, die so glücklich sind, einfach alles, was man ihnen erzählt, glauben zu können! Einer weitaus größeren Zahl von Menschen aber, und zwar gerade jenen, die wertvoller sind und nicht kritiklos – aus lauter »Gnade« natürlich! – alles glauben können z. Bp., daß im Himmel Osterlämmer gespeist werden (Luk. 12,15-16), hat sie zweierlei angetan: sie hat ihnen den Weg zu Christus unter dem Vorwand, ihn zu ebnen, verschüttet und sie hat ihnen den Begriff der Religion derart verwirrt, daß heute Millionen Menschen wirklich glauben, Religion sei Opium fürs Volk, und zwar aus keinem andern Grunde, als weil sie sehen, daß die Lehre der Kirche Opium fürs Volk ist. Und sie hat allem Unglaublichen damit die Krone aufgesetzt, daß sie Christus zum Gott erklärt hat, obwohl er ausdrücklich einen, der ihn gut nannte, angefahren hat: »Was nennst du mich gut! Niemand ist gut, außer Gott!« Deshalb bekämpfe ich die Kirche. Denn auch Menschen, die nicht imstande sind, tausendjährige jüdische Märchen für Offenbarungen Gottes und für Religion zu halten, haben ein Anrecht auf die Lehre Christi. Ich habe in diesen Blättern oft und oft betont, daß ich Religion keineswegs für Opium, sondern für einen Trank halte, ohne den tiefer veranlagte Menschen das Leben gar nicht ertragen könnten. Und mindestens ebensooft, als ich die Lehren, Einrichtungen und Gebräuche der Kirche als christusfeindlich verspottet habe, habe ich die Lehren, Einrichtungen und Gebräuche der Todfeinde der Kirche, der Freidenker, verspottet, die mit rührender Emsigkeit immer wieder alle sommerüber erfolgten Blitzschläge in Kirchen registrieren, um damit allen materialistischen Schwachköpfen die schlechten Beziehungen des Himmels zu denen, die sich für seine irdischen Vertreter ausgeben, zu demonstrieren. Wenn ich – für mich persönlich – auch die Lehre Christi abzulehnen gezwungen bin, weil eine Religion, die, um nur ein Beispiel zu erwähnen, die Tiere vergessen hat und jedes philosophischen Fundaments entbehrt, meinen speziellen seelischen Bedürfnissen nicht entspricht, so fällt mir andrerseits doch auch nicht ein zu bestreiten, daß die Lehre Christi – auch noch in der heutigen Zeit – eine lebendige Religion ist, die – auf ihre Urform, die Bergpredigt reduziert – nicht nur die soziale Frage von heute auf morgen lösen, sondern auch noch manches andere menschliche Heil wirken könnte. Die Kirche aber ist tot. Sie ist eine alte Leiche, die weggeräumt gehört und auch weggeräumt werden wird. Denn sie duftet für alle feineren Nasen übel nach Moder und Blut und wird auch dadurch nicht wohlriechender, daß noch immer hunderttausend Staatsanwälte bemüht sind, sie mit dem ranzigen Fett ebenfalls schon in Verwesung übergegangener Paragraphen einzubalsamieren. (…) Sie ist tot, auch wenn's ihre Angehörigen noch immer nicht glauben. Die Gebote des Gesetzes zu verletzen und sie zu schänden, daran denke ich wahrhaftig nicht. Denn Leichen schändet man bekanntlich dadurch, daß man sie wieder ausgräbt. Und das kann mir doch wirklich nicht einmal im Traum einfallen. Im Gegenteil: Sie ruhe in Frieden!

Käuflich / Käufliche Liebe wird als Schande empfunden, käufliches Leben aber (als Folge der Käuflichkeit der Lebensmittel!) nicht. Das ist merkwürdig.

Kinder / Wie abscheulich das Leben sein muß, erkennt man an dem, was es aus Kindern macht: Erwachsene!

/ Kinder geben dem Geschlecht Dauer, geben dem Menschen ein Gefühl von Unvergänglichkeit und weisen so über den Alltag hinaus. Sie sind ein unbedingt notwendiges Mittel, um in der Ehe des Alltags Herr werden zu können, denn für Kinder ist der Alltag noch kein Alltag. Wer mit den Augen seiner Kinder den Tag betrachten lernt, dem wird nicht mehr ein Tag sein wie alle Tage, ein Alltag unter vielen. Er wird im Kinde an den vererbten Ähnlichkeiten seinen Ehepartner wieder jung vor sich sehen und wird ihn so auch in jenem Zustande kennenlernen, in dem er ihn noch nicht kannte, als Kind. Er wird ihn verstehen und begreifen, wie er geworden ist und wie er werden mußte, und wird ihn schließlich als ein Kind, und zwar als sein Kind empfinden. (…) Viel mehr und viel Tieferes, als die Kinder von den Eltern lernen, müssen die Eltern von den

Kindern lernen, und die unsinnigste aller rationalistisch-kommunistischen Forderungen ist wohl das Verlangen nach gemeinsamer staatlicher Erziehung der Kinder und ihrer Trennung von den Eltern. Würde man die Kinder, diese Quellen des Glücks im Winkel, die heute dem einzelnen sprudeln und ihn erquicken, zu einer mechanischen Wasserkraft vereinigen, die dazu bestimmt ist, die blödsinnigen Mühlen des Staates zu treiben: die glücklichen Ehen verschwänden damit aus der Welt und mit ihnen die Liebe, denn – man kann es ohne Bedenken sagen – eine glückliche Ehe ist der einzige Nährboden, auf dem sich wahre Liebe in Ruhe zu etwas Unüberwindlichem entwickeln kann.

Kindermangel / Man jammert, es gebe keine Kinder mehr, aber daß es auch keine Weiber und vor allem keine Männer mehr gibt, bemerkt niemand.

Kirche / Die Kirche ist eine Organisation, die Religion ist ein Gefühl. Gefühle lassen sich nicht organisieren, ohne mit der Zeit falsch zu werden.

Klasseninteresse / Sozusagen die geistige Bundeslade des Marxismus.

Klassenkampf / Zu meinem Leidwesen ertappe ich mich immer wieder bei Inkonsequenzen. Besonders dann, wenn ich mit dem »Klassen«kampf zusammenstoße, oder vielmehr mit dem, was jene Köpfe aus ihm gemacht haben, von denen zwölfe auf die Kollektive eines Dutzends gehen.

Kleinstaaterei / Die Kleinstaaterei von anno Tobak war gewiß blöd; aber noch weit blöder ist die Großstaaterei von heute.

/ Die Menschen hätten sich politisch nie zu größeren Gemeinschaften zusammenschließen dürfen als zu solchen, die auf einem Platz versammelt werden können, wo man die hintersten noch mit den Augen erkennen und mit der Stimme erreichen kann. Dann wäre uns viel erspart geblieben im Lauf der Geschichte.

Klinik für Plastische Chirurgie / Eine Werkstatt zu Erzeugung weiblicher Schönheit. Eine Reparaturanstalt für schadhaft - gewordene Hautsäcke, die mit Unrat gefüllt sind. Ein Laboratorium zur Verbreitung einer Vernebelung des männlichen Intellekts.

Klugheit / Nichts ist klüger, als zuzugeben, daß man dumm ist, ehe einem die Leute draufkommen. Denn daraufkommen werden sie eines Tages bestimmt; das ist gar nicht zu verhindern.

Kochirrsinn / Die Menschen gleichen heute einer Gesellschaft von irrsinnig gewordenen Köchen, die vor lauter Kochen nicht zum Essen kommen.

Koitus / Ungeheuer ist die Überschätzung des Koitus. Jeder Mensch, der eine Wohnung mietet oder ein Hotel betritt, wird sofort vom Hausmeister oder Portier im Auftrag der Behörde nach den Verhältnissen seines Unterleibs befragt und muß angeben, ob er Mann oder Weib, verheiratet oder unverheiratet sei, um festzustellen, zur Ausübung welcher Art von Koitus er berechtigt oder unberechtigt sei. Er muß die Namen seiner Eltern angeben, damit man feststellen könne, ob er einem ehelichen oder unehelichen Koitus sein Leben verdanke. Und kein brennenderes Interesse wird Gott dem Allweisen von den Alldummen angedichtet als das Interesse dafür, was der Herr Schulze und das Fräulein Müller denn eigentlich für einen Gebrauch von ihren p. t. Unterleibern machen.
Wir alle haben es schon mindestens einmal am eigenen Leib gespürt, daß offiziell die Auffassung, der Koitus sei ein Delikt, überwiegt. Kirche und Behörde, mit anderen Worten also: Alter und Weisheit sind der Meinung, der Koitus sei unter allen Umständen verwerflich und seine Nichtausübung gebe mit einer noch höheren Gewißheit das ewige Leben wie seine Ausübung das Leben. Da aber Kirche und Staat gleichermaßen an der Ins-Leben-Setzung von Schafen und Untertanen interessiert sind, bemühen sie sich beim Werke der Geschlechtsvermischung

gegen Bezahlung zu intervenieren und so der üblen Sache, die aber doch auch wieder, sollen sich nicht die Einkünfte mindern, unentbehrlich ist, eine gewisse eheliche Weihe zu geben, der die verblüffendsten Wirkungen zugeschrieben werden. Durch sie allein wird ja schon der geschäftsmäßigste, ja selbst der durch Androhung von Arreststrafen der Frau abgenötigte eheliche Koitus sittlich hoch über jeden außerehelichen emporgehoben, sei dieser auch der reinsten, wenn auch materiell nicht genügend fundierten Liebe entsprungen. Die Meinung aber, daß Gott dem Menschen die Geschlechtsorgane eigentlich nur zu Prüfungs- und Anfechtungszwecken mitgegeben habe, ist ein unerschütterliches Glaubensdogma der Kirche und zeigt, daß sich der Priester selbst die Gottheit nicht ohne eine, wenn auch merkwürdige Art von Sexualität vorstellen kann, ja daß er ihr geradezu seine persönliche Sexualität, deren Interessen durch das Zölibat vom eigenen Unterleib auf den des Nebenmenschen verschoben wurden, andichtet.

/ Der Koitus ohne Willen zum Kind aber ist eine körperliche Verrichtung wie das Essen, Trinken und Atmen, eine Reizung der Nerven, wie das Betrachten eines Bildes und das Anhören eines Liedes. Er spornt den Mann vielleicht zu Taten an, er heilt das Weib vielleicht von Hysterie und Blutarmut, aber er hat mit dem Himmel so wenig zu tun wie mit der Hölle, er macht den Menschen weder gut noch schlecht. Nicht er drückt dem Menschen, sondern der Mensch drückt ihm den Stempel auf.

/ Auch Menschen, die von dem offiziell approbierten Stuß einer Religion der Armen im Geiste nichts mehr wissen wollen, die das Morden gestattet, wenn der Staat einen Nutzen davon hat, das Lieben aber verbietet, wenn kein Pfaffe dabei etwas verdienen kann, auch solche Menschen leiden heute noch mehr, als sie meinen, unbewußt unter den ihnen durch Erziehung, Gewöhnung und Vererbung eingefleischten sexueligiösen Vorurteilen. Denn die verrückte metaphysische Bedeutung fürs Seelenheil, die dem Koitus von der Kirche von jeher beigelegt wird;

das Märchen, durch seine erste Verübung im Paradiese gegen das ausdrückliche Verbot Gottes seien Sünde und Tod in die Welt gekommen; der Irrwitz, die Beschneidung des zu seiner Verrichtung nötigen männlichen Gliedes, sei ein »Zeichen des Bundes zwischen Gott und den Menschen«; die heillose Verwirrung, die angerichtet wurde durch die Verbindung des alten Testamentes, in dem der Koitus als Hauptaufgabe des Menschen hingestellt wird, mit dem neuen, in dem der Koitus als Hauptfeind der Sterblichen erscheint (…) – all diese Manifestationen des Irrsinns haben den Koitus, der eine ziemlich unappetitliche und nur in einer gewissen geistigen Umnebelung mögliche Verrichtung der Unterleibsorgane ist, mit einem kosmischen Nimbus umgeben, der grotesk wirkt. (…)

Man kann natürlich bei der unendlichen Mannigfaltigkeit der seelischen Situationen, in denen die Ausübung des Koitus möglich ist, nicht irgendein Urteil in Bausch und Bogen fällen, ohne ungerecht zu werden. Aber man darf sich auch nicht einbilden, daß man alle Tage erleben könne, was man nur einmal im Leben als unsägliches und erschütterndes Erlebnis empfinden kann (…) und man darf nicht die Auswirkung einer durch die Liebe hervorgerufenen heiligen Verfassung der Seele auf das Konto einer höchst unheiligen körperlichen Verrichtung buchen, die ihre Beliebtheit nur der Verbindung mit der Lust verdankt. Diese Verbindung des Koitus mit der Lust aber – und dies ist jetzt der springende Punkt der ganzen Angelegenheit – ist ein ganz gemeiner Schwindel der Natur, um den Menschen, der die Welt als leidvoll empfindet und durchschaut hat, gegen seine Überzeugung zur Zeugung zu veranlassen, ihn ihren Zwecken dienstbar zu machen und zu knechten. Dieser offensichtliche Betrug aber ist eine durchaus unsittliche Tat und einzig und allein in diesem Sinne kann man manchen Koitus, der ein Kind zur Folge hat, als unsittlich bezeichnen, niemals aber den, der kein Kind will, wie der öde religiöse Standpunkt der Kirche fordert. Es ist vielleicht das bedeutendste Zeichen der Überlegenheit des Menschen über das Tier, wenn er diese Absicht merkt, verstimmt wird und seine Mitwirkung bei diesem Betruge, den

DAS NEBELHORN

Nr. 32 — 15. APRIL 1928 — II. JAHR

DIE UEBERSCHAETZUNG DES KOITUS

Vor Jahren lief beim Bezirksgericht Klosterneuburg, bei dem ich damals gerade als Rechtspraktikant in Verwendung stand, um den erhabenen Beruf des Richters aus der Nähe kennen zu lernen, eine Anzeige des zum Sprengel dieses Gerichtes gehörigen Gendarmeriepostens Kritzendorf ein, die im Wesentlichen folgendermaßen lautete:

Vorgestern erschien beim hiesigen Gendarmerieposten Herr N. N., Hausmeister des Hauses Kritzendorf Nr. soundsoviel und gab folgendes zu Protokoll: Im Hause, in welchem ich als Hausmeister angestellt bin, wohnt seit einiger Zeit ein Herr X. Y. aus Wien mit seiner jungen Frau zur Sommerfrische. Dieser Herr nun verübt fast jeden Abend in seiner ebenerdig gelegenen Wohnung, bei hellerleuchtetem Zimmer, offenen Fenstern und zurückgeschlagenen Vorhängen mit seiner Frau den Beischlaf und ähnliche Sittlichkeitsdelikte, so daß meine Frau, die Hausmeisterin nicht länger zusehen konnte.

Herr X. Y. diesbezüglich von einem Gendarmen einvernommen, gibt an: Es ist richtig, daß ich in meiner ebenerdig gelegenen Wohnung, bei hellerleuchtetem Zimmer, offenen Fenstern und zurückgeschlagenen Vorhängen mit meiner Frau den Beischlaf und ähnliche Sittlichkeitständeleien vollführt habe; doch kann ich in meiner Wohnung machen was ich will und geht dieses weder den Hausmeister, noch seine Frau, noch die Gendarmerie etwas an.

Da infolge dieses Eingeständnisses der Tatbestand des § 516, St.G. vorzuliegen scheint, wird hievon die Anzeige erstattet.

Schober, Postenkommandant.

andere Wesen dann entgelten müßten, durch Anwendung empfängnisverhütender Mittel verweigert. Und solange das Bestehen des Menschengeschlechtes nur auf Betrug aufgebaut ist, solange es bei der Zeugung nicht ehrlich zugeht und solange nicht einzig und allein die ihrer Verantwortung bewußte Sehnsucht der Eltern nach einem Kinde genügt, die Erde zu bevölkern, solange ist eine ethische Konsolidierung dieser besten der Welten ausgeschlossen und wenn sich sämtliche Pfaffen auf den Kopf stellen.

Komfort / »Komfort« stammt von dem englischen Wort comfort = Trost; Komfort ist also etwas, was uns über das verschwundene Glück trösten soll.

Konferenzen / Es ist etwas Eigenes um Konferenzen! Eine Negerkonferenz tritt zusammen und schon sind die Neger genau so blöd wie die Weißen!

Konjunktur / Wer nicht sieht, daß durch die Maschine, und nur durch sie, heute Sklaverei und Leibeigenschaft zu neuer Blüte gekommen sind, der denke wenigstens darüber nach, was die zwei Arbeiter, die sich da sonntags angesichts der Schönheit der Natur umarmen, am Montag machen werden, wenn ihnen ihr Sklavenhalter mitteilt, sie müßten zipfeln, denn er müsse unbedingt einen von ihnen abbauen, weil am Samstag in Brasilien die Kaffeebörse lustlos gewesen sei. Ob sie sich dann angesichts der Schönheit der Konjunktur auch noch umarmen werden? Das ist die Frage.

Körper / Haben sie es noch immer nicht gelöffelt, daß man den Körper und seine Funktionen (die alle gleich unappetitlich sind, mögen sie nun im Essen, Trinken, Schwitzen, Spucken, Schneuzen, Stoffwechseln, Furzen oder Koitieren bestehen) nicht dadurch endgültig durchschaut, daß man krampfhaft wegschaut, sondern dadurch, daß man ganz genau hinschaut, sich ein Auge und eine Nase voll nimmt und so den Körper als jene Fessel erkennt, die unser Unsterbliches an die ganze irdische Schweinerei bindet?

Kralik, Richard (von) / Ein katholischer Seifensieder größten Formats, der einen beachtlichen Teil der österreichischen Wälder als Papier für die von ihm verfaßten fünfzigtausend Oster-, Weihnachts-, Pfingst- und sonstige Festspiele verbraucht hat, ein literarischer Zwetschgenkrampus.

Krieg / Ein Requisit der Unnatur zur gewaltsamen Klärung derjenigen Verhältnisse, die nicht den Kriegern, sondern jenen Schweinehunden unerträglich erscheinen, die die Krieger ausbeuten und betrügen.

/ Die grenzenlose Verwirrung und die unverständlichen Irrtümer, die heute gerade im Meinungsbezirk des Krieges unter den Menschen herrschen, kommen wohl vor allem daher, daß das Wort Krieg zur Bezeichnung der Sache Krieg im Laufe der Jahrhunderte vollkommen unzureichend geworden ist, so daß sich heute unter dem Worte Krieg jeder etwas anderes vorstellt. (...) Ein neues Wort muß her! Ich schlage das Wort Idiotie vor, bin mir dabei aber bewußt, daß dieses Wort bloß eine Seite des modernen Krieges bezeichnet und lange nicht seine furchtbarste. Solchem Geschehen gegenüber mangeln eben die Worte. Immerhin aber wäre es ganz pikant, wenn dieses Wort allgemeinen Anklang fände und in einer künftigen Weltgeschichte einmal zu lesen stünde: »Im Jahre 1914 begann die große Weltidiotie, die im Jahre 1918 nur scheinbar zu Ende ging.« Oder: »Da sich kein friedlicher Ausweg finden ließ, erklärten die Staaten X. und Y. einander gegenseitig ihre Idiotie.« Da wüßte der Geschichte Studierende doch wenigstens gleich, woran er ist.

/ Es ist geradezu ulkig zu sehen, wie die »linksorientierten« Verfasser den Krieg betreffender Abhandlungen unbewußt um den Brei, den sie zwar wittern, aber nicht sehen, herumstreichen, wie sie nur die Hand auszustrecken brauchten und es doch nicht tun, um das Richtige zu erfassen und sich schließlich auf das aussichtslose Unternehmen einlassen zu beweisen, daß der »Krieg« etwas sei, worüber die Menschheit heut »hinaus« sei; denn sie und die Menschen der Gegenwart seien nicht mehr und nicht weniger als lauter kleine Tolstoierln, die die linke Backe hinhalten, wenn man sie auf die rechte schlägt. Die politisch »rechts orientierten« Autoren wieder schwitzen aus allen Geistesporen beim Nachweis, daß es den »Krieg« immer geben werde, jedenfalls solange es Wehrhaftigkeit und Vaterlandsliebe gebe und die Männer Blut und nicht Dreck in den Adern hätten. Die »Rechte« schilt die »Linke« schlappschwänzig und feige, die »Linke« wieder die »Rechte« barbarisch, unverantwortlich und zurückgeblieben. Hier weiß wahrhaftig die Linke nicht, was die Rechte und die Rechte nicht, was die Linke tut. Eine Einigung scheint auf alle Zukunft hinaus unmöglich. Und alles nur deshalb, weil jede Partei mit dem Wort »Krieg« etwas anderes meint: die rechte so eine Art Perserkrieg mit Heldentum, Wehrhaftigkeit und der Verteidigung einer von wilden Horden angefallenen Heimat, die linke einen von anonymen Geldhyänen angezettelten Giftgaskrieg um die irdischen Ölquellen und Benzinpreise, mit Massenhinschlachtungen völlig wehrloser Männer, Weiber und Kinder. Es ist eben ein Jammer: das Wort Krieg zur Bezeichnung von Kampfhandlungen zwischen Völkern ist seit Jahrtausenden dasselbe geblieben, die Sache Krieg aber hat sich in immer schnellerem Tempo verändert (...). Da bleibt nichts übrig, als Wort und Sache endlich einmal zur Übereinstimmung zu bringen. Über den richtiggestellten Begriff wird sich dann voraussichtlich mühelos eine Einigung zwischen allen Menschen, die noch nicht hoffnungslos verblödet sind, erzielen lassen.

/ Liebe Brüder zur Linken und zur Rechten, ihr wollt ja im Grunde alle dasselbe; nur wißt ihr es nicht. Der Teufel in der mannigfachen Gestalt der Geschäftsleute, die euch anführen, hat – wie beim Turmbau zu Babel – eure Sprache verwirrt, so

daß ihr euch nicht mehr verstehen und das gemeinsame Werk, das euch den Himmel erschließen sollte, nicht vollenden könnt. Ihr, Brüder zur Linken, verachtet den »Krieg« als sinnlose Schlächterei Unschuldiger, die nur verborgenen Gaunern und Drahtziehern Nutzen bringt und euer nicht würdig ist. Ihr habt recht. Er ist es, seit nicht mehr freie Menschen zur Verteidigung des Landes, das schon ihre Väter bebaut haben, freiwillig ausziehen und mit denen, die es ihnen rauben wollen, Aug in Auge, Mann gegen Mann mit ehrlichen Waffen kämpfen, sondern »Einrückend-Gemachte« Vernichtungsmaschinen gegeneinander bedienen.
Ihr, Brüder zur Rechten, preist den »Krieg« als den letzten und einzigen Weg, der euch als freien Männern, die lieber tot als Sklaven sein wollen, bleibt gegenüber jenen, die euer Vaterland unter ihre Herrschaft zwingen wollen. Auch ihr habt recht. Er ist es. Aber ehe ihr in den Krieg zieht, bedenkt folgendes:
1. Seid ihr in eurem täglichen Leben freie Männer, unabhängig von sogenannten »Brotgebern«? Gebt ihr euch euer Brot selber?
2. Wollt ihr mit Waffen kämpfen, die eurer männlichen Tapferkeit und Ehre würdig sind, sich niemals gegen Nichtkämpfer, Kranke, Wehrlose, Weiber und Kinder richten können und euch die Lust, dem Feinde Aug in Auge gegenüberzutreten, gewährleisten?
3. Seid ihr heute überhaupt in der Lage, gegen die zu kämpfen, die euer Vaterland unter ihre Herrschaft bringen wollen? Sitzen diese Leute nicht vielmehr hinter der feindlichen Front und senden ihre Sklaven gegen euch vor? Ist es eines freien Mannes würdig, gegen Sklaven zu kämpfen? Und wäre es nicht sinnreich, ehe ihr gegen jene kämpft, die euer Vaterland unter ihre Herrschaft bringen wollen, über die herzufallen, die eurer Vaterland durch religiöse, finanzielle und gesetzliche Hexenmeisterkünste längst unter ihre Herrschaft gebracht haben?

/ Wer kann es verstehen, wenn erwachsene Menschen, die den Krieg als Instrument der gottgewollten Ordnung preisen, Zeter und Mordio schreien, weil sie einen Krieg verloren haben, weil also Gott in eigener Person gegen sie entschieden hat? Oder sind nur die Kriege, die gut ausgehen, von Gott gewollt, die schlecht enden aber von den Feinden angezettelt?

/ Der Krieg ist mit der Fleischhauerei verwandt. Das »edle Waffenhandwerk« ist, von der Nähe besehen und alles Brimboriums eines supponierten »Heldengeistes« entkleidet, nicht um ein Haar besser oder ästhetischer als das Handwerk des Schlächters. In Schlachthäusern und auf Schlachtfeldern spielt sich so ungefähr dasselbe, nur mit ein wenig anderen Handgriffen und Werkzeugen, ab. Dem unverdorbenen, von keinen Verstandeserwägungen betrenzten Gefühl dessen, der Schlachthaus und Schlachtfeld aus eigener Anschauung kennt, ist beim ersten Anblick sowohl des einen als des andern a priori evident, daß das, was dort und da vor sich geht, unmöglich notwendig sein kann: das im Schlachthaus vor sich Gehende nicht zur Erhaltung des Lebens des einzelnen, das auf dem Schlachtfeld vor sich Gehende nicht zur Erhaltung des Lebens der Gesamtheit.

/ Weil die Soldaten im Krieg für Ideale zu kämpfen glauben, schließt man, daß der Krieg auch für die Ideale geführt wird. Logik: Nichtgenügend.

/ Ist die Dummheit auch mutig, abwechslungslüstern und brutal unternehmungslustig, läßt sie sich auch nicht durch den Hinweis auf die Greuel des Krieges ins Bockshorn jagen, weil sie im stillen immer hofft, es werde ja nicht ausgerechnet sie treffen, während sie gegen Greuel an und für sich nichts einzuwenden hat, wenn nur sie selbst nicht in Mitleidenschaft gezogen wird, so hält sie sich doch andrerseits, wie alles geistig Schwache, für sehr gescheit und ist gegen nichts so empfindlich wie gegen den Nachweis ihrer Dummheit. Gelingt es uns Pazifisten, ihr nachzuweisen, daß der Krieg und alles, was mit ihm zusammenhängt, nur infolge des schwachen Verstandes der Krieger möglich ist und daß jene, welche die Dummheit der Krieger ausbeuten, sich noch hinterher über sie lustig machen

(...), dann dürften wir gewonnenes Spiel haben, dann dürfte der Stolz, der mit der Dummheit auf einem Holz wächst, in Aktion treten, dann müßte der Krieg das Mäntelchen des Idealistischen fallen lassen, dann müßten die, die Söldner brauchen, wieder wie in ehrlicheren Zeiten Esel suchen, die sich für sie die Schädel einschlagen lassen, und Söldner anwerben und so zugeben, daß der Krieg nichts weiter ist als Geschäft, Geschäft, Geschäft.

Kriegsauslese / Wunderbare Auslese des Krieges: Die Tapferen an der Front müssen fallen, damit die Drückeberger und Geschäftemacher im Hinterland weiterleben und sich vermehren und Heldengedenkfeiern veranstalten können.

/ Fazit jedes Krieges: Die Draufgänger gehen drauf und die Hosentrompeter bleiben übrig und trompeten. Zur Vorbereitung des nächsten. Am Grab des unbekannten Soldaten.

Kriegsspielzeug 1932 / In Deutschland wurden beim letzten Weihnachtsfest neben Zinnsoldaten in allen Landesfarben auch aus Zinn verfertigte Tote und Verwundete, Gastote, von Granaten Zerrissene, die zerfetzten Glieder mit blutroten Verbänden umwickelt, den Kindern als Spielzeug unter den Christbaum gelegt. Die Nachfrage nach solchen Hilfsmitteln der Kindererziehung soll sehr groß gewesen sein. Zur Bescherung wurde dann sicherlich das Lied »Stille Nacht, heilige Nacht« gesungen, während sich die Familienmitglieder gegenseitig auf die Gemütstiefe aufmerksam machten, welche das deutsche Weihnachtsfest beinhaltet, das mit zum Schönsten gehört, was wa heute in der Brangsche neben unserm Wesen, an dem dereinstens die Welt genesen wird, haben.

Kritik 1940 / Den Feinden der Kritik: Wenn man die Zustände zur Zeit der Neandertaler nicht hätte kritisieren dürfen, wären wir notwendigerweise noch heute auf dem Niveau der Neandertaler. So sind wir bloß auf dieses Niveau, nein, unter dieses

Niveau zurückgekehrt. Und zwar infolge des Verbots der Kritik.

Krone der Schöpfung / Es gibt nichts Verdienstlicheres, als den Menschen vor ihrer eingebildeten Gottähnlichkeit bange zu machen und ihnen nahezulegen, einmal über die von den Menschen in die Natur eingeführte Wertskala: Stein – Pflanze – Tier – Mensch (Krone der Schöpfung!) nachzudenken. Mir kommt's nämlich schon lange so vor, als ob es gerade umgekehrt wäre und als ob diese Skala richtiger: Mensch – Tier – Pflanze – Stein zu lauten hätte. Mensch = stoffwechselt, stinkt, lügt und ist falsch; Tier = stoffwechselt, stinkt etwas weniger, lügt nicht und ist nicht falsch; Pflanze = duftet und stinkt nicht einmal mehr beim Verwesen, läßt ihren Geschlechtsverkehr durch Insekten und Wind besorgen, lügt nicht und ist nicht falsch; Stein = ist beinahe ewig und die Ruhe, Empfindungslosigkeit und Abgeklärtheit selbst, entspricht also dem Idealbild, das sich die größten Menschen vom wahrhaft Weisen gemacht haben! Was meint ihr? Den Verstand hätte ich vergessen? O meine Zeitgenossen! Erstens entpuppt sich der Verstand immer mehr als jene Kraft, die zwar was Gscheites will, doch stets was Dummes schafft, und dann: Glaubt ihr, daß ein Stein imstande ist zu merken, daß der Mensch Verstand hat? Nein, werdet ihr sagen. Woher nehmt ihr also die Berechtigung, zu glauben, daß ihr zu beurteilen imstande seid, daß der Stein keinen Verstand habe? Ihr bemerkt ihn nicht? Und wer bemerkt ihn bei euch? Ihr selber! Sonst niemand.

Krückenkreuz 1934 / Ein Krückenkreuz ist ein Kreuz, das aus Krücken verfertigt ist und also auch als Krücke angemessene Verwendung finden kann. Wer benötigt nun Krücken? Einer, der nicht gut auf den Beinen ist, z. B. ein Klumpfuß. Nach Kluges Etymologischem Wörterbuch, 11. Auflage, Seite 109 kann man für Klumpfuß auch das gleichbedeutende Wort »Dollfuß« setzen! Dieses Wort Dollfuß = Klumpfuß hängt mit dem griechischen Wort tylos = Geschwulst zusammen und ist nach Kluge seit dem Jahr 1482 in Deutschland gebräuchlich.

Es ist ein Kreuz mit den Kreuzen! Übrigens hieß »Kreuz« vor der Einführung dieses vom lateinischen crux stammenden Lehnwortes bei den germanischen Völkern, z. B. bei den Goten, »galga«. So daß man also zusammenfassend sagen kann: Es ist durchaus möglich, daß ein Klumpfuß = Dollfuß ein Krückenkreuz, d. h. ein Kreuz = galga als Krücke verwendet!

Kultur / Ein bebautes Stück Erde heißt eine Kultur. Daraus folgt:
1. Daß das Bebauen der Erde erst jede Kultur hervorbringt;
2. daß der Mensch, der nicht die Erde bebaut, keine Kultur hat, daß also kein einziger Großstädter Kultur haben kann.

Kulturstufen / Der Mensch mußte verschiedene Kulturstufen durchlaufen, um endlich zur Stufe der Unkultur vorzudringen.

Kunst / Juristen und Librettisten, Richter und Dichter streiten sich heute allüberall wegen der Merkmale, die das Vorhandensein jener einzig wahren Kunst verraten sollen, die es nach dem Urteile dritter wieder überhaupt nicht mehr gibt. Sicher ist nur, daß es heute bei solchen Unklarheiten lebensgefährlich geworden ist, sich Arm in Arm mit der Kunst in der Öffentlichkeit zu zeigen.

/ Seit es Politiker übernommen haben, tagtäglich die Beziehungen zwischen verschieden orientierten Dummheitskomplexen zu vertiefen, ist die Kunst flach geworden und solange in bezug auf Abbau, Ausbau und Wiederaufbau das Geschrei der Staatsmänner, die alles, nur nicht stad sein können, die Luft erfüllt, kann der Künstler die Bauerei nur ausüben, indem er sich auf das Land zurückzieht. Nur in der Metrik ist der Dichter dem Politiker noch über.

Kunstkritiker / Kunst wendet sich an das Gefühl. Durch häufige Beschäftigung mit derselben Sache aber wird das Gefühl für sie abgestumpft. Was soll man also von den Urteilen der professionsmäßigen Kritiker halten?

Künstler / Es gibt Günstler und Künstler.

//

Läufer / Aus Mitläufern werden leicht Überläufer.

Leben / Die Bejahung des Lebens ist der Unterleib des Weibes, seine Verneinung der Verstand des Mannes. Die beiden führen entweder miteinander Krieg (Asketentum) oder sie verstärken einander wunderbar (Kunst).

/ Das Leben besteht aus schlechten Zeiten und schönen Augenblicken.

/ Die bekannte Grabschrift: »Er lebte zehn Jahre und starb mit siebzig« stimmt nicht ganz, denn zehn Jahre sind gewöhnlich viel zuviel. Zwei sind auch genug.

Lebenssinn / Wenn man behauptet, das Leben sei infolge des Todes »sinnlos«, so gibt man indirekt zu, daß es an und für sich einen Sinn hat.

/ Das Leben an und für sich ist weder heilig, wie die behaupten, die nur das Denken kennen und das Heilige, das auf seinem Gebiete nicht existiert, doch nicht missen können, noch hat es irgendeinen Sinn. Es ist ebenso sinnlos wie die manuelle Tätigkeit des Violinspielens. Dieses ewige Gezeugt- und Geborenwerden, dieses Heranwachsen, Sichentfalten, Zusammenschrumpfen und Sterben, dieses Durcheinanderwimmeln von Formen, dieses Erglühen und wieder Verblassen von Farbe und Licht, dieses Jubeln und Singen, dieses Weinen und Klagen, dieses Vereinigt- und wieder Getrenntwerden, dieses Kreisen des Blutes, dieses Schlagen der Herzen ist nichts weiter als eine Begleiterscheinung einer gewissen Periode in der Abkühlungszeit der Weltkörper, nichts weiter als eine Folgeerscheinung feuchter Wärme zwischen zwei leicht feststellbaren Grenzwerten des Thermometers. Und ebenso ist das Violinspiel, dieses Hüpfen der Finger, dieses Aufeinanderfolgen der Griffe, diese Schwierigkeiten der Passagen, diese Finessen der Bogenführung nichts weiter als ein Kratzen mit Pferdeschweifhaaren auf Schafsdärmen. So spricht mit Recht das glasklare Denken und beweist damit die Richtigkeit der Worte Laotses: »Verstand ist Verschließung des Lebens«. Wie es aber möglich ist, daß diesen evidenten Sinnlosigkeiten dann doch eine urgewaltige Melodie entströmt, die in jenes Reich weist, von dem kein Auge je etwas gesehen, kein Ohr etwas gehört hat, das wird das Denken nie ergründen, kann es nie ergründen. Aber wenn es Anspruch darauf erhebt, wirklich klar genannt zu werden, muß es bekennen, daß hier seine Macht zu Ende ist.

/ Die kitzlige Frage, ob »das Leben« überhaupt »einen Sinn« habe, läßt sich vielleicht am besten allegorisch beantworten: Man stelle sich einen Taubgeborenen vor, der zum ersten Mal im Leben einen Künstler auf einer Violine spielen sieht. Da er nichts hört, wird ihm das Treiben des Spielers völlig sinnlos vorkommen, da ihm der zum Hören nötige Sinn fehlt. Sein Verstand aber wird ihm sagen: Hier kratzt ein Mann mit Pferdeschweifhaaren auf den Därmen eines Schafes! Er muß irrsinnig sein! – Ebenso irrsinnig erscheint uns manchmal das Leben. Wer kann sagen, ob nicht vielleicht deshalb, weil wir es zu sehr mit dem Verstand betrachten, wir den Sinn, dem das Leben sein Wunderbarstes erschließt, verloren haben? Spitzen wir die Ohren! Vielleicht hören wir eines Tages wirklich etwas! Geben wir dem Leben einen Sinn, dann hat es einen!

Lebensstümper / Wer sich beim Denken Gefühlen hingibt, wird nie zu einem richtigen Resultat kommen, wer seine Gefühle mit Denken verunreinigt, wer sie Begriffen, Grundsätzen, Prinzipien anzupassen sucht, wer, mit anderen Worten, von Einbildungen beeinflußt ist, wird nie eines geraden Gefühles fähig sein. Bei einem vorzüglichen dramatischen Künstler handeln alle

Menschen, die er auf die Bühne stellt, frisch und frei aus ihren Gefühlen heraus; bei einem dramatischen Stümper sitzen oder stehen diese Menschen gleichsam neben ihren Gefühlen und quatschen ein Langes und Breites über sie, ohne zu irgendeinem erfreulichen Resultat zu kommen. Beim Lebensstümper und Lebenskünstler ist es genau so. Der Stümper hat die abendländische Art zu »fühlen«: statt zu fühlen und zu handeln, knobelt er über die Rudimente von Gefühlen, derer er noch fähig ist, nach, ist aus hundertfachem Wenn und Aber zusammengesetzt, kann sich (auf dem Gebiete des Fühlens, bitte!) das nicht recht denken und jenes nicht vorstellen, ist von tausenderlei Einbildungen und Hemmungen geplagt und gehindert, ist blind und taub, ein armer Narr, der zu nichts kommt, außer zu seelischem Leiden. (...) Für den Stümper muß es zur Tragödie kommen, da es eben nie immer so bleibt, alles fließt und wechselt, Unangenehmes auf Angenehmes folgt. Der Lebenskünstler aber weiß, daß auch das Unangenehme keine Dauer hat, daß auch ihm immer wieder Angenehmes folgen muß. Der Stümper seufzt, wenn das Mittagsmahl angebrannt ist, aber für den vollen Mond, der magisch hinter nachtschwarzen Hügeln emporschwebt, hat er keinen Seufzer übrig. Er ist nur mit dem Jammer und den Jämmerlichkeiten seines Daseins, nicht aber mit der Natur und dem All durch Gefühle verbunden.

Lebensunsinn / Je sinnloser das Leben wurde, desto energischer verlangte immer der Mensch nach einer Antwort auf die Frage nach dem Sinn des Lebens an und für sich. Deshalb folgen auf Zeiten wie die heutige, in denen das Leben jeden Sinn verloren hat, mit Notwendigkeit Zeiten ganz besonderen religiösen Getues mit den schwachsinnigen Antworten, die die Kirchen aller Richtungen auf die Frage nach dem Sinn des Lebens geben. (...) Es ist immer wieder dasselbe Gehirnweichbild, das sich dem untersuchenden Blick darbietet: Wenn der Schwachsinn erkennt, daß es ohne Religion nicht geht, stürzt er sich in die Arme der Kirchen, weil Kirche und Religion für ihn dasselbe sind. Und wenn er dann wieder einmal erkannt hat, daß an den

Kirchen und ihren Lehren nichts dran ist, nimmt er an, daß auch an der Religion nichts dran sei, und stürzt sich in die Arme der Wissenschaft. Und wenn er nach Jahren daraufgekommen ist, daß ihm die Wissenschaft seine Frage nach dem Sinn des Lebens noch weniger befriedigend beantworten kann, kehrt er wieder zur Religion, d.h. zur Kirche zurück. Daß man zur Religion zurückkehren kann, ohne zur Kirche heimzufinden, das geht in diese Schädel nicht hinein. Sie sind immer »voll und ganz« für irgend etwas, bald für den Glauben, bald für die Wissenschaft; aber für beide gleichzeitig? Nein, das wäre Inkonsequenz und Charakterlosigkeit! Auf dem Gebiet, auf dem etwas gewußt werden kann, für die Wissenschaft zu sein, auf dem Gebiete aber, auf dem nur geglaubt werden kann, gleichzeitig fürs Glauben zu sein, das ist viel zu einfach, als daß es den Idioten nicht als verdächtiger Widerspruch erschiene. Sie wollen entweder alle Fragen mit dem Glauben lösen, z.B. auch die soziale Frage mit dem gläubigen Hinweis darauf, daß Gott gerecht sei und daher die soziale Not entweder eine Strafe oder eine Prüfung! Oder sie wollen alle Fragen mit Hilfe der Wissenschaft beantworten, z.B. die Frage nach dem Woher? und Wohin? des Menschen und dem Sinn des Daseins. Das erscheint ihnen überaus geistreich, aber im Grunde sind sie alle miteinander nichts weiter als Gehirnkranke, die abwechselnd bald die Maße eines Balkens mit dem Voltmeter, bald die Maße einer elektrischen Spannung mit dem Meterstab feststellen wollen, weil mit zweierlei Maß zu messen unchristlich und überdies nicht einzusehen sei, warum ein Meßgerät, das sich in der Elektrizität vorzüglich bewähre, nicht auch in der Mechanik Anwendung finden solle und umgekehrt.

Lebenswunder / Die Menschen scheiden sich bekanntlich ihrer Veranlagung nach in zwei große Gruppen: in die Kinder der Welt und in die, die von der Welt nichts wissen wollen und auf das Jenseits hoffen. Beide sind Opfer des unglückseligen menschlichen Triebes, zu werten und das, was nur ist und weiter nichts, entweder als gut oder als böse zu klassifizieren. Die einen halten das Leben an und für sich für wundervoll und haben kein Bedürfnis, an ein Fortleben nach dem Tode zu glauben, die andern halten es für unsinnig und verlegen seinen Sinn zeitlich hinter den Tod, da kein Mensch ohne Glauben an einen Sinn seines Daseins seelisch existieren kann. Jede dieser Gruppen hat unrecht, weil beide recht haben: Das Leben ist nicht nur wundervoll, es ist auch unsinnig. Es ist beides. Es ist unsinnig wundervoll und wundervoll unsinnig und es ist, wenn man die Lage des Menschen kühl und rein verstandesmäßig betrachtet, gar kein Zweifel daran möglich, daß der am feinsten heraus ist, der das Leben überstanden hat und nie mehr wiedergeboren werden kann, weil er es satt hat, was die Buddhisten glauben.

Lebenszweck / Es ist vielleicht der Zweck des Lebens, Sehnsucht nach dem Tod zu erwecken.

/ Sollen die sozialen Kämpfe um dic äußere Lebensgestaltung der Menschen einen Sinn haben, so können sie nur den Zweck haben, den Menschen vom unbewußten Leben als Naturmensch und Wilder in Sonne, Licht, Luft und Einfachheit an der Brust der Erde auf dem Um- und Irrweg über Kultur und Zivilisation zum Widerwillen an der Zivilisation und zum bewußten Leben inmitten der nun nicht mehr furchtbar, sondern infolge der Kenntnis ihrer Gesetze freundlich erscheinenden Natur zu führen.
Sollen die sozialen Kämpfe um die innere Lebensgestaltung des Menschen, also alles Denken, Reden, Schreiben und Lesen einen Sinn haben, so können sie nur den Zweck haben, den Menschen aus dem dumpfen Glück einer unbewußten Dummheit, in der er ehemals zu Ausbeutungszwecken künstlich gehalten wurde, auf dem Um- und Irrweg über die Aufklärung zu jener ihrer selbst bewußten Torheit zu führen, die alles Gescheitsein entbehren kann, weil sie die Liebe, also das Glück ist, also nicht mehr gescheiter werden kann.

Leiden / Während man im Alter seine Leiden zu verbergen sucht, weil man weiß, daß sie etwas Gewöhnliches sind, trägt man sie in der Jugend zur Schau, weil man sich einbildet, daß sie etwas Besonderes und Interessantes seien.

Lesen und Schreiben / An und für sich ist die Kunst des Schreibens und des Lesens gewiß schädlich, denn sie verbindet den Menschen weitaus öfter mit dem Unsinn als mit dem Sinn des Lebens und Nestroy hat recht, wenn er sagt: »Der Mensch ist endlich auch ein Federvieh, denn gar Mancher zeigt, sobald er a Feder in die Hand nimmt, daß er ein Viech ist.« Wenn der Mensch aber schon verdorben und naturentfremdet ist, ist Schreiben und Lesen nützlich; denn die Möglichkeit, mit seiner Hilfe den Blödsinn zu durchschauen, ist zwar nicht groß, doch immerhin vorhanden.

Liebe / Was die Abendländer gewöhnlich unter Liebe verstehen, ist in den meisten Fällen eine Krankheit, die durch Bücher verbreitet wird. Und es ist offenbar, daß die Gesellschaftsschichten, die mehr lesen, auch mehr unter den Schmerzen dieser »Liebe« leiden müssen.

/ Liebe, Liebe sagen die Menschen und wissen nicht, was sie reden; ein Wort nur, dieses eine Wort nur haben sie zur Bezeichnung hundertfältiger Gefühle.
Die Lust des eigenen Körpers, die Lust am Körper des andern, das Vergnügen am Bewundern fremden Wertes, das Verlangen nach dem Besitz fremden Wertes, die Freude am vermeintlichen Besitz fremden Wertes, das Gefühl irgendeiner durch äußere Umstände hervorgerufenen Zusammengehörigkeit, das Gefühl der Dankbarkeit, des Mitleids, des Erbarmens, ja selbst das Gefühl der Gewöhnung und die durch die Forderungen der Religionen hervorgerufenen scheinbaren Gefühle – alles, alles heißt ihnen irgendwie Liebe.
Auch das geschlechtliche Verlangen von Mensch zu Mensch ist keine Liebe. Man spricht auf diesem Gebiete von Liebe, von

echter Liebe, von wahrer Liebe, von irdischer Liebe, von himmlischer Liebe, von sinnlicher Liebe, von platonischer Liebe, von leidenschaftlicher Liebe und von leidenschaftsloser Liebe – alles ein Beweis dafür, daß niemand weiß, was Liebe eigentlich sei. Die Folge davon ist, daß die Skeptiker behaupten, es gebe überhaupt keine Liebe, sondern nur Nerven, und daß die Klügsten sagen, mit der wahren Liebe sei es wie mit einer Geistererscheinung: Alle redeten von ihr und keiner habe sie gesehen.

Und doch. Es gibt eine Liebe, ein einzigartiges, fest umrissenes Gefühl, das, einmal empfunden, nie wieder vergessen werden kann, eine Seligkeit, die, einmal besessen, nie wieder verlorengehen kann, eine Gewißheit, einen Besitz, den auch der Tod nicht rauben kann.

Es gibt eine höchste Erkenntnis auf dem Gebiete des Materiellen: die Erkenntnis, daß all das Verschiedenartige in der Welt der Erscheinungen im tiefsten Grunde materiell nur Eines sei; daß es nur eine Materie gebe, aus der alles besteht.

Es gibt ein höchstes Gefühl auf dem Gebiete des Geistigen: das Gefühl, daß wir selbst mit einem Wesen außer uns, ja mit allen Wesen außer uns im tiefsten Grunde seelisch Eines sind; daß es nur eine Seele gibt, die allem innewohnt. (…)

Es gibt keine verschiedenen Arten von Liebe, es gibt nur diese eine Liebe. (…)

Aber wie der Koitus, der unvollkommene Versuch eines körperlichen Einsseins, kein dauernder Zustand sein kann, weil dies die Kräfte des Stärksten überstiege, so ist auch die Liebe, also das Gefühl des seelischen Einsseins, kein dauerndes Empfinden. Blitzartig taucht sie auf und verklärt alles mit einem unendlichen Glanz von Freude. Blitzartig verschwindet sie wieder, denn kein Herz wäre stark genug, die Spannung, unter die sie es setzt, dauernd zu ertragen. Trotzdem ist sie – und nur sie allein – das Glück, das ist ein Zustand der Freude, der Dauer hat. (…)

Es besteht ein tiefer, nur wenig bekannter Zusammenhang zwischen der Liebe (also dem Glück) und der Torheit. Wer nicht von Herzen dumm sein kann, kann nie Glück, kann also nie Liebe empfinden. Dem reinen Verstandesmenschen bleibt das Leben ewig verschlossen. Jeder Mensch, der wahrhaft glücklich ist, wird wieder töricht, muß mit Notwendigkeit wieder töricht werden. Der Klügste wird durch die Liebe so dumm, wie ohne sie der Dümmste nicht sein kann. Und der Dümmste wird durch die Liebe so weise, wie ohne sie der Klügste nie werden kann.

/ Die wahre Liebe ist die am wenigsten normale.

Liebeshochschule / So weit sind wir noch lange nicht. Eine Liebesvolksschule wäre nötiger.

Liebesmathematik / Eine Frau, die liebt, erhebt den geliebten Mann zur Potenz.

Liebespartner / Pfui Teufel! Ich glaube, wenn ich mich entscheiden müßte, welches der heute im Schwange befindlichen Modeworte ich für das scheußlichste halte, ich würde mich ohne Bedenken für das Wort »Liebespartner« entscheiden. Partner gibt's beim Tarockieren, aber nicht in der Liebe. Liebe ist das bald mehr, bald weniger klare Gefühl des Einsseins im tiefsten Grunde. Die Folge dieses Gefühls ist dann der brennende Wunsch aller wirklich Liebenden, dieses seelische Einssein in ein körperliches umzusetzen, einander vollkommen zu umschlingen, ja, zu verschlingen (vor Liebe auffressen!), in einander hineinzukriechen und sich zu vermischen, wie die alten Griechen so anschaulich sagten. Wo bleibt da Raum für einen Partner, einen Mit- oder Gegenspieler, der immer nur außerhalb gedacht werden kann? Ich weiß nicht, ob Sie mir nachempfinden können, wie widerwärtig, sinnlos und gemein dieses Wort ist. Soviel ist jedenfalls sicher: Wer von einem »Liebespartner« spricht, hat keinen Dunst vom wahren Wesen der Liebe und faßt den Koitus, diesen armen, unzulänglichen Versuch, Eins zu werden, als eine Art Gesellschaftsspiel auf. Diese Auffassung bricht sich immer mehr Bahn und man kann nicht einmal sagen, daß dies bedauerlich wäre. Im Gegenteil: der Gedanke, daß alle diese Menschen, die da auf der Straße herumwimmeln, bloß die Produkte eines Gesellschaftsspiels sind, hat für mich etwas Versöhnendes, während mir die Idee: so sehen die Produkte der Himmelsmacht Liebe aus! unerträglich geworden sind.

Liebesschlachtfeld / Das ganze Feld der Liebe ist ein Schlachtfeld, das mit Leichen bedeckt ist, auf dem, von unklaren Trieben gestachelt, alle gegen alle kämpfen, keiner recht weiß, was er will, und noch weniger, was zu erreichen auf dieser Welt des Scheins möglich ist. Eben infolge des Mangels einer Liebesschule stürzt sich jeder, ohne etwas gelernt zu haben und mit Kenntnissen ausgestattet zu sein, nur mit dem Rüstzeug einiger antiquierter, falscher, schiefer und höchstens halbwahrer Vorurteile versehen, blindlings in den Kampf der Geschlechter und die meisten kommen in ihm um. Und die, die nicht umkommen, haben das nicht sich selbst, sondern nur dem Zufall und ihrem Glück zu verdanken.

Liebesvolksschule / Man müßte den Menschen zuerst einmal die allerprimitivsten, ich möchte beinahe sagen: handwerksmäßigen Kenntnisse auf sexuellem Gebiete beibringen, ehe man sich dazu versteigt, ihnen eine höhere ars amandi zu verzapfen. Die jungen Leute lernen wohl, welches ut nach dem Indikativ und welches nach dem Konjunktiv verlangt, aber welches ut nach dem Präservativ verlangt, sagt ihnen niemand. (Ordinär ist er! höre ich da wieder ein paar Heilige schreien, die sich an der Vulgarität eines Wortes, aber mit keinem Wort an dem Verbrecherischen einer Sache stoßen.) Wissen sie jenes nicht, bekommen sie für das betreffende Semester Nichtgenügend und eventuell eine Wiederholungsprüfung, wissen sie aber dieses nicht, werden sie unter Umständen fürs ganze Leben nichtgenügend und untauglich. Denn das Leben erteilt keine Wiederholungsprüfungen und einmal verpfuscht, bleibt es verpfuscht.

/ Ihre erste Aufgabe müßte es sein, vor allem einmal jenen Vorurteilen gründlich den Garaus zu machen, die ohne Schule entstanden sind. Also eine ausgesprochen niederreißende Tätigkeit zu entfalten, die sich gleichermaßen richten müßte: gegen die Spießer, in deren Kreisen die Frau auch heute noch als klavierspielende Köchin mit Muttergefühlen fungiert; gegen die Spießer des Nichtspießigseinwollens (auch diese gibt es!), die deshalb der Frau alle Freiheit zubilligen möchten, weil sie impotent sind und mit ihr ohnehin ohne Unterstützung durch andere nichts anzufangen wüßten; gegen jene, die auf körperlichem Gebiet, auf dem es nur ein Ideal, nämlich die Natur, zu geben hat, das Idol einer mehr oder weniger verlogenen, sogenannten »Reinheit« aufrichten wollen; und schließlich gegen jene, die im Sexuellen nur ein Mittel sehen, sich selber Lust zu verschaffen und sich verfluchte Kerle zu sein einbilden, während sie bloß recht armselige Kerle sind.

/ Sich selber Genuß verschaffen, das kann bald einer, das kann auch das Tier. Denn merkwürdigerweise ist gerade das, was die Kirche als gottgewollten Zweck der Geschlechtsorgane bezeichnet, nämlich lediglich der Fortpflanzung zu dienen, etwas absolut Tierisches, das aber, was sie als tierisch zu bezeichnen pflegt, ist etwas, wovon kein Tier eine Ahnung hat, ist menschliche Bemühung, durch ethische Anwendung eine unappetitliche Funktion des Körpers zu adeln und so aus der Sklaverei eines Triebes zu freiwilligem und schönem Handeln zu gelangen. Um aber dazu fähig zu werden, bedarf der Mensch und besonders der Mann und vor allem der deutsche Mann (denn die Deutschen sind auf dem Gebiete der Liebe wohl das Untalentierteste und Rohste, was sich denken läßt) eines Grundstocks anatomischer, physiologischer und psychologischer Kenntnisse. Diese ihm zu vermitteln, müßte die zweite Aufgabe einer Liebesschule sein. Dinge, die heute alltäglich sind, müßten in der Zukunft unmöglich werden: daß ein Mann keine Ahnung von Funktion und Lage der Klitoris hat, also jenes Punktes, von dem aus wirklich und wahrhaftig das ewige Weh und Ach der

Frauen zu kurieren ist, daß er erstaunt ist zu erfahren, daß die Frau und nicht der Mann der sinnlichere Teil ist und auch sein muß, weil die Frau beim Akte ja weitaus mehr riskiert; daß er kein Gefühl dafür hat, daß die Frau angesichts der Lasten, die ihr drohen, unbedingtes und heiliges Anrecht auf das Glück restloser Befriedigung hat; daß die innigste und romantischeste Liebe auf die Dauer nicht die Belastung verträgt, die ein erschöpfter und schnarchender Mann neben einer unerlöst gebliebenen Frau, die vielleicht den Beschwerden einer Schwangerschaft entgegensieht, darstellt; und daß endlich ein Mann keinen Dunst davon hat, wie man um eine Frau wirbt, weil er nicht weiß, was auf Frauen Eindruck macht und daß es verschiedene Typen von Frauen gibt, von denen jede nach einer anderen Art der Werbung verlangt. Aber könnte eine Liebesschule einem Manne auch theoretisch solche Kenntnisse beibringen, die Praxis, ohne welche alles grau bliebe, müßte er sich selber verschaffen. Und könnte es auch auf Grund der erlernten Theorien.

Literatur / Literatortur.

Losung / Was ist eine Losung? Das Exkrement eines wilden Tieres, das hinter Büschen und in hohem Gras ohne viel Aufhebens fallen gelassen wird. Was aber ist ein Losungswort? Das Gedankenexkrement eines wilden Menschen, mit dem er einen unter wildem Gebrüll in aller politischen Öffentlichkeit anzuschmieren versucht.

Lotterie / Die Lotterie heißt in Steiermark das »Lottergspiel«, dem nur verlotterte Menschen etwas abgewinnen können.

Luzifer / Der Teufel heißt tief symbolisch auch Luzifer, was soviel wie Lichtbringer bedeutet. Also: Wer den Menschen das Licht bringt, ist des Teufels. Da müssen dann natürlich notwendigerweise jene Männer, die von sich behaupten, sie seien Gottes, die Finsternis bringen.

//

Männer / Hosenträger, die beim Koitieren einschlafen, weil sie ihre Nervenkraft im Geschäft, beim Handeln mit Hosenknöpfen, beim Erzeugen von Wellblech und beim Vertrieb gläserner Möpse verzettelt haben.

/ Ist heute einer ein Mann, dann ist er blöd. Ist er gescheit, dann ist er kein Mann. Woher das kommt?

/ Der Gentleman ist die einzige Form, unter der der Durchschnittsmann erträglich ist.

Marxismus / In diesem Haß auf den Individualismus, in dieser Schwärmerei für Kollektivismus zeigt sich deutlich die Herkunft des Marxismus aus der Unnatur, aus der Industrie. Niemand wird leugnen, daß die Arbeit in der Fabrik durch den Kollektivismus nur gefördert werden kann. Aber ist die Welt eine Fabrik? War Marx eine Gruppe? War Lenin eine? Gibt es eine Erkenntnis, eine Idee, die von einer Gruppe von Menschen und nicht von einem Individuum gefunden worden wäre? Höchstens die Idee zu einer Operette. Und als Operette mutet einen auch diese Art von Weltbeglückung an.

Marxyrium / Der Kapitalismus leidet heute an seiner eigenen Dummheit und daran, daß er seine eigenen Probleme nicht versteht, nicht aber daran, daß die Arbeiter mit ihm ringen, die ihm die Hände küssen würden, wenn er ihnen Arbeit gäbe. (...) Ihr ringt mit dem Kapitalismus. Nicht, um ihn zu vernichten, sondern um mehr Lohn, ihr Lohnsklaven! Zahlte er euch mehr, ihr würdet ihn preisen und Lieder auf ihn dichten und nicht das geringste hättet ihr mehr an ihm auszusetzen. Daß er die Welt nebenbei in einen Idiotenkäfig verwandelt – was kümmert es euch! Ihr seid mit Hilfe eurer Partei schon so weit, daß ihr ganz gut in eine solche Welt paßt und nicht versteht, wie andere nicht auf Marx und seinen gemäßigten Schröpfungsplan eingestellte Menschen ein Vegetieren zwischen Betrieb, Kino und Kaschemme als Marxyrium empfinden können.

Maschine / Im Altertum waren die Sklaven die Maschinen der Menschen, heute sind die Menschen die Sklaven der Maschinen.

/ Sie erspart Arbeit? Nicht zu leugnen; aber sie tut es auf eine recht sonderbare Art. Die einen macht sie vollkommen arbeitslos und die andern überlastet sie mit Arbeit und zwingt sie zu einem Tempo, bei dem sie heute oder morgen mit ihren Nerven zusammenklappen müssen.

/ Zur Verteidigung der Maschine wird immer wieder angeführt: Sie erspart Arbeit und gibt dem Menschen Zeit, sich mit vernünftigeren Dingen, als es die Mühen um die Notdurft des Lebens sind, zu beschäftigen. Diese Haupt- und Staatsbegründung aller Maschinenverehrung ist gar nicht zu halten, wenn man nur ein wenig tiefer blickt als die Masse, die eine kindische Freude hat, wenn sich irgendwo ein neues, womöglich noch dazu vernickeltes Radl dreht. Ich will nicht höhnisch darauf hinweisen, daß, wie figura zeigt, dieses »vernünftigere« Tun die Arbeitslosigkeit ist, und Ihnen zuliebe annehmen, daß die Ursache der Arbeitslosigkeit nicht so sehr die Maschine an sich, als vielmehr eine Gesellschaftsordnung sei, die die Menschen in Maschinenbesitzer und Maschinenbenützer einteilt und auf ein ehernes Lohngesetz gegründet ist, das dem Arbeiter, arbeite er nun mit der Maschine oder der Hand, nie mehr Lohn zubilligt, als er gerade zum Nichtverhungern braucht. Ich will auch davon absehen, nachzuweisen, daß der Durchschnittsmensch, selbst wenn er die Maschine besitzt und mit ihr Zeit erspart, diese ersparte Zeit nie zu vernünftigen, sondern immer nur zu unvernünftigen Tätigkeiten verwenden wird. Aber ich muß mich ganz entschieden gegen die Ansicht wenden, daß das Ersparen von Arbeit ein Segen sei! Diese ebenso irrige wie heute allgemein verbreitete Ansicht stammt daher, daß das allgemein übliche Arbeiten für andere die Arbeit (mit Recht!) in Mißkredit gebracht hat. Aber Arbeit für sich selber und Arbeit für andere ist zweierlei und ich muß jene leider inkonsequent schelten, die auf der einen Seite Aussprüche großer Männer über den Segen der Arbeit zitieren, auf der andern aber jubilieren, wenn ihnen eine neue Maschine diesen Segen erspart. Was fürchtet man an der Arbeit? Die Überarbeitung, das sogenannte »Ausschinden«. Aber Arbeit nur für den eigenen Bedarf kann nie zu Überanstrengung führen, weil sich die Bedürfnisse automatisch den Kräften anpassen werden. Dagegen führt Arbeit für andere immer zu Ausbeutung und Überanstrengung, weil sich die Bedürfnisse dessen, der andre für sich arbeiten läßt, nie der Kraft der Arbeitenden, sondern immer nur der Höchstgrenze dessen anpassen werden, was er mit Hilfe des Mindestlohns und ausbeuterischer Gesetze aus ihnen herausschinden kann. Freie Arbeit für sich selber (landwirtschaftliche im Sommer, industrielle und geistige im Winter) ist die natürliche Quelle aller seelischen und körperlichen Kräfte, stärkt die Muskeln, die Geduld, das Selbstvertrauen, die Lebenserfahrung, das Pflichtbewußtsein, die Liebe anderer zu uns und die eigene Freiheit; sie durch Maschinen »ersparen« zu wollen, ist ebenso unsinnig und krank machend wie ein Ersparenwollen des Essens durch Einnahme eines gewissen Kalorienwertes. Das Fundament der Maschine ist die Faulheit, die Eitelkeit, der Größenwahn und vor allem die Habsucht des Menschen; deshalb ist ihre Stellung so unerschütterlich. Sie besitzt drei verschiedene Fratzen: die eine zeigt sie dem, der sie am laufenden Band herstellen muß, die andre dem, der durch sie arbeitslos wird, und die dritte dem, der sie privat zu seinem Vorteil benützen kann.

/ Die Maschine macht den Menschen zum Sklaven und zwingt ihn, sie zu bedienen. Wenn der Mensch sich einbildet, er nütze die Maschine aus, so irrt er. Die Maschine nützt ihn aus. Wer sie benützt, merkt es nicht so sehr; aber wer sie am laufenden Band erzeugt, der merkt es. Um die Maschine rentabel zu machen,

machen die Menschen ihr Leben unrentabel. Und immer wird der Mensch im Kampf mit der Maschine unterliegen, denn sie hat eine robustere Konstitution.

/ Nicht die Maschine bekämpfe ich, sondern ihren heute üblichen Mißbrauch und die sich auch bei der Maschine wieder dokumentierende moderne Geisteskrankheit, deren auffallendes Symptom es ist, daß die von ihr Befallenen das Mittel als Zweck betrachten. (...) Immer wieder dichtet man mir an (...), ich verlange die Abschaffung aller Maschinen. Ein solches Verlangen wäre eben so geistreich wie z.B. das Verlangen nach Abschaffung aller Messer, die ja ebenso wie die Maschinen bloße Instrumente sind.

Massenproduktion / So hat die Maschine den Rentabilitätswahnsinn, der Rentabilitätswahnsinn die Massenproduktion des im Lande unanbringlichen Überflüssigen, die Massenproduktion die Gier nach Absatzgebieten und diese Gier wieder das Raufen um Absatzgebiete, die zu diesem Zwecke euphemistisch »Platz an der Sonne« genannt werden, zur Folge und den »Heldentod« der betörten Wertvollen für den Export der zu Hause gebliebenen Profitgeier obendrein.

Maßstäbe / Der Mensch kann nicht das Maul aufmachen, ohne zu urteilen; er kann nicht urteilen, ohne offen oder versteckt zu werten, ohne einen Maßstab; und er kann nur dann verlangen, daß diese seine Wertung höher gelten soll als eine mehr oder weniger belanglose Privatmeinung, wenn dieser Maßstab allgemeine Gültigkeit besitzt.
Was aber ist am allgemeinsten unter den Menschen? Das Leben. Der allgemeinste Maßstab ist also dieser: Was das Leben (nicht den Augenblick!) erleichtert, ja oft erst ermöglicht, ohne es gleichzeitig anderen zu erschweren oder unmöglich zu machen, das allein besitzt wahren Wert für den Menschen.
Das ist, so sagen die ganz Gescheiten verächtlich, Eudaimonismus; oder im besten Fall sozialer Eudaimonismus! Sein höchstes

Ziel ist das Glück; oder im besten Fall das Glück möglichst Vieler. Das Glück ist aber der Güter höchstes nicht. Und das Leben ebenfalls nicht. Es gibt Höheres: Die Pflicht! Das Opfer! Den Dienst an einer hehren Idee! Usw.
Mit Verlaub: Das kommt mir ebenso pharisäisch und sophistisch vor wie die Forderung, nicht egoistisch, sondern altruistisch zu handeln! Als ob der Mensch überhaupt etwas tun könnte, was nicht im tiefsten Grund egoistisch wäre; und wäre es die altruistischeste Handlung! So wenig er das Maul aufmachen kann, ohne zu urteilen, ebenso wenig kann er die Hände in Bewegung setzen, also handeln, ohne das zu tun, was ihm Spaß macht und ihn befriedigt. Er kann wild schwitzen, um einem andern das Schwitzen zu ersparen. Dann macht ihm eben das Schwitzen mittelbar Spaß, wenn es ihm auch unmittelbar nicht den geringsten Spaß macht. Er strebt nach seinem Glück und nach sonst nichts – daran gibt es nichts zu deuteln.
Aber es ist durchaus möglich, daß eben diese Erfüllung seiner Pflicht, das Bringen eines Opfers, der Dienst an einer hehren Idee sein Glück ausmacht, ja, daß einer sich das Leben dadurch erleichtert, daß er es hingibt für eine Idee, so paradox das auch scheint.
Was aber tun die Menschen in Wirklichkeit? Jeder hat einen anderen Maßstab (oder gar gleichzeitig verschiedene Maßstäbe), alle messen ununterbrochen wie verrückt an den Erscheinungen herum, jeder kommt zu einem anderen Resultat und schließlich raufen sie miteinander. Nicht am Ende um die Maßstäbe, was wenigstens noch die Spur eines theoretischen Sinns hätte, sondern um die Resultate. Sie behaupten, ihr Resultat sei richtig und daher müsse auch ihr Maßstab richtig sein, oder ihr Maßstab sei richtig, daher müsse es auch das Resultat sein.

Materialismus / Der Materialismus hat wohl noch nie und nirgends auf Erden eine Kultur zustande gebracht, wohl aber immer und überall noch jede Kultur vernichtet.

/ Ehe mir diese materialistischen Stoffwechsler nicht einmal das Geheimnis des Stoffwechsels, zum Beispiel die Verwandlung von Krautsalat in Brustwarzen erklären können, will ich nichts von ihnen wissen.

Maulkultur / Wer die Kultur immer im Maule führt, von dem kann man bestimmt annehmen, daß er keine im Herzen habe.

Mensch / Es scheint mir manchmal, daß die meisten Menschen gar kein Recht dazu haben, auf zwei Beinen zu gehen.

/ Was ein Zweibein ist, kann nicht zweifelhaft sein, da die Vorstellungen, die mit den Worten »zwei« und »Bein« verbunden sind, noch zu den festen und unerschütterten gehören. Was aber ist ein Mensch? Im Deutschen ist da, obwohl es die Sprache der Teutungen und der Deutungen ist, wenig Aufklärung zu erlangen. Das Wort »Mensch« kommt vom althochdeutschen »manisco«, einem Adjektivum zu Mann, so versichern die Sprachgelehrten. Aus dieser Angabe aber läßt sich höchstens der Schluß ziehen, daß die alten Deutschen ungalant waren, da sie nur den Mann als Menschen gelten ließen. (Übrigens sind die neuen Deutschen um nichts galanter, denn wenn diese ein Weib als Mensch bezeichnen, so ist das gerade auch kein Ehrentitel und Weininger könnte an einem solchen Brauchtum seine Freude haben.) Mehr Aufklärung findet man im Lateinischen. Hier heißt der Mensch homo, ein Wort, das von humus = Erde kommt, so daß also Mensch ein Wesen wäre, das mit dem Humus, der Erde, dem Ackerboden zusammenhängt, woraus wieder hervorgeht, daß Wesen, die mit der Erde nicht mehr zusammenhängen – also die Großstädter – auch den Anspruch auf die Bezeichnung Mensch verloren haben. (...) Noch mehr Aufschluß über das Wesentliche des Menschen aber gibt die griechische Sprache, die den Menschen »Anthropos« nennt, was soviel bedeutet wie »der Aufwärtsschauer«! O heiliges Griechenland, das ist's!

/ Was aber ist die einfachste Formel des Menschen? Mensch = einem sechsfachen Bedürfen. Ist die Nahrung gesichert, verlangt er nach Kleidung, ist die Kleidung gesichert, verlangt er nach Wohnung, ist die Wohnung gesichert, verlangt er nach Liebe, ist die Liebe gesichert, verlangt er nach Geselligkeit, ist die Geselligkeit gesichert, verlangt er nach Religion. Und aus der Befriedigung dieser sechs Grundbedürfnisse entspringt dann Kultur und Kunst. Nie ist Kunst und Kultur aus einer andren Basis entsprungen. Religion? werden da die Anarchisten, die auf die Kirchen schlecht zu sprechen sind, erstaunt fragen. Der alte Irrtum! Hat denn die Kirche mit der Religion überhaupt noch zu tun?

Menschen / Künftige Insassen von Särgen, die noch eine Zeit lang umherlaufen und allerhand Schabernack treiben dürfen.

Menschenliebe / Ich muß gestehen: Ich habe die Menschen nie geliebt. Ich wüßte auch wirklich nicht, weshalb man sie lieben sollte.

Menschenzoo / Wie bemerkenswert behende sie auf zwei Beinen zu laufen verstehen! Allerdings, die Fähigkeit zu klettern hat dabei abgenommen, aber dafür können sie unter Entwicklung von Lärm und Gestank fliegen, was die andern Affen nicht im Stande sind! Wie unterhaltlich zu beobachten ist ihre wahrhaft tierischtäppische Bosheit und Hinterlist, mit der immer einer bestrebt ist, dem andern hinterrücks zu schaden und eins zu versetzen, während ihm gleichzeitig von einem dritten ein Fetzen von Ehre oder Finanzen aus dem Steiß gerissen wird, dem wieder ein vierter unversehens ein Haxel stellt, während diesem ein fünfter eins in die Rippen gibt und dazu mit bedauernder Miene »Pardon!« sagt! Köstlich ist das anzusehen! Und erst die Schlauheit der Oberaffen dieser Affengattung, die überall Fetische errichten, aus Worten, aus Papier oder aus uniformartigen Textilwaren, hinter denen sie listig versteckt hocken und die arbeitsscheuen Hände aufhalten, um die Kreuzer aus den Säcken der Vielen in die Säcke der Wenigen hinüberzuleiten!

Militär / Militär ist der Apparat, der notwendig ist, das moralische Gesetz im Menschen zu ersticken. Die Größe jenes Apparates läßt auf die Kraft dieses Gesetzes schließen. Die Lücke, die nach Exstirpierung der Gefühle für dieses Gesetz im Menschen zurückbleibt, wird durch windige moralisierende Verordnungen (Kameradschaft) auszustopfen versucht.

/ Mehr Strammheit! Wir sind beim Militär! Also bei keinem Leichenbestattungsverein, sondern bei einem Leichenerzeugungsverein!

Missionäre / Wenn jetzt auch schon die Missionäre in Flugzeugen zu euch kommen, so kommen sie deshalb keineswegs vom Himmel her, wie sie euch (nebst anderen Heilswahrheiten) »glauben machen« wollen. Sie sind die betriebsamen Nachfahren jener Feuerköpfe von Missionären, die infolge ihrer Feuerköpfigkeit so hirnverbrannt waren, vom Taufen eines ganzen Hofs voll Proselyten mit der Feuerspritze als höchstem Ideal zu träumen, wie schon Lichtenberg berichtet. Dabei sind sie nichts weiter als schlichte Reisende der Seelenbranche, die im Dienste einer ebenso alten wie großen Firma in Rom stehen und nach neuen Abschwatzgebieten für ein Seelenkonservierungsmittel suchen, das sich in Europa praktisch gar nicht bewährt hat, weil das Rezept seines Erfinders im Laufe der Zeit mangels genügender Verdienstmöglichkeiten völlig verfälscht und die von ihm geforderte Tat durch Schmonzes ersetzt wurde.

Modern / Alles, was modern ist, trägt schon den Keim zum Modern in seiner Bezeichnung mit sich.

Monogamie / Monotonogamie.

Monstranz / Monstrum und Monstranz sind miteinander verwandt.

Mord 1927 / Was ein nackter Mord ist, sozusagen ein Mord an sich oder die platonische Idee des Mordes, wurde in diesen Tagen einer schaudernden Welt von einer schauerlichen Justiz ad oculos demonstriert. Sacco und Vanzetti, sieben Jahre lang in einem Lande, wo an jeder Straßenecke ein anderer Betbruder plärrt, in steter Übersiedlung vom Gefängnis ins Totenhaus und wieder zurück begriffen und von Hinrichtung zu Hinrichtung geschleppt, die oft nur ein paar Minuten, bevor sie stattfinden sollte, wieder aufgeschoben, aber nicht aufgehoben wurde; Sacco und Vanzetti, für die die Frau des angeblich durch sie Ermordeten um Gnade gebeten hatte, weil sie unschuldig seien, während die Zeugen, die im Prozeß für die beiden eingetreten waren, gegen sich selbst die Anzeige wegen falscher Zeugenaussage erstattet hatten; Sacco und Vanzetti, von denen der eine halb wahnsinnig geworden war, während sich der andere vor Entkräftung durch den Hungerstreik nicht mehr auf den Beinen halten konnte, sie wurden am 23. August kurz nach Mitternacht unter dem Aufschrei von Millionen Menschen, die ein Herz, aber keine Macht haben, von den Repräsentanten der Autorität, die die Macht, aber kein Herz haben, elektrisch gekocht. Und zwar Sacco 12 Minuten lang, Vanzetti 7 Minuten lang, kurz so lange, bis sie zur Bestattung gar waren, nicht eine Minute länger oder kürzer. Time is money. Was aber das Leben ist, ist bis heute auf amerikanischem Boden noch nicht bekannt, jedenfalls mangels Interesse noch in keine allgemein gebräuchliche Formel gepreßt worden. (...)

Wir aber, die wir diese Tragödie voll Ekel, Empörung und Schmerz miterlebt haben, wollen nicht nach der jüdischen, arischen oder sonstigen Provenienz unserer Gefühle forschen und wollen hoffen, daß der Staat weiterhin so emsig wie bisher mit seiner eigenen Hinrichtung beschäftigt bleibt. Denn durch die Ermordung Saccos und Vanzettis ist er vor dem Forum der Menschheit wieder um ein gutes Stück erledigter geworden, als er schon war und wenn überhaupt je eine, so muß diese schlechte Tat gute Wirkungen haben: dem Rufe »Fiat justitia, pereat mundus!« wird eines Tages der Ruf folgen »Pereat justitia, fiat mundus!« – ein mundus, in dem der gequälte Mensch nicht hingerichtet, sondern aufgerichtet wird.

Motorisiert / Wir leben heute sozusagen in einem motorisierten Urzustand. Motorisierte Neandertaler!

Motorrad / Da mir von den Fortschritten, die ich die Welt täglich nach allen Blödsinnsrichtungen machen sehe, die Beine weh tun, habe ich mir ein Motorrad angeschafft. Natürlich ein ausländisches, da es mir ein stilles Vergnügen macht, die Handelsbilanz Österreichs »negativ zu beeinflussen«. Dieses Motorrad verbindet mich nicht nur mit der Welt, sondern – und dieses ist viel mehr – es trennt mich auch von ihr und die tiefschürfenden Gespräche in Eisenbahnwagen über den stabilisierten Sanierungsjammer Österreichs, die ich mit seiner Hilfe schon glücklich versäumt habe, sind Legion.

Musik / Rationalisten, die musizieren? Unsinn! Musik, die wunderbarste aller Künste, ist doch das einzige absolut Irrationale, das uns auf dieser zum Speien rational gewordenen Welt noch geblieben ist. Sie ist das Element, in dem sich Herzen, die lieben, wohl fühlen. Köpfe, die denken, haben nichts bei ihr verloren.

/ Musik kann schlecht sein, aber nichts Schlechtes ausdrücken. Denn wenn sie schlecht ist, drückt sie überhaupt nichts aus.

Mut Gottes / Manche Nonnen gehen so erhaben daher, daß man sich wundern muß, woher Gott den Mut genommen hat, ihnen gewisse Organe anzuerschaffen.

Mystik / Mystik ist auf dem Gebiete des Glaubens etwas Unvermeidliches. Sie ist nicht an und für sich schlecht, sondern nur auf dem Gebiete des sozialen Lebens, wo sie das Denken ausschalten und unter Berufung auf den Himmel und das Jüngste Gericht der Ausbeutung die Wege ebnen möchte.

//

Nabelstrang / Gerade so wie ein Standgericht von zwei Beisitzern einen Mörder zum Tode durch den Strang verurteilt, hat uns ein Gericht von zwei Beiliegern zum Leben durch den Nabelstrang verurteilt. Was wir verbrochen haben, weiß allerdings niemand.

Nachttopf / Der ästhetische Schrecken aller Spießbürger (...). Mir als altem Landwirt und Schätzer dessen, was man »das Gold des Landmannes« zu nennen pflegt, macht er allerdings weit weniger Pein, als man glaubt. Im Gegenteil: Sooft ich ihn betrachte, scheint er mich freundlich anzulächeln und mir die Worte zuzuraunen: »Memento Faecium!« Zu deutsch: »Gedenke, daß Du ein Stoffwechsler bist!«

Nackt / Der oder die photographierte Nackte wird zum Akte. Sie verliert zwei Buchstaben und gewinnt nichts dabei.

/ In Zeiten, in denen das Leben für die große Menge einen plausiblen Sinn hatte, weil die Existenz jedes einzelnen und die seiner Kinder gesichert war, waren die Leute immer »unsittlich« und dachten nicht daran, an der mangelhaften Bekleidung der Frauen »Anstoß zu nehmen«. (Denken Sie nur an die Badstuben im Mittelalter zur Zeit der Hochgotik, wo Männer und Weiber vollkommen nackt in einer und derselben Wanne miteinander badeten!) Wenn aber Zeiten kommen, in welchen die Existenz ungesichert ist und daher das Leben problematisch wird, ertönt sogleich der Schrei nach Sittlichkeit und Bedeckung des weiblichen Körpers. Hier herrschen verborgene Zusammenhänge. Denn wenn das Leben so aussichtslos geworden ist, daß es nicht mehr zur Vermehrung verlockt, muß der weibliche Körper aussichtslos werden, weil er dann mehr zur Vermehrung verlockt. Die Schwachsinnigen, die nach »Sittlichkeit« schreien, wissen gar nicht, daß sie es nur zur Beförderung der Unsittlichkeit tun. Denn der nackte Körper, er mag noch so schön sein, ist dem, der ihn eingehend betrachten mag, kein Lockmittel zum, sondern ein Abschreckungsmittel vor dem Koitus; der bedeckte und so geheimnisvoll gemachte aber ist kein Mittel zur Unterdrückung, sondern im Gegenteil eines zur Reizung der Geilheit.

/ Das verpönteste Aktbild ist das der nackten Wahrheit.

Nacktkultur / Nacktkulturvereine sind Unsinn wie Naturheilvereine. Man kann das Nackte nicht kultivieren, weil es Natur ist, und man kann die Natur nicht heilen, weil sie niemals krank war.

Nagel / Seufzer: Was hilft es, den Nagel jedesmal auf den Kopf zu treffen, wenn er sich dabei verbiegt, weil die Dickschädel so hart sind, daß keine neue Idee in sie eindringen kann?

Nationaler Nebel / Der nationale Nebel ist einer der undurchdringlichsten. Wer sich in ihn verirrt, riskiert nicht nur seine geraden Glieder, sondern auch seine geraden Gedanken. Unzählige »Richtungen« führen in ihm nach allen verkehrten Seiten auseinander und enden an Abgründen der Borniertheit, vor denen es das unverrenkte Hirn schaudert. Wo man geht und steht, stolpert man über teils noch besetzte, teils wieder verlassene »Standpunkte«, von einem höheren Niveau fällt man plötzlich ins Bodenlose auf eine »Plattform« und schlägt sich auf ihr den Schädel platt.

/ Die Popularität des Nationalismus gründet sich eben darauf, daß er jedem, auch dem dümmsten Menschen etwas liefert, worauf er stolz sein kann, nämlich sein sogenanntes »Volkstum«. Aber selbst wenn man sich schon damit abfindet, daß alle Piefkes heute auf ihr Deutschtum stolz sind, weil Goethe ein Deutscher war, und sich deshalb als kleine Goethes vorkommen: Von Goethe deshalb zu fordern, er möge auf sein Deutschtum stolz sein, weil alle Piefkes Deutsche sind, und sich als kleiner Piefke vorkommen, das ist zu viel verlangt!

/ So entpuppt sich der Nationalismus als eine jener großen Lügen, die lediglich zu dem Zwecke ersonnen wurden, naive Gehirne in Verwirrung zu bringen und unschuldige Herzen schuldig zu machen. Er bekleidet die nackte Ausbeutung der Beherrschten durch die Herrschenden mit einem idealistischen Fähnchen in den Landesfarben und garniert sie mit rassewissenschaftlichen Mätzchen, die die notorische Tatsache, daß fast alle bedeutenden Menschen aus einer Vermischung von Rassen und Stämmen hervorgegangen sind, verdunkeln sollen, und er versucht so seine Verschrobenheiten auch dem Geschmack und Verstand präsentabler zu machen. Und er verwendet die menschliche Liebe zur Heimat als Hetzmittel zum unmenschlichen Haß gegen Menschen, die eine andere Heimat lieben.

Natur / Die Natur hat eine wundervoll brutale Art, den Menschen zu belehren und ihren Zwecken gefügig zu machen. Sie verwendet ein Erlebnis, das der Mensch als voraussichtlich leidvoll fürchtet, zum Abschluß eines immer unerträglicher werdenden Zustandes und verwandelt es so in eine Art Erlösung. Zum Beispiel das Gebären als Abschluß der Schwangerschaft, den Tod als Abschluß des Lebens.

/ Sie meinen, durch Autobusse, die nach der Hinterbrühl oder nach Weidlingau verkehren, lasse sich eine bequeme Verbindung mit der Natur herstellen, und merken nicht, daß sie der Natur desto ferner sind, je näher sie ihr mit Automobilen, Eisenbahnen und Motorrädern an den Leib rücken, Kopf und Brust ausgestopft mit dem Ballast der Vorurteile und Sorgen ihres armseligen Scheinlebens. Ja selbst die Bauern, die mitten in ihr leben, sind unter dem würgenden Griff des Staates und der Städte zu Händlern, zu Industriellen des Misthaufens geworden, nennen den Wald Holz, das Vieh Fleisch, die Früchte Sach' und sehen in den Gaben der Natur, die dem Menschen das Leben, Lieben und Atmen ermöglichen, Handelsprodukte und Gegenstände des Schachers. Ja vielleicht sind ihr am nächsten heute noch die Kinder, die, wie wir es einst taten, verschlagen in die Steinwüste der Stadt, heimlich einen Dattelkern in einen Blumentopf stecken und mit schauderndem Gefühl das Wachsen einer Dattelpalme am Küchenfenster beobachten.

Nervenanschluß / Es gibt Leute, die mit ihren Nerven falsch angeschlossen sind: Statt an die Hirnwindungen an die Darmwindungen.

Nihilistisch / »Ja, wenn Sie so nihilistisch eingestellt sind, dann hört sich das Leben überhaupt auf!« – »Das wäre aber ein Malheur!«

Nirwana / Der Buddhismus lebt davon, daß sich niemand unter dem »Nirwana« etwas vorstellen kann und daher glaubt, der Zustand dort werde schon der angemessene Zustand sein.

NS / Nationalsozialistische Gesinnung enthält unter anderem die Forderung, überhaupt keine Gesinnung zu haben. Wie man gesonnen zu sein hat, bestimmt jeweils der »Führer«.

/ Nazismus ist die Weltanschauung der Leute, die schon bei Lebzeiten den Geist aufgegeben haben.

/ »Der Nazismus hat doch sicher auch sein Gutes!« Ja, ungefähr so wie ein Henker, der sich weiße Handschuhe anzieht oder eine Blume ins Knopfloch steckt.

NS-Partei / NSdAP: N(a)S(uchst)D(u)A(uch)P(östchen).

NS-Phantasie / Kann man sich einen Hitlerbuben vorstellen, der das Wort »Menschlichkeit« im Ernst und ohne Ironie auch nur aussprechen könnte, ohne sogleich an ihm zu ersticken? Soviel Phantasie, als zu dieser Vorstellung notwendig ist, gibt's auf der ganzen heutigen Welt nicht mehr.

NS-Revolution / Die Hitler-Revolution war die erste Revolution, die nicht gegen, sondern für die Ideale der Polizei gekämpft hat.

NS-Sympathisant / Hakenkreuzköpfel, das nur minnige Maiden minnt und ihnen wonniges Weh bereitet, indem es sie durch blühenden Barchent in den puppernden Popsch zwacket und zwickt (...). Pfuialaleia!

NS-Versand / Der »Sportversand Paul Arendt« zu Sulzbach in Bayern, »Deutschlands größtes nationalsozialistisches Sporthaus«, bietet uns durch sein Preisverzeichnis Gelegenheit, den Geist der zweitgrößten Partei Deutschlands leicht zu fassen:
»Juden-Ulk-Karten »Marke Knoblauch« 0.10
Stinkbomben aus Glas, Dutzend nur 1.00
Weinzipfel, klein 3.50
Sektzipfel, ganz klein 3.00
Fahrkarte nach Jerusalem: hin und nicht wieder zurück . 0.10
Dasselbe nach Moskau 0.10
Ziertaschentücher für Rocktasche: ganz rot oder schwarzweißrot mit Hakenkreuz 1.00
Kleines Nazi-Liederbuch mit neuen Kampfliedern und Judenspottliedern 0.10
Stahlhelme, echte, als Kriegsandenken, und Seitengewehre, echte, als Kriegsandenken, zu den Spottpreisen 6.50 resp. 3.50 Mark.«
Ich beantrage den Namen der Ortschaft Sulzbach, aus der solches den Weg in die Welt nimmt, honoris causa in Gehirnsulzbach zu ändern. Und die auf die Eiszeit folgende geologische Periode, in der wir zu Leben gezwungen sind, offiziell endlich einmal Scheißzeit zu nennen.

//

Obertanen / Das wundervolle Wort stammt von Karl Kraus.

Objektiv / Nur ein photographischer Apparat betrachtet die Welt durch ein Objektiv; der Mensch betrachtet sie nur durch ein Subjektiv, und zwar jeder durch das seine. Je tiefer ein Mensch steht, desto verzerrter sieht er durch sein Subjektiv die Welt: das Wichtige erscheint ihm unwichtig, das Unwichtige wichtig, das Große klein, das Kleine groß, das Dumme großartig, das Großartige dumm. Je höher aber der Mensch steht, desto mehr wird sein Subjektiv zum Objektiv und zeigt die Dinge so, wie sie sind. Deshalb haben alle großen Menschen im Grunde genommen beinahe dieselbe »Ansicht« von der Welt – nur bei den Namen, mit denen sie dieselben Dinge bezeichnen, ergibt sich ein kleiner Unterschied.

Ödipuskomplex / Blödiuskomplex.

Offenbarungen / Heute sind Offenbarungen zu einem völlig untauglichen Mittel geworden, denn sie offenbaren bei näherem Zusehen immer häufiger das, was durch sie verschleiert werden soll und gehören längst neben Daumenschrauben und Folterwerkzeugen in die Missionsausstellung, die der Vatikan mitunter veranstaltet.

Oper / Ich bin ein großer Freund der Musik und daher keiner der Oper. Nicht, daß ich ein Lied, eine Ouvertüre, einen Chor oder irgendeinen Mehrgesang der Oper nicht zu schätzen wüßte, aber ich möchte sie losgelöst vom läppischen Tam-Tam der Opernbühne genießen. Wenn diese in einem ganz unglückseligen Verhältnis hergestellte Mischung von Musik und Theater, wenn dieses Um-jeden-Preis-Komponieren aller, auch der albernsten Worte und Phrasen überhaupt eine künstlerische Berechtigung hat, dann hat es sie nur in der Operette (älteren Stils, in der es unsinnig, aber unterhaltlich zuging, während die neueren bloß blödsinnig und fad sind) oder in der komischen Oper; denn was für die unvoreingenommenen fünf Sinne komisch ist, das paßt nur dorthin, wo die Komik ein Wesentliches des Bühnengeschehens ist. Aber wenn in einer Oper, der ein tragischer Vorwurf zum Grunde liegt, lapidare Worte wie die: »Tretet ein!«, »Nehmet Platz!«, »Schweiget still!« etc. gesungen werden, wenn einer zu Tode getroffen auf dem Boden liegt und noch viertelstundenlang singt, ehe er stirbt, so daß man den Eindruck hat, sein endliches Schweigen sei keine Folge des

Lebens-, sondern des Textendes und wenn einer, dessen Rettung nur rasches Handeln ermöglichte, infolge der Langatmigkeit des Gesanges, den ihm der Textdichter noch vorschreibt, die schönste Zeit verpaßt – dann ist es kein Wunder, wenn man nervös wird.

Ordensverleihungen / Mit jeder Ordensverleihung ist implicite die Verleihung sexuellen Anwerts verbunden. Daher ihre Beliebtheit. Man kann Männer an der Hoffnung auf Ordensbänder führen wie Hunde an der Leine.

Ordnung / Ordnung besteht aus Unterordnung und Überordnung.

Österreich / Klösterreich.

/ Österreich ist ein Staat, in dem es von unbescholtenen Verbrechern wimmelt.

/ Es waltet ein eigenes Verhängnis über diesem Lande. Geschieht in ihm einmal etwas, was dadurch, daß es die Köpfe wegläßt, beweist, daß es Hand und Fuß habe, sogleich reklamieren jene, deren Köpfe man ebenfalls vernachlässigen könnte, die weggelassenen Köpfe und breiten zum Beweis der Wichtigkeit dieser Organe den Inhalt der ihrigen vor dem Publikum aus. Obwohl Österreich heute hauptsächlich nur von zwei Arten von Menschen bevölkert ist: von solchen, die Anstoß geben und solchen, die Anstoß nehmen, kommt es merkwürdigerweise doch nicht recht vom Fleck und steckt bis an den Hals in einer »Sittlachkeit«, die durch alles schuldig zu werden befürchtet, nur nicht durchs Schuldenmachen.

/ Nackt steht es da, auf nichts gegründet als auf die Gutmütigkeit und Schafsgeduld seiner Bewohner. Zwischen dem Kontrahieren von Schulden und dem damit unvereinbaren Wunsche »Mei Ruah will i habn!« leben wir dahin, zetern über den Unfug der Parteien und können sie doch nicht hinauswerfen, weil sie wohlweislich noch nicht den Mieterschutz abgeschafft haben. Die aber, die uns regieren, gleichen einer Organisation von Kanalräumern, die gemeinsam ein Uhrwerk in Gang bringen wollen, wobei bald der, bald jener ein Radel stiehlt, um es unter dem Vorwande, er habe es gefunden, beim Trödler zu verkaufen. So kann natürlich nie ihre Stunde schlagen.

//

Papst / Der Papst nennt sich mit Recht den Nachfolger jenes Petrus, von dem das Evangelium berichtet, er habe Christus verleugnet. Der Unterschied: Petrus hat nachher bitterlich geweint, während das dem Papst nicht einmal im Traum einfällt.

Parade / Parade kommt von parer, was soviel wie ablenken bedeutet. Kann man das Wesen einer Truppenparade besser kennzeichnen? Sie ist dazu bestimmt, die schaulustige Menge von Gedanken abzulenken, die für die Obermacher gefährlich werden könnten, und je trauriger die Zeiten werden, desto mehr Paraden und Aufmärsche werden veranstaltet, desto mehr werden Fahnen und Haxen geschwungen, um einen Jubelparoxysmus und ein Defilirium tremens bei den Untertanen zu erzeugen.

Parlamentarier / Sein höchster Ruhm ist es, ein guter Redner zu sein. Das Maul regiert die Welt. Die Hände werden nicht zum Handeln, sondern zum Reden verwendet und das Volk, dem die Gabe unverschämten Redens und Schreibens versagt ist, steht in Ehrfurcht erstarrt vor diesem Gaurisankar aus Phrasenmist, der da vor seinen Augen aufgetürmt wird. Über der Untat wird die Tat vergessen.

Parlamentarismus / »Der schlechteste Parlamentarismus ist eben immer noch besser als gar keiner!« Jede Wertung einer Einrichtung als gut oder schlecht erfordert mit Notwendigkeit noch einen Fragesatz: Für wen? Das da hat bestimmt ein Parlamentarier geschrieben oder einer, der einer werden will, flüsterte mir der Geist Sherlock Holmes zu und verschwand.

Parteien / Politische Parteien gleichen den Hunderassen: Sobald sie in die Mode kommen, degenerieren sie.

/ Jede Partei hat zwei Flügel, einen linken und einen rechten, aber fliegen kann keine, sondern alle kleben an ihren Posten.

Patriotismus / Patridiotismus.

/ Jeder Mensch, der überhaupt eines Gefühles fähig ist, liebt seine Heimat, das heißt die Landschaft, in der er jung, sorgenlos, glücklich und das erstemal verliebt war, und er liebt den Dialekt, die Lieder, die Sagen und Märchen jenes engbegrenzten Landstriches, in dem er jeden Weg kennt und in dem ihm auch die einfachsten, ja oft die minderwertigsten Menschen irgendwie verbunden sind, da ihn alle ihre Schicksale auf irgendeine Art an Episoden aus seiner Kindheit erinnern.
Mit diesem tiefen und echten Gefühl, das auch den primitivsten Menschen zu den größten Opfern befähigt, war aber für das gesteigerte Stoffwechselbedürfnis der Herrschenden nichts zu gewinnen und vor allem war mit ihm kein Staat zu machen. Was nützte es ihnen, wenn ein Obersteirer einen Teil des Ennstales liebte und ein Oberösterreicher ein Stück des Mühlviertels? (...) So ging es nicht; der Kreis mußte größer gezogen werden. Deshalb wurde die Heimat voll Schläue als »engere« Heimat bezeichnet, um in den Gehirnen die Einbildung zu erwecken, daß es auch eine »weitere« Heimat gebe, die ebenfalls zu lieben sei und gleichzeitig erhielt das Wort »Lokalpatriotismus« einen lächerlichen, das Wort »Patriotismus« aber einen erhabenen Anstrich. (...)
So war es also der erste Dreh zur Erzeugung des nationalen Nebels, den Menschen weiszumachen, daß das Vaterland, das sie gar nicht kannten, als Heimat zu lieben sei, wobei verschwiegen wurde, daß man den Begriff Vaterland viel treffender

als den Komplex aller Geldsack-Interessensphären der Herrschenden definieren könnte.

Pensionsberechtigung / Ach wohin ist die gute alte Zeit, da es noch »Sicher«angestellte gab und ein Mann mit Pensionsberechtigung noch die Herzen heiratslüsterner Mädchen erschauern ließ! Gewiß kannst Du Dich ihrer noch entsinnen. Heute kommt alle paar Jahre eine andre »Richtung« ans Ruder und kaum hat man sich mit der einen abgefunden und sich ihr angepaßt, kommt die andere und teilt Fußtritte aus. (…) Und die Pensionen? Ein Federstrich, und was man selber sein ganzes Leben lang einzahlen mußte, ist verloren und Verhungern das Los fürs Alter.

Pflicht / »Pflicht« im alltäglich gebrauchten Sinn ist ein höchst praktischer Begriff. Er erst ermöglicht den Menschen, das zu tun, dessen sie sich schämen.

Phantasie / Wenn man keine Phantasie hat, dann ist das Sterben eine Kleinigkeit, wenn man aber Phantasie hat, dann ist es nicht so einfach.

Phantasielos / Man kann nur dann einem anderen Wesen zürnen, wenn man sich nicht in seine Haut hineindenken kann. Alles Böse beruht auf Phantasiearmut.

Philosophen / Spräche ich merkurisch, so könnten Sie zwar nicht verstehen, was ich sage, aber Sie wären doch befriedigter; denn das, was der Mensch nicht versteht und nicht durchschaut, pflegt ihm gewöhnlich viel mehr zu imponieren als das, was er kapiert, eine psychologische Tatsache, von der nicht nur der Ruhm der meisten Philosophen, sondern auch das Ansehen vieler Prominenter sein Leben fristet.

Phrase / Der Tag, an dem ein Journalist zum erstenmal für sein Geschmiere zeilenweise bezahlt wurde, war der Tag, an dem die Phrase Lebensberechtigung erwarb.

/ So aber und nur so wird Politik gemacht und die Leute wundern sich dann noch, daß nichts dabei herauskommt, wenn sie ehrlich schwitzend darangehen, ihre Phrasenvöllerei in die Tat umzusetzen. Dabei ist es für alle Dozenten des Schleims überaus bequem, derart zu quasseln. Denn selbst wenn ihr Geschwätz ins Blitzblaue geht, kann man sie nur selten klipp und klar des Unsinns überführen. Sie sind wie Molche und Fische mit einer Art Schleim überzogen, so daß man sie nicht packen kann; sie waten im Phrasensumpf und wenn man sie herausziehen will, versinkt man, auf trügerischen Boden gelockt, im Augenblick des Anziehens selber.

π (Pi) / Mein Sohn (15 Jahre alt), der mich schon als Vierjähriger durch die Frage, ob die Sandalen deshalb Sandalen hießen, weil immer Sand hineinkomme, in Verlegenheit gesetzt hatte, behauptete vorige Woche, er könne das, was bisher noch niemand zusammengebracht habe: die Quadratur des Kreises lösen. Als ich ihm klargemacht hatte, daß es schon deshalb unmöglich sei, ein mit einem Kreis genau flächengleiches Quadrat zu konstruieren, weil in der Formel für die Kreisfläche die transzendente Zahl π vorkomme, die, obwohl schon einmal bis auf 707 Dezimalstellen berechnet, doch nie ganz genau bestimmt werden könne, sagte er – so ist die Jugend! – »Schade!« Ich aber dachte – so ist das Alter! – Gott sei Dank, daß es auf dieser angeblich in Grund und Boden durchschauten und erklärten Welt sogar in der Mathematik etwas Transzendentes gibt und daß die öden Geister, die kein Problem bedrückt und beglückt, zur Strafe auf einer Erde wohnen müssen, deren Kugelgestalt sie trotz allem Ziffernanbeten nie genau in Ziffern werden ausdrücken können, weil ihnen die unergründliche Zahl π, die sich in allen Formeln für die Kugelberechnung herumtreibt, ihre Präpotenz gründlich versalzt. Die Welträtsel konnten sie mit Hilfe ihres Häkel zum Gelächter der Welt ja noch zur Not lösen, wie groß aber der Flächeninhalt eines Kreises, der Kubikinhalt einer Kugel ist, deren Radius 5 cm ist, werden sie nie genau ergründen. Immer bleibt jenes Anonyme, jenes große Unbekannte dabei, das sich überall vorfindet und das Schönste, Interessanteste und Wunderbarste an dieser Welt ist.

Plebs / Dieses Volk ist kein Volk mehr, sondern durch die Großstadt längst zur Plebs geworden, die panem et circenses ins Moderne transponiert, also: Arbeitslosenunterstützung und Kino will und sonst nichts auf dieser Welt. (…) Ein aussichtsloses Beginnen, diese zermürbten Elendsgestalten, die keinen geraden Gedanken zu Ende denken können, durch irgendein vernünftiges Programm in Schwung zu bringen. Die Obertanen können beruhigt sein: diese Untertanen sind nicht mehr fähig, eine Revolution zu machen. (…) Und ich bezweifle sehr, ob heute noch die Befolgung des Nestroyschen Rezeptes: »Das Volk muß physisch am Gnack gepackt und moralisch mit der Nasen d'rauf g'stoßen werden!« bei dieser indolenten Plebs zum Ziele führen könnte. Nicht einmal wenn man sie mit der Nase darauf stößt, merken sie was.

Pofelmenschheit / Die heutige Menschheit? Eine Gesellschaft zur gegenseitigen Versorgung mit Pofel.

Politik / Der Ausdruck »Politik« kommt bekanntlich von dem griechischen Wort »polis«, das »Stadt«, zugleich aber auch »Staat« bedeutet und damit an jene glücklichen Zeiten erinnert, in denen die Gemeinde noch der einzige und oberste Verband der Menschen war. Heute aber, wo die Verhältnisse andere geworden sind, wo die Gemeinde nicht mehr der Inbegriff des Staates und das Wohl ihrer Bürger nicht mehr sein Zweck ist, heute, wo der Staat lediglich eine komplizierte Maschine zur Ausbeutung der Vielen durch die Wenigen geworden ist, die mit öligen Rechtsgrundsätzen geschmiert wird, muß eine andere Etymologie für das Wort »Politik« gesucht werden. Schon die komplizierte Zusammensetzung des heutigen Staates weist darauf hin, daß auch das Wort »Politik« zusammengesetzt sein muß, und zwar, wie ich mich mit Sicherheit anzunehmen für berechtigt halte, aus zwei Wortstämmen: nämlich aus dem Stamme »Po«, eigentlich »Popo« (der, so sehr ich es aus Schicklichkeitsgründen bedauere, doch immer wieder aus Anschauungsgründen herbeigezogen werden muß, wenn ich gezwungen bin, mich mit dem Antipopodentum des Kopfes zu beschäftigen), und zweitens aus dem Stamme »lis«, der lateinischen Ursprungs ist und »Streit« oder »Hader« bedeutet. Nach dieser Deutung würde dann »Politik« ungefähr »Streit um den Podex (der Welt)« bedeuten, während das Wort »Politiker« sinngemäß und frei etwa mit den Worten »Haderndes Arschgesicht« in die Sprache Götz von Berlichingens übertragen werden könnte. Wer Politiker je am Werke gesehen hat, muß zugeben, daß diese meine Auffassung viel für sich hat.

/ Erst wird gewühlt und dann gewählt.

/ Politik und Polizei stehen in engstem Zusammenhang miteinander!

/ Es ist das Wesen der Politik, die Freiheit, aus Angst der Gegner könnte sie vernichten, lieber gleich den eigenen Führern zu opfern.

/ Politik entmannt den Mann, der sich mit ihr abgibt, entweibt das Weib und entkindet das Kind. Mit einem Wort sie entmenscht den Menschen.

Politiker / Popolitiker.

/ Was man heute im Namen der Demokratie für selbstverständlich hält: Daß nur die widerlichsten Promenademischungen aus dümmster Servilität und frechster Ellbogenathletik mit ihren dreckigen Händen in den öffentlichen Angelegenheiten herumpfuschen, um an ihnen zu verdienen; daß Leute aus ihrer Befähigung zum Führen einer mittleren Vorstadtgreißlerei ihre Fähigkeit zum Führen der Völker folgern.

/ Die jeden Schustergesellen, der »unbefugt« sein Gewerbe ausübt, einsperren lassen, brauchen zu ihrem Amte keinen weiteren Befähigungsnachweis, als gute Beziehungen und ein verbindliches Wesen, d. h. die vertrackte Fähigkeit, zu dem Blödsinn jedweder Parteirichtung zustimmend lächeln und mit dem Hohlkopf wackeln zu können. Steißgeburten aus Abrahams Wurstkessel, die durch keine Zeugung, sondern lediglich durch ihren Mangel an Überzeugung lebensfähig geworden sind, Handlungsreisende der Autoritätsbranche, die von Viehausstellung zu Viehausstellung reisen, um die Produktion der Milch der frommen Denkungsart im Lande zu heben, die sich aber sofort auf irgendeine rätselhafte Art in die Butter auf ihren Köpfen verwandelt; Saumeister der Zukunft, die ausbauen und vertiefen, aufbauen und abbauen und durch blödwitzige Geschäftigkeit und sonstiges gehaltloses Tun Gehalt verdienen; Nutznießer einer Konjunktur des Schwätzens, die die Wirtschaftskrise, in die sie die anderen durch ihre Wirtschaft gebracht haben, öffentlich bedauern, im Geheimen aber ungeniert stehlen und dabei das mangelnde Vertrauen der Bevölkerung zu den Gerichten bedenklich finden, es aber für unbedenklich halten, Prozesse, die ihre Aussichten für die nächste Wahl schmälern könnten, einzustellen. Werden wir es noch lange ertragen, daß in diesem Staate einfach kein Gesetz zustande kommen kann, das den primitivsten Bedürfnissen reiner Menschlichkeit entspricht, weil diese hadernden Arschgesichter keine Zeit dazu haben, da sie ununterbrochen zu irgendeinem Blödsinn »Stellung nehmen«, »Ansprüche stellen«, »Insinuationen zurückweisen«, »Standpunkte verfechten«, »parteiamtlich verlautbaren«, »Plattformen finden«, »Schandtaten an den Pranger stellen«, »die Straße mobilisieren«, »Handlungen niedriger hängen«, »Verleumdungen (die wahr sind) durch Gegenverleumdungen (die ebenfalls wahr sind) widerlegen«, »Haltungen dahin spezialisieren«, »die volle Aufrechterhaltung oppositioneller Stellungen besprechen« und »die wirtschaftlichen Notwendigkeiten des Augenblicks betonen« müssen, wobei sie immer falsch betonen? In einem solchen Phrasensumpfe, der einer einzigen Zeitungsnummer entnommen ist, baden wir täglich morgens unser Gehirn und wundern uns dann, wenn wir in jeder Beziehung impotent werden!

Polizei / Ich hörte neulich auf der Straße einen Bürger zum andern sagen: »Ich weiß nicht, was Sie gegen Heer und Polizei haben! Heer und Polizei sind doch zum Schutze der Menschen, also auch zu Ihrem Schutze da!« Ich dachte: Ja, ebenso wie ein Schäferhund zum Schutz der Herde da ist. Nicht der Schafe wegen paßt er auf, sondern des Besitzers wegen; damit diesem kein Schaf zu Schaden komme und er alle in Ruhe scheren und schließlich auffressen kann.

Polysexuell / Was quatschen die Menschen nicht alles auf diesem Gebiete, wieviel Gehirnschmalz verschwendet die Wissenschaft nicht darauf, nachzuweisen, daß der Mensch von Natur aus polygam und nicht monogam veranlagt sei, wobei polygam wörtlich bedeutet, daß der Mensch befähigt sei, mehrere Ehen nebeneinander zu führen! Welch ein Quatsch! Der Mensch ist monogam, denn ein ganzes Leben mit allen seinen Nöten und Glücksmöglichkeiten reicht gerade dazu hin, zwei Menschen zu einer Wesenheit zusammenzuschmieden und ihnen so das Erleben der wahren Liebe zu vermitteln. Daneben aber ist der Mensch zuzeiten polysexuell und zahlt damit den Tribut an seine körperliche Natur. Auf dem Gebiet des Körperlichen regiert die Gewalt und man kann den Körper durch Gewalt und durch Gesetze zwingen, seiner Natur entgegen zu handeln. Erreicht wird damit nichts als Mißmut und der Nimbus einer ziemlich antiquiert anmutenden Scheinheiligkeit und Entsagungsgröße.

Porzellanhelme / Ich würde allen Müttern empfehlen, unters Bett zu greifen und jenen Leuten, die ihren Söhnen Stahlhelme aufsetzen wollen, Porzellanhelme aufzusetzen. Vielleicht an einem der kommenden »Muttertage«.

Positivisten / Es gibt Dinge, über die man nicht reden kann, weil sie jedem Wissen entzogen sind. Daraus folgern nun die Positivisten, daß es diese Dinge überhaupt nicht gibt. Die Beschwätzungsmöglichkeit als Kriterium der Existenz!

Prärie / Die Prärie der Wiener ist der Prater.

Preisscheißen / Den Geistern der im Weltkrieg erschlagenen Väter weihe ich folgendes Dokument ihrer Söhne, eine Einladung zu einem Unterhaltungsabend des Breslauer »Stahlhelms«:
»Sind Sie schon entlaust?
Wenn nicht, so nehmen Sie am Sonnabend, um 20 Uhr im Etablissement »Zur Erholung«, Eichenparkstraße 44 am »Ruhetag hinter der Front« teil! – Feldlazarett, Entlausungsanstalt, Feldlatrine usw. – Preisschießen, Tanz, Verlosung. Dementsprechende Bekleidung erwünscht. Zum Schluß: gemütliches Beisammensein im Massengrab.
Der Stahlhelm, BdF., 5. Kompanie«
Im Wort Preisschießen scheint im Hinblick auf die benachbarte Feldlatrine ein Druckfehler zu stecken. Ansonsten dürfte alles stimmen. Und eine solche »Mensch«heit wollen die Pazifisten vor dem Massengrab retten! Hinein mit ihr!

Presse / Presse kommt vom mittelhochdeutschen presse = Haufe und vom althochdeutschen fressa, das wieder vom mittellateinischen pressa = Zwang kommt. Eine nette Ahnengalerie hat diese sechste Großmacht!

/ Die Presse ist dazu da, festzustellen, wann der einzelne oder ein Volk beleidigt worden sind und daher beleidigt zu sein haben. Gäbe es keine Presse, so wüßten sie es meistens gar nicht und lebten weiter in einem ehrlosen Frieden.

/ Ich empfehle Ihnen, sich zu der Erkenntnis durchzuringen, daß alle politischen Tagesblätter nichts weiter sind als durch Beschmieren mit Druckerschwärze mutwillig unhygienisch gemachtes Klosettpapier.

/ Das beste Mittel, eine gute Presse zu haben, ist, für die Herren von der Presse eine gute Fresse bereitzustellen.

Pressefreiheit / Freiheit der Fresse.

Priester / Die Priester und immer wieder die Priester sind es, die jede Religion und damit jede Kultur umbringen. Die Notwendigkeit, ihre Stoffwechselbedürfnisse aus den Erträgnissen der Religion zu bestreiten, zwingt sie, »für Seelen zu sorgen«, die sie nichts angehen, und die Hingabe des Menschen ans Überirdische mit Abgaben vom Irdischen zu kuppeln. Künstlich werden die Religionen durch Kultus, Liturgie und tausenderlei Gesetze und Vorschriften auseinandergewalkt wie ein Strudelteig, um möglichst viel Platz und Gelegenheit zu den mannigfachsten Anlässen für Abgaben zu schaffen. Man vergleiche nur einmal die Bergpredigt, die das ganze Christentum enthält, mit den Millionen Seiten heiliger christlicher Religionsbücher, die nur zu dem Zwecke zusammengeschmiert wurden, die Menschen zu benebeln. Früher oder später aber kommt für jede Religion, an deren Webstuhl Berufspriester schaffen, der Augenblick, in dem sie durchschaut wird und dann ist's aus mit ihr und mit der Kultur, die sie in undurchschauten Zeiten geschaffen hat. Dieser Augenblick ist für das Christentum längst gekommen. Für China aber, das keine Priesterkaste kennt, sondern nur in jedem Tempel einen Tempelhüter, noch lange nicht. Dort lebt die Lehre vom Tao, die Lehre des Konfuzius und die Religion der Ahnen noch in der Familie, in erdverbundenen Menschen, dort sorgt jeder selbst für seine Seele und jedem Fremden, der in sie einzudringen versucht, wird dadurch, daß der Chinese »sein Gesicht bewahrt«, die Türe gewiesen. Im tiefsten Dreck ist dort mehr Kultur als im marmorgetäfelten Badezimmer eines europäischen Snobs.

Primitiv / Primitivus heißt auf deutsch = der Erste in seiner Art! Jetzt kann ich mir meine rätselhafte Vorliebe für alles Primitive erklären.

Privateigentum / Das Wort Privateigentum kommt vom Lateinischen privare = berauben; Privateigentum heißt also eigentlich Raubeigentum und ist sinngemäß nur an solchen Dingen möglich, die in einer so beschränkten Anzahl vorhanden sind, daß das Eigentum an ihnen die Beraubung anderer darstellt. Ein Raubeigentum an einem Löffel z. B. ist nicht denkbar, wohl aber ein Raubeigentum an Grund und Boden. Dieses ist das Urbild des Raubeigentums, denn alles auf Erden kann, für alle ausreichend, vermehrt werden, dieser nicht; er ist aber für alle ausreichend, wenn er eben nicht von einigen zusammengeraubt wird. Immerhin bleibt Eigentum immer etwas sonderbar = eigentümlich.

Proletarierfluch / In der Tiefe jeder Arbeiterbrust lebt ja doch die untilgbare Sehnsucht nach einem »geruhigen« Bürgerglück, und es ist nie eine so fadenscheinige und magere Lüge in die Welt gesetzt worden wie die Redensart von dem »klassenbewußten Proletariat«. Den Arbeiter von dem Proletarierfluch zu erlösen, das ist das Ziel – selbst wenn dabei ein paar tausend schwätzende und hetzende Parteipolitiker arbeits- und brotlos der Vergessenheit anheim fallen.

Proletariat / Das Proletariat wankt nicht? – Wer kann noch wanken, wenn er auf dem Boden liegt?

/ Das Proletariat ringt mit dem Kapitalismus? Gewiß; aber nicht, um ihn zu vernichten, sondern um mehr Lohn von ihm zu erhalten.

Propaganda / Propaganda ist die Kunst, andern das Hirn aus dem Kopf zu stehlen, ohne weiteren chirurgischen Eingriff.

/ Die Propaganda schenkt den Leuten erst nach Einstellung jeder geistigen Tätigkeit eine geistige Einstellung.

Prostitution / Die Mehrheit der Menschen, die, um nicht zu verhungern, gezwungen ist, in ihren Berufen tagtäglich von geistiger und körperlicher Prostitution zu leben, läßt ihr Mißvergnügen darüber mit Vorliebe die sexuelle Prostitution entgelten.

Protokoll über die »Protokolle der Weisen von Zion« / Man könnte diesen urblöden Schmonzes von einem Welteroberungsplan der Juden, die sich immer mehr zu den Momos in der Kinderstube eines völkischen Volkes auswachsen, das angeblich nichts auf der Welt außer Gott fürchtet, leichtlich mit der Aufforderung begegnen, lieber dem Ideal der Herrschaftslosigkeit nachzustreben, das jede Weltherrschaft, also auch die der Juden unmöglich machen würde und weit weniger utopistisch ist als der Versuch der Ausschaltung der im Materiellen findigsten Köpfe aus dem Gebiete des Materiellen. Man könnte erkenntniskritisch darauf hinweisen, daß es höchstens Einzeljuden, also menschliche Individuen geben kann, die nach der Weltherrschaft streben, daß aber »die Juden« ein Begriff ist, der lediglich einer Vereinfachung des sprachlichen Ausdruckes dienen, nie aber etwas wollen, etwas tun oder nach etwas streben kann. (Der Brauch, solche schemenhafte Begriffshülsen wie Menschen von Fleisch und Blut agieren und handeln zu lassen und aus dem, was dabei herauskommt, irgendwelche Schlüsse zu ziehen, ist der unverschämteste Unfug abendländischer Denkfaulheit ...). Und man könnte drittens darüber lachen, wenn Deutsche, die selbst nach der Weltherrschaft streben, den Juden das gleiche Streben vorwerfen und die notorische Tatsache ignorieren, daß bei der neunmal verfluchten landläufigen Vorstellung von dem überragenden Wert eines möglichst ausgedehnten Gewaltverübungsrayons, einfach jedes Volk, das nur halbwegs Aussicht auf Erfolg hat, nach der Weltherrschaft strebt.
Diese drei Einwände könnten – sollte man wenigstens meinen – genügen, dem Werke den Boden der Dummheit, auf den es gegründet ist, zu entziehen und man könnte die Akten über die Protokolle der Weisen von Zion mit einem Schlußpunkt versehen. Aber um der vielen zurechnungsfähigen und intelligenten Menschen willen, die die Technik des Schwindels, der zur Verhetzung der Menschen verwendet wird, noch nicht weghaben,

die in ehrlichem Entsetzen über die heutigen Zustände auf Erden nach deren Urhebern fragen und sich in sinnloser Wut auf die, ihnen von den wahren, aber anonymen Urhebern als vermeintliche Urheber präsentierten Juden stürzen – um dieser Menschen willen sei näher auf den Mist eingegangen. Gewiß, es ist schwer zu glauben, daß Menschen, die ihre fünf Sinne noch alle beisammen haben, ein Buch überhaupt noch länger in der Hand behalten und es nicht in die hinterste Ofenecke pfeffern, das den Satz enthält:
»Die Nichtjuden haben mehr unter den Judenverfolgungen gelitten als die Juden selbst; denn wenn die Verfolgungen vorüber waren, tappten die Nichtjuden genau so im Dunkeln wie vorher, während das Judentum seinen jahrhundertelangen Marsch auf sein Ziel wieder aufnahm.«
Die armen Nichtjuden, was müssen die beim Tappen im Dunkeln gelitten haben und was sind diese gräßlichen Dunkelheitstappschmerzen gegen das bisserl Massakrieren von Juden und Schänden von Jüdinnen! Aber wir wollen bedenken, daß der Haß noch blinder ist als die Liebe und daß es scheinbar eines doch mehr als gewöhnlichen Scharfsinnes bedarf, den Schluß: »Die Juden sind die alleinigen Nutznießer des Krieges. Folglich sind sie seine Urheber« als den gleichen Mumpitz zu durchschauen wie den Schluß: »Die Fensterglasfabrik X. ist die einzige Nutznießerin des gestrigen Hagelwetters. Folglich ist sie seine Urheberin.«

Psyche / Ein Möbelstück, vor dem die Weiber ihre Leiber auf Glanz herrichten, heißt Psyche, was aber wieder soviel wie Seele heißt, wodurch Weininger widerlegt erscheint, der behauptet hat, sie hätten keine.

Psychoanalyse / Ich habe gegen die Psychoanalyse gar nichts, so lange sie bei ihren Leisten bleibt und sich darauf beschränkt, eine, wenn auch umstrittene Heilmethode für Halb- oder Dreiviertelwahnsinnige zu sein. Wenn sie aber versucht, ihre bei den Degenerierten gewonnenen Erfahrungen auch auf die geistig Gesunden anzuwenden und das Abnormale für das eigentlich allen Menschen Normale zu erklären, dann werde ich wild. Es mag ja für Rationalisten, die sich nicht recht darüber klar sind, ob sie eine Seele besitzen, beruhigend sein, daß sie sich wenigstens eine analysieren lassen können, wenn aber so ein Seelenschlieferl ungerufen daherkommt und auch bei mir zu analysieren anfangen und z. B. behaupten will, ich hätte je im Leben auch nur eine Sekunde lang meinen Vater gehaßt oder sexuelles Verlangen nach meiner Mutter gehabt, dann haue ich ihm eine auf die Pratzen, daß es nur so eine Art hat. Jetzt und immerdar.

/ Der über siebzigjährige Sigmund Freud verbringt seine alten Tage damit, Bücher über Religion zu schreiben und sich über alle Menschen mit metaphysischen Bedürfnissen lustig zu machen, statt bei seinem psychoanalytischen Leisten zu bleiben, an den Grenzen der – nach ihm – benachbarten Bezirke der Psyche und des Analen das literarische Haxerl zu heben, Blödikuskomplexen bei menschgewordenen Nachgeburten, die eine Eselin im Galopp verloren hat, nachzuspüren und dazu Nestroys Verse zu memorieren:

»Sagt man zu d' Gelehrten: 's geht um,
So lachen s' ein' aus, und warum?
Weil's an eigenem Geist ihnen oft fehlt,
Sag'n s' glei, 's gibt gar kein' Geist in der Welt.
Wieviel Körper gehn um in der Stadt,
Wo keiner ein' Geist in sich hat!
Eb'nso kann auch a Geist allein gehn,
Ohne auf'n dalketen Leib anzustehn.«

Aber statt an Gespenster glaubt Freud an die Wissenschaft und ahnt nicht, daß diese das Gespenst der Gespenster ist. Ein Wiener Abendblatt mit Masseuseannoncen zitiert nun aus Freuds jüngstem Schmöker folgende erschütternden Aussprüche:
»Und nun wendet sich Sigmund Freud an seine Hörer im Geiste Europas: ... die Vorwürfe gegen die Wissenschaft, daß sie die Welträtsel noch nicht gelöst, sind in ungerechter und gehässiger

Weise übertrieben; für diese großen Leistungen hat sie bisher wirklich zu wenig Zeit gehabt ... Und endlich, was wollen diese leidenschaftlichen Verunglimpfungen der Wissenschaft bezwecken? Trotz ihrer heutigen Unvollkommenheit ... bleibt sie uns unentbehrlich und ist durch nichts zu ersetzen. Sie ist ungeahnter Vervollkommnung fähig, die religiöse Weltanschauung ist es nicht. Diese ist in allen wesentlichen Stücken fertig; wenn sie ein Irrtum war, muß sie es für immer bleiben.«

Da haben wir's! Das kommt daher, weil auch Freud glaubt, die christlichen Kirchen mit ihren Offenbarungen über das Wiederkäuen der Hasen hätten mit Religion etwas zu tun. Die Folge davon ist die Meinung, Wissenschaft und Religion seien einander entgegengesetzt und man könne nur einer von beiden dienen, was ungefähr ebenso geistreich ist, wie wenn einer behauptete, Philosophie und der Betrieb eines Wirkwarengeschäftes schlössen einander aus. Schade, daß ich's nicht erleben kann: aber ich wäre wirklich neugierig zu erfahren, wie viele Jahrtausende die Wissenschaft noch brauchen wird, um die Lehre des Buddha durch Experimente zu entkräften, oder um das Phänomen des Bewußtseins zu erklären oder um auch nur nachzuweisen, daß es kein Schicksal gebe, das es nach den Grundsätzen des Fortschritts, wie Nestroy behauptete, schon lange nicht mehr geben sollte. Nun, vorläufig ist sie noch nicht einmal so weit, das Ranzigwerden der Butter erklären zu können, wie man in jedem Konversationslexikon nachlesen kann. Die Hörer im »Geistes-Europa« (übel könnte einem werden, wenn man sich diese Gestalten vorstellt!) werden sich also noch ein wenig gedulden müssen und sich die Zeit bis zur endgültigen Erledigung der Religion durch die Wissenschaft mit Problemen der Psychoanalyse vertreiben müssen, zum Beispiel mit diesem:

»Nachdem an einem Morgen meine Frau umsonst (nicht etwa gegen Bezahlung! Anm. d. Herausgebers.) nach dem Nachttopf meines 5½-jährigen Töchterchens gesucht hatte, wurde es selbst nach dessen Verbleib gefragt. Es holte den Topf hinter dem Ofen hervor und erklärte: Ich habe ihn versteckt, damit

ihr ihn nicht ausleert. Dann mache ich immer mehr hinein und dann wird er immer voller. Er soll einmal so voll werden wie der eurige! (Zentralblatt für Psychoanalyse, Sept. 1913)«
Also bitte: Diese Wissenschaft (und Freud wird wohl nicht leugnen, daß Psychoanalyse eine Wissenschaft ist!) ist nach Freuds Worten unentbehrlich, durch gar nichts zu ersetzen und ungeahnter Vervollkommnung fähig! Besonders die Aussicht auf Vervollkommnung (natürlich ungeahnte, denn wer könnte da etwas ahnen!) empfinde ich als erfreulich und es würde mich brennend interessieren zu erfahren, ob dieses 1913 aufgetauchte Problem des Zusammenhangs zwischen Kindesseele und Nachttopf in den seither vergangenen 19 Jahren ausgebaut und auch entsprechend vertieft worden ist. Abschließend jedoch möchte ich der Wissenschaft folgenden Vorschlag unterbreiten: Sie möge ihren Nachttopf verstecken, damit ihn die Religion nicht immer, kaum daß etwas drinnen ist, ausleert. Nur so ist Hoffnung vorhanden, daß er einmal so voll mit Wahrheiten werde wie der der Religion. Die Zeit dazu will ich ihr in Gottes Namen lassen und warten, bis sie auf diesem Umweg über den Nachttopf die Welträtsel gelöst hat.

Psychoanalytiker / In deren Namen ja auch so friedlich Psyche und anus, Seele und Zündloch beieinander schlummern.

Psychose / Der Autoritäts- und Prestigepsychose der Staaten sind schon mehr Menschen zum Opfer gefallen als allen anderen Krankheiten zusammen.

Puerilismus / Heute werden nicht die Knaben zu Männern, sondern die Männer wieder zu Knaben erzogen. Heroischer Puerilismus ist die herrschende Geistesrichtung dieser in Karl-May-Stimmung getauchten Welt ohne Geist.

//

Quantitäts- und Schnelligkeitswahnsinn / Niemand sieht, daß, wie im Weine der Alkohol, so auch in jeder Maschine ein Gift, nämlich der Quantitäts- und Schnelligkeitswahnsinn verborgen ist, der es dem Menschen unmöglich macht, bloß die Arbeit, die in früheren Zeiten zur Befriedigung der Bedürfnisse aller vollständig genügte, durch die Maschine verrichten zu lassen und die so ersparte Zeit zu geistiger und seelischer Vervollkommnung zu verwenden. Nein, jede Maschine muß, wenn sie einmal da ist und Geld gekostet hat, bis an die Grenzen ihrer Leistungsfähigkeit ausgenützt werden, d. h. von früh bis abends bedient werden, damit sie sich »rentiert«. Und unter diesem Gesetze der Rentabilität, unter diesem Gesetze der fühllosen Materie stöhnen in Amerika und Europa seit Jahrzehnten Millionen lebender, liebender und fühlender Menschen und Tiere und gehen zu Grunde, ohne auch nur zu wissen, was »leben« heißt oder gar auf dem Totenbette nach der Rentabilität eines solchen gottverlassenen Daseins zu fragen.

//

Radio / Was hilft uns das Radio, wenn es uns aus Australien die Klänge eines Jazz vermittelt, den unten im Wirtshaus ohnehin eine Kapelle spielt, daß man auf und davon laufen möchte?

Rassengerassel / Nach der Lehre der Etymologie, deren Name vom griechischen etymos = wahr und lego = reden kommt, stammt das Wort Rasse vom arabischen ra's = Kopf, Ursprung, und ist über das spanische Wort raza und das französische race zu uns gekommen. Noch vor wenigen Jahrzehnten wurde es in Büchern ganz allgemein Râce geschrieben. Dann aber, als die sogenannte Judenfrage am Horizont der Mitteleuropäer auftauchte, wurde es eingedeutscht, und zwar kräftig. Mit einem unverkennbaren, aber im Grunde doch tief mystischen Anklang an das Wort rasseln und das von razzen stammende Wort rasen, wurde es von nun ab Rasse geschrieben und niemand kann leugnen, daß der Betrieb, der bald politisch mit diesem Wort entfaltet wurde, lebhaft an ein rasendes Wortgerassle erinnert.

Rationalisierung / Die erhabene Absicht aller Rationalisierungen besteht darin, in Zeiten, in denen zu wenig Leute Arbeit haben und trotzdem zu viel erzeugen, mit noch weniger Leuten noch mehr zu fabrizieren.

Rätselhaft / Viel rätselhafter als alle okkultistischen Tatsachen war mir immer, daß ein Apfelbaum Äpfel und gleich daneben ein Nußbaum aus derselben Erde Nüsse fabriziert.

/ Daß man einen Gott lieben soll, der angeblich allmächtig, allwissend und allgütig ist und dabei noch ununterbrochen aus dem Nichts Seelen erzeugt, die er trotz seiner Allmacht so schwach macht, daß er mit seiner Allwissenheit voraussehen muß, daß sie seinen Geboten nicht folgen können werden, und der dann diese Seelen, die durch seine Schuld sündigen, trotz seiner Allgüte für zeitliche Vergehen ewig zu Heulen und Zähneknirschen verdammt, obwohl sie längst die dazu nötigen Zähne verloren haben – das ist etwas, was mir immer rätselhaft bleiben wird.

Raufleute / Auf die Zeit, als sich die großen Kaufleute kleine Raufleute aushielten, um das Chaos aufzuhalten, mußte mit Notwendigkeit eine Zeit kommen, in der die kleingewordenen Kaufleute angesichts der großgewordenen Raufleute erkennen müssen, daß das Chaos bereits da sei.

Recht / Seit jeher berufen sich die, die Unrecht tun, auf das Recht, das Gesetz oder ihre Pflicht; die, welche Recht tun, bedürfen keiner Entschuldigung oder Erklärung.

Rechte Hauptgefahr / Die Kommunistische Partei macht Front gegen eine »rechte Hauptgefahr«. Was wird damit gemeint sein?

Sie überlegen, Sie haben was von der marxistischen Klassenkampf-Theorie gehört, und Sie sagen sich: selbstverständlich die andere Klasse, das Bürgertum! Hier halte ich Ihnen ein gewichtiges »Nein!« entgegen. Sie überlegen weiter, greifen sich dann ärgerlich an den Kopf und rufen: »Ach, daß ich das übersehen konnte! Die rechte Hauptgefahr ist der Nationalsozialismus alias Faschismus alias Internationale Nationalismus!« Es ist wieder nichts. Sie werden schon klein und häßlich, besinnen sich aber schließlich darauf, daß ein erheblicher Zwist die Kommunisten und Sozialdemokraten trennt, und nennen mir die Sozialdemokratie. Teurer Leser, Sie wissen aber auch gar nichts! Also: die Kommunistische Partei hat eine »Linie« und dementsprechend auch Abweichungen; die »rechte Hauptgefahr« ist die rechte Kommunistische Opposition.

Rechtsanwälte / Mit Entsetzen berichten die chinesischen Geschichtsbücher von dem ersten Rechtsanwalt namens Tsong Si, daß er imstande gewesen sei, aus Unrecht Recht und aus Recht Unrecht zu machen und daß er für die Verteidigung des Rechts sogar Bezahlung verlangte, und zwar für einen großen Prozeß ein Feierkleid, für einen kleinen aber ein Obergewand! Dieser Tsong Si war nicht nur der erste Rechtsverdreher und Begriffsverwirrer großen Stils, sondern gab auch nach der chinesischen Überlieferung – o tiefe Symbolik alles Geschehens! – die erste Zeitung der Welt heraus! Der Herrscher Tsi Tschan wußte sich gegen ihn nicht anders zu helfen als dadurch, daß er ihn einfach totschlagen ließ.

/ In Frankreich wurden kürzlich amtliche Feststellungen darüber gemacht, wie sich ziffernmäßig die Geisteskrankheiten auf die verschiedenen Berufe aufteilten. Dabei ergab sich, daß der Stand der Richter und der Rechtsanwälte die meisten Irren liefert.

Rechtspflege / Die Verwahrlosung der Gerechtigkeit.

Rechtspflege einmal anders / Als ich einmal das Gerichtszimmer in einem Dorf des inneren China betrat, da fand ich diese ernste Stätte des Rechtes von Schmetterlingen erfüllt. Sie kamen aus einem Kasten, der vor dem Richter stand, flatterten in einem Tanz belebter Farben durch den Raum und verschwanden durch das offene Fenster, während Beamte, Angeklagte und Zuschauer diesem lieblichen Schauspiel mit ruhiger Würde zusahen. Auf meine Fragen erfuhr ich, daß der Richter ein großer Naturfreund sei, der bei geringeren Verbrechen die Angeklagten nicht mit einer bestimmten Anzahl von Taels oder chinesischen Dollar, sondern durch Abgabe einer entsprechenden Anzahl von Schmetterlingen bestrafte. Verwandte und Freunde mußten in aller Eile die Schmetterlinge fangen und unbeschädigt dem Richter überliefern, der sie dann freiließ. Als ich den freundlichen dicken Herrn, der mit seinem Zopf die Fliegen verjagte und bei den Reden der Anwälte unweigerlich einschlief, nach dem Grund dieser merkwürdigen Handhabung des Rechtes fragte, sagte er: »Die Schönheiten der Natur sollen ein Mittel gegen das Verbrechen sein. Wer seine Freiheit erlangt durch das Freilassen der schönen Schmetterlinge und dann noch ein Verbrechen begeht, der ist unverbesserlich und verfällt strenger Bestrafung.«

Rechtsrechtslinks / Der Nationalsozialismus ist das Linke, was der Rechten eingefallen ist, während, wie männiglich bekannt, der Linken zeit ihres Lebens nie etwas Rechtes eingefallen ist.

Rechtsstudium / Nichts ertötet so sehr das Rechtsgefühl wie das Studium der Rechte.

Reform / Es gibt keine Re-form, die nicht eine Zurück-bildung wäre zu jenen Lebensformen, die schon in alter Zeit bekannt und bewährt waren.

Reformation / Auf den Protest eines durch die Inflation um seine Ersparnisse gebrachten Lesers gegen die Propaganda für den Weltspartag antwortet das »Evangelische Gemeindeblatt« für

Stuttgart: »Selbst wenn das Ersparte wieder verlorenginge durch eine neue Inflation, so ruht doch ein Segen auf dem guten Willen der Sparer, fürs Alter zu sorgen durch Verzichten auf Genüsse und durch Selbstverleugnung. Dieser innere Ertrag ist viel wertvoller als ein sorgenloses Alter.« Was eigentlich seinerzeit bei dieser sogenannten »Reformation« reformiert worden ist, wird mir immer rätselhafter.

Regierende / Streben der Regierenden: Sich an der Bereicherung der Regierten mit Idealen ideal zu bereichern.

Regierungen / Ihr habt gehört, daß gesagt worden ist: Regierungen sind notwendig, denn es hat immer welche gegeben. Ich aber sage euch: Wanzen hat es auch immer gegeben; sind Wanzen deshalb notwendig?

/ Die Welt sieht von der Höhe des Regierenden ganz anders aus als aus der Alltagsperspektive des Menschen unter Menschen. Und weil eben das Bild der Welt vom Regierungshügel aus ein falsches ist, deshalb gehört dieser Hügel abgetragen.

/ Weg mit allen Regierungen! Eine Einrichtung, in deren Namen ganz versteckt das Wörtchen »Gier« lauert, ist unter allen Umständen höchst verdächtig.

/ Jede Regierung, auch die beste, die nicht das Geringste mit Gier zu tun hat – die es also überhaupt nicht gibt – ist und kann heute gar nichts anderes sein als nur ein Krankenpfleger, der die von früheren Regierungen aus den natürlichen Bedingungen ihres Daseins gerissenen Menschen irgendwie zu pflegen sucht, nie die Ursache, sondern immer nur die Folgen behandelt, Gift durch Gegengift zu paralysieren und die eingerissene Unnatur durch die Verordnung einer immer noch größeren Unnatur zu kurieren versucht. Niemand kann diesen Wirrwarr mehr ordnen. Aber ihn in jenes Milieu versetzen, in dem er sich selber ordnen kann, das kann man.

/ Ehemals, als es noch keine Telephone und keine Telegraphen, kein Radio und keine Zeitungen gab, glich die Lästigkeit der Regierung der Lästigkeit einer Mücke, die einen alle Jahre einmal sticht; heute gleicht sie der Lästigkeit eines Elefanten, der täglich auf einem herumtrampelt. Nichts ist mehr sicher vor dem Zugriff der Pratzen einer Obrigkeit, die sich die Niedrigkeit zur gesetzlichen Fundierung ihrer Räubereien installiert hat.

/ Wenn die regierenden Idioten nicht mehr weiterwissen, so bezeichnen sie diesen Zustand ganz allgemein als eine »Schicksalsstunde für das Volk«.

/ Wer braucht eine Regierung? Braucht sie der Bauer, dieser Urtypus des naturgemäße und sinnvolle Arbeit verrichtenden Menschen? Der Bauer braucht sie nicht; sie braucht ihn. Vom Ackerbau kann man wohl leben, auch wenn daneben niemand regiert; vom Regieren aber kann man nicht leben, wenn daneben niemand den Acker bebaut und so nett ist, dem Staate jedes Jahr ein paar hundert Schilling an Steuern dafür zu zahlen, damit eventuell einmal bei einem Diebstahl von fünf Schilling polizeilich interveniert werde. Wahrlich, ich sage euch: Je überflüssiger ein Stand für das naturgemäße Leben des Menschen ist, je betrügerischer seine Fundamente, je schmarotzerhafter sein Dasein, desto notwendiger braucht er die Regierung. Die Börse, die Banken, die Zeitungen, die Kartelle, die Truste und überhaupt alle Ausbeuter, die aus dem ungeheuren Betrug des goldgedeckten Geldes ein auskömmliches Einkommen beziehen, die brauchen die Regierung. Habt ihr, die ihr unter der Folter dieses Geldes schon einmal, schon oft, ohnmächtig gestöhnt, geflucht, gejammert und getobt habt, darüber nachgedacht, wodurch es euch alle in Zinsknechtschaft hält?

Regietheater / Erst vor einigen Wochen wurde berichtet, daß Reinhardt »Hoffmanns Erzählungen« so gründlich inszeniert habe, daß sie sich ihm unter den Händen in Reinhardts Erzählungen verwandelt hätten. Besonders wurde hervorgehoben: eine täuschende Nachbildung des Canale grande auf der Bühne und ein großer Spiegel, in dem sich alle Mitwirkenden spiegeln, nur Hoffmann nicht, was Reinhardt dadurch erreichte, daß er jedem Komödianten außer Hoffmann einen genau so hergerichteten hinter dem Spiegel gegenüberstellte, dem er in schweißtreibendster Regiearbeit ganz dieselben Gesten andressierte, um so beim Publikum die Illusion eines Spiegelbildes hervorzurufen. Huch, welch ein genialer Einfall!

Reichweite / Wessen Reich nicht weiter reicht als sein Arm, der ist arm!

Reif / Höchstes Ziel: Reif zu werden. Und was geschieht dann? Was reif ist, fällt bald ab.

Reklame / Kauft! Kauft! Kauft! schreien alle Plakate, als ob der Zweck des Lebens das Einkaufen wäre. Absatz! Absatz! Absatz! ist die Losung, denn das Werkel muß laufen, die Arbeiter dürfen nicht feiern, die Maschinen dürfen nicht still stehen, das Geld muß sich verzinsen, die Menschen kann dabei der Teufel holen!

/ Nicht das Totenbett der Mütter und nicht das Brautbett der Kinder, nicht die letzte Fürsorge einer Sterbenden und nicht die erste Liebeszeit der Lebenden, nichts, nichts, nichts ist diesen trostlosen Profitwildschweinen heilig, die nur den Rückgang des Umsatzes, sonst aber nichts auf dieser Welt scheuen. Kein Schundgesetz, das mit Pöllerschüssen begrüßt werden müßte, verfemt den Pofel, den sie erzeugen und anpreisen, und kein Schmutzgesetz fährt ihnen für die Art, wie sie es tun, über das redegewandte Maul.
Das Personal des Koofmichs wächst. Die Kunst steht schon lange in seinen Diensten.

/ Wenn einer sagt: »Wissens, i bin net aus Hetzendorf, aber das ließert i mir do net gfalln!« so weiß der Dümmste, daß der, der so redet, doch aus Hetzendorf ist. Wenn aber ein Minister sagt:

»Beim Tag des Buches handelt es sich keineswegs um eine amtliche Reklame, sondern darum, die Ideale im Volke zu heben!« so merkt niemand, daß es sich doch um eine amtliche Reklame handelt.

Rekrutenabrichtung / Alle Rekrutenabrichtung hat den Zweck, den künftigen Soldaten eine solche Angst vor den Freunden einzuflößen, daß sie künftig gegen die Angst vor den Feinden immun sind.

Religion / Religion ist der Versuch, die Unlogik des Weltgeschehens der logischen Veranlagung unseres Verstandes verdaulich zu machen.

/ Religio heißt: Die Rückverbundenheit des Menschen mit dem, was vor der Geburt war, sie ist sein Wissen (oder Glauben), daß sein Wesentlichstes unvergänglich ist, unvergänglich sein muß! Je länger ich mich mit diesem wichtigen Problem beschäftige, desto mehr komme ich zu der Überzeugung, daß kein Mensch, und sei es der geistig anspruchsloseste, auf die Dauer ohne diese Rückverbundenheit überhaupt lebensfähig ist. Kann sich denn einer wirklich die ästhetische Monstrosität und Zufälligkeit eines elterlichen Koitus als den Beginn und die Ursache seines Lebens, seines Daseins vorstellen? Oder das Verfaulen als sein Ende? Nein, ebenso wie bisher ausnahmslos jede Kultur und jedes Volk als wirkende Gemeinschaft mit einer Religion geboren wurde und mit ihr auch wieder verlöscht ist, ebenso wie heute mit dem in Agonie liegenden Christentum auch die ganze abendländische Kultur an den Rand des Grabes gekommen ist, ebenso stirbt auch der Mensch in der Großstadt in der dritten Generation aus. Trotz Sport und Hygiene; einfach deshalb, weil er in der Großstadt seine Rückverbundenheit mit dem All, also seine Religion verloren hat und ohne diese nicht lebensfähig, nicht zeugungsfähig, nicht zukunftsfroh bleiben kann. Ein nur der Arbeit und dem Abhaspeln rein vegetativer Funktionen in den Arbeitspausen dienendes Leben kann niemand ertragen.

/ Man darf der Kirche nicht, so wie die Freidenker es tun, die Freude machen, zu behaupten, Religion sei eine überflüssige Illusion. Denn das ist sie nicht. Kein feiner organisierter Mensch kann ohne eine Vorstellung von einem Woher und Wohin existieren, die seinem Leben Sinn verleiht, und eine wahrhafte seelische Kultur ist ohne solche Religion undenkbar. Wer die Notwendigkeit der Religion leugnet, der gibt der Kirche in den Augen aller tiefer veranlagten Menschen ein Argument von zwingender Kraft an die Hand, ja er trägt dazu bei, daß sich die irrsinnige Ansicht, Kirche und Religion seien identisch, noch weiter befestige. Man muß die Sache anders anpacken. Man muß der Kirche zugeben, daß Religion für den Menschen notwendig sei, gleichzeitig aber in aller Feindschaft darauf hinweisen, daß die Kirche von Religion soviel verstehe wie die auf dumme Gesetze eingeschusterte Justiz vom Recht. Man muß zeigen, wie die Kirche den religiösen Drang des Menschen tagtäglich dazu benützt, um ihn zu betrügen und dem Kapitalismus ans Messer zu liefern, man muß zeigen, daß das, was die Kirche als Religion verzapft, die blödsinnigste aller denkbaren Religionen sei und daß die Riesengreißlerei für Gnadenmittel zu Rom die Midasgabe besitze, die tiefsten Probleme des menschlichen Daseins durch ihre bloße Berührung in lauteren und gediegen-goldigen Stumpfsinn zu verwandeln. Man muß die Beweislast verschieben und sie zwingen, nachzuweisen, daß ihr Treiben nicht blödsinnig, nicht betrügerisch sei. Und wie ihr das gelingen soll, das, meine Freunde, wollen wir sehen!

/ Dies muß man streng auseinanderhalten: Jede Verhöhnung eines Menschen seiner ehrlichen religiösen Überzeugung wegen, der er im stillen Kämmerlein huldigt, ist eine Roheit und eine Geschmacklosigkeit; aber die Verhöhnung beginnt ein verdienstliches Werk zu werden, wenn sie über einen Prediger herfällt, der seine metaphysischen Ansichten, sei es durch bloßes Quatschen, sei es durch Gewalt, Scheiterhaufen und Kerker auf andere »ausdehnen« möchte. Einem Kerl mit solchen seelischen Expansionsbedürfnissen, sei er auch noch so sehr von der

Richtigkeit seines Glaubens überzeugt, gebührt ein energischer Klaps auf Schnauze und Pranke.

/ Jede Religion (...) ist noch von ihren Priestern umgebracht worden, denn auf die Dauer ist es nicht möglich, Gott und dem Mammon zu dienen und aus Sorge für den eigenen Leib für die Seelen der andern zu sorgen. Sie und niemand anderer haben es auf dem Gewissen, wenn heute überhaupt niemand mehr weiß, was Religion ist; sie sind daran schuld, wenn heute gesagt werden kann, Religion sei eine geistige Trägheitserscheinung.

/ Wahrlich, ich sage euch: Verstand hat mit Religion nichts zu tun. Der Verstand verschließt das Leben, Religion erschließt es. Der Verstand begreift Ursache und Wirkung, sonst nichts. Aber in Bewegung gesetzt wird er nur von den Gefühlen. Er ist ein Motor, der seinen gesetzmäßigen Gang geht, aber er muß vorerst durch eine fremde Kraft angeworfen werden. Besäßen wir nichts außer dem Verstand, wir wären längst zugrunde gegangen, da man mit dem Verstand weder Hunger noch Liebe, noch Mitleid, noch Not empfinden kann. Gefühle und immer wieder nur Gefühle sind die bewegenden Urgründe des Denkens. Und wer bei der Geburt eines Kindes keine Frage nach dem Woher, beim Anblick unverschuldeten Leids keine Frage nach dem Warum, beim Anblick des Todes keine Frage nach dem Wohin unerträglich in seiner Brust brennen fühlt, wer also keine Religion besitzt, der allein ist seelisch träge.

/ Die Grundlage aller Religion ist die Ungerechtigkeit. So lange der Mensch nicht stark genug ist, in der irdischen Welt die Gerechtigkeit zu verwirklichen, wird er sie für die überirdische Welt erträumen, also Religion haben.

Religionsverdummung / Religion verdummt den Menschen nicht, aber der Mensch verdummt die Religion.

Republik / Teppublik.

Resignation / Das Leben ist dazu da, dem Menschen die Erkenntnis zu vermitteln, daß sich das Gute in dieser Welt nie auf die Dauer verwirklichen läßt. Diese Erkenntnis aber kann der Mensch nur dadurch gewinnen, daß er unentwegt versucht, das Gute in ihr zu verwirklichen. Wer's nicht versucht, kann nie zu dieser Erkenntnis und zu jener Resignation kommen. Aber gerade diese Resignation ist es, welche Nestroy gemeint haben dürfte, als er schrieb: »Die edelste Nation unter allen Nationen ist die Resignation.« Sie ist es, die man mit anderen Worten als »Überwinden der Welt« bezeichnet. Die Welt überwinden, das möchte jeder; resignieren aber will keiner. Und doch kann man die Welt gar nicht anders überwinden als dadurch, daß man sie als unzulänglich durchschaut.

Revolutionäre / Ich habe die spaßige Erfahrung gemacht, daß Revolutionäre alles mögliche wissen, nur nicht, was eine Revolution ist. Das Wort Revolution kommt vom lateinischen re-volvo, was soviel wie zurückwälzen, zurückdrehen bedeutet. Wirklich revolutionär in der wahren Bedeutung des Wortes ist also nur der, der sich bemüht, die aus dem Gleichgewicht gekommene Welt wieder bis an jenen Punkt zurückzuwälzen, an dem sie ehemals im Gleichgewicht war. Revolutionär ist nur einer, der wie Laotse der Überzeugung ist, daß »Rückkehr der Bewegungsrichtung des Anschlusses« an jenes Gesetz ist, dessen Befolgung erst das Dasein zum Leben macht. Revolutionär ist mit einem Wort nur der, der nach nichts mehr strebt als danach, das sogenannte »Rad der Entwicklung«, wie man so schön sagt, aufzuhalten und zurückzudrehen. Nun sind aber, o weh, die durchschnittlichen Revolutionäre Anhänger des Fortschritts und zeigen damit, daß sie auch nicht wissen, was dieses Wort bedeutet. Denn wenn das Wort Fortschritt wirklich etwas bedeutete, was den Menschen vorwärts bringt, dann müßte es selbstverständlich Vorschritt heißen. Nun heißt es aber Fortschritt und zeigt damit an, daß es lediglich ein Fortschreiten, also ein Wegschreiten von etwas bedeutet; und dieses Etwas ist, wie's der Teufel schon will, gerade das, auf das hinzuschreiten die Fortschrittsapostel sich einbilden: erträgliche Lebensbedingungen für alle. Ein netter Wirbel ist mir das, was da die Sprache aufdeckt: Der Fortschritt ist kein Vorschritt und die wahre Revolution ist gar ein Unternehmen, das ganz eindeutig im Sinne eines Rückschritts zu wirken strebt; alle bisherigen Revolutionen waren also keine, ebenso wie alle bisherigen Demokratien keine waren. Ja, wird da so manches revolutionäre Gemüt einwenden, wodurch unterscheidet sich denn da, wenn das so ist, der Revolutionär von seinem ärgsten Widersacher, dem Reaktionär? Was die Richtung anbetrifft in gar nichts, meine Lieben. Reaktion von ago und ago heißt sowohl im Lateinischen wie im Griechischen treiben, führen; Reaktionär ist also auch einer, der die Leute zurücktreiben, zurückführen will. Er will also dasselbe, was der Revolutionär, wenn er wirklich einer sein will, auch nur gutheißen könnte. Da gibt's gar nichts zu schwätzen. Warum also hauen sich die Leute, die im Grunde nach dem Urteil der Sprache dasselbe wollen, eigentlich gegenseitig die Schädel ein? Die Antwort auf diese nach dem Vorhergesagten unlösbar scheinende Frage ist sehr einfach: weil die Punkte, bis zu denen die beiden zurückwollen, ganz verschieden sind. Während der Reaktionär bloß ein getarnter Aktionär ist, der bis zu jenen politischen Verhältnissen zurück möchte, unter denen die Ausbeutung der Vielen durch die Wenigen am ungestörtesten vor sich gehen kann (und solche Verhältnisse hat es in naher Vergangenheit nur zu oft gegeben), will der Revolutionär gleich bis zum goldenen Zeitalter zurück, von dem die Sagen fast aller Völker zu berichten wissen, in dem es keine Not und keinen Zwang gab und jeder Mensch aus innerster Überzeugung das Rechte und das Gute tat.

Revolutionen / Revolutionen sind in Regenwasser löslich.

Richter / Zweihänder, die aus Gründen der Versorgung die blödsinnige Anwendung blödsinniger Gesetze zu einem Berufe erwählt haben, dessen Vertracktheit sie ohne weiteres zugeben, Paragraphenfüßler, die eine bessere Bezahlung dafür verlangen, daß sie bewußt Unrecht tun, Existenzen vernichten, Tränenströme erzeugen, Rache- und Haßgedanken erwecken, Selbstmorde verschulden, Besserungsfähige in Unverbesserliche verwandeln und die Saat zu künftigen Verbrechen in jeder Minute ausstreuen – sie finden kein Wort der Wut über das Unwürdige dieses Zustandes, weigern sich nicht, auch nur eine Sekunde länger diesen Affentanz einer Gerechtigkeit, vor der es die Sau des Teufels graust, mitzutanzen, sondern stazen weiter als sittliche Größen in Talar und Barett durch die Gerichtssäle, strafen unverlogene Gesetzesübertreter, denen sie die Schuhriemen aufzulösen nicht würdig sind und verurteilen eine unbescholtene Frau, die – wie es unlängst in Graz passiert ist – angesichts solchen Treibens mit dem Ruf »Das soll eine Gerechtigkeit sein!« ohnmächtig zusammenbricht, wegen »Beleidigung eines Richters« zu 48 Stunden Arrests. Ihre Rechtsprechung ist die Rechtsbrechung. Wissen sie aber überhaupt noch aus der Zeit, da sie noch nicht Juristen waren, was Gerechtigkeit ist, dann sind sie dreimal schlecht, denn sie könnten sie anwenden, wenn sie seelisch nur halb soviel Rückgrat hätten, als sie geistig Unrat produzieren; aber sie tun es nicht, um nicht in den Ruf eines »guten Richters«, der für ihre Karriere absolut tödlich wäre, zu kommen. Um oben nicht anzustoßen, teilen sie nach unten Fußtritte aus. Sie strafen, aber wenn man sie fragt, wozu sie eigentlich strafen, dann entquillt ihrem Munde ein derartiger Unsinn, daß einem übel wird. Die einen behaupten, die Strafe bezwecke die Besserung des Täters, obwohl sie natürlich genau wissen, daß noch niemals und nirgends auch nur ein Übeltäter durch die Strafe, sondern höchstens trotz der Strafe gebessert worden ist, und obwohl sie wissen, daß im Gegenteil jeder erst in ihren Gefängnissen bei den schon mehrfach Vorbestraften, also schon mehrfach Gebesserten, die hohe Schule des Verbrechens durchmacht. Die anderen aber behaupten, die Strafe habe den Zweck der Abschreckung der noch nicht Bestraften und niemand schlägt ihnen ins Gesicht für diese Frechheit, die sich nicht entblödet, allen, die nicht stehlen, die Angst vor dem Eingesperrtwerden als Motiv der Redlichkeit unterzuschieben.

/ Der Richter, auf den die Strafe, die er verhängt, abschreckend wirkt, der wäre mein Mann.

/ Der Richter, der den Angeklagten verhört, hört nie das Richtige, sondern immer nur das, was zur Konstruierung eines vom Gesetz vorgeschriebenen Tatbestandes paßt; er verhört sich dauernd. Und verhört dabei doch einen andern. So spricht die Sprache Recht.

/ Wenn ein Schuster meine Schuhe richtet, dann werden sie wieder brauchbar; wenn aber ein Richter einen Menschen richtet, dann wird er in der weitaus meisten Zahl der Fälle erst richtig unbrauchbar. Jeder Richter ist notwendigerweise mehr ein Hinrichter als ein Herrichter.

/ Beruf, ja, Beruf, das ist das richtige Wort, das ist der Schlüssel zu dem Schweinestall, in dem die fetten Paragraphen grunzen. Der Mensch, der das Richten als Beruf aushält, ohne geistig und seelisch zu verwahrlosen, ist noch nicht geboren.

Ridiculus Schmus / Die Weltpresse kreißt und ein ridiculus Schmus wird geboren.

Ruhe / Vor hundertfünfundzwanzig Jahren lachten unsere Ahnen über die an sie gestellte Zumutung »Ruhe ist die erste Bürgerpflicht«; heute wird dieselbe Zumutung nur mit etwas anderen Worten täglich an uns gestellt – lacht noch jemand über sie? Nein, man nimmt sie ernst und ist schön fürs Legale, auch wenn es sich immer mehr als das Letale entpuppt.

Ruhm / Ruhm hemmt die Entwicklung. Wer einmal wegen einer Leistung berühmt wurde, kommt nie im Leben über sie hinaus.

Russische Volkslieder / Wenn ich russische Volkslieder höre, schwindet mir jeder Zweifel daran, daß ein solches Lied mehr absoluten Wert hat als die Verwirklichung des Fünfjahrplanes.

//

»Sachzwänge« / Ein unfaßbarer Schleim lastet heute auf uns allen und lenkt unser Geschick. An wen soll man sich halten, wenn »die Majorität«, »die Aktiengesellschaft«, »die Börsenlage«, der »Verwaltungsrat«, »die Direktion«, »die Abbaunotwendigkeit«, »die Rationalisierungsgrundsätze«, »der Fortschritt«, »die Krise« als die Schuldtragenden an unserem Elend bezeichnet werden? Wohin man greift, man greift in Schleim, man greift unangreifbare Gespenster und leere Begriffshülsen. Und wenn man hinhaut, haut man in Gallerte. Die realen Menschen aber, die einem im Auftrag dieser Gespenster die Gurgel zuschnüren, verkriechen sich bedauernd hinter die Phrase, daß sie nur ausführende Organe seien, die für ihr Tun nichts könnten, und geben alle Schuld »dem Gesetz«, »der Verordnung«, »den Bestimmungen«, »der Geldentwertung« etc. etc. Und keiner dieser Genasführten stellt sich die Frage, wem zuliebe diese »Bestimmungen« eigentlich ins Leben getreten sind oder ob sie sich aus dem Urschleim automatisch um ihrer selbst willen entwickelt haben; und keiner fragt, was denn z. B. »die Geldentwertung« eigentlich bedeute und ob sich das Geld aus purem Übermut eines Tages selbst zu entwerten begonnen habe. (…) Der unbekannte Soldat ist tot. Der unbekannte Ausbeuter aber lebt.

Satire / Die Satire ist eine gefüllte (Schüssel) = satura (lanx); die Satire ist somit nach der Sprache ein Mittel, uns zu gefüllten Schüsseln zu verhelfen, indem sie uns hilft, den feierlichen Schwindel zu durchschauen, den ihr Gegenteil, der offiziöse Ernst, um seine Schüsseln zelebriert, um zu verbergen, daß sie leer sind.

/ Die einzige Kunstform, die heute noch Anklang zu finden und einige Berechtigung zu haben scheint, ist die Satire. Aber auch über diese sind die Meinungen geteilt. Denn während die einen behaupten, daß es eine Kunst sei, keine zu schreiben, versichern die anderen wieder, es sei keine Kunst, eine zu schreiben, da es bekanntlich sehr leicht sei, sich über alles lustig zu machen, was vermutlich daher kommen dürfte, weil heute alles schon an und für sich lustig ist. Niederreißen könne bald einer, aber aufbauen, und zwar auf einem Misthaufen als Fundament, das sei eine Kunst und deshalb müsse man es von der Kunst verlangen.

/ Denn die Satire ist die literarische Zusammengießung des einander Widersprechenden zum Zwecke der geistigen Tötung des Widerlichen durch eine, es entlarvende, anschauliche Vorstellung.

/ Die Säure der Satire will den Glanz, aber der Rost sagt, sie sei zersetzend.

Schachzüge / Der beste Schachzug der Kirche war es, den Menschen zuerst trostlos zu machen, um ihn hinterher mit den sogenannten »Tröstungen der Kirche« versehen zu können; und der beste Schachzug des Fortschritts ist es, im Konsumenten systematisch jene Bedürfnisse erst zu erwecken, die befriedigen zu können sich dann hinterher die fortgeschrittene Technik brüstet; und der beste Schachzug des Staates ist es schließlich, seine Spießbürger so lange mit dem Chaos zu schrecken, bis sie die Demokratie für etwas Großartiges halten.

Schlächterpädagogik / In der »Frankfurter Oderzeitung« finden wir folgende Anzeige:
»Knabenerziehungsheim sucht älteren, starken, energischen Mann als Erzieher. Selbiger muß imstande sein, Aufsicht in straffer, energischer Manneszucht zu übernehmen. Ehemaliger Feldwebel oder Schlächter bevorzugt. Ausführliche Angebote mit Bild (Bild zurück) postlagernd Wriezen-Oder.«
Diese Anzeige ist zweifellos ein Stück des deutschen Wesens, an dem dereinst die Welt genesen soll.

Schleimer / Warum ist die Spezies der Männer im Aussterben begriffen, jener Männer, die auch vor dem Pack, das sich heute auf den Königsthronen räkelt, noch Stolz zu bewahren wissen? Die gegen ihre Henker auch noch anders aufzutreten wissen als bloß dadurch, daß sie zu ihnen sagen: »Gehns weg, Sie Schlimmer! Sie sind ja – entschuldigen S', bitte, vielmals die harten Worte – niederträchtig und ungerecht! Ich werde eine Protestresolution gegen Sie unterschreiben und Ihnen in sechs Jahren bei den nächsten Wahlen – wenn ich die noch erleb' – meine Stimm' nicht mehr geben!«?

Schmutz und Schund / Ich muß – meiner schweinischen Veranlagung nach – zwar mit Notwendigkeit für den Schmutz sein, aber meiner kritischen Veranlagung nach muß ich wieder logischerweise gegen den Schund sein. Es bleibt mir also nichts übrig, als zu gestehen, daß ich für jedes Gesetz gegen den Schund bin und nur die eine Bedingung stelle, daß dieses Gesetz weniger einseitig sei als das gegen den Schmutz. Es müßte nicht nur die »Nick Carter«-Hefte und all die blutrünstigen Indianergeschichten umfassen, die vor den Schulen feilgeboten werden, es müßte vielmehr selbst auf die Gefahr hin, manchmal sogar kakademischen Boden zu verletzen, auch in die Schulen eindringen und dort alle die nicht weniger blutrünstigen Geschichtsbücher und sonstigen patriotischen Verblödungselaborate konfiszieren, so wenig dies auch den Beantragern dieses Gesetzes passen würde, deren Ethik beim Schund so lax ist wie ihre Sittlichkeit beim Schmutz streng. Kurz, es dürfte zwischen geheiligtem und ungeheiligtem Schund fürderhin kein Unterschied mehr gemacht werden.

Schnitzerl / Wie ehrlich die Ahnen waren, zeigt die sprachliche Übereinstimmung von Aas und essen; wenn sie Aas aßen, also tote Tiere, beschönigten sie solchen Leichenfetzenschmaus nicht mit schönen Worten wie die zeitgenössischen Fleischfresser, die ihre Schweinerei hinter Ausdrücken wie Schnitzerln, Henderl, Beuscherl und ähnlichen verbergen. Bis ins 17. Jahrhundert sagte man sogar statt Himmelsspeise Himmelsaas.

Schuhwichsagenten / Wenn ich mich gefesselt in der Gewalt eines Gangsters befinde, dann ist es mir auch recht, wenn mich zwei Schuhwichsagenten aus seiner Gewalt befreien. Deshalb sind aber Schuhwichsagenten noch keine Idealgestalten.

Schuld / Hört ihr, Europäer! Ihr verstopft euch die Ohren. Nun, so hört in euch selber hinein! (...) An dem entsetzlichen Unglück von heute sind wir alle schuldig. Die einen bewußt, die anderen durch Schwäche. Und die Schwäche ist keine mindere Schuld. Die Apathie der großen Masse, die Furchtsamkeit der anständigen Leute, der skeptische Egoismus der schwachen Führer, die Unwissenheit oder der Zynismus der Presse. Die hungrigen Mäuler der Piratengier, die scheue Dienstbarkeit der Denker und Gelehrten, die sich zu den Packeseln ebenderselben mörderischen Vorurteile erniedrigen ließen, die zu zerstören ihre wahre Aufgabe gewesen wäre. Der unerbittliche Stolz jener Intellektuellen, die ihre fixen Ideen für wichtiger halten als das Leben ihrer Brüder und geruhig zwanzig Millionen Menschen zugrunde gehen lassen würden, nur um selber recht gehabt zu haben. Die politische Vorsicht einer zu römisch gewordenen Kirche, wo St. Peter, der Menschenfischer, längst zum Ruderknecht der Diplomaten wurde. Die Prediger mit ihren trockenen Seelen und messerscharfen Worten, die ihre Herde der Schlachtung weihen nur um der Reinigung willen. Und der einfältige Fatalismus der armen Lämmer – wer von uns ist nicht schuldig?

Schule / Wer die Schulzeit ernst nimmt, der hat sie und ihren Wert auch schon verloren; mag er noch so glänzende Zeugnisse über den Fortschritt seiner Dressur nach Hause bringen.

/ In Lemberg hat sich der Gymnasialprofessor Horak umgebracht, weil 9 seiner Schüler bei der Matura durchgefallen sind. Das ist ein Heldengeschlecht! Nicht nur die Schüler, auch die Lehrer bringen sich um! Diese hysterische Überschätzung der Schule kommt nur von den neuen Erziehungsmethoden, auf die man sich heute im allgemeinen so viel einbildet. Zu meiner Zeit, wo es viel strenger zuging, war die Schule etwas, das überstanden werden mußte und sonst keine weiteren Ansprüche an unser Seelenleben stellte. Und wir haben sie überstanden und noch unseren Spaß dabei gehabt. Flog einer durch, dann dachte er vielleicht in der ersten Wut daran, den Lehrer umzubringen, aber doch nicht im Traum, sich selber etwas anzutun! Heute wird durch liebevolle Behandlung der Ehrgeiz des Kindes geweckt und seine Seele an den blödsinnigen Notenbetrieb, der sich Schule nennt und dabei nur ein Betrieb kindlicher Not ist, gefesselt. Und die Herren Lehrer geben sich mit zuckersüßen Tönen für die Kameraden der Schüler aus, die den Unsinn glauben. Kommt dann eines Tages plötzlich der Profax ans Tageslicht, stürzt sich das Kind aus Enttäuschung und Verzweiflung ins Wasser. Mir kommen diese armen betrogenen Kinder wie Blinde vor, die man in einen Tigerkäfig führt. Um sie nicht unnötig aufzuregen, erzählt man ihnen, sie befänden sich in einem netten Zimmer mit ein paar lieben Katzerln, mit denen es sehr lustig sein werde, zu spielen. Die Folge davon ist, daß beim ersten Tigerknurren alle Beteiligten vor Schreck der Schlag trifft. Wir hatten keine solchen Illusionen und auch unsere Lehrer hatten von uns keine. Wenn einer von uns durchfiel, nahmen sie das nicht tragischer, als es ist – und es ist absolut untragisch. Wir aber lernten dieses gleichmutvolle Auffassen eines Malheurs von ihnen und hatten uns damit einen Schatz fürs Leben erworben. Wir wußten, daß die Schule ein Käfig ist und die Profaxen Tiger. Wenn einer knurrte und sich auf uns stürzte, wunderten wir uns nicht, waren immer heiter, immer auf der Hut und nie ganz wehrlos. Erstaunt waren wir nur, wenn einer einmal gut zu uns war; aber dann bewahrten wir ihm eine dankbare Liebe fürs ganze Leben. Ich halte die alte Methode für die weitaus bessere. Sie macht den Schüler hart, läßt ihm die Liebe – und so verhält es sich ja schließlich später im Leben! – als Ausnahme erscheinen und macht ihn dadurch für sie besonders empfänglich. Die neue Methode aber macht den Menschen weich, redet ihm die Liebe als etwas Alltägliches ein und entwertet sie dadurch für ihn, läßt ihn aber jede Rauhheit der Schule, jede läppische ungenügende Note entweder als Ausfluß bodenlosen Hasses gegen sich empfinden oder als klaren Beweis für seine Untüchtigkeit fürs Leben.

Schwachsinnsdelogierung / Das künstlich komplizierte Blödsinnige, das sich, auf seine Unentwirrbarkeit vertrauend, für das Tiefsinnige ausgeben möchte, muß entlarvt und aus den Schädeln delogiert werden. Vielleicht wird dann das Einfache, d. h. das Wahre, wieder mehr Anklang finden. Die Wasserköpfe, die alles Simple und Konzentrierte durch geistreiche Klassifikationen und Komplikationen wissenschaftlich verwässern möchten, müssen trockengelegt werden. Das einzige Mittel dazu ist die Satire.

Schwangerschaftsabbruch / Ich bin ja gar nicht für die Abtreibung und wenn ich eine Frau wäre, so würde ich ihr, die der letzte Ausweg weiblicher Verzweiflung ist, (...) gar nicht so rastlos huldigen, wie es nach den Vorwürfen, die ich eben zu hören bekommen habe, den Anschein hat. Ich würde es lieber gar nicht so weit kommen lassen und die Kollision mit dem Strafgesetz jenen armen und in künstlicher Dummheit und Ahnungslosigkeit gehaltenen Mitschwestern überlassen, für die allein – o gleiches Recht für alle! – der § 144 geschaffen scheint und angewendet wird. Wofür ich aber angesichts dieser schreienden Ungerechtigkeit einer angeblich sittlichen Gesellschaftsordnung bin, die sich als die kleine Schwester der sittlichen Weltordnung fühlt, das ist die Aufhebung des Verbotes der Abtreibung, weil ich der Meinung bin, daß sich der Staat weniger um die Vorgänge in den Unterleibern seiner Bürgerinnen als vielmehr darum kümmern sollte, daß die Steuereingänge nicht von den Politikern gestohlen werden. Der Staat, der im Kriege seine ausgewachsenen Bürger selbst mit dem Mord bedroht, wenn sie sich von ihm in Sturmtruppkursen nicht zum Morden abrichten lassen wollen, ist der letzte, der Ursache hat, sich über einen Mord aufzuregen; zumal als er – blöd wie er obendrein noch ist – das, was er auf der einen Seite als Mord ahnden möchte, auf der anderen Seite gar nicht als Mord betrachtet, denn ich habe noch nie gehört, daß er den Mord an einer Schwangeren als Doppelmord oder als Mord und Totschlag angeklagt und durch ein zweimaliges Umbringen des Delinquenten »gesühnt« hätte.

/ Es wird niemandem einfallen, einen Arzt, der bei Beckenenge der Mutter den Schädel des Kindes zertrümmert, um das Leben der Mutter zu retten, einen Mörder zu nennen. Denn hier überwiegt als Folge der Tat das Wohl in eklatanter Weise das Wehe. Sollen wir uns freiwillig so tief in die Fänge des Materialismus begeben, daß wir nur mechanische Hindernisse der Geburt, aber keine seelischen gelten lassen wollen? Solange die sexuelle Aufklärung bloß in der Enthüllung des Geheimnisses des Kinderkriegens besteht, aber nicht in der Enthüllung des Geheimnisses der Empfängnisverhütung; solange uneheliche Kinder noch als eine Schande betrachtet werden und Existenzen ruinieren können, solange es der sittlichen Weltordnung nicht einfällt, den Sexualtrieb erst am Traualtar erwachen zu lassen; solange eine Frau vom Staat, der die Abtreibung verpönt, die Scheidung mutwillig erschwert, aber die Leistung der Liebe als eheliche Pflicht statuiert, durch Geldstrafen und Haft dazu gezwungen werden kann, sich täglich ihrem Manne hinzugeben und sich schwängern zu lassen, muß es ihre Privatsache bleiben, ob sie das Kind austragen will oder nicht. Aber kein Gott und kein Teufel hat das Recht, unter Berufung auf seine höchsteigene Vorstellung vom Karmagesetz, die Austragung von ihr zu verlangen oder durch Androhung von Kerker zu erzwingen. Solange der leidende Mensch durch Polizeisäbel im Namen der Ordnung mit Gewalt daran gehindert wird, die Welt, an der er leidet, zu reformieren, solange muß es sein höchstes sittliches Recht bleiben, dieser Sauwelt neue Opfer vorzuenthalten.

Schweiß / »Im Schweiße deines Angesichts sollst du dein Brot essen!« Ein Fluch? Ein Segen! Schwitzen ist gesund und Brot essen auch. Wieviel dieses Bibelwort zur Diskreditierung der Landwirtschaft beigetragen hat, ist gar nicht zu ermessen!

Seele / Da Amerika keine künstlerischen Menschen hervorbringen will, ist die Technik kurz entschlossen an die Herstellung künstlicher Menschen gegangen. Man ersetzt die Seelen durch Selen, und die Sache klappt:
»Der Maschinenmensch auf der Wiener Frühjahrsmesse? Es schweben derzeit Unterhandlungen mit einer amerikanischen Gesellschaft, um es zu ermöglichen, daß auf der kommenden, in der Zeit zwischen dem 9. und 16. März stattfindenden Wiener Frühjahrsmesse der Maschinenmensch zur Vorführung gelangt, dessen Leistungen in Amerika bereits bei mehreren Ausstellungen Verblüffung hervorgerufen haben. Der Maschinenmensch, dessen Bewegungen bekanntlich durch Einwirkung einer Selenzelle hervorgerufen werden, vermag zu gehen, zu sprechen, Aufträge auszuführen, so daß tatsächlich das Ideal des künstlichen Menschen beinahe erreicht scheint.«
Wenn ein Mensch reden, gehen und vor allem Aufträge ausführen kann, ist das Ideal beinahe erreicht? Welche Eigenschaft fehlt denn noch, damit es ganz erreicht sei? 'S ist doch ohnehin alles da.

Sekrete / Das Sekrete ist das Geheime; die Sekrete sind heute für die Mediziner das Geheimnisvollste am menschlichen Körper; zwischen den Sekreten des Chefs und seiner Sekretärin bestehen mitunter geheimnisvolle Zusammenhänge, von denen seine Frau nichts wissen darf.

Selbstachtung / Es gibt Zeiten, die man im Kerker verbracht haben muß, will man weiter Achtung vor sich selbst haben.

Selbstbeherrschung / Die Selbstbeherrschung, die man zum Verbergen seiner Fehler braucht, genügte in den meisten Fällen, sie sich abzugewöhnen.

Selbständig / Selbständig denken werden heute bald nur mehr die können, die weder Zeitung noch Radio benützen.

Selig / Selig hängt mit dem englischen Wort silly = einfältig zusammen; nur wer einfältig ist, kann selig werden. Einfältig hat aber wieder zwei Bedeutungen: es kann soviel wie dumm heißen, es kann aber auch die innere Verfassung eines Menschen bezeichnen, der die große Einheit = Einfalt erfühlt hat, die allem zu Grunde liegt. Nur diese beiden, auf der tiefsten und auf der höchsten Stufe Stehenden können selig werden.

Sex / Wer behauptet, sexuelle Verbindung mit einem Menschen sei imstande, die wahre Liebe zu einem andern zu stören (an und für sich nämlich, denn unter Mithilfe der Einbildung und der Vorurteile des Ehepartners kann sie es), der ist ebenso geistreich wie einer, der die Gesetze des freien Falles auf die Elektrizität anwenden oder mit Hilfe eines Flaschenzuges die Gesetze der Optik demonstrieren möchte. Die wahre Liebe ist eine geistige, die Sexualität eine körperliche Naturkraft, und für beide gelten andere Gesetze.

/ Ist es möglich, daß ein Astronom sexuell ausartet? Ich halte es für ausgeschlossen. Der Anblick des gestirnten Himmels ist das beste Besänftigungsmittel für einen rebellischen Unterleib.

/ Schrecklicher Gedanke: Alle Leute, die da auf der Straße umherlaufen, haben eine Sexualität.

Sexualjustiz / Das tiefgründigste Werk über Sexualjustiz kann die Schweinerei dieser Rechtsbrechung durch »Rechtsprechung« nicht präziser charakterisieren als folgender Witz, den ich neulich, im Blätterwalde so für mich hingehend, gefunden und mit allen Würzlein ausgegraben habe (...):
»Richter: »Hat der Angeklagte in unerlaubten Beziehungen zu Ihnen gestanden?«
Zeugin: »Nein, Herr Amtsrichter, ich hatte es ihm erlaubt!««

Siebenstundenwoche / Ein Tagwerk Grund ist groß genug, einen Menschen ein Jahr lang vegetabilisch zu ernähren und zum Erzeugen naturgemäßer Nahrung braucht man nicht länger als zu ihrem Verzehren: eine Stunde pro Tag, 365 Stunden im Jahr oder acht Wochen. Acht Wochen Arbeit im Jahr auf eigener Erde, verteilt auf Frühling, Sommer und Herbst wären imstande, euch frei zu machen und davor zu bewahren, daß ihr euch aus Hunger verkaufen müßt. Vierundvierzig Wochen blieben euch noch für die Befriedigung aller anderen Bedürfnisse. Wo und wie und unter welchen Bedingungen ihr in diesen vierundvierzig Wochen arbeiten wollt, könntet ihr diktieren, denn ihr wäret frei und kein Hunger zwänge euch zur Annahme unwürdiger Bedingungen.

Sinnesverwirrung / Man kann sich nicht in einem Anfall von Sinnesverwirrung das Leben nehmen, wie die Selbstmordstatistik immer wieder behauptet. Man kann nur in einem dauernden Zustand der Sinnesverwirrung das Leben leben und verlockend finden.

Sklavenfreiheit / Unter dem schlichten Titelchen: »Wir werben!« wendet sich die Pfingstnummer der Wiener »Arbeiterzeitung«, um neue Parteimitglieder flötend, an den »heiligen Glauben des werktätigen Volkes an die trotz alledem kommende Welt der Freiheit, Gleichheit und Arbeit«. Arbeit? Wo ist denn die Brüderlichkeit hin? Die heilige Dreieinigkeit aller revolutionären Brüllaffen scheint in aller Stille einer kleinen Umgruppierung unterzogen worden zu sein, weil mit der Brüderlichkeit heute nicht einmal mehr Brüder etwas anzufangen wüßten. Da aber die Leute heute mit der Freiheit und Gleichheit ebensowenig anzufangen wissen, hätte man die Brüderlichkeit auch ruhig stehen lassen können. Jedenfalls erscheint mir die Arbeit (bei der man schwitzt) kein passender Ersatz für Brüderlichkeit (bei der man nicht zu schwitzen braucht) zu sein. »Wir rufen alle freiheitsliebenden Männer und Frauen, der Sozialdemokratie als Mitglieder beizutreten, um mit uns zu kämpfen … für die Wiederherstellung der republikanischen Freiheit!«, so rufen die, nein, wagen die zu rufen, die eben, ohne mit einem Ohrwaschel zu wackeln, der Vernichtung der republikanischen Freiheit zugesehen haben! Den Leuten ist nicht zu helfen! Sie bilden sich tatsächlich ein, es sei heute noch alles genau so wie im sozialdemokratischen Mai, als das Ansehen der Partei noch nicht durch Unfähige und Hosentrompetende verwirtschaftet war und alle revolutionären Phrasen aus eitel Stahl zu sein schienen und glänzten, während sie heute, vom jahrzehntelang auf sie einwirkenden Geifer Tausender Redner zerfressen, auch bereits dem Dümmsten nur mehr aus mattem Blech zu bestehen scheinen. »Wir wollen unsere Reihen stärken, um den nahenden entscheidenden Kämpfen um die Zukunft der Demokratie und der Arbeiterklasse gewachsen zu sein«, meckern sie munter und ihre Treuherzigkeit hat etwas so Entwaffnendes an sich, daß man sich darüber wundert, daß nicht sie die Polizei entwaffnet haben, sondern die Polizei sie. Sie ahnen wirklich nichts davon, daß sie die »entscheidenden Kämpfe« längst teils verloren, teils verschlafen haben und daß heute offenbar nicht einmal der überfallsartige Eintritt sämtlicher Österreicher in die sozialdemokratische Partei etwas helfen könnte, so lange niemand zu handeln wagt und sich die ganze Tätigkeit der Revoluzzer auf ein bißchen vorzensuriertes Maulen in der Arbeiterzeitung beschränkt. »Wir rufen alle Opfer der Weltkrise des Kapitalismus, sich mit uns zu vereinigen zum Kampf gegen die kapitalistische Gesellschaftsordnung, die den Arbeiter und Angestellten arbeitslos macht …« blödeln sie und kein »Roter Falke« aus der Taferlklasse fragt sie, welchen Vorteil denn eigentlich die kapitalistische Gesellschaftsordnung davon habe, die Leutln arbeitslos zu machen, wo es doch nach der Lehre des Marxismus ihr Ziel sei, sie gerade durchs Arbeitenlassen auszubeuten? Und niemand macht diese logischen Schwachmatiker darauf aufmerksam, daß nicht den Kapitalismus zu bekämpfen, sondern ihm zu helfen, die einzig sinnvolle Aufgabe jener sein kann, die unter der Arbeitslosigkeit leiden, also der sogenannten »Arbeitnehmer«, also auch ihrer Organisation: der sozialdemokratischen Partei! Werde ich es noch erleben, daß sie das begreifen? Werde ich es noch erleben, daß sie das Kotzen angeht, wenn sie Sätze niederschreiben wie diesen: »Wir rufen alle Arbeiter und Angestellten, unserer Partei beizutreten, um … mit uns für die Wiederherstellung … der Freiheit des Lohnkampfes zu kämpfen!«? Das ist die Höhe! Nicht dafür kämpfen sie, daß die Schweinerei des Lohnauszahlens überhaupt und mit ihr auch die Sklaverei von der Erde verschwinde, nein, sie kämpfen dafür, daß jeder Sklave die Freiheit habe, mit seinem Sklavenhalter um die Höhe des Lohns zu feilschen und sich herumzuraufen! Die gnädige Erlaubnis dazu empfinden diese Sklavenseelen schon als Freiheit! Und diese Freiheit ist jene Freiheit, die sie meinen! Mit solch einem Ideal, das nicht nur nicht des Schweißes der Edelen, sondern nicht einmal der Scheiße der Unedelsten wert ist, wollen sie Hitlern Anhänger abjagen! Ha, daß ich nicht kichere!

Sklavenmoral / Bei den Maifeiern demonstrierten die Arbeiter:
»Gegen den Faschismus
Für den Vierwochenurlaub
Gegen den Völkermord
Für den Sechsstundentag
Gegen jede Lohnkürzung
Gegen den Kapitalismus.«
So berichtet die sozialdemokratische Presse, naiv, wie sie im Grunde ist. Betrachtet man diese Ziele, für die da auf der Straße singend und fahnenschwingend demonstriert wurde, so bemerkt man mit Erstaunen: Es sind die Ziele von Sklaven. Mehr noch: es sind die Ziele von Sklaven, die es bleiben wollen. Wo blieb die Demonstration des Arbeiters gegen seine Unfreiheit? Wo seine Demonstration für die Aufteilung des Großgrundbesitzes und für ein eigenes Heim? Wo die Demonstration gegen seine Zinsknechtschaft? Ach, sie haben Arbeiterbanken, diese Proletarier! Ach, sie sind nicht für die Abschaffung des Zinses, sie sind gemäßigt: sie sind nur dafür, daß der Zins nicht erhöht werde! Ach, sie sind eingeschworen gegen die Aufhebung des

Mieterschutzes: wie könnten sie jetzt je wünschen, selber Hausherren zu werden? Ach, sie haben kein Gefühl dafür, wie entwürdigend es für einen Menschen ist, von einem andern Lohn zu empfangen! Sie sind nur dagegen, daß ihnen der Lohn gekürzt werde! Es fällt ihnen gar nicht ein, für andere nicht eine einzige Stunde im Tage gegen Bezahlung zu arbeiten, sondern sie kämpfen dafür, es bloß sechs Stunden tun zu müssen! Ach – o Gipfel der Komik! –, sie demonstrieren gegen den Kapitalismus, ohne den sie schon nach ein paar Wochen alle miteinander verhungern müßten!
Und vor den Führern, die sie so wunderbar besonnen leiten, defilieren sie »mit strammer Kopfwendung«, statt ihnen endlich einmal etwas anderes als das Gesicht zuzuwenden. Um aber auf eine solche Idee zu kommen, müßten sie ihre Lage unbeeinflußt betrachten und als arbeitende Sklaven von Fleisch und Blut organisch empfinden können. Sind sie aber, durch Fabriksmauern und den täglichen Jammer ihrer ungesicherten Existenz von aller Natur getrennt, überhaupt noch organische Wesen? Nein, sie sind organisierte. Daran liegt's.

Soldaten / Menschen, die bisher friedlich mit Seife und Matratzengradl gehandelt haben, werden von heute auf morgen, ohne zu wissen, wie ihnen geschieht, »Helden«, weil sie dumm genug sind, die Lügen der Zeitungen zu glauben, weil sie Betrügern, von denen sie zum Treueid gepreßt worden sind, aufsitzen und weil sie hinter bezahlten Leithammeln in die Schlacht rennen, in der Meinung, das aus allen diesen und nur aus diesen Betrugsfakten bestehende »höhere« Leben ihres Volkes erfordere ihren Tod. Und wenn ihnen während des Krieges ein Licht aufzugehen beginnt, dann werden sie neuerlich betrogen, dann veröffentlichen die Bonzen, die jedes Mißtrauen gegen ihre Glaubwürdigkeit von bezahlten Richtern mit Kerker bestrafen lassen, Rot- und Grün- und Gelb- und Blau- und Weißbücher mit Dokumenten, die beweisen sollen, daß die anderen Völker die Angreifer waren.

Soldatenmörder / Drahtnachricht des »Neuen Grazer Tagblattes«:

»›Im Reich angeklagt, in Österreich gefördert‹

Berlin, 28. März. Der Staatsanwalt hat gegen den Leiter einer sozialdemokratischen Kinderzeitung in Meißen die Anklage erhoben. Er hatte nämlich in dieser Zeitung geschrieben, daß man den jungen Soldaten Säbel und Gewehre in die Hände gebe, Mordwerkzeuge, mit denen man sie zum Soldatenberufe erziehe, denn »Soldat sein, heiße Mörder von Beruf sein«. Diese Worte bilden die Unterlage der Anklage wegen Beleidigung der Reichswehr.

Eine derartige Vergiftung der Kinder fehlt selbstverständlich auch unter den Methoden unserer einheimischen sozialdemokratischen Genossen nicht. Ganz besonders betätigt sich in dieser Weise der Vordernberger Volksschullehrer Gottfried Postl. Uns liegt das Diktatheft eines Schülers der 3. Volksschulklasse vor, das die geschmackvollen Gedankengänge dieses Pazifisten grell aufscheinen läßt. Da heißt es z. B. in einem Diktat zum Totengedenktag: »... im großen Krieg (Weltkrieg) viel alte und junge Männer getötet, totgeschossen (geschlachtet); ...« Und zum 12. November diktierte Genosse Postl den ihm ausgelieferten Schülern: »... Der große Krieg (Weltkrieg) ging zu Ende; die Soldaten rauften (kämpften) nicht mehr mit Leuten, die sie gar nicht kannten; sie kamen heim!« So schaut die Erziehung einer edlen Pazifistenseele aus, das kann bei uns ein sozialdemokratischer Lehrergenosse deutschen Kindern und Eltern ungestraft zu bieten wagen! So will man unsere Jugend die Blutopfer ihrer Väter und Brüder begeifern heißen!«

Man möchte Feuer speien, wenn man so etwas liest; man möchte weinen, daß sich kein österreichischer Staatsanwalt findet, der einem den Genuß eines Wahrheitsbeweises gönnt, der die beim rechten Namen nennt, die sich im Schießen und Bajonettfechten üben, um dereinst mit gesteigerter Fertigkeit Menschen erlegen und Väter und Brüder anderer abstechen zu können, aber man muß sich bescheiden und sich darüber freuen, daß ein solches Zuckerl von einer Notiz die allerdings längst bekannte Tatsache, daß die deutschnationale Partei unbestreitbar die dümmste aller

Parteien ist, wieder einmal besonders »grell aufscheinen« läßt. Denken können sie nicht, fühlen können sie nicht, schreiben können sie nicht, Deutsch können sie nicht, aber die Schrift können sie leiten, daß es der Sau graust und Tintenopfer bringen sie unerhört und lassen sie in »Folgen« erscheinen und an »Anschriften« versenden. Die wahren Folgen aber sind die Blutopfer der Kinder, die heute schon seelisch bearbeitet werden sollen, damit sie sich als Brüder und Väter im nächsten Großraufhandel um die Absatzgebiete des deutschen Exports unter den zustimmenden Heilrufen dieser Hosentrompeter bei den Schriftleitungen des Hinterlandes anstandslos vergasen lassen. Und nicht einmal diese Blutopfer sind wahr, denn wer sich als Berufsmörder kostümiert und ausgeht, Menschen, die er nicht kennt, auf den Befehl von Menschen, die er ebenfalls nicht kennt, zu ermorden, der bringt kein Blutopfer, wenn er bei einem solchen Unternehmen auf einem Schlachtfeld geschlachtet wird. Blutopfer haben im vergangenen Kriege lediglich jene edlen Pazifistenseelen gebracht, die sich geweigert haben, Wehr und Waffen und ähnliche Handwerkszeuge des Menschenfleischhauergewerbes in ihre reinen Hände zu nehmen.
Ehre und Anerkennung diesem Volksschullehrer Gottfried Postl, der deutschen Kindern die Wahrheit sagt, um deutschen Müttern Tränen zu ersparen. Möge ihm das so sicher gelingen, wie es ihm nie gelingen wird, diesen heldisch empfindenden Tintenfaßgeistern klarzumachen, daß das deutsche Wort Schlacht vom Schlachten kommt.

Sowjetisches / Statt eines Zaren thronen jetzt deren mehrere oben, das ist der ganze Unterschied. Nichts weiter ist eingetreten als ein sozialer Schichtenwechsel. Nicht den Kapitalismus haben sie dort abgeschafft, sondern nur eine andere Menschenklasse zu Kapitalisten gemacht. Nicht das Elend haben sie abgeschafft, sondern nur eine andere Menschenklasse ins Elend gestoßen. Nicht die Gefängnisse, nicht die Verbannung nach Sibirien wurde aufgelassen, nein, nur andere Menschen werden jetzt dorthin deportiert. Wenn aber, wie es vor einiger Zeit geschehen ist, in unserer Küche ein schweigsamer, obdachsuchender Mann in den Resten einer zerschlissenen fremdländischen Uniform sitzt und eine Suppe löffelt, der sich dann hinterher als russischer Graf entpuppt, so ist ein Unterschied zwischen diesem und jenem Elend nicht zu entdecken. Die unmöglichen Lebensumstände jedoch, die zur Entwicklung des Kapitalismus geführt haben und wo sie herrschen, sei es auch auf dem Monde, zur Entwicklung des Kapitalismus führen müssen, die waren von allen Reformversuchen ausgenommen. Wieder herrschen die Wenigen über die Vielen, denn Rußland hat 7% Industriearbeiter und 89% Bauern; wieder wird regiert, daß die Schwarten aller Andersgesinnten krachen, wenn auch der Absolutismus nicht mehr individualistisch, sondern kollektivistisch in Erscheinung tritt. Wieder wird Soldaten gespielt und hingerichtet, und alle durch die Bourgeoisie ehemals von Adel und Kirche übernommenen Methoden feiern, kaum verändert, im sozialistischen Musterstaat eine fröhliche Auferstehung.

/ In Rußland wurde der Charleston von der Sowjetregierung verboten; als Ersatz hat die Regierung einen neuen Tanz eingeführt, der den Namen »Die Maschine« führt und bei dem die Arme das Ventil einer Dampfmaschine imitieren, während die Füße gleichzeitig den Schmiedehammerschlag dazu stampfen. Die dazu komponierte Musik imitiert die Geräusche von Fabriken. Muß das schön sein!

/ Ich bin zwar sehr für Rohkost und für eine weitgehende Befreiung der Frau von der Tyrannei des Kochens, aber als ich las, daß der Vorsitzende des obersten Wirtschaftsrates in der Sowjetunion, Kubyszew, angeordnet habe, daß in sämtlichen russischen Neubauten in Hinkunft alle Wohnungen ohne Küchenräume gebaut werden sollten, »da die Sowjetbevölkerung (plötzlich sind sie eine Bevölkerung und keine befreiten Proletarier mehr!) zur Speisung in Gemeinschaftsküchen anzuhalten sei, denn die Unterhaltung eines eigenen Familienhaushaltes sei ein Überbleibsel der Bourgeoisie«, da hatte ich nur den einen

Wunsch, daß irgendeine resche »Proletarierin« hergehen und diesem Kubyszew den letzten Hefen, der ihr aus bürgerlicher Zeit verblieben ist, aufsetzen möchte. Da übermannte es mich! Denn so sehr ich mich auch anstrengen mag, revolutionär zu sein, solche Höhe wird mir ewig verschlossen bleiben: meine Ernährung, also das Zusammenhalten meines Leibes mit meiner Seele, einem mit allem möglichen chemischen Mist sudelnden Gemeinschaftsküchenpächter anzuvertrauen, der weniger auf meine Ernährung als auf die Mästung seines Beutels aus ist.

Sozialdemokratie / Sklaven-Weltanschauung. Ansicht, daß es etwas Natürliches sei, um Lohn für andre zu arbeiten und daß nur die Lohnverhältnisse, nicht aber die Verhältnisse, die zum Lohn führen, reformbedürftig seien.

/ Man hat den Eindruck, daß es nicht mehr allzulange dauern wird, bis auf der Partei zwischen den drei Pfeilen hervor die Schwammerln wachsen werden. So geht's eben nicht, meine Herren Proletarier! Erstens kann man nicht mit Trotteln eine Republik gründen, so fängt die Geschichte einmal an. Zweitens kann man nicht einen Bund zum Schutz dieser Republik von zivilistischen Hosentrompetern und jüdischen Kaffeehausliteraten kommandieren lassen. Drittens kann man nicht kämpfen und zugleich Pazifist sein wollen. Viertens kann man in einer Zeit, in der alle Räder von selber stillstehen, niemanden mit der Drohung, sie stillstehen zu lassen, schrecken. Fünftens kann man in Tagen stagnierender Industrie mit marxistischen Ideen nur insofern operieren, als man die Bücher, die sie enthalten, als unverwendbar in den Ofen steckt. Sechstens sind Waffen nicht dazu da, vergraben zu werden. Siebentens kann man nur mehr alten Weibern, die an Greisenschwachsinn leiden, damit imponieren, daß man die Verantwortung für die wenigen Opfer, die noch vor kurzem die Verteidigung der Arbeiterrechte gekostet hätte, aus Gewissenszartheit ablehnt, während das Fell dick genug ist, die Verantwortung für die tausendmal größeren Opfer auf sich zu nehmen, die dereinst die Rückeroberung dieser Rechte kosten wird. Aber damit hat es noch gute Wege; bis dahin werden wohl alle diese armen Häute, die sich heute ihrer Haut nicht wehren, der Mühe überhoben sein, ihre Haut zu Markt zu tragen, weil sie längst alle verwest sein werden. Und das ist die Hauptsache. Man riecht ja jetzt schon den Verwesungsgeruch, wenn man eine feine Nase hat. Und dabei leben sie noch, knirschen zwischen den Zeilen in ihrem vorzensurierten Zentralorgan mit den kariösen, zum Beißen nicht mehr tauglichen Zähnen und machen sich über die Kleinheit eines Bundeskanzlers lustig, der noch immer groß genug ist, sie alle aus dem Handgelenk in die Tasche zu stecken. Drei Pfeile haben sie noch und gehen mit ihnen stolz auf der Straße spazieren; den Bogen dazu aber lassen sie aus Verantwortungsgefühl immer krampfhaft zu Hause. Vielleicht aber haben sie ihn auch nur so gut für den »Ernstfall« aufgehoben, daß sie ihn jetzt in der Hitze des Abwirtschaftens gar nicht finden können.

/ Niemand anerkennt dankbarer als ich die Arbeit, die die sozialdemokratische Partei auf so vielen Gebieten bis heute geleistet hat, aber sie bekämpft leider immer nur die Folgen und um die Ursachen macht sie einen großen Bogen. Sie versucht durch Errichtung mustergültiger Kindergärten den Kapitalismus zu bekämpfen. Das geht nicht, das geht wirklich nicht. Und es geht dann schon gar nicht, wenn's einem mit dem Bekämpfen gar nicht ernst ist, gar nicht ernst sein kann. Denn im Moment der Vernichtung des Kapitalismus gäbe es keine »Arbeiter«, und was täte die Sozialdemokratie ohne Menschen, die – noch dazu mit Stolz! – diesen unsinnigsten Titel, der je erfunden worden ist, tragen. Kein Volk des Altertums kannte diese Bezeichnung und Sie werden in keinem lateinischen oder griechischen Lexikon ein Wort finden, das nur annähernd so etwas Unnatürliches bezeichnet. Damals nannte man die Dinge beim rechten Namen, damals gab's nur Sklaven. Und auch heute gibt es nur solche. Denn ein Freier arbeitet nicht für andere.

/ Der Fehler der Sozialdemokraten war der, daß sie sich offensichtlich entschlossen hatten, mit der Revolution so lange zuzuwarten, bis die Kapitalisten sie gestatten würden.

»Soziale Frage« / Die Bezeichnung »soziale Frage« ist nichts weiter als ein schöner Ausdruck für die heillose Verwirrung, in die die Menschen geraten sind, seit ihr Leben nicht mehr unter allen Umständen gesichert ist. Ein fremder Staat verhängt eine Blockade über ein Land und die Menschen dieses Landes verhungern; eine Regierung versucht sich im Banknotenfälschen und Millionen Kleinrentner gehen zu Grunde; ein paar Gauner in der Wallstreet spekulieren und Millionen Arbeitslose liegen auf der Straße; eine Mode kommt ab und Hunderte Fabriken müssen zusperren; bei einer Versicherungsgesellschaft wird gestohlen und Hunderte Leute verlieren die Ersparnisse ihres Lebens; ein Vorgesetzter wird unverschämt und ein ehrlich empörter Angestellter kann morgen sich und seine Familie umbringen; ein gesetzlich geschützter Obergauner wird ermordet und ein ganzes Land muß aus Prestigegründen in den Krieg ziehen; ein Hund benimmt sich unter einem Haustor unanständig, der Hausherr kündigt und eine Familie ist obdachlos; ja, es brauchen nur, wie wir es erst in den letzten Tagen erlebt haben, durch die Idiotie von ein paar Bahnbeamten einige Bahnhöfe mit Transportmitteln verstopft zu sein, so daß Waggonmangel eintritt und sogleich setzen Bergwerke Hunderte von Arbeitern auf die Straße! Das sind Zustände, die vielen schon unerträglich sind und eines Tages allen unerträglich werden müssen. Das Leben der wenigen Allerärmsten war wohl auch in früheren Zeiten ungesichert, aber die allgemeine Epidemie des In-der-Luft-Hängens ohne Boden unter den Füßen ist kaum hundert Jahre alt und eine Folge der Entwicklung des Kapitalismus, eine Folge der Fortschritte der Technik und des Maschinenbaues, eine Folge der Industrialisierung des Lebens. Wir alle wissen genau, daß die soziale Frage nur durch das Großwerden dieser Mächte entstanden ist; so steht es sogar im Lexikon des Bürgers. Fällt es deshalb aber auch nur einem ein, sie durch das Wieder-klein-

Kriegen dieser Mächte lösen zu wollen, wie es einzig und allein logisch wäre? Keine Idee! (…)
Die soziale Frage im weitesten Sinne des Wortes, also der schreiende Unterschied zwischen den Lebensbedingungen der von Natur aus mit der gleichen Leidensfähigkeit ausgestatteten Menschen, ist dadurch entstanden, daß eine Minorität von Menschen über eine Majorität zu herrschen anfing; und zwar früher hauptsächlich durch Gewalt und den Staats- und Kirchenzauber, heute vor allem durch die verruchte Maschinerie des verfluchten Geldes. Sie kann nur dadurch gelöst werden, daß dieser Zustand aufhört. Befreien aber muß sich jeder selber. Sich von der Gewalt zu befreien, war dem einzelnen unmöglich; von ihr frei zu werden, gab es nur ein Mittel für den einzelnen: den Tod. Viele sind in alten Zeiten diesen Weg gegangen. Sich von der Macht des Geldes zu befreien, ist dem einzelnen wohl möglich; denn es gibt eine wunderbare Kraftquelle, der gegenüber das Geld ohnmächtig ist: die Erde. Sie garantiert unter allen Umständen dem Menschen seine Urbedürfnisse: Nahrung, Kleidung, Wohnung und Liebe. Nur dort, wo diese gesichert sind, kann der Mensch gedeihen, nur dort, wo er sich nicht mehr um diese zu sorgen braucht, ist er fähig, zu Kunst und Kultur fortzuschreiten. Jeder Mensch, der nicht gerade arbeitslos ist, kann sich auch heute noch, und sei es durch jahrelanges Sparen, Hungern und Entbehren, das bißchen Land, das (…) zur Ernährung einer Familie notwendig ist, kaufen oder zumindest auf lange Jahre hinaus für einen Pappenstiel von einem Großgrundbesitzer oder Stifte pachten; er braucht deshalb, ja, er darf deshalb gar kein »Bauer« werden (…). Jeder kann sich auf dieser seiner Erde, die die Kraft eines Prometheus in seine Arme strömen lassen wird, eine Bretterbude bauen, die millionenmal mehr wert ist als eine Käfigwohnung in einer Zinskaserne, denn sie wird ihm dereinst zum Tempel der Freiheit werden. Ein Geschlecht von zusammengepferchten, in tausenderlei Arten von Abhängigkeit zitternden Knechten wird jeder Schurke am Gängelband führen können; ein Geschlecht von Freien nie.

Spekulation auf die Sinnlichkeit / »Die sexuelle Schmutzliteratur spekuliert auf die Sinnlichkeit und versucht durch deren Erregung ihr Geschäft zu machen.« (Abgeordnete Berta Pichl.) Ich möchte den sozialdemokratischen Abgeordneten den Vorschlag machen, im Anschluß an diese Enthüllung ein Gesetz zu beantragen, das die Ausstellung von Delikatessen in Schaufenstern unter Strafsanktion stellt. Spekulieren mit einer solchen Schaustellung die Geschäftsinhaber vielleicht nicht auf die Sinnlichkeit und suchen sie nicht auch durch deren Erregung ihr Geschäft zu machen? Und ist dieses Treiben nicht noch weit gefährlicher, da bei sexuellen Übertreibungen die Natur von selbst einen Riegel vorschiebt, während es beim Zuvielfressen zum Platzen und zu Erstickungsanfällen kommen kann? (Die Parallele zwischen Hunger und Liebe, die wir Schiller verdanken, ist bis auf die implicite behauptete Gleichbedeutung von Sexualität und Liebe überhaupt gar nicht so uneben, wie man nach ihrer Herkunft glauben sollte. Sie ließe sich mit Leichtigkeit noch über ein paar Seiten ausspinnen und wäre durchaus tauglich zum Beweise, daß selbst das Essen, insbesondere insoferne das eigene Vielfressen die anderen zum Hungern zwingt, mit der Ethik weitaus mehr zu tun hat als das Sexuelle.) Und wie ist's mit dem Staat? Spekuliert nicht auch er, zum Beispiel durch die Versendung seiner Prospekte für die Klassenlotterie, auf das Verlangen der Menschen nach sinnlichen Genüssen? Und wo, wenn man fragen darf, steht es denn geschrieben, daß die Erregung eines Naturtriebes verwerflicher sei als die eines Geschäftstriebes? Und nun gar die Weiber. Spekuliert nicht jede auf die Sinnlichkeit der Männer, sucht nicht jede – auch die Frau Pichl! – wenigstens einmal im Leben durch deren Erregung ein Geschäft zu machen? Gehörten sie also nicht alle samt und sonders eingesperrt? Und die Natur, die ihre Existenz einzig und allein einer solchen Spekulation verdankt? Und Gott, der die Anziehungskraft der Geschlechter auf einander geschaffen hat, damit er in der Hölle was zu braten und zu blasen habe? Man sieht, die Gründe für das Entstehen einer sexuellen »Schmutzliteratur« sind gleichzeitig die Urgründe der Welt, ja sie sind geradezu katholisch, das heißt auf deutsch: allumfassend. Weshalb will man sie nur auf einem so beschränkten Gebiete unter Strafe stellen?

Spermatozoon politikon / Spermatozoon idiotikon.

Spezialisten / Spezialisten sind Leute, die von immer weniger immer mehr wissen.

Spiel / Nehmt die Schule nicht zu ernst, denn die Schule ist ein Spiel! Nehmt das Leben nicht zu ernst, denn auch das Leben ist ein Spiel. (...) Für Schwachbegabte möchte ich hier anmerken, daß die Aufforderung, das Leben als Spiel zu betrachten, keine Aufforderung ist, mit dem Leben zu spielen. Wer mit dem Leben spielt, kommt nie zurecht, wer aber das Leben nicht als Spiel betrachtet, der kommt immer zu spät. Wenn es vorüber ist, wird er eines Tages merken, was es hätte sein können, und sich die Haare ausreißen wollen. Aber er wird keine mehr haben.

Spießer / Die Idealität des Spießers besteht im Streben nach einer Realität.

/ Es gibt auch Spießer des Nichtspießigseinwollens.

Sport / Wirklich erreicht wurde durch ihn lediglich eine Vergrößerung der Hast und des Tempos, eine lächerliche Hochachtung vor Zehntelsekunden, Zentimetern und Dekagrammen, eine Blindheit gegen körperliche Monstrositäten, die aber allein imstande sind, Weltrekorde zu gebären, eine blöde Vereins- und Nationalmeierei und eine noch tiefere Mißachtung für alles, was nach Geist auch nur schmeckte.

Sprache / Die Sprache! Kein Gesetz schützt sie, kein Amt verfolgt ihre Schänder, weil sich sonst jeder selber bei jener Nase packen müßte, die lediglich zum Hineinstecken in fremde Angelegenheiten bestimmt ist, jeden fliegenden Tintenfisch von Reporter läßt man ungestört an ihr herumbasteln und jeder größenwahnsinnige Esel von Intelligenzler darf sich ungestraft einbilden, er »beherrsche« sie.

Sprachwissenschaftler / Ihr Narren! Die Worte spielen mit euch und machen sich lustig über eure schwachsinnigen Ideale. So wenig ihr das Wesen der Pflanzen durch das Zählen ihrer Staubgefäße enträtseln könnt, so wenig könnt ihr das Wesen der Sprache ergründen durch Registrieren ihrer Stammbildungen und Flexionsendungen.

Staatsanarchismus / Jeder Staat huldigt der anarchistischen Weltanschauung: Er will von keinem andern beherrscht werden. Wenn sich aber ein Bürger dieselbe Ansicht erlaubt, dann bekommt er es mit den Pratzen der Obrigkeit zu tun, die sich die Niedrigkeit zur Durchsetzung ihrer Belange installiert hat.

Staatsautorität / Alles, was an der Krippe sitzt, süße Diäten nascht und den Entbehrenden diätetische Vorschriften macht; alles, was teils in den Akten schmiert, teils über ihnen schläft; alles, was vom »Volkswohl« quatscht und das eigene Wohl meint; alles, was sich für berufen hält, weil es von der Dummheit auserwählt ist; alles, was durch Regieren das Negieren alles wahren Wertes geschäftsmäßig betreibt und sich daher das Zentrum der Welt dünkt, während es nur ihr Zündloch ist. (...) Sie behauptet immer fort, von »unverantwortlichen Elementen« »untergraben« und »erschüttert« zu werden und möchte durch solche Reden verbergen, daß sie das einzige wirklich unverantwortliche Element auf Erden darstellt, an dessen Fundament nichts zu untergraben und zu erschüttern ist, da es seit eh und je hohl war und ist, denn auf den Hohlkopf der Menschheit ist sie gegründet. Man braucht sich wahrhaftig nicht die Mühe zu nehmen, diese alte Verbrecherin, diese Mörderin, Erpresserin, Räuberin, Verleumderin und Banknotenfälscherin, die an allen Straßenecken und hinter allen Schaltern schaltet, auf ihre Opfer lauert und einem das Geld aus der Tasche stiehlt, ohne hineinzugreifen

– man braucht sich wahrhaftig nicht die Mühe zu nehmen, dieses Wildschwein in Uniform »herabzusetzen«, da es – auf den Untertanenverstand bauend – von früh bis spät selbst mit nichts anderem beschäftigt ist und im übrigen so tiefstehend ist, daß es gar nicht mehr tiefer herabgesetzt werden kann. Früher merkte man es nicht so sehr, aber seit der Kriegs- und Nachkriegszeit schwant es selbst dem Dümmsten, daß es im politischen Saustall nicht mit richtigen Dingen zugehen könne. Je komplizierter und verworrener die soziale Maschinerie wird, desto betrügerischer wird sie auch und desto offenbarer wird die Unfähigkeit derer, die an ihren Hebeln regierenderweise herumlangfingern und glauben, mit mittelalterlichen Methoden heute noch Staaten leiten zu können.

Staatsfeindlichkeit / Feindschaft gegen den Staat führt unter allen Umständen automatisch zu einer Art echten Christentums, während Mißachtung echten Christentums automatisch zum Staat führt. Und da reden die Leute etwas von christlichen Staaten! Aber niemand spricht von einem staatlichen Christentum.

Staatsgewalt / Dem Wesen seiner Natur entsprechend ist jeder Mensch genötigt, sich täglich für kurze Zeit in die Verborgenheit zurückzuziehen und dort einer Beschäftigung zu huldigen, die einen wenig erfreulichen Anblick bietet, obwohl dabei das Innerste des Menschen an den Tag tritt.
Ebenso ist auch der Staat dem Wesen der Natur entsprechend täglich genötigt, sich einer Beschäftigung hinzugeben, die einen ebensowenig erfreulichen Anblick bietet, obwohl auch bei ihr das Innerste des Staates ans Licht tritt. Diese Tätigkeit ist das Verüben von Gewalt. Anständige Staaten ziehen sich zur Ausübung dieses Geschäftes auch in die Verborgenheit der Justizgebäude etc. zurück und reden aus Anstandsgefühl nicht viel von ihr. Es gibt aber auch unanständige Staaten, die zu diesem Geschäft auf die Straßen und in die Öffentlichkeit eilen und dort alle Wände mit ihren Losungen beschmieren und alle Nachbarn mit ihnen anzuschmieren versuchen.

Solche schweinische Staaten müssen entweder erzogen oder ausgerottet werden.

Staatsordnung / Und solange in einem Kopfe die Vorstellung der derzeitigen staatlichen Ordnung als Ideal verankert ist, einer »Ordnung«, die es ermöglicht, daß nebeneinander der Eine am Hunger, der Andere am Zuvielfressen stirbt, solange ist in diesem Kopfe kein Platz für ein menschenwürdigeres Ideal.

Stadt / Schade um jedes Wort zur Verteidigung der Großstadt. 40% der Bewohner einer großen Stadt beschäftigen sich mit der Herstellung des Überflüssigen, 20% machen absolut Blödsinniges, 10% tun überhaupt nichts, 10% befassen sich mit dem Quälen und Ausbeuten anderer, und die restlichen 20% haben damit zu tun, den übrigen 80% ihr schädliches Tun zu erleichtern und seine üblen Folgen möglichst zu verhindern. Alle diese Leute leben nicht, sondern sind zum Leben durch den Nabelstrang verurteilt. Die Richtigdenkenden leben auf dem Lande; ihr Wahlspruch steht im »Götz von Berlichingen«. In der großen Stadt – heißt es in Nietzsches »Zarathustra« – ist die Hölle für Einsiedlergedanken. Hier werden große Gedanken lebendig gesotten und klein gekocht. Hier verwesen alle großen Gefühle. Dampft nicht diese Stadt vom Dunst geschlachteten Geistes? Siehst du nicht die Seelen hängen wie schmutzige Lumpen? Sie hetzen einander und wissen nicht, wohin. Sie erhitzen einander und wissen nicht, warum. Sie klimpern mit ihrem Bleche, sie klimpern mit ihrem Golde; sie sind alle siech und süchtig an öffentlichen Meinungen. Hier fließt alles Blut faulicht durch alle Adern. Speie auf die Stadt der klebrigen Finger, der Aufdringlingen, der Unverschämten, der Schreib- und Schreihälse, der überheizten Ehrgeizigen. Mich ekelt vor dieser großen Stadt. Ich wollte, ich sähe schon die Feuersäule, in der sie verbrannt wird; denn wo man nicht mehr lieben kann, da soll man vorübergehen.

Stände / Eine neue Mode ist heute in verschiedenen Staaten Europas ausgebrochen: Die leitenden Obertanen vergießen Krokodilstränen über die Zerrissenheit der leidenden Untertanen und versuchen, die von der Demokratie verschuldete Spaltung der Völker in Klassen durch ihre wirtschaftliche Spaltung in Stände zu heilen, denn gespalten muß werden und ohne divide gibt's kein impera. Diese Stände, die da vor allem durch die ausgiebige Behandlung der Untertanen mit dem Standrecht zustande kommen, bilden zusammen dann den sogenannten autoritären Ständestaat, einen Staat, in dem alles, was Auto fährt, automatisch Autorität begehrt und das Mikrophon, ein Wort, das bekanntlich aus den Stämmen mikros = klein und phonein = tönen gebildet ist, in den Dienst aller Ungebildeten gestellt wird, alles Kleine zum Tönen bringt und den unbedeutendsten Stimmen Lautsprecherstärke verleiht.

Steiner, Rudolf / Den Westen mit dem Osten versöhnen, das hat schon der theosophische Querkopf Rudolf Steiner versucht. Alle Hühner lachen darüber. Und wer die Liebe und Weisheit, das Ethos und die Ästhetik des Ostens mit der Tatkraft europäischen Ingenieurgeistes vereinen will, der kann auch das Feuer mit Wasser vereinen wollen, weil er eine mildere Wärme wünscht. Herauskommen wird aber dabei nichts weiter als eine rauchende und stinkende Brandstätte. Denn der Osten hat noch Geist, der abendländische Geist aber ist heute weiter nichts mehr als so eine Art Weingeist zum täglichen Einreiben eines todmüden Körpers, um ihn zu befähigen, im täglichen Fortschritt weiter mechanisch die Beine zu bewegen, bis er eines Tages auch das nicht mehr können, hinfallen und nie wieder aufstehen wird.

Steuer / Mögen die Regierungsarten und -formen wie immer heißen, wie immer politisch gefärbt und weltanglotzlich aufgetakelt sein, die Hauptsache bleibt immer und überall das Steuerzahlen. Der Weltanschauungssalat, mit dem dieses Steuerzahlen garniert wird, um es schmackhafter zu machen, ist nur in den Augen derer von Bedeutung, die nicht alle werden.

Steward / Der Name des Mannes, der die feinsten Damen und Herren der Welt auf den großen Ozeandampfern bedient, der Name Steward kommt vom angelsächsischen Wort stigweard, das – es ist nicht zum Glauben – soviel wie Schweinestallaufseher bedeutet!

Stil / Ein Schriftsteller ohne Stil ist ebensowenig wert wie eine Hacke ohne Stiel; beide haben lediglich den Materialwert und sind zu ihrem eigentlichen Zwecke unbrauchbar. (Der Materialwert eines Schriftstellers besteht in dem Wert der Tatsachen, die er dem Leser mitzuteilen hat; das künstlerische Wie dieser Mitteilung ist sein Stil.)

Strafe / Man verhängt eine Strafe, damit niemand genau sehen kann, wie sie aussieht, denn das könnte die Lust zu strafen bedenklich herabmindern.

Strafgesetz / Strafgeschwätz.

//

Tag des … / Um den ganz darniederliegenden Modewaren-, Blumen- und Zuckerlgeschäften zu helfen, wurde vor ein paar Jahren das Fortpflanzungsgeschäft in den Dienst der Reklame gestellt und der sogenannte »Muttertag« in jenes versaute Leben gerufen, das einem heutzutage die armen Mütter schenken müssen, in der stillen Hoffnung, dafür alljährlich als Gegengeschenk einen Buckelfetzen von Krupnik zu bekommen. Der Erfolg dieses Tages bei allen jenen, die nicht alle werden, erregte den Grimm der Tabak-Trafikanten und sie ruhten nicht eher, bevor nicht auch ein »Vatertag« die traurige Dunkelheit des schwachen Rauchwarenabsatzes erhellte. Diesem folgte, um den Verlegern aus ihrer Verlegenheit zu helfen, der »Tag des Buches« und heuer haben die Musikalienhändler entdeckt, daß auch sie der Pflege bedürftig wären, und uns einen »Tag der Musikpflege«

beschert. Der »Tag der Gehirnpflege«, den ich vorschlagen würde, hat keine Aussicht durchzudringen, da mit ihrem Hirn alle ausnahmslos sehr zufrieden sind.

/ Der Brauch, die zusammenhängende Nebelnacht, in der wir zu leben verdammt sind, durch Veranstaltung von sogenannten »Tagen« belebend abzuteilen, daß sie sich bajazzrhythmisch regt, bürgert respective bourgoisiert sich immer mehr ein. Jede Corporation von Gemischtwarenhändlern hat heute schon ganz im Geheimen ihren Greißlertag, von dem kein Lied, kein Heldenbuch berichtet. Zu den Tagen aber, von denen der in die Finger der Journaille geratene Griffel der Klio immer wieder berichtet, zu diesen Spartagen zur Kaperung von Opfern der nächsten Inflation und eines noch in Abrahams Wurstkessel ruhenden künftigen Schumpeter, zu diesen Fremdenverkehrstagen zur Wahrung der Interessen der Wurzerei, zu diesen Muttertagen zur Unterstützung der Blumenhändler, die schwer unter dem Schwinden der Ideale zu leiden haben, zu diesen Gastwirtetagen zur Stärkung des Alkoholkapitals, zu diesen Beethoventagen zur lügenhaften Ausschrotung des Genies für die Nachkommen jener Quadratschädel, die ihm das Leben zur Hölle gemacht haben, zu diesen Rattengroßkampftagen zum Beweis der intellektuellen Überlegenheit des Nagetieres über den Menschen, zu diesen Journalistentagen zur Beratung der Modalitäten einer noch gründlicheren Verblödung der Menschheit – zu allen diesen Tagen ist in der letzten Zeit ein neuer Tag hinzugekommen, dessen Morgenrot wir schon lange erwartet haben: der Richtertag.

Tag des Buches / Welcher symbolistisch veranlagte Budelhupfer, der nicht nur durch den Ausbau und die Vertiefung des Absatzes den Umsatz heben wollte, sondern daneben auch noch den Vorsatz, sinnig zu sein, gefaßt hatte, mag wohl auf die Idee gekommen sein, ausgerechnet den Todestag Goethes als Wiedergeburtstag des Buches zu verwenden? Welcher geschäftlich betamte Untam hat die Ironie, die in der Verbindung gerade dieses Tages mit gerade solchem Zwecke liegt, nicht gefühlt, diese Ironie, die nach einem Worte des Sterbetagskindes vom 22. März ihrer selbst spottet und nicht weiß, wie? Warum wird der Tag, an dem der Geist Goethes diese Welt des Handels verlassen hat, nicht dazu verwendet, diesen Geist durch Einstampfen des größten Teils der heutigen Literatortur zu beschwören, sondern dazu, den Mitarbeitern der »Muskete« und der »Österreichischen Woche« Gelegenheit zur Abgabe von Autogrammen zu geben, statt ihre Leser durch Veranstaltung von Autodafés vor Verblödung zu retten? Und wann werden die Papiergeschäftsinhaber endlich einmal verlangen, daß der Erscheinungstag der Erstausgabe des »Götz von Berlichingen« in deutschen Landen offiziell als Tag des Klosettpapiers gefeiert werde?

Taufe / Neulich las ich in einem evangelischen Kirchenblättchen: »Taufen heißt eigentlich ›eintauchen‹«. Da ich ein Österreicher bin, würde ich statt eintauchen lieber eintunken sagen und das heißt auf hochdeutsch: Jemanden in eine üble Lage bringen. Was wunderbar stimmt.

Technik / Niemandem fällt es ein, zu leugnen, daß die Maschine vollkommen ist, aber niemand kann auch bestreiten, daß der Mensch ihr immer vollkommenerer Sklave wird. Hat sich was mit dem Gerede: Wir haben die Natur besiegt und uns ihre Kräfte dienstbar gemacht! Besiegen kann man nur jemanden, der gegen uns kämpft. Der Natur fällt das nicht ein; sie ist gleichgültig und folgt ihren unabänderlichen Gesetzen. Wir müssen verflucht vorsichtig mit ihr umgehen und uns ganz genau ihren Vorschriften fügen, wollen wir sie »besiegen«. Wir müssen unseren Maschinen dienen von früh bis spät, aber wir müssen es aufgeben, den Menschen zu dienen, wollen wir an den Naturkräften, von denen wir meinen, sie »dienten« uns, mitschmarotzen. Das Wasser will zu Tal und es ist ihm ganz gleichgültig, ob es einen Felsen hinunterdonnert oder durch ein Turbinenrohr fällt und so nebenbei elektrische Energie erzeugt, damit wir mit ihr einen Zeitgenossen, der zum Gehen zu ausgefressen ist, per Bahn in die besiegte

Natur befördern können oder mit ihr als Licht ein Nachtlokal beleuchten, in dem alle Paare nur den einen Wunsch haben: daß der Teufel die Technik hole und es finster werden möge. Der Erfolg freilich ist »kolassal«, denn unsere Großväter – man denke – haben noch mit Kienspan beleuchtet! Mit Kienspan haben sie wohl beleuchtet, aber kein Nachtlokal, weil's keins gegeben hat, und wenn der Kienspan zu stark gestunken hat, haben sie ihn ausgelöscht und sich aufs Ohr gelegt, während wir bald auf der Nase liegen werden. Sie haben zwar keine Naturkraft besiegt, sich dafür aber ihre eigene erhalten.

Teppert gemacht / Ein Bild der heutigen Welt: Die einen müssen geistig so viel arbeiten, daß sie davon teppert werden, die andern müssen körperlich so viel schuften, daß sie davon teppert werden, und die dritten machen überhaupt nichts und werden davon teppert. Die Führer aber bemühen sich, alle drei durch Radio und Presse in diesem Zustand zu erhalten und womöglich noch tepperter zu machen, denn sie sind noch immer nicht so teppert, daß sie ganz ungefährlich wären.

Theologen / Theoverlogen.

Tod / Ein zu Ende gelebtes Leben, das nicht – ich möchte fast sagen: automatisch – dazu führt, den Tod als wahren Segen und als eine Art Genesung zu empfinden und zu ersehnen, war verfehlt und ist nicht erfüllt. Es muß und wird noch einmal gelebt werden müssen, bis der einzige »Zweck« des Lebens: das Verlangen nach Leben zu überwinden, erreicht ist.

/ Da hilft nur eines: den Tod für etwas Sinnvolles zu halten, also ernst zu nehmen, und danach zu leben. Das Leben aber für etwas Sinnloses zu halten und danach zu sterben.

/ Der Tod und sonst niemand hat Götter und Religionen zum Leben erweckt. Und nur ein ewiges Leben und sonst niemand könnte sie auf ewig töten.

Todesstrafe / Zum Kapitel Todesstrafe: Einen Mord durch einen Mord zu sühnen, ist ebenso geistreich wie einen Diebstahl durch einen Diebstahl. Man müßte beamtete Diebshenker anstellen, welche die Diebe wieder bestehlen. Auge um Auge, Zahn um Zahn, Geldbörse um Geldbörse usw.

/ Bei der Todesstrafe wird nicht Gleiches mit Gleichem vergolten. Wer einen anderen Menschen umbringt, ist entweder unbeherrscht oder irrsinnig oder dumm. Böse ist er nur in den seltensten Fällen. Böse in jedem Falle aber ist eine Justiz, die einen Menschen unter einem genau festgesetzten Zeremoniell des Ungeheuerlichen, das jedem Fühlenden die Haare zu Berge treiben muß, vom Leben zum Tode befördert und dabei noch – Gipfel der Heuchelei und Schamlosigkeit! – durch einen Geistlichen für seine Seele sorgen läßt, um sich einen überirdischen Kren zu geben. Kennt, wie Richard III. sagt, das wildeste Tier noch des Mitleids Regung, so kennt es um so eher noch der wildeste Mensch. Kein Mitleid, ja überhaupt kein Gefühl kennt die Strafmaschinerie der Justiz. Sie ist unmenschlich und gehört deshalb aus dem Bezirk des Menschlichen ausgemerzt.

/ Der einen andern mit dem Tode bestraft, ist ein viel scheußlicherer Mörder, als der Hingerichtete je gewesen sein konnte. Denn was dieser aus Lasterhaftigkeit getan hat, tut er aus Tugendhaftigkeit, die überdies gar nicht echt, sondern nur komödienhaft gemimt ist. Das macht ja jeden Bericht über eine Hinrichtung zu einem solchen Speimittel ersten Ranges. Der Mord ist ein Gericht, das nur in heißem Zustand genießbar ist. Kalt zerrinnt es zu einer Abscheulichkeit, für die die Sprache keinen Ausdruck hat. Ganz abgesehen von der höllischen Komik, die darin liegt, daß die Hinrichtung fast ausnahmslos eine höhere Summe kostet als die, die genügt hätte, den Hingerichteten nicht zum Mörder werden zu lassen!

/ Ich bin dafür, die Anhänger der Todesstrafe (so etwas gibt es!) mit dem zu vereinigen, dem sie anhängen, sie also kurzerhand mit dem Tode zu bestrafen. Ihnen erweist man damit einen Gefallen und wir sind sie los.

Toleranz / Wer sich weigert, das Gute mit Gewalt durchzusetzen, weil er die Gewalt verabscheut, braucht sich durchaus nicht großartig vorzukommen, denn er ermöglicht durch solches Handeln bloß eines: die Durchsetzung des Schlechten mit Gewalt. Und wer für Toleranz ist, muß in einem einzigen Fall intolerant sein: nämlich gegen die prinzipiell Intoleranten; sonst versündigt er sich gegen das Prinzip der Toleranz. Weil die Demokraten das nicht begriffen haben, hat sie der Teufel in Gestalt des Nationalsozialismus geholt. Und zwar auf einwandfrei demokratischem Wege. Denn die Möglichkeit, sich selbst ad absurdum zu führen, gehört zum Wesentlichen der Demokratie. Und auch zum Wesentlichen der Technik, die schon mit Macht dem Tag entgegeneilt, an dem man, vor lauter Autos auf den Straßen, auf den Straßen mit dem Auto nicht mehr fahren können wird.

Totwendigkeit / Es gibt nicht nur eine Not-wendigkeit, es gibt auch eine Tot-wendigkeit. Die Nahrung ist für den Leib not-wendig, die Religion ist für den Geist tot-wendig, denn die besiegt die Furcht vor dem Tode und das Ende der Furcht ist bekanntlich der Anfang des Seins.

Tourismus / Das Hausieren mit Naturschönheiten, zwecks Herbeilockung menschlicher Scheusäler.

/ Der Nachweis, daß der Gastwirt nicht des reisenden Menschen wegen da sei, sondern daß der Mensch einfach zu reisen habe; und zwar wegen der Wirte und ähnlicher unterhaltlicher Überhalter.

/ Eine Wanzenweltanschauung des Wartens auf Opfer, denen man etwas abzapfen kann.

/ Fremdenverkehr: Der Versuch der Wirtstiere, von ihren Parasiten zu leben.

/ Sie, geehrter Fremder, werden es verstehen, wenn ich behaupte, daß es für jene Menschen in diesem Staate, die kein Wirtsgeschäft betreiben, eine überaus strapaziöse Nervenaufgabe ist, jahraus, jahrein mit ansehen zu müssen, wie von einer hinter dem Schanktisch aufgewachsenen Clique, die dem Magen der anderen und dem eigenen Geldsack dient, immer wieder alle ideellen Schönheiten dieses Landes, die wir lieben, vor die Säue aller Länder, die sich leider eher vereinigt haben als die Proletarier, geworfen werden, wie alle geistigen Werte, die dieses Land ohne Mithilfe der Gastwirte hervorgebracht hat, von diesen Gastwirten zur Erzielung guter Preise verwendet werden, wie jeder Österreicher durch sie vor der ganzen Welt zum Kellner und Fremdenführer gestempelt wird und zu einem Menschen, der in glücklichster Weise die Philosophie des Überhaltens und Unterhaltens mit der Praxis eines Lebens verbindet, das nicht dem eigenen, sondern dem Vergnügen der anderen zu dienen hat und wie schließlich jeder, vor dessen Augen die Arbeitslosen verhungern und die Spalten der Zeitungen von Selbstmordberichten überquellen, täglich von der unbekümmerten, sich sonst aber um alles kümmernden Behörde aufgefordert wird, sich in den Dienst eines idiotischen und von alkoholisierten Gehirnen ausgeheckten Reformversuches am menschlichen Elend durch den Fremdenverkehr zu stellen und den reisenden Snob durch möglichst treuherziges Gebaren über die Tatsache des Klosettpapiermangels auf den österreichischen Bundesbahnen, womöglich jodelnd und dudelnd, hinwegzutäuschen.

/ Denn der Fremdenverkehr ist der legitime Nachfolger des Patriotismus und zeigt deutlich das Abschwenken der menschlichen Interessen ins Kaufmännische.

/ Wenn aber ein Staat die Allüren einer Hure annimmt und sich bei der Propaganda nicht wie andere Länder, die auch einen

Fremdenverkehr haben, einer gewissen Discretion befleißigt und sie fast ganz den beteiligten Geschäftsleuten überläßt, sondern durch seine Gottöbersten ununterbrochen vom Geschäft redet, wenn sich sein Präsident in den Allüren eines Hoteldirektors gefällt, wenn ein Sachverständiger für Viehzucht von Kunst quatscht und wenn alle, die im Herzen keine Kultur haben, diese Kultur im Maule führen und dem Fremden apportieren, dann taucht keine öffentliche Sittenpolizei auf, weil keine da ist – wenn ich von den hoffnungslosen Bemühungen ganz weniger Schriftsteller, zu denen auch ich mich zähle, absehe. (...) Ich will ja nicht behaupten, daß ein Staat keine Reize haben könne (...). Und gerade dem österreichischen Staat täte man bitter Unrecht, wenn man ihm seine ganz besonderen Reize bestritte, zu denen ich vor allem den Besitz eines Polizeipräsidenten rechne, der – von Karl Kraus öffentlich der Lüge, der Fälschung, des Mißbrauches der Amtsgewalt und der Felonie geziehen – dennoch weder klagt noch geht. Aber gerade diesen Reiz verbergen alle offiziellen Budenausrufer des Fremdenverkehrstingeltangels wie ein Veilchen, das im Verborgenen stinkt. Die Reize aber, die der Staat öffentlich anpreist, gehören weder ihm noch den Wirtsgesichtern, die unter seiner Patronanz aus ihnen Nutzen ziehen und Ideelles in Materielles verwandeln wollen, andere aber mit der Tröstung abspeisen wollen, das Geld, das die Fremden im Lande ließen, käme nicht nur den Wirten, sondern auch allen anderen zu Gute, denn hätten die Wirte Geld, könnten sie auch anderen Professionen etwas zu verdienen geben. An die Wahrheit dieses öden Gefasels glaube ich nicht eher, bevor nicht einmal ein Wirt bei mir in meiner Profession als Schriftsteller ein sinniges Gedicht für ein Schweineschlachtfest bestellt hat. Nur das könnte mich einigermaßen mit der Tatsache versöhnen, daß Berge, deren einsame Schönheit so mancher seit Jahren liebt, ohne dessen Erlaubnis durch Drahtseilbahnen dem Fremdenverkehr »erschlossen« werden, indem zuerst die Bierflaschen und dann hinterher die Konsumenten hinaufspediert werden. Nur das könnte mich mit der Tatsache versöhnen, daß sie auf der einen Seite im Burgtheater voller Kultur die »Braut

von Messina« aufführen und die Verse zitieren:
»Auf den Bergen ist Freiheit, der Hauch der Grüfte
Steigt nicht hinauf in die reinen Lüfte,«
auf der andern aber den Hauch der Grüfte in Drahtseilbahnwagenladungen in die reinen Lüfte der Berge emportransportieren und der Welt die paar Vollkommenheiten verschandeln, die sie noch dort besitzt, »wo der Mensch nicht hinkommt mit seiner Qual«.

Doch man muß gerecht sein. Der Fremdenverkehr hat auch seine guten Seiten. Er steht, da Geld bekanntlich nicht stinkt, voll und ganz im Dienste der Völkerversöhnung. Mag ein Wirt noch so sehr von dem beglückenden Bewußtsein durchdrungen sein, Angehöriger einer höherwertigen, also der nordisch-arischen Edelrasse zu sein, er vermietet auch einem »rassisch« Minderwertigen das einzige Appartement mit Badezimmer, das er in seiner Wanzenburg besitzt, wenn nur dessen Geld vollwertig ist. Alle Menschen der Erde, ob nun weiß, rot, gelb, braun oder schwarz gefärbt, die dem sachverständigen Rassenforscher ewig unvereinbar erscheinen werden, werden vom Wirt auf den gemeinsamen Nenner der Zahlungsfähigkeit gebracht. Es wird Ihnen, geehrter Fremder, als Inkonsequenz erscheinen, wenn ein Staat unter stetem Hinweis darauf, daß er seit Jahrhunderten »ein Bollwerk gegen das Eindringen fremder Horden« sei, nun den Versuch unternimmt, von dem Eindringen von Horden Fremder ein auskömmliches Einkommen zu beziehen. Mit Recht.

Transsubstantiation / Daß sich im dreißigjährigen Kriege im Kampfe um das Geheimnis der Transsubstantiation die Landsknechte die Spieße in die Mäuler stießen, die dieses Wort nicht einmal aussprechen konnten – das beweist wohl, daß das Volk für jeden Irrsinn zu gebrauchen ist.

Trauermärsche / Die meisten Trauermärsche des Lebens sind in Banknotenschrift komponiert.

Treue / Gesetz der Familie aus der Serie »Wenn ich Kaiser von Österreich wäre«: Ein Anspruch auf die sogenannte eheliche Treue existiert nicht. Zwischen Menschen, die sich lieben, ist Treue ein leeres Wort, da sie zwischen ihnen selbstverständlich und im Begriff der Liebe enthalten ist. Zwischen Menschen, die sich nicht lieben, führt das Verlangen nach Treue zu Lüge und Heuchelei und zu der Einbildung, ein Mensch könne an einem anderen eine Art Besitzrecht ausüben. An Stelle des Rechtes auf Treue tritt das natürliche Recht jeder Frau auf Mutterschaft.

/ Ich erinnere hier nur an den Fall Rüdiger von Bechelarens im Nibelungenlied, der gegen Freunde und Verwandte wie ein Berserker kämpfen zu müssen glaubte, weil er der vor Racheverlangen irrsinnigen Kriemhilde irgendwann einmal einen Treueid geschworen hatte. Alljährlich bemühen sich heute im Schweiße ihres Angesichts in Tausenden von deutschen Mittelschulen zehntausend Deutschprofessoren, noch unverbildeten und noch natürlich empfindenden Knabenherzen weiszumachen, dieses blödsinnige Verhalten Rüdigers sei etwas ganz Großartiges gewesen und so den »Samen des Treubegriffes in die noch empfänglichen jugendlichen Seelen zu legen«. Abgesehen davon, daß Treue für ein noch nicht durch Einbildungen vertepschtes Gefühl etwas ganz anderes ist, nämlich ein Einstehen für jemanden, der im Grunde derselbe geblieben ist, dessen Lage sich nicht durch sein eigenes minderwertiges und bösartiges Verhalten verändert hat, sondern durch die Ungunst der äußeren Umstände und durch das bösartige Verhalten seiner Mitmenschen gegen ihn, abgesehen davon ist es gar nicht möglich, die verblödende Wirkung dieser allgemein sanktionierten Einbildung von deutscher Treue groß genug einzuschätzen.

//

Überfluß / Setzet dem Überfluß Grenzen und die Grenzen werden überflüssig!

Unersättlich / Das Lieben ist unleugbar schon an und für sich ein Vergnügen; wozu braucht man dazu auch noch geliebt zu werden? Der Mensch ist unersättlich.

Unethische Unsittlichkeit / Der meiste Ehejammer kommt daher, daß die Unsittlichkeit unethisch betrieben wird statt ethisch.

Unfehlbarkeit / Im Jahr 1507 veröffentlichte Kopernikus sein Werk »De revolutionibus orbium coelestium«, in dem die Bewegung der Erde um die Sonne nachgewiesen wurde; aber erst seit dem Jahr 1822 ist es in der katholischen Kirche erlaubt, von dieser bösen Entdeckung mündlich oder schriftlich Notiz zu nehmen. Ein bisserl langsam funktioniert das Hirn der Unfehlbarkeit; alles was recht ist.

Unglück / Es gibt im Deutschen kein eigenes Wort für Unglück, sondern nur eine Negation verbunden mit dem Wort Glück. Das zeigt, daß der normale und natürliche Zustand – des Deutschen wenigstens – zur Zeit, als die Sprache entstand, das Glück war.

Uniformiert / Je uniformierter, desto uninformierter.

//

Variatio / Variatio delectat? – Nicht nur das, sie ist sogar das einzige, was wirklich delectat.

Vaterland / Ein Vaterland können nur die haben, deren Vater ein Land hatte; daher die Internationalität des landlosen Proletariats und die Angst der Arbeiterführer vor Siedlungsaktionen. Wer, ohne Land zu besitzen, behauptet, er hätte ein Vaterland, ist ein den politischen Führern auf den Leim gegangener Esel und überdies ein wunderlicher Hochstapler, der sich zum Zwecke des Selbstbetrugs einen Grund anmaßt, um nicht als ursachloser Rabe in der Welt der Kausalität umherzuflattern.

/ Ein Mensch, dessen Vater kein Land besitzt, hat kein Vaterland, kann also auch für keines kämpfen. Wohin käme man aber mit einer solchen Auffassung in der Zeit des Großgrundbesitzes, der Großstädte und der landlosen Proletarier? Es mußte also ein falscher Begriff vom Vaterland konstruiert werden. Da auch der Spruch »Ubi bene, ibi patria« verpönt ist, kann man sagen: die Mehrzahl der Menschen versteht heute unter Vaterland das Land, in dem es ihnen schlecht geht. Weshalb sie ausgerechnet für dieses Land kämpfen zu müssen glauben, ist eine unklare Angelegenheit, die zu den bis heute noch nicht gelösten Welträtseln gehört. Das Vaterland ist eben die Heimat, wird man mir vielleicht einwenden, die man doch auch dort haben und lieben kann, wo man nicht direkt Land besitzt. Das ist freilich möglich. Ganz unverständlich aber ist es in diesem Fall wieder, wie ein Deutscher in Deutschland, seinem Vaterland, also seiner Heimat, von Heimweh geplagt werden kann. Es ist ganz gut denkbar, daß ein Kind des bayrischen Gebirgs, in die norddeutsche Tiefebene verschlagen, aus Heimweh Selbstmord begeht, sich also in der Heimat aus Heimweh umbringt. Eine sonderbare Heimat. Es wird also nichts übrig bleiben, als bei unserer zweiten Definition: »Ubi male, ibi patria« zu bleiben und zum typischen Vaterlandsverteidiger einen Deutschen zu wählen, der in einer in Deutschland liegenden Fabrik, deren Kapital in französischen Händen ist, arbeitet und eines Tages ins Feld zieht, um Frankreich siegreich zu schlagen und, nachdem er es geschlagen hat, wieder in die Fabrik zurückkehrt, um weiter für französisches Kapital zu arbeiten. Ein durchaus möglicher Fall. Ich möchte nun gerne wissen, wofür dieser Mann eigentlich gekämpft hat? Vielleicht klärt mich ein Nationalsozialist darüber auf. Und dann möchte ich noch wissen, wofür überhaupt irgendein Industriearbeiter gekämpft und geblutet zu haben glaubt, der nach siegreich beendigtem Kampfe für die Freiheit seines Vaterlandes wieder in seine Fabrik und in die Sklaverei des Geldes zurückkehrt? Ja das Geld ist eben notwendig, wird man sagen; Geld regiert eben die Welt? Seit wann? Seit jeher! Nein, nicht seit jeher! Ich will's euch sagen, Ihr Ahnungslosen: Seit dem Tag, an dem Lebensmittel, also etwas zum Leben unbedingt Notwendiges, für Geld käuflich wurden! Erst seit diesem Tage ist auch das Geld zu etwas unbedingt Notwendigem geworden. Das Geld wurde zum Lebensmittel für die Sklaven, denen man das wahre Vaterland gestohlen hat und denen man nun ein Pseudovaterland apportierte, um sie nicht nur am Lebensmittel, sondern auch am Leben selbst zu schröpfen.

/ Komplex aller Geldsack-Interessensphären der Herrschenden.

Vatikan / Riesengreißlerei für Gnadenmittel.

Vegetarismus / Mein Fluch auf den Kerl, der als erster die Enthaltsamkeit von Fleisch, Alkohol und Tabak in einen Nachttopf zusammengeworfen und auf solche hinterlistige Art den Vegetarismus aus einem Gebote der Ethik in eine hygienische Forderung verwandelt hat. Er hat auch die Behauptung, daß für viele mäßiger Fleischgenuß geboten sei, auf dem Gewissen. Mäßigem Fleischgenuß liegt mäßiger Mord zum Grunde. Seit wann exkulpiert das Maßhalten den Mörder? Wer jemals auch nur der Schlachtung eines einzigen Tieres mit unvoreingenommenen Sinnen beigewohnt hat, dem graut. Wenn die Wissenschaft bis heute noch nicht entdeckt hat, daß ein Wesen, dem vor einer Tat graut, diese Tat unmöglich zu seiner Ernährung nötig haben könne, also zur Erhaltung seines Lebens, dessen eine Äußerung eben jenes Grauen ist, also zur Erhaltung jenes Grauens – dann kann sie mir schon wieder leid tun. Sie wird auch hier noch im Verlaufe der Jahrhunderte entdecken, was fünf gerade Sinne seit Jahrtausenden spüren: daß ein Essen, vor dessen Herrichtung dem Körper ekelt und die Seele Entsetzen packt, kein geeignetes Mittel ist, um diesen Körper mit dieser Seele »zusammenzuhalten«. Es geht halt mit den wichtigsten Entdeckungen ein bisserl langsam, dafür aber sicher.

/ Der Vegetarismus aber, und damit ist immer nur der ethische Vegetarismus gemeint, ist eine in die Tat umgesetzte Lebensanschauung, der gegenüber nur die Menschen durchfallen können. Man kann nur für ihn sein, oder man muß zugeben, ein Schwächling zu sein, der das, was er für recht hält, nicht durchführen kann. Das tut natürlich der lieben Eitelkeit weh und jeder, der sich einbildet, sein angeblich so gutes Leichen-Pipipapi nicht entbehren zu können, sucht diese Schwäche dadurch zu vertuschen, daß er krampfhaft nach Gründen logischer, ethischer, praktischer und wirtschaftlicher Natur gegen den Vegetarismus sucht, nach Gründen, mit denen er die Gelüste seines Gaumens und Magens ehrbar verdecken kann. Alle diese Gründe sind ausnahmslos logisch auffrisierter Mumpitz.

Verantwortung / In seiner Verantwortung sagte der Angeklagte, er sei betrunken gewesen. Und wenn er betrunken sei, sei er immer rabiat. Auf den Vorhalt des Vorsitzenden, warum er dann trinke, wenn er weiß, daß er rabiat wird, sagte der Angeklagte, das haben er und sein Bruder vom Vater übernommen, den sie nüchtern überhaupt nicht gekannt haben.
Staatsanwalt Wottawa verlangte in seinem Schlußantrag die strengste Bestrafung des Angeklagten und sagte, es sei keine Verantwortung, sich auf Trunksucht und auf den Vater auszureden. Wer nur den Willen habe, könne ein anständiger Mensch werden.
Der Angeklagte war ohne Verteidiger. Der Vorsitzende fragte ihn nach der Rede des Staatsanwalts, ob er etwas zu sagen habe. Da erhob sich der Bursche und sagte, indem er auf den Staatsanwalt wies: »I hab nur dös ane z'sagn: Wenn der Herr da, der da so über mi loszogn is, mein Vattern ghabt hätt, wär er heut sicher net Staatsanwalt! I hab ausgsprochn.«
Er wurde zu drei Monaten schweren Kerkers verurteilt.

Verdienst / Um die Allgemeinheit verdient werden, kann der leicht, der vorerst einmal an der Allgemeinheit verdient hat.

Vergeben / Man soll so lange vergeben, als man sich selbst nichts damit vergibt.

Vergewaltigung / Der Staat bestraft zwar die Vergewaltigung einer im Zustande körperlicher Wehrlosigkeit befindlichen Frau, aber die Vergewaltigung der im Zustand geistiger Wehrlosigkeit befindlichen Kinder nimmt er selbst in die Hand zur Heranblödung eines brauchbaren Bürgernachwuchses.

Vergnügen / Wie wenig wirkliches Vergnügen es auf der Welt gibt, erkennt man deutlich an dem Tam-Tam, das um das Geschlechtsvergnügen gemacht wird.

Verkehrsopfer / Es gibt Opfer des Verkehrs und es gibt Opfer des Geschlechtsverkehrs. Wir alle sind Opfer des Geschlechtsverkehrs unserer Eltern und der Unfall, der uns zustieß, ist das Leben.

Verlangen / Du sollst nicht verlangen deines Nächsten Weib! Als ob der Mensch gegen ein Verlangen, das ihm Gott anerschaffen hat, etwas könnte und als ob man einem überhaupt ein Verlangen verbieten könnte!

Verle/ogen / Verlegenheit führt zu Verlogenheit.

Vermögen / Wie lange es dauert, bis man zu Vermögen kommt? Ehrlich währt am längsten.

Vernebelung / Seitdem aber die Dummen an die Wissenschaft zu glauben begonnen hatten, mußten die, die von der Dummheit der anderen leben wollten, sich schon mehr Mühe geben und wissenschaftliche Götzen zur Störung des Friedens einer im friedlichen Zustande nichts als ihre Sorgen abwerfenden Menschheit bemühen. Man setzte gleich zwei auf den verwaisten Thron Jehovas: den Rassenhaß, der den nationalen, und den Klassenhaß, der den sozialen Nebel erzeugte. Beide wurden, wissenschaftlich verbrämt, in endlosen Pandekten erläutert, bewiesen und unwiderleglich fest begründet. Und da man vor dem Mittelalter, das mit zwei Nebeln sein Auslangen beim Aufhangen gefunden hatte, doch etwas voraus haben mußte, um den Fortschritt augenfällig zu machen, gesellt man in letzter Zeit zu diesen beiden noch einen dritten Nebel hinzu, den technisch-wirtschaftlichen, der eine ganz neue Art des Krieges, den Wirtschaftskrieg, für jene, die zu sterben haben, ins Leben gerufen hat, der in Amerika die Lokomotiven mit Mais heizt, während in Rußland die Menschen verhungern, der Kaffeesäcke ins Meer fallen läßt, damit die Preise steigen und der die Not der Deutschen in Südtirol zum Anlaß nahm, den Import von Südfrüchten aus Spanien und Kleinasien auf Kosten des italienischen Geschäftes zu heben.

Verpflichtungen / Sie hemmen den natürlichen Elan der Gedanken und des Lebens.

Versäumt / Im Liebesleben sind die schönsten Erlebnisse die, die man versäumt hat. Ein Schimmer süßester Wehmut umgibt sie für immer.

Versauung / Die totale Versauung der Erde durch Fortschritt und Volkswirtschaft ist nicht mehr aufzuhalten. Allenthalben sind die prominentesten Wirt-Schafsköpfe am Werke, die soziale Frage mit einem lauten, vernehmlichen »Bäh!« zu beantworten.

Versicherung / Hat ein mit der Vorsilbe »ver-« verbundenes Wort an und für sich einen Sinn, so wird sein Sinn durch diese Vorsilbe ins Entgegengesetzte oder Verschlechterte umgebogen; so lehren die Sprachforscher, die es wissen müssen. Da verändert diese rätselhafte Vorsilbe den Ruf in Verruf, das Wesen in Verwesen, den Dienst (also etwas, das man den anderen leistet) in Verdienst (also in etwas, das einem selbst zugute kommt), die Lust in Verlust, die Sicherung in Versicherung, wobei es wunderbarerweise ganz gleichgültig ist, ob diese Versicherung mit dem Dativ oder dem Akkusativ operiert. Denn wenn mir einer etwas versichert, statt zu handeln, dann bin ich ebenso wenig sicher, als wenn mich eine ganze Gesellschaft, die das Versichern gewerbsmäßig betreibt, versichert. Schon der Akkusativ, mit dem diese Versicherer arbeiten und der bekanntlich von accusare = anklagen kommt, deutet sinnig darauf hin, daß ich, wenn überhaupt, so nur auf dem Klageweg zu dem mir Gebührenden kommen werde.

Versöhnungsmeierei / Es gibt Leute, die in alles hineinreden, aber dabei nie etwas gesagt haben wollen, aus Angst, ihre Mitzweibeine vor den Kopf zu stoßen und dadurch in Verlegenheit zu bringen, denn es könnte hohl klingen. Sie triefen von Versöhnungsmeierei nach allen Seiten und nach keiner Richtung und repräsentieren die gedankenlose Bedenklichkeit des intellektuell aufgeweckten, aber geistig schlafenden Spießbürgers, der die Welt gerne reformieren, aber um keinen Preis ändern, den Pelz gern waschen, aber um Himmels willen nicht naß machen möchte. Da sind unsere Diktatoren doch andere Leute! Sie ändern mit dem Aufgebot aller Kraft die Welt, ohne sie zu reformieren, und machen unentwegt den Pelz naß, ohne ihn zu waschen.

Verstand / Der Verstand hieß im Gotischen »aha«!

/ Ich will mir die Bosheit verkneifen und mich nicht weiter darüber verbreiten, wie hier die Sprache den Verstand als das Gegenteil dessen entlarvt, was Leute von Stand besitzen. Mich interessiert jetzt nur die Merkwürdigkeit, daß der Verstand nach dem Urteil der Sprache eine Eigenschaft zu sein scheint, die den Stand des Menschen der Welt gegenüber entweder ins Gegenteil, also in ein hilfloses auf dem Boden Liegen verwandelt, oder doch bedenklich verschlechtert, also unsicher und schwankend macht. Ist es so? »So ist es!« wird so mancher ehrliche Verstandesbesitzer ausrufen, der schon oft im Leben die Armen im Geiste um ihre Seligkeit beneidet hat und die Dummen um die innere Sicherheit, mit der sie unbekümmert um Problem und Widersprüche inmitten ihres Jammers der anderen zufrieden dahinleben. »Lächerlich!« wird der Rationalist schreien und darauf hinweisen, wieviel Gutes der Verstand den Menschen gebracht hat, so daß sie heute nicht mehr in steter

Angst vor wilden Tieren, eingebildeten Gespenstern und Naturgewalten zu leben brauchen. »Unsinn!« wird darauf der ehrliche Verstandesbesitzer entgegnen; die zivilisierten Menschen haben heute inmitten der Segnungen des Verstandes mehr Ursache zur Angst als die primitivsten Wilden. Vor Raubtieren konnten sich diese noch zur Not irgendwie schützen, wie aber schützt sich heute der abendländische Prolet vor Krise, Arbeitslosigkeit, Entlassung, Abbau und ihren Folgen? Wie schützt er sich vor den wilden Menschen, die die Geschicke der Völker geheimdiplomatisch lenken und von heute auf morgen eine Inflation oder einen Gaskrieg entfesseln können? Die Angst ist nicht aus der Welt verschwunden, im Gegenteil, die Preisgegebenheit des Europäers ist heute weitaus größer als die des dümmsten australischen Buschbewohners. Nur die Dinge, vor denen man Angst haben muß, sind andere geworden. Die zivilisierte Menschheit gleicht einem, der sich unter Aufbietung bewundernswerter Energie und Geistesgegenwart vor einer Lawine unter einen wackligen Felsen gerettet hat, während auf der anderen Seite der Lawinenbahn sicherstes Gelände liegt. Jetzt sitzt er da und sucht den Felsen mit Hilfe der modernsten Errungenschaften der Technik zu pölzen.
So ist es! sage ich.

/ Alles kann der Verstand geben, nur nicht innere Harmonie.

Verstandesverlust / Menschen, die den Verstand verloren haben, sind gewiß am leichtesten zu regieren, ganz abgesehen davon, daß man durch nichts leichter den Verstand verliert als durchs Regieren und durchs Regiertwerden; wenn aber einer den Untertanenverstand verloren hat, dann ist mit ihm nichts anzufangen.

Verteidigungskrieg / Einen Verteidigungskrieg gibt's gar nicht und kann ihn gar nicht geben. Das Wort ist eine contradictio in adjecto, da der Verteidigende bloß etwas bewahren, der Krieg-Führende aber etwas kriegen will.

Vertepscht / Wenn der Spiegel, in dem wir die Welt sehen – unser Hirn! – vertepscht ist, entsteht natürlich ein Weltbild, das an die Bilder in einem Lachkabinett erinnert.

Vieh / Je älter man wird, desto kläglicher kommt einem der Durchschnitt der Menschen vor. Sie unterscheiden sich vom Vieh nur dadurch, daß sie ihre dreckigen Gedanken so halbwegs in einen kausalen Zusammenhang zu bringen vermögen. Das Tier kann das nicht. Dafür hat es aber auch keine dreckigen Gedanken.

Vitamine / Es gibt auch seelische Vitamine, ohne die der Mensch verkümmert. Zum Beispiel: die Freiheit!

Volk / Ein deutsches Volk existiert nicht, sondern nur ein deutscher Staat, der von Bismarck im Jahre 1871 zu dem Zwecke gegründet worden ist, um ein deutsches Volk zu erhalten, das mehr Soldaten stellen und mehr Steuern zahlen könne, das heißt mit anderen Worten: das den deutschen Organisationsfonds in die Lage versetzen könne, »aus dem Vollen zu schöpfen«. Fiele eines Tages wieder der deutsche Staat weg, so wäre nirgendwo ein deutsches Volk zu entdecken, so wie es vor seiner Gründung nirgendwo zu entdecken war.

/ Man kann nicht sagen: »Das Volk fordert die Wiedereinführung der Todesstrafe!« denn »das Volk« ist ein Begriff und ein Begriff kann nichts fordern; das Wort »Volk« ist willkürlich und nach keinem Vorbild in der Wirklichkeit gemacht, denn ein Volk hat noch niemand gesehn.

/ Auf Grund völkischer Forschung besteht das Volk eben nicht aus der Summe aller Einzelleben, sondern führt ein völlig eigenes Leben. Es hat ein eigenes »Haupt« – die Regierenden –, es hat einen eigenen Körper – den Wirtschaftskörper, dessen Stoffwechsel sich auf dem Wege der Eisenbahn durch Ein- und Ausfuhr von Waren vollzieht –, es hat eine eigene Ehre – das Prestige! et cetera, et cetera. Alle diese Ingredienzen, aus denen der nationale Sterz, der den Namen »Volk« führt, zusammengebraut ist, sind jedes für sich unendlich mehr wert als das schäbige Leben des einzelnen, das jederzeit von jedermann ohne Bedenken sofort für die Regierenden, die Wirtschaft, die Ehre des »Volkes« hingegeben werden muß. So lebt und stirbt der vom Nationalismus Besessene für einen Begriff, der dazu ersonnen wurde und verwendet wird, die Begriffe der einzelnen zu verwirren, um sie für Tod und Kampf um größeren Lebensraum zu begeistern, wenn solches Tun denen einen größeren Rebbach verspricht, die dieses Volk im Verborgenen melken, aber nicht am Ende den nationalen Begriff »Volk«, sondern die Summe aller einzelnen, wie jeder täglich spüren kann; denn beim Melken hören alle Theorien auf, weil Milch nur aus der Praxis fließen kann.

Volk der Dichter und Denker / Volk der Richter und Henker.

Völkerzwist / Die Völker waren nicht immer entzweit; vor 130 Jahren, zum Beispiel, gab es noch gar keine entzweiten Völker, sondern nur entzweite Untertanen diverser Landesfürsten. Aber wie dem auch sei: Der Verständigung der Völker dient zweifellos der am besten, der das hinwegräumt, was diese Völker entzweit. Was aber entzweit heute die Völker? Wer veranlaßt einen französischen Bauern, einem deutschen Bauern im Krieg den Schädel einzuschlagen, obwohl doch diese beiden Bauern von Natur genau die gleichen Interessen haben, nämlich: daß das Wetter gut, die Ernte reichlich, das Vieh gesund und die Steuern überhaupt nicht seien? Auf diese Frage gibt es nur eine Antwort: Die, die oben sitzen und durch die Presse die Völker, die im Grunde gar nichts gegeneinander haben, gegeneinander hetzen. Die, die oben sitzen, sind aber gleichzeitig jene, die im Völkerbund sitzen. Sie machen zu Hause »Huß! Huß!« und in Genf »Pscht! Pscht!« und glauben, wenn sie Preise für Völkerversöhnung ausschreiben, würden es die Idioten schon gar nicht merken, daß sie es sind, die die Völker entzweien. Ich bin gerne bereit, Ihnen, meine Herren, in diesem Sinne nachträglich noch ein Filmszenarium auszuarbeiten, das in einer Massenszene

gipfeln würde, in der die Auseinanderjagung des Völkerbundes in Genf und die Davonjagung der Minister samt ihren Räten in jedem Lande im Bilde gezeigt wird. Ich bin überzeugt, daß die völkerversöhnende Wirkung eines solchen Films einfach unübertrefflich wäre und könnte für einen durch- und dreinschlagenden Erfolg jede Garantie übernehmen.
Meine Herren! Sagen Sie angesichts dieser meiner Bemerkungen über die, die oben sitzen, und die, die unten schwitzen, nicht verächtlich: Wie sich der kleine Moritz die Weltgeschichte vorstellt! Denn so, wie sich der kleine Moritz die Weltgeschichte vorstellt, so ist sie!

Völkisches / Völkische Anfrage im Reichstag gegen Kultusminister Becker: »Ist der Regierung bekannt, daß der Reichskultusminister in geschlechtlichen Beziehungen zu einem Fräulein K. aus Schöneberg steht, mit der er sich zweimal wöchentlich in einem Hotel in der Friedrichstraße zu treffen pflegt? Was gedenkt die Regierung dagegen zu tun?« Hoffentlich gedenkt sie, die Anfrager an eine Pissoirwand zu stellen und zu erscheißen.

Volkstum / Einen Thaler z. B. für den, der sich unter dem Wort »Volkstum« nachweisbar etwas Sinnvolles vorstellen kann. Keiner von jenen Leuten, die dieses Wort ununterbrochen im Maule wälzen, wird diesen Thaler gewinnen! Lange habe ich darüber nachgedacht, was die guten Leute eigentlich mit diesem Wortmonstrum meinen. Es war vergeblich. Am wahrscheinlichsten kommt mir noch vor, daß sich der Deutsche unter seinem Volkstum jene Eigenschaften vorstellt, die er mit allen anderen Deutschen gemeinsam hat. Eine Eigenschaft aber, die 70 Millionen Menschen gemeinsam haben und gleichzeitig alle anderen Menschen nicht besitzen, gibt es nicht und kann es nicht geben. Und auf ein solches völlig sinnloses Wort ist Hitler im Begriffe, sein »neues Deutschland« aufzubauen, das nach einer Versicherung seines Stellvertreters Heß auf einer Führertagung, die neulich stattfand, 20.000 bis 30.000 Jahre bestehen wird. Es ist offenbar, daß die Leute wahnsinnig sind.

Volksunordnung / Die meisten von uns haben heute kein Verhältnis mehr zur Erde. Sie verachten die Erde als wenig lukratives Betriebsmittel, das den Menschen von Kino und Café trennt und ihn so unter dem Vorwand körperlicher Ernährung um jede geistige Ernährung prellt. Sie haben ihr Leben und die Zukunft ihrer Kinder als Arbeiter, Geschäftsleute und Unternehmer auf die Konjunktur einer Volksunordnung, die sich mit einem euphemistischen Synonym Volkswirtschaft nennt, gestellt. Sie hängen als Angestellte lieber von der Laune und Gnade eines irdischen als eines himmlischen Chefs ab. Die Vorsichtigsten von ihnen aber sind Piamte geworden und bauen auf das Bestehen eines Staates, der ihnen aus den Steuern Gehälter fürs Steuereintreiben bezahlt. Und obwohl es nur logisch ist, wenn in einer blödsinnigen Gesellschaftsordnung die blödsinnigsten Professionen die einträglichsten sind, so fühlen doch alle, daß das auf ihrem schwankenden Boden gegründete Leben nur unvollständig gesichert ist und von jedem Zufall, von jeder Mode über den Haufen geworfen werden kann und sie suchen ihr Dasein, das gegen die Gesetze der Natur verstößt, durch Fabrikation menschlicher Gesetze, die zu ihm passen, zu sichern.

Volksvertreter / Könnte man diese Volksvertreter, die nichts als ihre Geldsackinteressen und ihre Schuhabsätze vertreten und nur auf Grund des Betruges durch das Listenwahlrecht zu Autorität, Gewalt und Gesetzgebung gekommen sind, könnte man sie nicht alle künstlich mit semen diabolicum schwängern (flaschenweise zu beziehen aus der Missionsausstellung im Vatikan), damit sie die Abschaffung des § 144 als Wohltat empfänden? Könnte man sie nicht mit ausgesuchten Xanthippen verheiraten, ihnen sodann die Scheidung bewilligen, sie hierauf vom Ehehindernis des bestehenden Ehebandes dispensieren, sie nach einer zweiten Eheschließung wegen Bigamie anzeigen und einsperren, sie nach Verbüßung der Strafe wieder der ersten und allein rechtmäßigen Gattin zuführen und sie dann an deren grüner Seite darauf warten lassen, bis der Tod sie scheidet?

Man könnte schon, aber man darf nicht, denn sie sind immun. Und am stärksten immun gegen jede Regung der Vernunft.

Voll / In der Kindheit hat man immer die Hosen voll, in der Jugend immer das Herz, im vorgerückten Alter immer den Bauch.

Vorhaut Christi / Ich weiß nicht, von welchem Teufel vor die Wahl gestellt, entweder die Lehre oder die Vorhaut Christi unverändert zu erhalten, hat sich die Kirche für das Leichtere, nämlich für die Konservierung der Vorhaut entschieden. Freilich kümmert sich in der heutigen, leider so oberflächlich gewordenen Zeit niemand mehr um die tiefsinnige Frage, die einst die Scholastik so sehr beschäftigte: ob wohl der katholische Christ bei der Kommunion Christus mit oder ohne Vorhaut verschlinge. Auch die Entdeckung des Jesuiten Salmeron, daß diese Vorhaut der »elastische und fleischerne Verlobungsring der Kirche mit ihrem Bräutigam Jesus Christus« sei, ist in Vergessenheit geraten. Auch ist heute wohl bei keinem Antiquar mehr die vom Benediktinerpater Pez herausgegebene und im Jahre 1731 in Wien erschienene Biographie der Jungfer Agnes Blanbekin aufzutreiben, in der so rührend geschildert ist, wie diese Jungfer Agnes bei der Kommunion »sogar die Süßigkeit der Vorhaut auf der Zunge geschmeckt und eine geistige und körperliche Umwandlung danach gespürt haben soll«. Und schließlich ist auch die hochheilige Vorhaut Christi heute nicht mehr wie ehemals an dreizehn verschiedenen Orten als Reliquie zur Schau ausgestellt, nämlich in Charroux, Antwerpen, Rom, Paris, Besancon, Brügge, Calcata, Boulogne, Nancy, Metz, Hildesheim, Le Puy und Conques, obwohl das nach der Versicherung des frommen Bischofs Rocca gar nicht unmöglich wäre, denn »Gott hat es in seiner Allmacht machen können, daß ein und dasselbe Präputium (Vorhaut) an dreizehn verschiedenen Orten gleichzeitig gezeigt werden kann«. Aber in dem kleinen Örtchen Calcata bei Rom wird die Vorhaut Christi heute noch den gläubigen Besuchern des dortigen »Gottes«hauses gezeigt. Über die Geschichte dieser Reliquie berichtet der Kanoniker des Laterans Rasponi:

»Als im Jahre 1527 das Heer Karls V. plündernd durch Rom zog, drangen die Horden auch in den Lateran ein, wo sich ein gottloser Söldner ein Reliquienkästchen aneignete, worin sich auch die Vorhaut befand. Unterwegs wurde er gefangengenommen und in Calcata in einen Weinkeller gesperrt, wo er das Kästchen heimlich vergrub. Später gelang es ihm aber, aus dem Keller zu fliehen, und auf dem Sterbebett gestand er seine Tat. Obwohl man sofort nachforschte, fand man das Schatzkästchen erst dreißig Jahre später. Man brachte es zur Frau des Gutsherrn von Calcata, dessen Töchterlein die Umhüllung öffnete und das heilige Präputium Christi, welches fest und faltig wie eine Frühlingserbse war, in ein silbernes Becken legte. Währenddessen durchdrang das Zimmer und das ganze Haus ein himmlischer Wohlgeruch, der noch zwei Tage andauerte.« Soweit der fromme Rasponi. Ferner berichtet Franz Hirsch, ein Kenner heiligster Materien:

»In Calcata wird die Vorhaut auch heute immer noch verehrt und unter Glockenläuten den Andächtigen zum Kusse gereicht. Am Kirchweihtag und bei anderen Festen findet sogar eine Prozession statt, wobei das Präputium vorangetragen wird. Zwei Engelgestalten aus vergoldetem Silber halten eine mit Edelsteinen verzierte Kaiserkrone, die als Reliquienbehälter dient. Hinter dem dicken, geschliffenen Glase sieht man das Präputium in Gestalt eines linsenartigen Körpers von dunkelbrauner Farbe. Die Bevölkerung von Calcata und Umgebung ist auch stolz auf ihr Heiligtum, nur weiß sie nicht, was es in Wirklichkeit darstellt. Dem einfachen und ungebildeten Landmann ist es kein simples Häutchen, sondern ein Heiliger, der heilige Präzipuzius, zu dem er wallfahrten geht und den er um Hilfe in allen möglichen Anliegen anfleht.«

Vorurteile / Ein Vorurteil ist bekanntlich ein Urteil, das ohne genügende Kenntnis einer Sache und ohne eigene Untersuchung der Gründe nur auf Grund des Autoritätsglaubens gefällt und einem Vorbeter nachgebetet oder vielmehr einem Vorurteiler nachgeurteilt wird. Solange diese Vorurteile nicht vi, clam oder precario, also weder durch Gewalt noch durch List, noch durch Bitten in Wehrlosen (z. B. Kindern) erweckt werden, also nicht auf verbrecherische Weise zustande kommen, kann man nichts gegen sie sagen und höchstens über sie lachen. Es muß Privatsache jedes Menschen bleiben, ob er sich Problemen gegenüber, die ihm unverdaulich erscheinen, einen Propheten suchen will, der sie ihm vorkaut. Jeder muß selber wissen, was er seinem Verstand zutrauen kann. Er sollte aber, wenn er ihm nichts zutraut, auch so ehrlich sein, dies einzubekennen. Und wenn er schon das, was sein Prophet sagt, kritiklos glaubt, so sollte er sich doch soviel geistige Besonnenheit bewahren, Gegengründe wenigstens anzuhören. Aber gerade das ist das Charakteristikum eines echten Vorurteils: Dieselben Menschen, die aus geistiger Trägheit einmal ein Vorurteil gefaßt haben, lehnen hinterher jede Untersuchung dieses Vorurteils grundsätzlich ab und wehren sich mit der größten Energie gegen jeden, der es untersuchen will. Und das Merkwürdige dabei ist, daß sie bei dieser Abwehr ein weit größeres Maß von geistiger Energie und Schlauheit aufwenden, als seinerzeit dazu nötig gewesen wäre, sich ein eigenes Urteil über die Sache zu bilden. Es scheint, daß ein Mensch ein Urteil, das er sich nicht mit Hilfe des eigenen Verstandes gebildet hat, mit Hilfe des eignen Verstandes auch nie wieder loswerden könne, eine Erfahrungstatsache, die den Kampf gegen die Vorurteile zu einem aussichtslosen zu stempeln scheint. Es scheint, daß ein Vorurteil in einem Hirn nur dadurch außer Kraft gesetzt werden kann, daß man es durch ein anderes Vorurteil ersetzt. Ein unsinniges vielleicht durch ein um eine Nuance weniger unsinniges. Und was man hochtrabend »geistige Entwicklung der Menschheit« nennt, scheint nichts weiter als der Fortschritt in diesem Wechsel von blöden zu weniger blöden Vorurteilen zu sein.

/ Zahl und Art der Vorurteile sind Legion; auf jedem Gebiete machen sie sich breit und versauen die geistige Welt. Je weiter die sogenannte »Kultur« sich ausbreitet, desto weiter breiten auch sie sich aus. Denn Vorurteile sind Kulturpflanzen, die künstlich und zu einem bestimmten und meist finanziellen Zwecke angebaut werden und eine ganz spezielle Düngung des Bodens nötig haben. Der geistige Unrat, der sich am besten zu ihrer Düngung eignet und dem sie am üppigsten entsprießen, ist ein Gemisch aus Mangel an Erfahrung, Autoritätsglauben und Unübersichtlichkeit der Materie, hinsichtlich derer sich das Vorurteil bilden soll, ein Gemisch, das in seiner Dreieinigkeit zwanglos an jenes Gemenge von Kali, Phosphor und Stickstoff erinnert, dessen alle Kulturpflanzen zu ihrem Gedeihen bedürfen. Aus der Art dieser drei Ingredienzen geht klar hervor, daß die beste Zeit zum Anbau von Vorurteilen die Kindheit ist. Daher der wütende Kampf um die Schule zwischen jenen verfluchten Mächten, die sich von den Vorurteilen der Menschen nähren und dabei immer dicker und umfangreicher werden, ein Kampf, der nicht nur um seiner selbst willen niederträchtig ist, sondern auch deshalb, weil er auch jene edlen Geistesrichtungen, die es nicht nötig hätten, Vorurteile bei Kindern zu erwecken, sondern beruhigt das Urteil des erwachsenen und urteilsfähig gewordenen Menschen über ihre Ziele abwarten können, zum Mitlaufen und Mitsündigen zwingt.

/ So überwuchern die Vorurteile heute alles und jedes. Aus einer einstmals wildwachsenden Pflanze, die ihre Berechtigung hatte, wurde eine Kulturpflanze zur Ernährung des Dummheitsbazillus und wird schließlich ein Unkraut, das alle Regungen des eigenen Verstandes überwuchert und erstickt.

//

W. C.-Visage / Es gibt Menschen, die nur auf dem W.C. ihr wahres Gesicht enthüllen.

Waffen / Das Wesen der modernen Waffen bringt es mit sich, daß man sich gegen sie in eigener Person nur höchst bedingt wehren und nur indirekt durch andere Personen wehren kann und daß sie den Helden, der vor der Erfindung der Feuerwaffen eine aktive Erscheinung war und sich auf seine Kraft und seinen Mut verlassen konnte, heute in eine passive Gestalt verwandelt haben, der nichts übrig bleibt, als sich auf den Zufall zu verlassen. Wo aber die Möglichkeit, sich zu wehren, verschwunden ist, da hat auch die Wehrhaftigkeit ihren Sinn verloren. Oder besser: verändert. Denn gegen seine wahren Tyrannen könnte der Mensch heute noch ganz gut, selbst mit Säbel, Schwert und Spieß wehrhaft sein; er zieht es aber vor, im Dienste seiner Tyrannen gegen die Sklaven anderer Tyrannen wehrlos zu sein und sich zum staatlich anerkannten Helden hinaufzudulden. (…) Von der Wehrhaftigkeit eines einzelnen Soldaten in einem modernen Kriege oder vielmehr – pardon – in einer modernen Idiotie zu sprechen, ist ebensolcher Unsinn wie von der Wehrhaftigkeit eines Steinbrucharbeiters gegenüber einer Steinzertrümmerungsmaschine zu sprechen, in die er gefallen ist. Da gibt's nichts als die Zähne zusammenbeißen und mit Anstand hinzuwerden.

Waffenindustrie / Eine, nichts weiter als ein großes Weh nach sich ziehende Affenindustrie.

Wahl / Wozu noch ein Wahlschwindel, wo doch jede korrekte Wahl schon ein Schwindel ist.

Wahlkampf / Zum Tode durch den Strang der Lächerlichkeit wurde neulich die Demokratie bei einem Wiener Bezirksgericht verurteilt, ohne eine Ahnung davon zu haben. Ein Mann, der sich in der Trinkerheilstätte der Wiener Irrenanstalt Am Steinhof befindet, war wegen Ehrenbeleidigung angeklagt. Auf eine Anfrage war dem Gericht von der Leitung der Irrenanstalt mitgeteilt worden, daß der Mann verhandlungsfähig sei und ohne weiteres am Verhandlungstag Ausgang bekommen könne. Darauf setzte der Richter die Verhandlung an, aber der Beklagte erschien nicht. Als sich der Richter nach seinem Verbleib erkundigte, wurde ihm mitgeteilt, daß während der Wahlzeit – es hatte inzwischen der Wahlkampf zu den Wiener Gemeinderatswahlen begonnen – ausnahmslos für alle, auch die harmlosesten Patienten der Irrenanstalt der Ausgang sistiert sei, weil man befürchte, die Nerven der Patienten könnten durch den Wahlkampf leiden. Der Richter meinte darauf: »Das ist doch paradox, daß man die Leute in der Irrenanstalt behält, um sie nicht unter den Normalen verrückt werden zu lassen!« Nein, das ist nicht paradox. In keinem Irrenhaus der Welt kann es so zugehen wie bei uns im Freien alle Tage inmitten einer »Ordnung«, die die Polizei mit dem gegen die Empfängnis aufrührerischer Ideen allein probaten staatlichen Gummipräservativ aufrechterhält. Und wenn gar der Wahlkampf tobt, in dem die Parteien wie die Berserker um die Stimmen jener Idioten kämpfen, die ihre Überzeugungen aus Wahlplakaten beziehen oder auf Wahlplakate hin ändern, und der deshalb »Kampf um die Seele des Volkes« heißt (gut muß das Volk ausschauen, um dessen Seele mit solchen Mitteln gekämpft werden kann!), dann ist jeder Professionsirrsinnige unter den Amateuren des Irrsinns höchsten Gefahren ausgesetzt.

Wahlkrampf / (Spaß muß sein), ist im allgemeinen jede widernatürliche Volkszusammenziehung, welche durch die abnorme Erregung der betreffenden, um ihr Geschäft besorgten, Politiker zustande kommt. Er gehört zu den Gehirnkrämpfen, wird durch Listen und ähnliche Betrügereien hervorgerufen und kann, soll er nicht zu den Urnen führen, also tödlich enden, da bekanntlich Urnen Geräte sind, in denen man sich begraben lassen kann, nur dadurch gemildert werden, daß man mit den Einheitslisten einheizt und am Wahltage das Rückenmark dort, wo es seinen ehrlichen Namen verloren hat, zum Fenster hinaussteckt, statt sich beim Schreiten zu den Urnen zum mindesten Wahlkrampfadern an den Beinen zu holen. Um den Eintritt von Rückenmarkskrämpfen zu verhindern, müssen dabei aber die Fenster geschlossen bleiben und die Gesichter der auf den Straßen patrouillierenden Wahlwerber dürfen nur zwischen den Beinen hindurch beobachtet werden, wobei man sich aber wieder vor dem Eintritt von Lachkrämpfen peinlich zu hüten hat. Diese Therapie des Wahlkrampfes (...) angewendet, würde die Krankheit nicht nur für diesmal radikal heilen, sondern auch für alle Zukunft jede Recidive unmöglich machen und sie böte auch die unschätzbare Möglichkeit, wenigstens einmal, selbst beinahe auf dem Kopfe stehend, die auf dem Kopfe stehende Welt aufrecht und in ihrer natürlichen Lage zu erblicken. Sollte aber der durch die schwellbaren politischen Parteigeschwülste auf das Gehirn ausgeübte Druck bereits so stark sein, daß durch ihn solche allein heilkräftigen Handlungen unmöglich geworden sind, dann muß es natürlich gegen den Willen des Kranken in förmlich automatischer Weise zu den sogenannten Zwangshandlungen kommen, die durch die schlechten Konstitutionen hervorgerufenen Wahlkrampfkonvulsionen sind nicht mehr zu verhindern und auf das Grimassenschneiden, Kopfschütteln und Schlagen mit den Gliedern in den Wählerversammlungen folgt das Gehen nach einer Seite, und zwar nach der, auf welcher das Wahllokal liegt, die Wiedergeburt des alten betrügerischen Unsinns aus der Urne, in der man ihn endlich einmal bestatten sollte und das Gehen der ganzen Weltgeschichte im Kreise, der wie alle Kreise eine flache Leere umschließt und der geometrische Ort all der winzigen politischen Punkte ist, die einen gleichgroßen geistigen Abstand vom Zentrum eines Problems haben, das tiefer ist als sie und das sie gar nicht erblicken können, weil sie selbst mit ihren nach Provisionen gestielten Augen nicht ums Eck schauen können.

Wahlreden / Alle politischen Versammlungen haben ja gar keinen Zweck, denn keiner wird sich von irgend etwas »überzeugen« lassen. Jeder kommt mit seiner vorgefaßten Meinung hin, und die behält er auch. Und wenn er dann die Walze seines Redners hört, die Walze, auf die er innerlich schon »eingestimmt« ist, dann wird er sich freuen und Bravo rufen.
Kinder, wir wissen ja immer schon vorher, was ihr sagen werdet! Warum laßt ihr dann eure Walze nicht gleich richtig mechanisch ablaufen? Aber das macht ihr ja auch schon ...

Besprecht also weiter eure Grammophonplatten und Filme und stellt dann das Zeug ganz wahllos zusammen (– ich meine dabei: auch in die Diskussionen sollt ihr höchst beliebige Platten entsenden).

Wahlsieg / Die, die vor der Wahl etwas versprochen hatten, sind nicht dieselben, die nach der Wahl etwas nicht gehalten haben. Dazwischen liegt das Malheur eines politischen Sieges, dazwischen liegt mit der Übernahme der Regierung die Übernahme der Gewalt. Wer aber die Gewalt übernimmt, der unterliegt sofort auch den Gesetzen der Gewalt. Er hat tausenderlei Rücksichten zu nehmen auf Menschen und Staaten und Möglichkeiten, die im Reiche der Gewalt etwas zu sagen haben und etwas bedeuten. Der Besitz der Gewalt macht den Menschen unmündig und denkfaul. Er braucht sich nicht mehr zu bemühen, das Richtige zu finden, hat er doch die Macht, auch das Unrichtige durchzusetzen; er gerät in den Irrgarten jahrtausendealter Vorurteile, die auf dem Boden der Gewalt organisch gewachsen sind, und findet nicht mehr heraus; ihn schert kein Sozialismus mehr, keine Unzufriedenheit der anderen, denn er ist für seinen Teil zufrieden; hat er doch die Macht.

Wehrdienstverweigerung / Ich halte organisierte Massenkriegsdienstverweigerung nach wie vor für ein ausgezeichnetes Mittel, der Staatsgewalt des Gewaltstaats die Kriegführung zu erschweren, ja, den Aufstand gegen den Krieg anzukurbeln (…). Die Weigerung der zum Opfer Bestimmten, Kriege zu führen, bleibt dort wirkungslos, wo Menschen zum Opfer bestimmt sind, die an der Kriegführung gar nicht teilhaben. Der Giftgaskrieg gegen die Zivilbevölkerung bezeichnet die Grenze der Wirksamkeit aller Kriegsdienstverweigerung.

Wehrhaftigkeit / Wehrhaftigkeit unterscheidet sich nur in einem vorteilhaft von der oben erwähnten Waffenindustrie: Sie ist wenigstens eine Ehrhaftigkeit, die ein großes Weh nach sich zieht. Das ist aber auch alles. Wehrhaft soll heute nach dem erlauchten

Willen unserer Führer einfach alles werden, was noch oder schon auf zwei Beinen kriechen kann. Natürlich nicht wehrhaft den Führern gegenüber, sondern wehrhaft jenen unbekannten Menschen gegenüber, die sie uns dereinst einmal als unsre »Feinde« präsentieren werden. Die Grundbedeutung des Wortes wehren, die noch in dem Wort Wehr (eines Flusses z. B.) erhalten ist, ist: etwas sperren, absperren. Die Bewohner eines Landes wehren sich also gegen den Einmarsch der Bewohner eines anderen Landes dadurch, daß sie ihre Grenzen absperren und ihre Wehrhaftigkeit besteht darin, daß sie das auch können. Es ist wohl kein Zweifel daran möglich, daß ein solches Absperren heute im Zeitalter des Luftkrieges ein Ding der Unmöglichkeit ist, daß es somit heute auch eine Wehrhaftigkeit gar nicht mehr geben kann. Sie ist der Wahrhaftigkeit, die schon lange tot ist, unbemerkt in ein besseres Jenseits nachgefolgt und wird auch durch die feurigsten Reden der Obertanen nicht mehr zum Leben erweckt, wenn auch die Untertanen derzeit noch so blöd sind, Leute, die sich Mauslöcher bauen, um beim ersten Brummen in der Luft blitzartig in sie zu verschwinden, für ein wehrhaftes Geschlecht zu halten. Nein, diese Armutschkerln können sich nicht mehr wehren, sie können sich höchstens noch notdürftig schützen, sie sind nicht wehrhaft, sondern höchstens schutzhaft, was die mystische Folge der Schutzhaft ist, deren jeder von ihnen in seinem neuen Staatswesen stündlich gewärtig sein muß. Kriegerische Wehrhaftigkeit gibt es nach dem Urteil der Sprache nicht, denn man kann sich nicht wehren, um etwas zu kriegen, sondern nur, um etwas zu behalten. Zivile Wehrhaftigkeit dagegen gäbe es noch, wenn nur die Leute zusammenhielten, gegen den Wahnsinn der Technik, des Geschacheres und der Politik, um ihre Menschenrechte auf ein Leben ohne »Fortschritt« zu behalten. Aber was tut Gott? Die Wehrhaftigkeit, die's nicht gibt, wird propagiert, die aber, die es gäbe, ist verboten. Ein Malheur!

Weininger, Otto / Das Problem Weininger: Weininger war absolut humorlos, sehr sinnlich und hatte dabei Angst vor den Weibern

wie vor dem leibhaftigen Gott sei (leider nicht!) bei uns. Folge davon war sein Buch. – Zweck dieses Buches war: Der Beweis, daß die Trauben, die zu hoch hängen, tatsächlich sauer sind. – Es nützte aber nichts. Daher: Revolver und Selbstmord! Weil er angeblich »ein geborener Mörder« war. (Am Weib, nämlich!)
Sein Werk »Geschlecht und Charakter« enthält die Betrachtung der Frau durch den Verstand. Man darf aber die Frauen ebensowenig durch den Verstand betrachten wie das Leben, weil beide ihrem Wesen nach mit dem Verstand nicht das geringste zu tun haben. Die Betrachtung des Weibes durch den Verstand ist ungefähr ein ähnliches Unterfangen wie die Betrachtung einer schönen Gegend durch die Röhre eines Röhrenstiefels. Man sieht mit Notwendigkeit alles schwarz.
Eine schöne Gegend muß durch ein Fernglas betrachtet werden. Und eine Frau in der Nacht, nach dem Einschlafen des Verstandes, im Dunkeln mit den Händen. Dann erkennt man, was sie ist: Nicht weiß, nicht schwarz, sondern süß!
Oder sauer! Auch das kommt natürlich vor. Aber niemals kann mit den Händen festgestellt werden, ob etwas schwarz oder weiß ist; so wenig wie mit einem Voltmeter für Spannungsintensität die Länge eines Tisches festgestellt werden kann.
Der Verstand ist ein Schwarz-Weiß-Maßstab, das Gefühl ein Süß-Sauer-Maßstab. Die falsche Anwendung beider führt zu unsinnigen Resultaten.

Weisheit / Weisheit ist im Grunde nichts weiter als resignierte Abfindung mit der Dummheit.

Welten / Daß wir alle in derselben Welt leben, ist eine völlig unbeweisbare Behauptung. Jeder lebt in einer anderen.

Welthändel / Aus dem Welthandel entstehen die Welthändel.

Weltrevolution / Ich habe nicht viel Vertrauen zu ihr, denn die, die sie betreiben, wissen gerade noch, wie sie Revolution machen müssen, haben aber äußerst unklare Begriffe von dem, was nach dem Sturz der herrschenden Klassen zu geschehen habe, um nicht wieder einzelne Klassen, wenn auch andere, zur Herrschaft gelangen zu lassen.

Weltverbesserer / Der Irrtum aller Weltverbesserer: Was ihnen an der Welt idiotisch erscheint, erscheint deshalb noch lange nicht dem Viehkastrierer Plunzenhofer idiotisch, weil er eben selber ein Idiot ist. Sie wollen »die Menschen« erlösen, aber »die Menschen« gibt es nicht. Kein Blatt in der Natur ist dem andern gleich, aber die Menschen sollen ausgerechnet alle gleich sein. Damit es die Weltverbesserer einfacher haben.

Werktätige Massen / Ich muß immer an einen Topf mit Mehlwürmern denken, wenn ich dieses Wort höre!

Wertpapiere / Den inneren Wert der Wertpapiere als einen Papierwert entlarvt zu haben, ist ein Verdienst der Inflation.

Wespe / In dem Summen einer Wespe, die in der Stadt zum Fenster hereinfliegt, kann einer den Sommer tiefer erleben als ein anderer bei einem Landaufenthalt von fünf Monaten.

Wilde, Oscar / »Der Sozialismus und die Seele des Menschen«. Es ist verblüffend und bewundernswert, mit welcher Treffsicherheit hier ein reiner Ästhet, der sicherlich keine Idee von den grauen Theorien des Marxismus hat, ins Schwarze trifft; wie hier ein Mensch instinktiv das Richtige findet, der mit nichts ausgerüstet ist als mit zwei Augen, die nicht blind sind, einem Herzen, das unverbildet fühlt, und einem Verstand, der unverbildet denkt.

Willensfreiheit / Zu den verquatschtesten Problemen der Philosophie gehört sicherlich das der sogenannten Willensfreiheit. Ich beantrage, die dicken Schwarten, in denen Deterministen und Indeterministen ihren Geist abgelagert haben, einfach zum Einheizen zu verwenden und die Lösung des Problems aus dem

Geist der Sprache zu versuchen. Ist es denn den Behauptern der Willensfreiheit noch nie aufgefallen, daß das Wort Willen notwendig den Begriff Freiheit einschließt? Denn man kann zwar etwas tun, was man nicht will, niemals aber kann man etwas wollen, was man nicht will.

Willensübung / Zum Zahnarzt gehen! Vor dem Zahnarzt haben die meisten Menschen eine heilige Scheu. Diese gilt es zu überwinden. Man läßt sein Gebiß untersuchen und ohne Aufschub alle entdeckten Schäden reparieren.

Wir / Lebensstümper.

Wirtschaft / Manchmal muß ich ja wirklich hellauf lachen, wenn ich so einen ahnungslosen regierenden Engel predigen höre, daß das Wichtigste in jedem Staate die Wirtschaft sei, wobei er sich gewiß nichts davon träumen läßt, wie unbeschreiblich wahr seine Behauptung im Grunde ist. Denn gäbe es keine Wirtschaft, also kein Durcheinander auf Erden, dann wäre ja alles in schönster Ordnung und unsere Staaten wären überflüssig; es ist also tatsächlich die Wirtschaft die Grundlage jedes Staates.

/ Das Gesetz aller Wirtschaft kann nur dieses sein: Daß in ein Durcheinander unter gar keinen Umständen eine Ordnung gebracht werden kann, denn sobald irgendwo Ordnung herrscht, gibt es dort eben kein Durcheinander mehr. So kann sich also das Verständnis einer Regierung für die Gesetze der Wirtschaft in Wahrheit einzig und allein darin äußern, daß sie sich mit Händen und Füßen bemüht, die Ordnung zu verhindern, um die Wirtschaft zu erhalten. Eine andre Möglichkeit ist logisch gar nicht denkbar.

/ Was ist nun die Wirtschaft in Wirklichkeit? Scheinheilig definieren sie ihre Obermacher so: »Wirtschaft ist die geordnete Fürsorge für die nachhaltige Beschaffung und angemessene Verwendung der zur Befriedigung der menschlichen Lebensbedürfnisse dienenden Güter.« Diese Definition enthält eine Fülle gleisnerischer Lügen, die zu glauben man sich hüten muß. Diese Wirtschaft, die uns heute das Leben verschweint, ist höchstens hundert Jahre alt. Wäre sie das, was diese Definition behauptet, dann hätten die Menschen bis vor hundert Jahren am Notwendigsten bitteren Mangel leiden müssen, während es Tatsache ist, daß es ihnen früher besser gegangen ist und daß ein Elend, wie es heute Millionen bedrückt, früher einmal zu den größten Seltenheiten gehörte, als die meisten Menschen noch jeder ein Stück Grund besaßen, das sie ernährte, und ein blühendes Handwerk für die Befriedigung der notwendigsten Bedürfnisse sorgte. Nein, die Wirtschaft, die in ihrer blödsinnigen Wirklichkeit heute wie ein katastrophaler Alb auf jeder Regung des Lebens und des Geistes lastet, sorgt nur insoferne für die Beschaffung der notwendigen Güter, als sie das Handwerk umgebracht hat. Im übrigen aber sorgt sie bloß für die Erzeugung neuer und die Menschen immer mehr versklavender Bedürfnisse und für Herstellung des Schädlichen oder doch absolut Überflüssigen, und zwar in einer Pofelqualität, die das ununterbrochene Nachkaufen ihrer in kürzester Zeit kaputtwerdenden Erzeugnisse gewährleistet. Sie sorgt nicht, wie es in obiger Definition so süß heißt, für die angemessene Verwendung der von ihr erzeugten Güter, sondern sie vernichtet ohne Bedenken jederzeit einen großen Teil dieser Güter, um die Preise auf einer ihr passenden Höhe zu halten, wenn auch Hunderttausende Menschen deshalb Mangel und Elend leiden müssen. Diese Wirtschaft hat die Mehrzahl der Menschen zu Händlern und das Lebensmittel zum Lebenszweck gemacht; sie hat die irrsinnige Meinung in die Köpfe gehämmert, daß der Mensch nur dazu auf der Welt sei, um den Dreck zuerst zu erzeugen und dann zu konsumieren. Sie hat die naturgewollte Frauenarbeit des Liebens, Gebärens und Bemutterns in die Frauenarbeit am laufenden Band zur Herstellung irgendeines Luxusdrecks verwandelt. Sie hat die Leute vom Land nach der Stadt gelockt und läßt sie hier in proletarischem Elend verkommen, indem sie jede Fürsorge für diese Betrogenen als

»wirtschaftserschwerend« ablehnt. Sie ist mit ihrer Jagd nach Absatzgebieten für den von ihr in unsinnigen Massen erzeugten Mist die Urheberin aller jüngstvergangenen und künftigen Kriege und sie hat diese Kriege durch die von ihr hergestellten Mordwerkzeuge in ein sinnloses und haarsträubendes Hinschlachten Wehrloser verwandelt. Sie erfüllt mit Lärm und Gestank, Lüge und Reklame, Betrug, Hinterlist, Ausbeutung und Sklavensinn die durch sie zum Tollhaus gewordene Welt. Sie verblendet die Menschen durch den äußeren Glanz des von ihr erzeugten, innerlich hohlen Plunders und sie trommelt ihnen täglich mit ebenso gigantischen wie im innersten Grunde lächerlichen Zahlen an die Trommelhäute und erfreut sich an dem stolz brausenden Widerhall, den sie in all jenen Hohlköpfen weckt, die einfach nicht imstande sind zu merken, daß das Leben auf dieser Jagd nach immer neuen Bequemlichkeiten längst jede Bequemlichkeit verloren hat und das bescheidenste Fortkommen dem Komfort zum Opfer gefallen ist. Sie baut Apparate, mit denen man jederzeit heulende Jazzmusik aus Australien hörbar, das Amsellied vor dem Fenster im Garten aber unhörbar machen kann. Sie bemüht sich, das Fernsehen allgemein zu ermöglichen, hat aber die Leute längst für alles Naheliegende blind gemacht. Sie hat jeden mitten im »Wirtschaftsleben« stehenden Europäer so weit gebracht, daß er, um nur leben zu können, auf jedes Leben verzichten muß. Sie ist das, was sie heißt: Wirtschaft, also Verwirrtschaft und Durcheinander.

/ Ja, werden da manche ausrufen, du verstehst das Wort Wirtschaft immer nur im Sinne von Durcheinander und hast es da leicht, Witze zu machen; wir aber verstehen es im Sinne von wirtschaftlich und das ist etwas ganz anderes! Das ist gar nichts anderes, meine Lieben! Auch das Wort wirtschaftlich bezeichnet eine Wirtschaft im Sinne von Durcheinander. Wer wirtschaftlich denkt, also dem Rechenstift die endgültige Entscheidung über sein Tun und Lassen einräumt und den finanziellen Nutzen als oberstes Gesetz anerkennt, bei dem kommt mit Notwendigkeit alles Seelische und Geistige in Unordnung. Das kann ja auch gar nicht anders sein, denn Seele und Finanzen, Geld und Geist sind so durchaus wesensverschieden, daß die Anerkennung des einen nur die Verachtung des anderen zur Folge haben kann. Wirtschaftlich handelt, wer möglichst viel Arbeit für möglichst wenig Lohn von seinen Mitmenschen herauszuschinden trachtet; wirtschaftlich handelten die noch von keiner sozialen Gesetzgebung behinderten allerchristlichsten Unternehmer aus der Blütezeit unseres Kapitalismus, die in unhygienischen und lebensgefährlichen Betrieben Kinderarbeit in Profit umsetzten; wirtschaftlich arbeiten die Fabriken europäischer Unternehmer in den Kolonien, wo die einheimischen Arbeiter nach 18stündiger Arbeitszeit gleich neben den Maschinen auf dem Boden schlafen müssen; wirtschaftlich ist jede Art von Sklavenhaltung; wirtschaftlich handelt, wer Löhne drückt, Urlaube sabotiert, Erkrankte entläßt und altgewordene Arbeitnehmer aufs Pflaster setzt. Ist das alles aber etwa in Ordnung? Nein, es ist das Gegenteil davon: es ist wirtschaftlich, es ist Wirtschaft, es ist Verwirrung und Durcheinander! Und alles, was auf dem Gebiet der Wirtschaft menschlich in Ordnung ist, das »erschwert« die Wirtschaft, wie man täglich in den Zeitungen lesen kann. Die Wirtschaft »blüht« nur dann, wenn dem Drunter und Drüber, wenn der Ausbeutung keine Grenzen gezogen sind. »Der Marxismus aber hat die Wirtschaft zugrunde gerichtet«, weil er, wenn auch mit unzureichenden Mitteln und statt bei den Ursachen bloß bei den Folgen, Ordnung zu machen versuchte.

Es ist schon so, wie ich oben gesagt habe: auch das Wort wirtschaftlich bedeutet nichts anderes als ein Durcheinander. Wessen Hirn keine Rechenmaschine ist und wessen Herz keine Pumpe zum Auspumpen anderer, wer die Ohnmacht finanziell Schwächerer nicht bis zum Äußersten ausnützt, der handelt unwirtschaftlich, mag sein Handeln menschlich noch so sehr in Ordnung sein. Er wird inmitten einer Umwelt, in der die Wirtschaft angebetet wird, nie zu etwas kommen. Nicht etwa deshalb, weil sein Handeln schlecht ist, sondern deshalb, weil seine

Umwelt schlecht ist. Wie oft hört man den erstaunten Ausruf: Der N. N. hat doch so viel Geld und trotzdem läßt er keinen Groschen aus! Oder: Der X. X. hat doch selber nichts und trotzdem hilft er, wo er kann. Man mache die Leute, die so reden, nachdrücklich darauf aufmerksam, daß es nicht trotzdem, sondern weil zu heißen hat; daß der N. N. eben deshalb soviel Geld hat, weil er nie eines ausgelassen hat, und daß der X. X. eben deswegen keines hat, weil er immer anderen geholfen hat. Jener handelte wirtschaftlich, dieser nicht. Die Wirtschaft ist ein Element, in dem in der Regel der Niederträchtige oben schwimmt, während menschlich Denkende untergehen. Und dieses Element wird täglich tausendmal in allen Tonarten als das Heil des Abendlandes gepriesen.

Wirtschaftskrise / Die vielberufene heutige Weltkrise ist unter anderem auch eine Krise, in die ein tollwütig gewordener Handel die Welt gestürzt hat. Nicht von einer Erleichterung des Handels durch »Niederlegung der Zollschranken«, sondern nur von seiner vollständigen Vernichtung kann das Heil kommen. Mag er wie früher einmal die Entfernung zwischen den Kontinenten überbrücken und exotische Waren einführen, der Irrsinn aber, daß man die Produkte eines Erzeugers, der nur 100 Schritte weit entfernt wohnt, nur gegen 50% Preiserhöhung von einem 100 Kilometer entfernten Händler erwerben kann, muß aufhören. Man kann heute erzeugen, was man will, man kann heute konsumieren, was man will, immer ist man gezwungen, einen Händler mitzumästen und irgendein anonymes Wanzendasein zu unterstützen.

Wirtschaftsliberal / Erwägung des Wirtschaftsliberalismus: Wenn Arbeiter zu Hungerlöhnen arbeiten, so ist das ihr freier Wille. Niemand zwingt sie dazu und sie sind selbst schuld daran, wenn sie nicht verhungern, sondern bloß hungern.

Wirtschaftsordnung / Dieses ulkige Wort, in dem die Wirtschaft, also das Durcheinander, mit der Ordnung sprachlich gepaart erscheint, das mithin sozusagen eine Ordnung inmitten einer Unordnung bedeutet, ist heute das Lieblingswort aller Ganzgescheiten. (...) Aus allen Radioapparaten tönen, abgenommen von Haus-masters voice Schallplatten, die Stimmen der diversen politischen Führer und jeder preist die Wirtschaft, die gerade in seinem Staate herrscht. Alle keines eigenen Gedankens fähigen Spieß- und Schildbürger aber erstarren in Ehrfurcht vor soviel Weisheit und ahmen mit dem tiefernsten Gesichtsausdruck beflissner Ochsenfrösche die Worte der Obertanen nach, statt in ein unauslöschliches Gelächter über die Grimasse auszubrechen, die die Sprache in dem Wort Wirtschaftsordnung allen jenen schneidet, die sich einbilden, das Heu, das ihre Köpfe füllt, als Gras wachsen gehört zu haben.

Wissenschaft / Das Gespenst der Gespenster.

/ Stetes Bemühen (...), ein unmodern gewordenes Wort, unter dem sich niemand was vorstellen konnte, durch ein moderneres, unter dem sich wieder niemand was vorstellen kann, zu ersetzen.

/ Seitdem die Dummen an die Wissenschaft zu glauben begonnen haben, müssen die, die von der Dummheit der andern leben wollen, sich mehr anstrengen wie früher und wissenschaftliche Götzen zur Störung des Friedens einer im friedlichen Zustand nichts weiter als ihre Sorgen abwerfenden Menschheit bemühen. So hat man heute gleich zwei solche Götzen: die Rassenlehre und den Wirtschaftskrieg für jene, die ihre Leben zu lassen haben, ins Leben gerufen.

/ Die Wissenschaft ist doch bekanntlich frei! Lacht über die, welche so reden. Denn die Heiligkeit der Wissenschaft wird von jeder Regierung nur so lange garantiert, als ihr von der Gegenseite im Kompensationsweg die Heiligkeit der Regierung garantiert wird.

Wohlgestorben / Nicht ist es das Verdienst des Menschen, wenn er wohlgeboren wurde, wohl aber ist es sein Verdienst, wenn er wohl gestorben ist. An den wohlgestorbenen Herrn N. N...!

Wohltun / Zum Wohltun ist das Wichtigste: ein gutes Herz und ein schlechtes Gedächtnis.

Worte / Mäkelt und quäkelt nicht und saget nicht, das seien nur Worte! Wißt ihr nicht, daß das Wort auf griechisch Logos heißt? Wißt ihr nicht, daß also das Wort der Ursprung der Logik ist? Wißt ihr nicht, was in eurem heiligen Buch der Bücher steht, und zwar bei Joh. 1,1? Ich will es euch verraten: »Im Anfange war das Wort und das Wort war bei Gott und Gott war das Wort!« Auf die Knie also vor dem Wort, ihr Kamele! Und ein »Te verbum laudamus!« gesungen!

Würden / Manche Leute verzichten auf jede Würde, nur um nicht auf alle Würden verzichten zu müssen.

Wurmstichig / Es ist beim Menschen wie bei den Früchten: wurmstichige werden früher reif als gesunde.

Wurst / Im Jahr 1931 wurden, wie ich eben lese, für zehn Millionen Schilling tierische Harnblasen und Därme nach Österreich eingeführt; vor allem in großer Zahl aus Amerika das »Fettende« des Schweines samt »Krone«, mit welchen Worten die Fachleute der Wurstfabrikation den Mastdarm samt Afterschließmuskel bezeichnen. Na, guten Appetit. Aber daß das Zündloch des Schweines »die Krone« (also ebenso wie die Regierung weiland S. M. Franz Josef I.) heißt, das ist denn doch die Krone und wird euch, wenn's ruchbar wird, den Wurstabsatz bei den Monarchisten unterbinden.

Wut / Wenn einer vor Wut zerspringt, sieht man sofort, was in ihm drin ist.

//

Zeittotschlag / Moderner Greuel: Man erspart Zeit, um sie dann hinterher totzuschlagen.

Zeitungstext / Der Text einer Zeitung hat die Aufgabe, den Wert des Annoncenraums zu heben.

Zivilcourage / »Tapferkeit im Felde ist bei uns ziemlich allgemein, Zivilcourage aber sehr selten«, so oder so ähnlich urteilt Bismarck über die Deutschen. Was will das sagen? Das will sagen, daß die Deutschen durch die Arbeit ihrer Schulmeister so unnatürlich geworden sind, daß sie vor Amt, Behörde und Vorgesetzten mehr Angst haben als vor dem Tod. Sie nehmen, mit anderen Worten ausgedrückt, das Leben oder vielmehr das Bündel von Widerwärtigkeiten und Spießerbehagen, das ihnen statt des Lebens geblieben ist, zu ernst, um den Ernst des Todes noch begreifen zu können; sie haben nie gewußt, was Leben ist, und wissen daher auch nicht, was Tod ist. Sie pappeln ihren Dichtern blödsinnig nach: Das Leben ist der Güter höchstes nicht, und lassen sich für die Dummheit und für die Geschäfte ihrer Ausbeuter hinschlachten.

Zölibatskomik / Es gibt wenig so Komisches wie Zölibatäre, die ihren Mitmenschen empfehlen, Familien zu gründen und Kinder zu bekommen.

Zufall / Vor einigen Monaten fiel in Prag ein Dachdecker vom Dach eines fünfstöckigen Gebäudes auf das Straßenpflaster, sprang sofort wieder auf und rannte spornstreichs die Stiegen des Hauses empor an seinen Arbeitsplatz, um nicht wegen ungerechtfertigten Wegbleibens von der Arbeit gekündigt zu werden. Neulich wieder stürzte sich in Ungarn ein Mann in selbstmörderischer Absicht vor einen Schnellzug; die Maschine aber warf ihn zwischen die Schienen und der ganze Zug ging über ihn hinweg, ohne daß er auch nur eine Hautabschürfung erlitten hätte. Warum ist diesen beiden Männern nichts passiert? Aus Zufall? Damit ist ganz und gar nichts erklärt. Das Wort »Zufall« sagt, daß einem etwas zu-fällt, worauf nicht zu rechnen war; aber die Frage, warum gerade diesem Menschen etwas zugefallen ist, was anderen normalerweise nicht zuzufallen pflegt, ist damit nicht einmal annähernd beantwortet und wenn sich alle Rationalisten auf den Kopf stellen. Da gibt's nur eine Antwort: Gott hat es eben so gewollt. Damit ist alles erklärt, denn an Gottes Willen gibt's nichts weiter zu erklären. Und je monströser die Ereignisse, die mich umtoben werden, desto mehr fühle ich mich veranlaßt, alles auf den Willen Gottes zurückzuführen. Ich empfehle allen Lesern, desgleichen zu tun; es ist so bequem. Gott ist eine Hilfsvorstellung, die für den Menschen zur Erklärung mancher irdischer Vorfälle – besonders in der heutigen Zeit – ebenso unentbehrlich ist wie zum Beispiel ein Hilfsdreieck zur Konstruktion mancher geometrischer Figuren. Wer gegen das Wort Gott aus Reinlichkeitsgründen eine Antipathie hat, weil es ihm zu sehr eingespeichelt erscheint von den unzähligen Mäulern derer, die es nur im Munde führen, weil sie im Herzen keinen Platz dafür haben, der kann ja schließlich auch Fatum, Schicksal, Bestimmung oder Karma dafür sagen. Aber das Wort »Gott« erscheint mir doch am treffendsten; gibt's doch auch für die Liebe kein besseres Wort als »Liebe«, obwohl Tausende Poeten und Schlagerdichter es täglich zu Tode hetzen.

Zukunftsmensch / Statt des Kopfes eine unfehlbare Rechenmaschine, statt der Ohren Radiohörer, statt der Augen Mikroskope, statt der Nase einen Staubsauger, statt des Mundes einen Lautsprecher, statt des Körpers einen Beleuchtungskörper, statt der Arme Krane, statt des Herzens eine Jauchepumpe, statt des Magens eine Konservenbüchse und an Stelle des Gesäßes eine Strafanstalt zum Sitzen, während die Beine, vom steten Fortschreiten zu diesem Ziele abgelaufen, nur mehr in rudimentäre Zinsfüße endigen werden. Und wenn er dann statt der Genitalien eine Glasröhre oder Büchse mit Tabletten gegen Nervenschwäche tragen wird, erst dann wird man ihn vielleicht durch Abschrauben dieser Organe auf den allein Gott wohlgefälligen Weg bringen können. Und damit dürfte dann der Sieg des sittlichen Gedankens vollendet sein.

Zurechnungsfähig / Wahrhaft zurechnungsfähig gegenüber den Gesetzen sind nur die, die sie umgehen, nicht aber die, die sie übertreten.

/ Für zurechnungsfähig gelten heute nur jene Leute, die zu rechnen fähig sind. Was sich nicht durch Ziffern ausdrücken läßt, gilt heute überhaupt nicht.

Zusammenhänge / Die loyalsten Staatsbürger werden wild, wenn sie nichts zu fressen haben und es besteht ein geheimer Zusammenhang zwischen dem Stoffwechsel und dem Gesinnungswechsel.

DAS

NEBELHORN

Nr. 1 1. JÄNNER 1927 I. Jahr

KARL KRAUS,

dem Herausgeber der „Fackel",
dem Oeffner der Augen,
dem Bekämpfer alles Unechten,
dem Anwalt alles Echten,
dem Entdecker der mystischen Gedanken-
kräfte in der Sprache,

Dank und Gruß!

»Der aussichtslose Versuch, den Spiritus zu rektifizieren!«

Beatrix Müller-Kampel
über Herbert Müller-Guttenbrunn

»Er hat allerlei Schrullen«, warnt man die künftige Gattin. »Dieser Müller ›müllert‹. Er ist ein Schnelläufer und als solcher schon preisgekrönt. Er schläft bei 15 Grad minus bei offenem Fenster und bricht am liebsten erst das Eis ein, ehe er sich wäscht.«[1] Angesichts einer vor Kraft strotzenden Wohlgestalt von »79 kg bei 179 cm Größe« mit »115 cm Brust- bei 95 cm Bauchumfang« ärgert ihn die Beschimpfung als »feist« ganz außerordentlich.[2] Seinen Mitmenschen – die meisten davon wird er später leicht angeekelt »Zweibeine« oder schlicht »Stoffwechsler« nennen – begegnet er von Beginn an kratzbürstig, oder genauer: beißfreudig. »Ich hatte bei meiner Geburt, obwohl meine Mutter klein war, genau 5 kg. Kräftig, wie ich war, biß ich meiner Mutter die Brust wund, so daß sie zweimal operiert und schließlich eine Amme genommen werden mußte«.[3] Herbert Müller-Guttenbrunn, erstes Kind des Theatergründers, Theaterdirektors, Dramatikers und Erzählers Adam Müller-Guttenbrunn (1852-1923), durchläuft das traditionelle Curriculum eines Sohnes aus gutem Wiener Hause, absolviert 1906 die Matura und 1911 das Jurastudium – wenn auch nur mit etlichen Nach- und Wiederholungsprüfungen –, daraufhin den Militärdienst als Einjährig-Freiwilliger und das Gerichtsjahr. Der Siebenundzwanzigjährige möchte eine Beamtenlaufbahn einschlagen: »Aber nicht beim Staate, von dem ich, ohne es zu wissen, durch seine Anwälte bei den Gerichten die Nase vollbekommen hatte, sondern bei der Gemeinde der Stadt Wien, zu der ich als meiner Heimat ein inneres Verhältnis hatte. Überdies war bei ihr das Avancement besser als beim Staate, das Gehalt höher und ab zwei Uhr nachmittags war ich mein eigener Herr.«[4] Gesichertes Einkommen, Aufstiegsmöglichkeiten, minimale Arbeitszeiten, Pensionsberechtigung: So weit reichen die Träume von Herbert Müller-Guttenbrunn 1914. Ein Jahrzehnt danach findet man den Dr. jur. utr. freilich als Bauern und zweifachen Vater auf einem Anwesen bei Graz – allerdings nicht im Stall, denn der seit 1920 aus ethischen Gründen vegetarisch Lebende verzichtet auf jede Viehhaltung. Dazwischen liegen vier Jahre als Kadett und Leutnant an der russischen Front, Jahre, die er selber infolge eines außergewöhnlich großherzigen Batteriekommandanten auch seelisch erstaunlich unbeschadet überstanden hat und die seinen Blick geschärft haben auf das, was das Schlachten erst ermöglicht hat. »Und dessen Ursachen bloßzulegen, hinfort das einzige Ziel all meines Denkens und geistigen Mühens wurde.«[5]

Wie viele pubertierende Gymnasiasten, Studenten, Jungsoldaten dichtet Herbert Müller-Guttenbrunn, wie viele ist er auf der Suche nach dem anderen, dem neuen Leben, probiert es erst mit einem von Oscar Wilde inspirierten Dandytum – »Trottelei«, konstatiert er aus der Retrospektive[6] –, daraufhin mit Leibesertüchtigung und Sport, dieser »lächerliche[n] Hochachtung vor Zehntelsekunden, Zentimetern und Dekagrammen« und deren »Blindheit gegen körperliche Monstrositäten, die aber allein imstande sind, Weltrekorde zu gebären«.[7] Weder Freunde noch Vorbilder leiten und begleiten ihn bei seinen Erkundungen des Tollhauses, als das er die Welt europäischen und US-amerikanischen Zuschnitts schon früh empfindet, und Parteien erregen ihm Übelkeit, selbst die sozialdemokratische Partei, der er einmal nahegestanden ist: »Auch war ich einmal, als ich aus dem Felde zurückkehrte, Sozialdemokrat. Aber eben weil ich jung bin, konnte ich's nicht bleiben. Ich bin zu sehr freier geistiger Mensch, um ›Parteidisziplin‹ halten zu können, wenn es meiner Einsicht und meinem Gefühle widerstrebt. Zudem halte ich die Partei für gänzlich kapitalistisch durchseucht; ihre Führer, teils von Ehrgeiz, teils von niedrigster Gewinnsucht geleitet, irreführen mit Phrasen die dürstende Menge und die Menge selbst – was sie will, ist kein Sozialismus, das ist umgestülpter Kapitalismus.«[8] Kaum zu glauben: Dies konstatiert Müller-Guttenbrunn 1927.

Auch zu den Viellesern gehört er zeit seines Lebens nicht: »Ich esse ja auch nicht jeden Dreck – warum soll ich jeden Dreck lesen?«[9] Hartnäckig hält er sich fern von den ideologischen, philosophischen und poetischen Moden seiner Zeit, setzt auf eklektizistische statt auf systematische Lektüre und wird dergestalt mit kathartischen Leseerlebnissen belohnt: Schopenhauers »Aphorismen zur Lebensweisheit«, die er schon als Sechzehnjähriger gelesen hat, und immer wieder Karl Kraus' »Fackel«. Gänzlich abgeschieden von der intellektuellen Welt lebt der ländliche Einsiedlerkrebs freilich nicht: Seit 1920 schreibt Müller-Guttenbrunn hin und wieder für die »Vegetarische Warte« (Frankfurt a. M.), 1922 bemüht er sich (vergeblich) um Publikationsmöglichkeiten in Ludwig von Fickers »Der Brenner« (Innsbruck), 1925/26 ist er Mitarbeiter und zeitweise Herausgeber der Zeitschrift »Der Republikaner« bzw. »Der neue Republikaner« (Graz), 1925 erscheint die Novelle »Hunger« in »Bettauers Wochenschrift« (Wien), 1927 schließlich gründet er nach dem Modell der »Fackel« die von ihm herausgegebene und weitestgehend in Alleinregie geschriebene Zeitschrift »Das Nebelhorn. Zeitschrift für die Interessen vorurteilslosen Menschentums« (Graz, dann Klosterneuburg).

Was hat dies alles mit einem »anarchistische[n] Amateur«[10] zu tun, als den sich Herbert Müller-Guttenbrunn 1928 in seiner Zeitschrift bezeichnet? Jedenfalls gleicht der promovierte landwirtschaftliche Selbstversorger und Pamphletist in nichts dem propagandistischen Schreckbild des attentatsfanatischen Gewalttäters mit der Bombe unter dem Bett, wie ihn der Boulevard noch heute perhorresziert. Der einzige »Mord«, den Müller-Guttenbrunn auszuhecken und auszuführen gedenkt mit seinem »Nebelhorn«, ist »der Mord am Schwachsinn, d. i. an der – mit ihm leider schon identischen – Autorität[11].« Maßstab seines Urteils sind also Autorität, Autoritätsanspruch, Autoritätsglaube und Autoritätsgehabe, die der ebenso wache wie gnadenlose Blick des Herbert Müller-Guttenbrunn aufspürt, wohin immer er schaut: bei Christlichsozialen, Sozialdemokraten, Sozialisten und Nationalsozialisten; Katholiken, Protestanten, Antisemiten und Juden; bei Kapitalisten und Kommunisten; Hausfrauen, Emanzipierten und Feministinnen; Fanatikern der Erhaltung wie der Zerstörung traditioneller Geschlechtsrollen; bei Spießern und »Spießer[n] des Nichtspießigseinwollens (auch diese gibt es!)«;[12] bei Jägern, Fleischern und Fleischessern; in den Kirchen, der Presse, der Justiz; im Strafgesetz (»Strafgeschwätz«)[13] und nicht zuletzt in der »Majoritätsherrschaft« der parlamentarischen Demokratie – »eine Herrschaft übrigens, die von allen Herrschaften die unerträglichste ist. Denn erstens ist die Majorität immer die Dummheit, Majoritätsherrschaft also Dummheitsherrschaft; zweitens kann man sie nicht packen: Majorität ist unfaßbar, eine Ziffer, weiter nichts. Einen Einzelnen, der herrscht, kann man wegjagen, wenn er nichts taugt, und seine Nachfolger ebenso; so lange, bis einer kommt, der etwas wert ist; die Majorität kann man nicht wegjagen, obwohl ihr Regiment das der absoluten Willkür ist«.[14] Was Herbert Müller-Guttenbrunn dem entgegensetzt, ist die Utopie des herrschaftslosen Lebens, ist der Anarchismus: »die einzige sozialistische Richtung, die den Menschen nicht seelenlos machen will«[15] – im Gegensatz zum Kader- und Kasernensozialismus der Sozialdemokraten und Marxisten.[16]

Nichts liegt Müller-Guttenbrunn ferner, als eine Bewegung beziehungsweise Partei zu unterstützen oder gar ins Leben zu rufen. Er scheut selbst den Kontakt zu den ihm ideell am nächsten stehenden Anarchisten im Umkreis des »Bundes herrschaftsloser Sozialisten« (begründet 1918); statt dessen avanciert dessen Gründer und Wortführer, der zwischen kommunistischem und syndikalistischem Anarchismus beheimatete antimilitaristische Aktivist Pierre Ramus (d.i. Rudolf Großmann, 1882-1942) nach und nach zu einem müller-guttenbrunnschen Lieblingsfeind. Statt Programme zu lancieren oder Propaganda zu betreiben will das »Nebelhorn« »lediglich ein Unternehmen« sein, um »jene Gedanken, die ich mir unter anderem auch über soziale Probleme mache, Ausdruck zu geben. Es kommt mir bei diesen Gedanken wahrhaftig nicht darauf an, daß sie nützlich seien, und noch weniger darauf, daß sie sich mit dem Nächstliegenden befassen, sondern lediglich darauf, daß sie relativ wahr seien«.[17] Nur vereinzelt zieht er dafür Fremdbeiträger oder Gewährspersonen aus der Politik-, Philosophie- und Literaturgeschichte heran. An Zeitgenossen sind dies Carl Dallago (1869-1949), Kurt Hiller (1885-1972), Leonard Nelson (1882-1927), Bruno Wolfgang (d.i. Bruno Prochaska, 1879-1968), der »Papalagi« Erich Scheurmann (1878-1957) und Ewald Gerhard Seeliger

(1877-1959); an Vordenkern Goethe, Grillparzer, Tolstoi und immer wieder Nietzsche. Dem beinahe vollständigen Wiederabdruck von Oscar Wildes libertärer Utopie »Die Seele des Menschen unter dem Sozialismus« widmet Müller-Guttenbrunn ein ganzes »Nebelhorn«-Heft.[18]

Bevorzugt sucht Müller-Guttenbrunn seine ›relative Wahrheit‹ im alltäglichen Detail, legt es unter die Lupe der Satire (oder auch jener grobianischer Polemik), beschaut es von allen Seiten und wirft es auf den Haufen des »maschinenzeitgeborenen Schwachsinns«, als den er das Leben seiner Zeit begreift.[19] In einer Welt des globalen Kapitalismus und Konsumismus – der hellsichtige Zivilisationskritiker denkt, wenn schon nicht terminologisch, so doch gegenständlich bereits in den 1930ern in solchen Kategorien – bleibt nichts unverseucht beziehungsweise, nach einem müller-guttenbrunnschen Lieblingswort: »unversaut« vom Prinzip des Kaufs und Verkaufs und damit der allumfassenden Prostitution: nicht der Krieg noch der Friede, nicht Liebe noch Haß, nicht Werte noch Verhalten und schon gar nicht der Körper, den ein profitmotivierter Schön- und Gleichheitswahn normiert, reglementiert, dressiert und schließlich der Seele beraubt.[20] Kaum zu glauben: Dies konstatiert Müller-Guttenbrunn 1932.

Verhaßt ist ihm die manipulative Phrase, verhaßt auch jene Verschämtheit, die Sexuelles mit dem Schleim euphemistischer Verlogenheit überzieht. (»Schleim«, metaphorisch gemeint: auch dies ein stehender Begriff aus dem Idiotikon des »Nebelhorns«.) Vorm Scheißen und Koitieren schreckt Müller-Guttenbrunn folglich weder gegenständlich noch sprachlich zurück: Das eine ist ihm »als altem Landwirt und Schätzer dessen, was man ›das Gold des Landmannes‹ zu nennen pflegt«, ein vergnügliches »›Memento Faecium!‹ zu deutsch: ›Gedenke, daß Du ein Stoffwechsler bist!‹«,[21] das andre eine günstige Gelegenheit, einem anderen Freude zu bereiten (und, wenn's denn möglich ist, auch sich selber). Seine Tiraden wider klerikal verordnete Sexualitätsverkümmerung und Sexualitätsverkrümmung haben mit der forcierten Sexualisierung der Welt nach psychoanalytischer Fasson freilich nichts am Hut. »Ungeheuer ist die Überschätzung des Koitus«, schreibt er all jenen ins Stammbuch, die sich aus welchen Gründen immer dafür interessieren, »was der Herr Schulze und das Fräulein Müller denn eigentlich für einen Gebrauch von ihren p. t. Unterleibern machen«.[22] An der Psychoanalyse erschüttern ihn weniger die Entwicklung von »Blödiuskomplexen« oder die Lösung von Welträtseln aus dem Geiste von Nachttöpfen, als daß Freud bei all dem »statt an Gespenster [...] an die Wissenschaft« glaubt; er »ahnt nicht, daß diese das Gespenst der Gespenster ist.[23]« Die Unerbittlichkeit, mit der Herbert Müller-Guttenbrunn seine sentenziös-aphoristische Klinge Ende der 1920er und Anfang der 1930er Jahre an beinahe allem wetzte, bescherte ihm schon unter den Zeitgenossen nur wenige Leser. »Das Nebelhorn« brachte es auf nicht mehr als 300 Bezieher in Deutschland[24] beziehungsweise auf 2000 Leser insgesamt.[25] Jedenfalls stellte Müller-Guttenbrunn die Zeitschrift 1933 infolge behördlicher Verfolgung, v. a. wegen seiner Kritik am katholischen Klerus, ein, führte sie jedoch als selbständige Publikationen unter dem Titel »Müller-Guttenbrunns Panopticum der Maschinenzeit« (1933) und »Mystik der Sprache. Zeit aus den Fugen« (1934), jeweils hektographiert und im Selbstverlag, weiter. Die bereits durch den austrofaschistischen Ständestaat erzwungene innere Emigration ging mit einer Verinnerlichung seines Denkens und Schreibens einher. Die Wege, denen entlang der einst vor zynischem Esprit überschäumende Feuerkopf nun wandelte, waren von fernöstlicher Philosophie und chinesischer Ackerbaukultur inspiriert (»Der Weg zur inneren Freiheit. Eine Schule des Willens«, Wien 1936; »Mensch und Erde. Der Weg zur äußeren Freiheit«, Wien 1937; »Zarathustras Wiederkehr«, 1930, ungedruckt). Seit dem »Anschluß« Österreichs durch die Nationalsozialisten meldete sich Müller-Guttenbrunn journalistisch nicht mehr zu Wort – schwieg aber nicht, sondern versuchte sich wie schon in den 1910ern an seichten sentimentalen Komödien für Theater und Film. Produziert oder gedruckt wurde keine davon. Die Sammlung »Qual des Lebens – Lust des Denkens! Eigenes und zu Eigen Gewordenes«

DAS NEBELHORN

Nr.149/150 Ende März 1933 VII.Jahr

Am 18. März 1933

war gegenüber dem 10.Mai 1897, von dem im letzten Heft die Rede war, der Fortschritt, den die Menschheit während der zwischen diesen beiden Daten verstrichenen 36 Jahre gemacht hat, unverkennbar. Aber ehe wir vom Fortschritt reden, wollen wir zuerst einmal von den Schritten reden, die zu seiner Offenbarwerdung geführt haben, und der Reihe nach vorgehen. Der erste Schritt sah so aus:

Anklageschrift.

Die Staatsanwaltschaft Wien I erhebt gegen:

Dr. Herbert Müller-Guttenbrunn, geboren am 5. Juni 1887 in Wien, dorthin zuständig, konfessionlos, verheiratet, Schriftsteller in Klosterneuburg,

die Anklage:

er habe im August 1932 in Klosterneuburg dadurch, daß er den auf Seite 251-253 der Zeitschrift „Das Nebelhorn" Nr.135/136 von Ende August 1932 abgedruckten Aufsatz „Kirchenbesucher" verfaßte, vervielfältigte u. verbreitete in der Stelle „Solch eine Prügelei wollte ich . . . . . was in der katholischen Kirche möglich ist" Lehren, Gebräuche und Einrichtungen der katholischen Kirche zu verspotten und herabzuwürdigen gesucht.

Hiedurch habe er
das Vergehen gegen die öffentliche Ruhe und Ordnung nach §303 St.G. begangen und sei nach §305 St.G., höherer Strafsatz, zu bestrafen.

Gemäß §41 Preßgesetz wird beantragt, auf den Verfall des beschlagnahmten Druckwerkes zu erkennen.

Anträge:

1. Anordnung einer Hauptverhandlung vor dem Landesgericht Wien II als Schöffengericht.
2. Vorladung des Beschuldigten als Angeklagten.
3. Vorlesung gemäß §252 vorl.Absatz St.P.O. des beanständeten Aufsatzes, der polizeilichen und Gendarmerieerhebungen O.Nr 4,7, und 8, des Beschlagnahmebeschlusses O.Nr.5, der beizuschaffenden Leumundsnote und Strafkarte.

Begründung:

Der Beschuldigte Dr.Herbert Müller-Guttenbrunn ist Eigentümer, Herausgeber, Verleger, Vervielfältiger und verantwortlicher Schriftleiter der Zeitschrift „Das Nebelhorn".

In dem oben zitierten Aufsatze übte Dr. Müller-Guttenbrunn eine abfällige Kritik an einem die Bekleidung der Kirchenbesucher regelnden kirchlichen Erlasse. Hiebei erging er sich in allgemein gehaltenen, scharfen Ausfällen gegen die Priester, so daß in dem ganzen Inhalte der im Anklagesatz angeführten Stelle eine Herabwürdigung des Priesterstandes als Einrichtung der katholischen Kirche zu erblicken ist. Im Zuge seiner Ausführungen warf er auch die spöttischen Fragen auf, „wie unter sotanen Umständen die heilige Dreifaltigkeit, die wo doch bekanntlich Eins sei, zum Heile der Christenheit zusammenkommen solle", „ob der heilige Geist die Schneider brauche, damit sie ihm seinen Tempel bewohnbar machten", „wassich der heilige Geist denken solle, wenn er sich in Gestalt einer Taube auf jenem,neben dem Tor der Stefanskirche prangenden Stein niederlasse, in dem das männliche und weibliche Geschlechtsorgan eingehauen seien". Auch meinte er, „das Märchen von der Erbsünde sei erst durch die Geilheit der Pfaffen in die Welt gekommen". In diesen Sätzen ist eine Verspottung und Herabwürdigung der katholischen Lehren von der Dreieinigkeit, vom heiligen Geist und von der Erbsünde zu erblicken. Überdies führt der Beschuldigte aus:„die Pfaffen seien durch das Zölibat so aufgepulvert worden, daß sie den Anblick zehnjähriger Kinder mit nackten Knien einfach nicht mehr ertragen könnten", er würdigte somit die Einrichtung des Zölibats im Sinne des §303 herab.

Dr.Müller Guttenbrunn hat sich als Verfasser des Aufsatzes bekannt und erklärt, daß er für dessen Inhalt die volle Verantwortung übernehme. Seine Verteidigung hat er sich für die Hauptverhandlung vorbehalten.

Staatsanwaltschaft Wien I
am 28. Oktober 1932
Dr Franz Schwartz

Für die Richtigkeit der Ausfertigung der Leiter der Geschäftsabteilung:

Pinselitsch

(Dieser Name m u ß t e zur abschließenden Krönung noch kommen. Er lag geradezu in der Luft. Anm.d.Herausgeb.)

+

Der zweite Schritt sah so aus:

hatte Müller-Guttenbrunn wohl von vorneherein nicht auf Veröffentlichung angelegt, zumal ihn die bis um 1940 reichenden satirischen Beobachtungen doch wieder als den alten Nebelhornisten zeigen: als erdverbundenen Selbstversorger und pantheistisch Gläubigen, als Extremisten des Individualismus, Humanisten, Pazifisten, Antifaschisten, Antinationalsozialisten, eben als »anarchistische[n] Amateur«, dessen Devise lautet: »Meine Aufgabe? Der aussichtslose Versuch, den Spiritus zu rektifizieren.«[26]
Daß Müller-Guttenbrunn die NS-Zeit weitgehend unbeschadet überstand, hatte wohl familiäre Gründe: Vater Adam Müller-Guttenbrunn zählte zu den vom Regime geschätzten Autoren, Bruder Roderich war ein angesehener nationalsozialistischer Autor. Unklar blieb, warum Herbert Müller-Guttenbrunn am 10. April 1945 von einem russischen Soldaten vor seinem Haus in Klosterneuburg erschossen wurde. Vermutet wurden die irrtümliche Erschießung als Nationalsozialist, der Streit um eine Lederhose sowie der Fund einer Waffe im Haus.
Klarer scheint, warum der Nebelhornist zu den Vergessenen beziehungsweise vergessen Gemachten zählt: Allzu stark fiel der Schatten des bewunderten Karl Kraus auf ihn, nach dessen Muster der »Fackel« Müller-Guttenbrunn das »Nebelhorn« geschnitten hatte und dem er auf der ersten Seite der ersten Nummer vom 1. Jänner 1927 »Dank und Gruß« abstattete.[27] Was den einen der »Affe von Karl Kraus«,[28] blieb den andern bloß der Sohn des mit antisemitisch-deutschnationalem Geruch behafteten Banater Erfolgsschriftstellers Adam Müller-Guttenbrunn. Nicht zuletzt verleitete die Unnachsichtigkeit, mit der Herbert Müller-Guttenbrunn gegen Niederträchtigkeiten, Gemeinheiten und Dummheiten gleich welcher Gruppen, Parteien oder Bewegungen vorging, dazu, seine Suche nach dem Lebens- und Weltsinn abseits ausgetretener Pfade als schwärmerisch-romantisch und seinen anarchisch-anarchistischen Individualismus als verworren und querulatorisch zu stigmatisieren. Wenn man sich denn freimacht von den verstaubten Schubladen der Ideologie und Poetologie, von historischer Sippenhaftung oder dem antianarchistischen Brett vor dem Hirn, so gibt es viel Er-

hellendes und Vergnügliches zu entdecken unter den Geistesblitzen Herbert Müller-Guttenbrunns. Staat, Regierung, Krieg, Gewalt und Kapitalismus nimmt er immer wieder ins Visier, doch schaut er auch viel und gerne über den Burgfried des Sozioökonomischen hinaus und tüftelt über allerlei Alltäglichem: Auto, Boudoir, Bürgerseele, Credit, Cunnilingus, Damen, Defloration, Dollar, Ehebruch, Fernsehen, Frauenemanzipation, Geburtenrückgang, Geld, Harnindustrie, die ominöse Endung »-innen«, Koitus, Männer, Ödipuskomplex, Proletarier, Psychoanalyse, Rechtsanwälte, Reklame, Spermatozoon politikon, Strafgesetze, Todesstrafe, Tourismus oder, man liest richtig, die Vorhaut Christi. Viele Fragen werden beantwortet, mit einer der drängendsten läßt Müller-Guttenbrun uns freilich allein: »Was haben wir vom Fernsehen, wenn es uns mit dem Anblick von Arschgesichtern aus Amerika versorgt, wo unser Bedarf an solchen doch vom Inlande reichlich gedeckt wird?«[29]

1 / Adam Müller-Guttenbrunn zit. n. Adam Thim: Adam Müller-Guttenbrunn und seine Nachfahren. In: Die Donauschwaben zwischen gestern und heute. Festschrift zur Fünfzig-Jahr-Feier des Schwabenvereines Wien. Wien: Selbstverlag 1957, S. 111-120, hier S. 112. // **2** / NH I, Nr. 24 (15. Dezember 1927), S. 15. // **3** / H, S. 8. // **4** / H, S. 100. // **5** / H, S. 104. // **6** / H, S. 52. // **7** / H, S. 65. // **8** / NH I, Nr. 4 (15. Februar 1927), S. 2. // **9** / H, S. 34. // **10** / NH II, Nr. 34 (15. Mai 1928), S. 7. // **11** / NH I, Nr. 1 (1. Januar 1927), S. 3. // **12** / NH IV, Nr. 82 (15. Mai 1930), S. 4. // **13** / NH I, Nr. 21 (1. November 1927), S. 1-10 und NH VI, Nr. 137/138 (Ende September 1932), S. 268. // **14** / NH VI, Nr. 125/126 (Ende März 1932), S. 74. // **15** / NH IV, Nr. 83 (1. Juni 1930), S. 5. // **16** / Vgl. NH VI, Nr. 121/122 (Mitte Januar 1932), S. 23f. // **17** / NH II (1928), Nr. 48, S. 2. // **18** / NH IV, Nr. 83 (1. Juni 1930). // **19** / PdM, S. 5. // **20** / Vgl. NH VI, Nr. 127/128 (Ende April 1932), S. 97f. // **21** / BrA, S. 4. // **22** / NH V, Nr. 100/101 (Ende Februar 1931), S. 98. // **23** / NH VI, Nr. 143/144 (Ende Dezember 1932), S. 369. // **24** / Vgl. NH I, Nr. 9 (1. Mai 1927), S. 23. // **25** / Vgl. NH III, Nr. 68 (15. Oktober), S. 6. // **26** / Qu, S. 49. // **27** / NH I, Nr. 1 (1. Jänner 1927), S. 1. // **28** / NH I, Nr. 3 (1. Februar 1927), S. 23. // **29** / NH II, Nr. 42 (15. September 1928), S. 9.

Herbert Müller-Guttenbrunn

AUS DER HINTERDREINSICHT

Ein Rückblick auf mein Leben

Die Voraussicht[1] ist einfach,
die Hinterdreinsicht vielfach.
Goethe

1) Künftigen Literarhistorikern bleibt es überlassen, festzustellen, daß Goethe eigentlich "Vorsicht" gesagt hat. Dies sei aus Vorsicht angemerkt.

Anhang

Zeittafel

1887 / 5. Juni: Geburt Herbert Müllers in Wien, 18. Bezirk, Währing, Schulgasse 3. / Vater: Adam Müller (1852, Guttenbrunn [Zabrani] bei Temesvár, Banat – 1923, Wien), Telegraphenbeamter, Feuilletonredakteur, Kritiker, Gründer und erster Direktor des Wiener Raimundtheaters, später des Kaiserjubiläums-Stadttheaters, Dramatiker, Erzähler. / Mutter: Adele, geb. Krusbersky, Hauptmannstochter (1862, Brünn [Brno] – 1939, Klosterneuburg). / Offizieller Familienname seit 1918: Müller-Guttenbrunn nach dem Geburtsort/Künstlernamen des Vaters. / Wächst mit den drei Geschwistern Erich Manfred (geb. 1889), Roderich (1892-1956) und Elfriede Eva, später verheiratete Jank (1898-1945/Freitod) in Wien und seit 1889 jeweils von Mai bis Oktober in Weidling (zu Klosterneuburg) auf. / Oftmalige Umzüge (Wien: 18, Schulgasse 3; 9,18, Währinger Gürtel; 7, Zollergasse 31; 6, Mittelgasse 27; 9, Fuchsthallergasse 10; 18, Hofstattgasse 17; Weidling: Hinterhölzlsches Haus, Hauptstraße 26; Müller-Hauserl; bei Hartungen; Marienburg; Villa Finsterle; Villa Dietrich; Barbaraheim).

1893 bis 1896 / Drei Jahre Privatunterricht mit jährlichen Abschlußprüfungen in der Volksschule bei den Schotten in Wien. 1896 Einschreibung in die öffentliche Volksschule der Gemeinde Wien in der Gemeindegasse (Canusiusgasse) für die 4. Klasse Volksschule.

1897 / Aufnahmsprüfung am Schottengymnasium, einem v. a. von Söhnen aus dem Adel und Großbürgertum frequentierten Elite-Gymnasium. Schlechte Schulergebnisse, gibt laufend disziplinären Anstoß. / Durchläuft in der vierten Klasse eine kurzfristige kirchenfromm-pietistische Phase, zahlt Beiträge für die Mission.

1901 / 5. Juni: Nach eigenen Angaben sexuelle Initiation durch die Bonne seiner Schwester.

1902 / Infolge katastrophaler Noten Schulwechsel an das Gymnasium Studentenkonvikt Freistadt in Oberösterreich; dort Repetition der 5. Klasse.

1903 / Sommerferien: Kathartische Lektüre von Schopenhauers »Aphorismen zur Lebensweisheit«.

1904 / Juli: Überzeugt den Vater mit einem akzeptablen Zeugnis, ihn wieder in Wien zur Schule gehen zu lassen. Schreibt laufend Gedichte und liest sie dem Vater vor. / Herbst: Beginn der siebten Klasse des Gymnasiums in der Gymnasiumstraße, Döbling. Abermals schlechte Noten.

1905 / Mai: Der Vater nimmt ihn, vorgeblich krankheitshalber, aus der Schule und sucht um Bewilligung einer Nachtragsprüfung über die 7. Klasse im Herbst an. / Kathartische Lektüre von Karl Kraus' »Fackel«. / Nachhilfeunterricht. Besteht die Nachtragsprüfung in Freistadt, wo er auch die 8. Klasse absolviert. / Durchläuft, inspiriert von Oscar Wilde, eine kurzfristige dandyistische Phase.

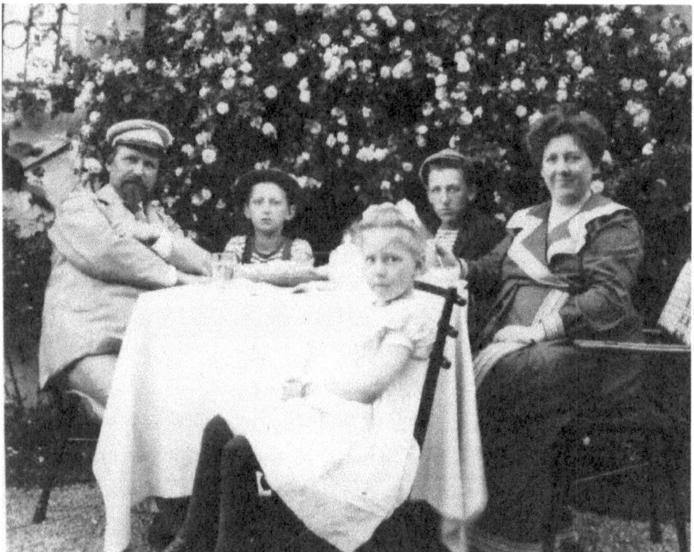

1906 / 18. Juli: Matura. Rückkehr nach Wien. Beginnt an der Universität Wien Jus zu studieren. / Entsagt seit der Lektüre von Jørgen Peter Müllers »Mein System. 15 Minuten täglicher Arbeit für die Gesundheit« (Kopenhagen 1904, ^{5}1906) allen dandyistischen Vergnügungen, setzt an deren Stelle körperliche Ertüchtigung, tritt kurzfristig allerlei Sportvereinen bei (Wiener Athletenklub, Ruderklub). Baldiger Austritt.

Seit 1906 / Schriftstellerische Tätigkeit, zunächst unter dem Pseudonym Herbert Luckhaup.

1908 / Auf Wunsch des Vaters Abiturientenkurs an der Wiener Handelsakademie. / Erste Novellen und Essays.

1911 / 1. April: Lernt in der Villa von Alfred Staackmann, dem Verleger seines Vaters, in Gardone-Riviera am Gardasee seine spätere Frau Aenne Luise Fritsche, die Schwester Clara Staackmanns, kennen. Verlobt sich ein halbes Jahr danach mit einer anderen Frau, Gretl. / 22. Juli: Promotion zum Doktor beider Rechte. / Militärdienst als Einjährig-Freiwilliger: Dienstantritt am 1. September in der Wiener-Neustädter Artilleriekaserne. Weihnachten: Ernennung zum Vormeister. / »Wehmut des Abends« in »Frauen-Rundschau«.

1912 / Ostern: Ernennung zum Titular-Korporal; Zuteilung zur Batterie 2; Reserve-Feuerwerker-Kadett-Aspirant. / 1. September: Ende des Militärdienstes. / Möchte Beamter werden und lernt auf Empfehlung des Vaters Ungarisch. / Gerichtspraxis am Landesgericht für Strafsachen in Wien, danach Schriftführer am Handelsgericht.

1913 / Sommer: Schriftführer beim Bezirksgericht Klosterneuburg. Ende des Gerichtsjahrs.

1914 / »Die Frauen von Utopia«. Komödie. Wien: Gerlach & Wiedling 1914. Max Reinhardt erwägt die Inszenierung der Komödie in Berlin. / Bruch mit der Verlobten Gretl. / März bis Mai: Dreimonatiger militärischer Nachdienst in Wiener-Neustadt. / Anfang Juni: Dienstantritt beim magistratischen Bezirksamt Wien II., Leopoldstadt. Geht eine Liebesbeziehung mit einer Steffi ein. / Rückt bei Kriegsbeginn als Reservefeuerwerker-Kadettenaspirant zur Artillerie nach Wiener Neustadt ein. / 28. August: Wird an die russische Front beordert (Infanteriemunitionskolonne 1, Kanonenmunitionskolonne 4, abermals Infanteriemunitionskolonne 1, Batterie 1). Beförderung zum Kadetten.

1914 bis 1918 / Kriegsdienst an der russischen Front (Galizien). Einsatz bei Lemberg (Lvov, Ukraine), Rückzug nach Tarnow (Tarnów, Polen), dann russisch Polen, nach Strzemieszyce bei Katowice und macht schließlich das Gefecht bei Katowice mit.

1915 / 1. Juli: Beförderung zum Leutnant. Heimaturlaub. / Weiterführung der Beziehung mit Steffi. / 15. Oktober: Fragt Aenne Luise Fritsche in einem Brief von der Front, ob sie seine Frau werden möchte und erhält ihre Zustimmung. / November: Heimaturlaub. 26. November bis 10. Dezember in Leipzig bei Aenne Fritsche; Verlobung.

1916 / Verheiratung mit Aenne Fritsche.

1917 / Geburt des Sohnes Erhard Adam.

1918 / Abrüstung als Oberleutnant. / Übersiedelt mit der Familie vorerst nach Aschach / Oberösterreich.

1919 / Geburt der Tochter Gertraud Eva. / Mitglied der buddhistischen Gemeinde für Deutschland.

1920 / Lebt fortan aus ethischen Gründen als Vegetarier. / Veröffentlichungen in der »Vegetarische Warte. Monatsschrift für naturgemäße Lebensweise und Gesundheitspflege« (Frankfurt a. M.).

1922 / Bemüht sich bei Ludwig von Ficker vergeblich um Mitarbeit an dessen Zeitschrift »Der Brenner« (Innsbruck).

1923 / Kauft ein Anwesen in Thoneben (zu Semriach) in der Nähe von Graz, die sogenannte Rötschmühle; betreibt dort biologische, viehlose Landwirtschaft mit dem Ziel der Selbstversorgung. Dem Hof angeschlossen sind eine Bäckerei, eine Mühle und ein Sägewerk.

1925 bis 1926 / Mitarbeiter und zeitweise Herausgeber der Zeitschrift »Der Republikaner. Parteiorgan der freien Republikaner Deutschösterreichs« (Graz) bzw. »Der neue Republikaner. Wochenschrift für Innenkultur und Volksaufklärung« (Graz), an der Anarchisten maßgebend beteiligt waren.

1925 / »Hunger.« Novelle in »Bettauers Wochenschrift. Probleme des Lebens« (Wien).

1927 bis 1933 / Seit der am 1. Jänner erscheinenden Nummer 1 Eigentümer, Herausgeber und verantwortlicher (Allein-) Redakteur der Zeitschrift »Das Nebelhorn« (zeitweiser Untertitel: »Zeitschrift für die Interessen vorurteilslosen Menschentums«).

1929 / September: Verpachtet das Anwesen bei Graz und übersiedelt nach Klosterneuburg; betreibt dort abermals eine viehlose Selbstversorgerwirtschaft.

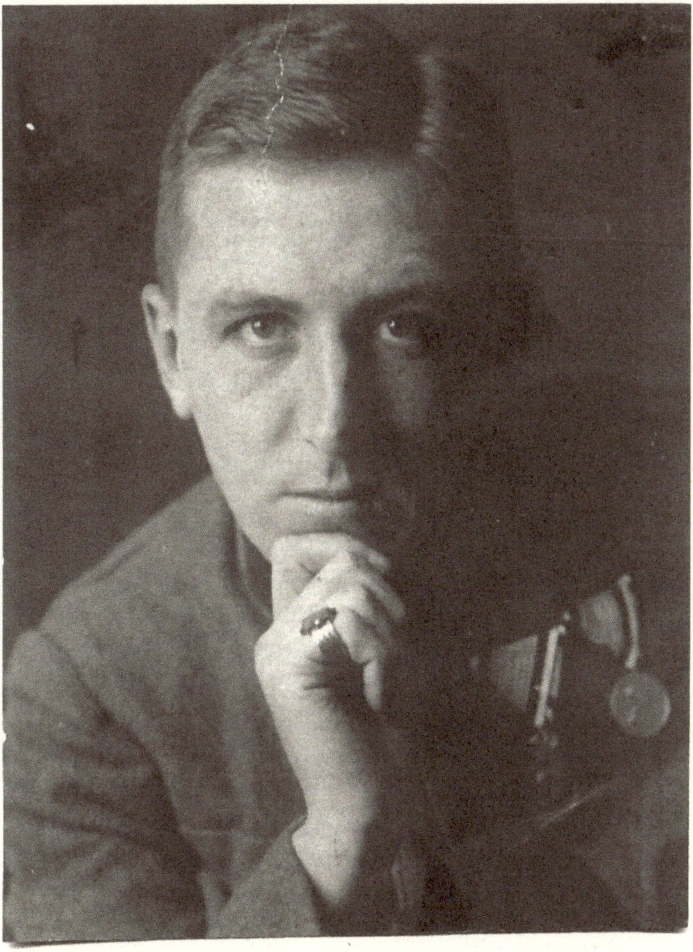

1930 / »Zarathustras Wiederkehr. Ein Buch für Alle von Einem« (drei Teile; ungedruckt).

1932 bis um 1940 / »Qual des Lebens – Lust des Denkens. Eigenes und zu Eigen Gewordenes« (Aphorismen, Sentenzen und Betrachtungen).

1932 bis 1933 / »Der Weg zur Kraft«, Artikelserie in: Tau. Monatsblätter für Verinnerlichung und Selbstgestaltung (Lauf a. d. Pegnitz).

1932 / Ende August: Konfiskation der Nummer 135/136 des »Nebelhorns« wegen »Verspottung und Herabwürdigung einer im Staate anerkannten Kirche«.

1933 / 18. März: Verurteilung wegen »Vergehens gegen die öffentliche Ruhe und Ordnung« zu sechs Wochen strengen Arrests, bedingt auf drei Jahre. Um einem Verbot zuvorzukommen, Einstellung des »Nebelhorns«; weitergeführt als »Panopticum der Maschinenzeit«. Bd I. Klosterneuburg: Im Selbstverlag des Verfassers. Hektographiert, nur für Subskribenten. Auf fünf Bände zu je 400 Seiten geplant; mehr als Bd I nicht erschienen.

1934 / Wiederaufnahme des »Nebelhorns« im alten Format. Denunziation der dritten Lieferung durch einen Leser, Einstellung des »Nebelhorns« nach der fünften Lieferung Anfang März 1934. / Ende Mai / Anfang Juni: »Mystik der Sprache. Zeit aus den Fugen.« Hergestellt vom Verfasser. Hektographiert. Verurteilung wegen »öffentlicher Herabwürdigung von Anordnungen der Regierung« sowie wegen »Beleidigung einer gesetzlich anerkannten Kirche« zu zwei Monaten strengen Arrests, verschärft durch einen Fasttag monatlich. Dadurch wird auch die erste, auf Bewährung ausgesetzte Haftstrafe fällig. / »Tagebuch eines politischen Häftlings« (Fragment, ungedruckt).

1935 / Ab 18. Februar: Verbüßung der dreieinhalbmonatigen Haftstrafe im Klosterneuburger Bezirksgefängnis. / »Briefe aus dem Arrest!« (ungedruckt).

1936 / »Der Weg zur inneren Freiheit. Eine Schule des Willens.« Wien: Saturn-Verlag 1936.

1937 / »Mensch und Erde. Der Weg zur äußeren Freiheit.« Wien: Saturn-Verlag 1937. / »Der Wunderdoktor« (Komödie nach einer Novelle von Adam Müller-Guttenbrunn, 1938 vom Akademietheater in Wien angenommen, ungedruckt).

1938 / »Wirbel vor Torschluß« (Komödie, ungedruckt).

1938 bis 1941 / Vergebliche Bemühungen um Publikationen und Verfilmungen.

um 1940 / »Kleines Dekamerone« (zyklische Rahmenerzählung, ungedruckt).

1941 / Ablehnung des Antrags um Aufnahme in die Reichschrifttumskammer, da »Umfang und Bedeutung« des »schriftstellerischen Schaffens« für zu gering erachtet werden. Wird zur deutschen Wehrmacht eingezogen.

1943 / Entlassung ohne Angabe von Gründen.

1944 / »Aus der Hinterdreinsicht. Ein Rückblick auf mein Leben« (Autobiographie bis 1915, ungedruckt).

1945 / 10. April: Wird von einem russischen Soldaten vor seinem Haus in Klosterneuburg erschossen. Vermutete Gründe: irrtümliche Erschießung als Nationalsozialist, Streit um eine Lederhose, Fund einer Waffe im Haus.

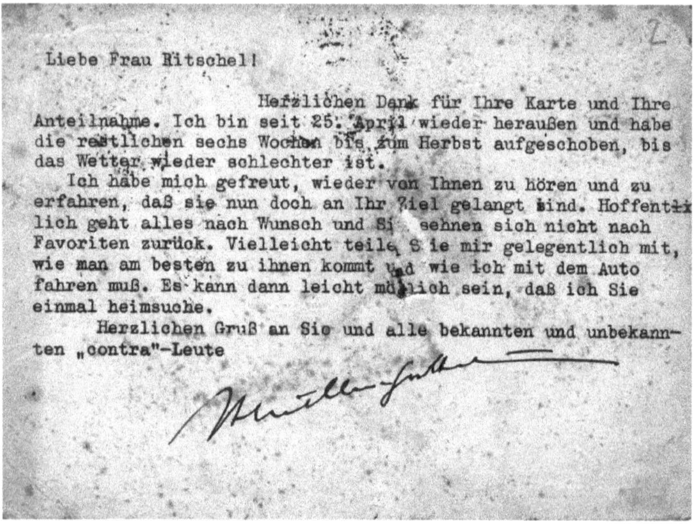

Liebe Frau Ritschel!

Herzlichen Dank für Ihre Karte und Ihre Anteilnahme. Ich bin seit 25. April wieder heraußen und habe die restlichen sechs Wochen bis zum Herbst aufgeschoben, bis das Wetter wieder schlechter ist.

Ich habe mich gefreut, wieder von Ihnen zu hören und zu erfahren, daß sie nun doch an Ihr Ziel gelangt sind. Hoffentlich geht alles nach Wunsch und Si sehnen sich nicht nach Favoriten zurück. Vielleicht teilen Sie mir gelegentlich mit, wie man am besten zu ihnen kommt und wie ich mit dem Auto fahren muß. Es kann dann leicht möglich sein, daß ich Sie einmal heimsuche.

Herzlichen Gruß an Sie und alle bekannten und unbekannten „contra"-Leute

Kommentar

Ablaß / *Sammelt man etwa*: Matth. 7,16.

Absurd / *»Credo, quia absurdum«* (lat.): Sprichwörtlich aus Tertullians »De carne Christi«: Ich glaube es, weil es widersinnig ist.

Adel / *den Adel überhaupt abgeschafft*: Da der österreichische Exkaiser Karl sich weigerte, in aller Form auf den Thron zu verzichten, beschloß die österreichische Nationalversammlung im April 1919 die Landesverweisung und Enteignung des Hauses Habsburg-Lothringen sowie die Abschaffung des Adels (nach wie vor gültig).

Amerikaner / *sondern verbieten anderen ... das Trinken*: Die US-»Bundesprohibition« trat nach Ratifizierung durch 36 Staatsparlamente am 16. Januar 1920 als 18. Amendment zur Verfassung in Kraft (1933 aufgehoben).

Anarchie / *Laotse ..., wenn er sagt: »Je mehr Verbot, um so mehr Übertretung ...«*: Spruch 57 aus Laotse: Tao-Tê-King. Das heilige Buch vom Weg und von der Tugend. Übersetzung, Einleitung und Anmerkungen von Günther Debon. Stuttgart: Reclam 1974. (=Universal-Bibliothek. 6798/98a.) S. 88.

Anarchist / *Pamperletschen* (österr.): Umgangssprachlich abfällig für kleines Kind.

Arbeitsbeschaffung / *Rabies* (lat.): Wut, Tollheit.

Archimandrit / Oberer eines ostkirchlichen Klosters.

Aufmarsch 1931 / *Heimwehr*: Paramilitärischer Verband des österreichischen Bauern- und Bürgertums 1918-1936. Entwickelte sich nach dem Brand des Wiener Justizpalastes 1927 (siehe Tourismus) zu einer politischen Kampfbewegung; war 1930 an der Regierung, 1934 an der Niederwerfung des sozialdemokratischen Republikanischen Schutzbundes während der Februarkämpfe 1934 sowie des NS-Putsches am 25. Juli 1934 beteiligt; 1936 wurde die Heimwehr verboten und ging in der Vaterländischen Front auf.

Aussatz / *III Mos. 14, 1-20*: Lev. 14, 3-7: »Stellt er [i. e. der Priester] nach der Untersuchung fest, daß der Aussätzige von seinem Aussatz geheilt ist, soll er anordnen, daß man für den, der sich der Reinigung unterzieht, zwei lebende reine Vögel, Zedernholz, Karmesin und Ysop nimmt. Dann soll er anordnen, den einen

Vogel über einem Tongefäß mit Quellwasser zu schlachten. Den lebenden Vogel, das Zedernholz, das Karmesin und den Ysop soll er nehmen und alles, auch den lebenden Vogel, in das Blut des über dem Quellwasser geschlachteten Vogels tauchen. Nun soll er den, der sich der Reinigung vom Aussatz unterzieht, siebenmal besprengen und nachdem er ihn für rein erklärt hat, den lebenden Vogel ins freie Feld fliegen lassen.« Lev. 14,10: »Am achten Tag soll er zwei fehlerlose Widder, ein einjähriges fehlerloses Schaf, drei Zehntel Efa Speiseopfermehl, das mit Öl vermengt ist, und ein Log Öl nehmen.« Lev. 14,13: »Er soll den Widder an der Stelle schlachten, wo man das Sünd- und Brandopfer schlachtet, an dem heiligen Ort.« Lev. 14,14: »Der Priester soll etwas Blut vom Schlachtopfer nehmen und es auf das rechte Ohrläppchen dessen tun, der sich der Reinigung unterzieht, und auf den Daumen seiner rechten Hand und auf die große Zehe seines rechten Fußes.«

Austria / *weniger feschen schwarzen Herren, die im Inland am Ruder sind*: Schwarz: Farbe der Christlichsozialen, die die Regierung in Österreich bildeten. – *Kongrua*: Gehaltszahlungen des Staates für einen Großteil der Seelsorger. / *Schandgewerbe*: Prostitution.

Behörde / *Dschingis -Khanerln und Tamerlanerln*: Dschinghis-Khan und Tamerlan (Timur-Leng): Durch ihre Grausamkeit und Blutrünstigkeit berüchtigte Feldherrn.

BGBL / Bundesgesetzblatt.

Blut / *Saft, der leider nur von den Literaten … für etwas Besonderes gehalten wird*: Anspielung auf Mephistos sprichwörtlich gewordenen Ausspruch »Blut ist ein ganz besondrer Saft« aus Johann Wolfgang Goethe: Faust. In: Goethes Werke. Hamburger Ausgabe. Bd III. Textkritisch durchgesehen und kommentiert von Erich Trunz. 12. Aufl. München: Beck 1982, S. 7-364, hier S. 58 (Faust I, Studierzimmer).

Brüste / *Nach Schiller die Halbkugeln einer besseren Welt*: Aus dem Gedicht »Kastraten und Männer« (1782): »Und wenn das blonde Seidenhaar, / Und wenn die Kugelwaden, / Wenn lüstern Mund und Augenpaar / Zum Lustgenusse laden, // Und zehenmal das Halstuch fällt, / Und aus den losen Schlingen, / Halbkugeln einer bessern Welt, / Die vollen Brüste springen«. In: Friedrich Schiller: Sämtliche Werke. Bd 1. Hrsg. von Gerhard Fricke und Herbert Stubenrauch. 4., durchges. Aufl. München: Hanser 1965, S. 79-82, hier S. 81. / *scrotum*: Hodensack. / *Niemand merkt die Absicht ...*: Anspielung auf den sprichwörtlich gewordenen Ausspruch Torquarto Tassos »So fühlt man Absicht und man ist verstimmt« aus Johann Wolfgang Goethe: Torquarto Tasso. Ein Schauspiel. In: Goethes Werke. Hamburger Ausgabe. Bd V. Textkritisch durchgesehen von Lieselotte Blumenthal und Eberhard Haufe. Kommentiert von Stuart Atkins [u. a.]. 10. Aufl. München: Beck 1982, S. 73-167, hier S. 99 (II/1).

Buddhismus / *Alfanzerei*: Närrisches, kindisches Verhalten.

Burgtheater Wien / *Ein Theater, dem man die Hofburg genommen hat*: Seit 1919 führte das ehemalige Wiener »Hofburgtheater« (seit 1821) den Namen »Burgtheater«. / *Vielleicht wird er erst geboren, wovor ihn ... der gütige Professor Schmerz behüten möge*: Anspielung auf Prof. Dr. Hermann Schmerz, der in Graz Vasektomien, also temporäre Sterilisation an Männern, vorgenommen, sie jedoch nach seiner Verurteilung eingestellt hatte. Im Prozeß vom 28. Oktober 1929 war Schmerz wegen Übertretung gegen die körperliche Sicherheit nach §411 St. G. angeklagt und zu einer Geldstrafe von 15.000 Schilling oder zu 48 Stunden Arrest unbedingt verurteilt worden. Vgl. Reinhard Müller: Der aufrechte Gang am Rande der Geschichte. Anarchisten in der Steiermark zwischen 1918 und 1934. In: Auf dem Weg in die Freiheit. Hrsg. von Robert Hinteregger, Karl Müller und Eduard Staudinger. Graz: Kuratorium der Wanderausstellung »Für Arbeit, Freiheit und Recht« 1984, S. 163-195, hier S. 185.

Carnegie / *mit Profiten aus Waffengeschäften könne man dem Frieden einen Palast erbauen*: Der US-amerikanische Rüstungsindustrielle Andrew Carnegie gründete 1910 mit Profiten aus Rüstungsproduktion und Waffengeschäften die »Carnegie Endowment for International Peace«, eine Stiftung zur Friedenssicherung und zur Völkerverständigung.

Chamberlain, Houston Stewart / *Aufnordung Christi zum Arier*: Der Kulturphilosoph und Schriftsteller, verheiratet mit Richard Wagners

Tochter Eva, verkündete in seinen Schriften, v. a. in »Die Grundlagen des 19. Jahrhunderts« (2 Bände, 1899), eine völkisch-mystische Ideologie und erklärte die abendländische Geschichte zu einem Kampf der Rassen. Dabei leugnet Chamberlain die jüdische Herkunft Jesu und unterstellt diesem arische Ziele.

Chaos / *Wasenmeistern*: Ältere Bezeichnung für Abdecker, Schinder: Gewerbetreibender, der Tierkadaver vernichtet oder weiterverwertet.

Christus / *»Die christliche Religion …«, sagt Goethe*: Johann Wolfgang Goethe: Maximen und Reflexionen. In: Goethes Werke. Hamburger Ausgabe. Bd XII. Textkritisch durchgesehen von Erich Trunz und Hans Joachim Schrimpf. Kommentiert von Herbert von Einem und Hans Joachim Schrimpf. 10. Aufl. München: Beck 1982, S. 365-547, hier S. 376 (Nr. 82).

Couleur / Verbindungsfarben bzw. aus Mütze, Band und Zipfel in den Verbindungsfarben bestehende Abzeichen einer studentischen Korporation.

Cruzifix / *obwohl Christus diese beiden Tätigkeiten ausdrücklich verboten hat*: In der Bergpredigt (Matth. 5, 33-37).

Damen / *Erinnerten schon Schopenhauer an die heiligen Affen in Benares*: Schopenhauer in »Über die Weiber«: »Sie sind sexus sequior [das geringere Geschlecht …], das in *jedem* Betracht zurückstehende zweite Geschlecht, dessen Schwäche man demnach schonen soll, aber welchem Ehrfurcht zu bezeugen über die Maßen lächerlich ist und uns in ihren eigenen Augen herabsetzt. Als die Natur das Menschengeschlecht in zwei Hälften spaltete, hat sie den Schnitt nicht gerade durch die Mitte geführt. Bei aller Polarität ist der Unterschied des positiven vom negativen Pol kein bloß qualitativer, sondern zugleich ein quantitativer. – So haben eben auch die Alten und die orientalischen Völker die Weiber angesehn und danach die ihnen angemessene Stellung viel richtiger erkannt als wir mit unsrer altfranzösischen Galanterie und abgeschmackter Weiberveneration, dieser höchsten Blüte christlich-germanischer Dummheit, welche nur gedient hat, sie so arrogant und rücksichtslos zu machen, daß man bisweilen an die heiligen Affen in Benares erinnert wird, welche, im Bewußtsein ihrer Heiligkeit und Unverletzlichkeit, sich Alles und Jedes erlaubt halten.« Arthur Schopenhauer: Sämtliche Werke. Textkritisch bearbeitet und hrsg. von Wolfgang von Löhneysen. Bd V: Parerga und Paralipomena. Kleine philosophische Schriften II. Darmstadt: Wissenschaftliche Buchgesellschaft 1968, S. 728 (Kap. 27: Über die Weiber).

Dekalog / *tridentinischen Konzils*: Das sich über rund zwei Jahrzehnte hinziehende Konzil von Trient (1545-1563) führte durch seine dogmatischen und reformerischen Dekrete zu einer gewissen Erneuerung des Katholizismus und zugleich zur Vertiefung der Glaubensspaltung. / *III. Mose 11,4-6*: Lev. 11,4-6 *und 33*: Lev. 11, 20 und 21: »Alle Kleintiere mit Flügeln und vier Füßen seien euch abscheulich. Von diesen Kleintieren mit Flügeln und vier Füßen dürft ihr aber jene essen, die Springbeine haben, um damit auf dem Boden zu hüpfen.« / *III. Mose 18,7*: Lev. 18,7. / *V. Mose 21,11-13*: Deut. 21,11-13. / *V. Mose 22,6-7*: Deut. 22,6. Es fehlt 22,7: »Sondern du sollst die Mutter fliegen lassen und nur die Jungen nehmen, damit es dir gut geht und du lange lebst.« / *V. Mose 23,20*: Deut. 23,21: »Von einem Ausländer darfst du Zinsen nehmen, von deinem Bruder darfst du keine Zinsen nehmen, damit der Herr, dein Gott, dich segnet in allem, was deine Hände schaffen, in dem Land, in das du hineinziehst, um es in Besitz zu nehmen.«

Delikatesse / *Preßwurst* (süddt.-österr.): Sülze.

Demokratie / *kalendis graecis*: Meist in der Form »ad calendas graecas« gebraucht, bedeutete die Formulierung »(bezahlt wird) niemals« oder »am St. Nimmerleinstag«, da die Griechen keine Calendae kannten, die bei den Römern Zahlungstermine waren.

Demut / *wenn ich bei Gandhi (»Mein Leben«) lese, daß er sich, als er einmal geprügelt wurde, bemüht habe, die, die ihn prügelten, während sie ihn prügelten, zu »lieben«*: Vgl. Mahatma Gandhi: Mein Leben. (An autobiography or the story of my experiments with truth, dt.) Aus dem Engl. von Hans Reisiger. Hrsg. von C.F. Andrews. Leipzig: Insel-Verlag 1930, S. 144f.

Dichter / *obwohl schon Goethe bemerkt hat, daß alle neueren Poeten viel Wasser in die »Dinte« tun*: »Neuere Poeten tun viel Wasser in die

Tinte.« Johann Wolfgang Goethe: Wilhelm Meisters Wanderjahre oder die Entsagenden. In: Goethes Werke. Hamburger Ausgabe. Bd VIII. Textkritisch durchgesehen von Erich Trunz 11. Aufl. München: Beck 1982, S. 7-516, hier S. 481 (3. Buch. Aus Makariens Archiv, 133)./ *»Das Lied, das aus der Kehle dringt …«*: Aus Johann Wolfgang Goethe: Der Sänger. (1783.) In: Goethes Werke. Hamburger Ausgabe. Bd I. Textkritisch durchgesehen und kommentiert von Erich Trunz. 13. Aufl. München: Beck 1982, S. 155f., hier S. 156. / *§144*: siehe Schwangerschaftsabbruch.

Drohne / Synonym für minderwertig, faul, schmarotzerisch, nutzlos, allenfalls für die Fortpflanzung zu benutzen und danach zu vertreiben, übertragen vom Männchen der Honigbiene, das sich von den Arbeiterinnen v.a. durch größeren und plumperen Körper, fehlenden Stachel und kleineres Gehirn unterscheidet. Meist lassen sich die Drohnen füttern und werden gegen Ende Juli von den Arbeiterinnen vertrieben.

*Dollfuß*indianer / Engelbert Dollfuß wandelte nach der Ausschaltung des Nationalrates im März 1933 die parlamentarische Republik in einen autoritären, faschistoiden Ständestaat um. Für ihre radikalen Gegner richtete die Regierung Dollfuß Internierungslager ein. 1934 schlug Dollfuß den sozialdemokratischen Februaraufstand nieder und verbot alle Parteien. Mit der Maiverfassung von 1934 schuf er eine autoritäre Staatsordnung auf katholisch-ständischer Grundlage. Bei einem nationalsozialistischen Putschversuch wurde Dollfuß am 25. Juli 1934 ermordet.

Ecclesia militans / *»Ihr sollt euch dem Ruchlosen nicht widersetzen! « (Matth. 5,39)*: In der Einheitsübersetzung »Leistet dem, der euch etwas Böses antut, keinen Widerstand«. / *Papst …, der auf den von Christus ausdrücklich verbotenen Namen »heiliger Vater« hört. (Matth. 23,9)*: »Auch sollt ihr niemand auf Erden euren Vater nennen; denn nur einer ist euer Vater, der im Himmel.«

Edison / Thomas Edison machte Erfindungen auf dem Gebiet der Telegrafie (*Verbesserung des Telegrafen*), entwickelte das Kohlekörnermikrofon, wodurch das Telefon auf große Distanzen brauchbar wurde, den *Phonografen*, die Kohlefaden*glühlampe*, die

Verbundmaschine, den Kinematografen (*Erfindung des Kintopps*) sowie ein Betongießverfahren.

Ehe / *wie es gegen allzugroße Vorzüge eines anderen kein anderes Rettungsmittel als die Liebe gibt*: Johann Wolfgang Goethe: Maximen und Reflexionen. In: Goethes Werke. Hamburger Ausgabe. Bd XII. Textkritisch durchgesehen von Erich Trunz und Hans Joachim Schrimpf. Kommentiert von Herbert von Einem und Hans Joachim Schrimpf. 10. Aufl. München: Beck 1982, S. 365-547, hier S. 536 (Nr 1271).

Ehre / *Ritterliche Ehre, ein schon von Schopenhauer mit Elan hingerichteter idiotischer Begriff*: »Ich tadelte das Princip der Ehre, nach welchem man durch eine erhaltene Beleidigung ehrlos wird, es sei denn, daß man sie durch eine größere Beleidigung erwidere, oder durch Blut, das des Gegners oder sein eigenes, abwasche, als unverständig; als Grund führte ich an, die wahre Ehre könne nicht verletzt werden durch das, was man litte, sondern ganz allein durch das, was man thäte; denn widerfahren könne Jedem Jedes. – Der Gegner machte den direkten Angriff auf den Grund: er zeigte mir lukulent, daß wenn einem Kaufmann Betrug oder Unrechtlichkeit, oder Nachlässigkeit in seinem Gewerbe fälschlich nachgesagt würde, dies ein Angriff auf seine Ehre sei, die hier verletzt würde, lediglich durch das, was er leide, und die er nur herstellen könne, indem er solchen Angreifer zur Strafe und Widerruf brächte. – Hier schob er also, durch die Homonymie, die *Bürgerliche Ehre* welche sonst *Guter Name* heißt und deren Verletzung durch *Verläumdung* geschieht, dem *Begriff der ritterlichen Ehre* unter, die sonst auch *point d'honneur* heißt und deren Verletzung durch *Beleidigungen* geschieht. Und weil ein Angriff auf erstere nicht unbeachtet zu lassen ist, sondern durch öffentliche Widerlegung abgewehrt werden muß; so müßte mit demselben Recht ein Angriff auf letztere auch nicht unbeachtet bleiben, sondern abgewehrt [werden] durch stärkere Beleidigung und Duell. – Also ein Vermengen 2 wesentlich verschiedener Dinge durch die Homonymie des Wortes *Ehre*: und dadurch eine *mutatio controversiae*, zu Wege gebracht durch die Homonymie.« Arthur Schopenhauer: Eristische Dialektik. (1830.) In: A. Sch.: Der handschriftliche Nachlaß. Bd 3. Hrsg. von Arthur Hübscher. Frankfurt a.M.: Waldemar Kramer 1970, S. 666-695, hier S. 680. / *Matura* (österr.): Reifeprüfung, Abitur.

Eifersucht / *Ist eine Leidenschft, die mit Eifer sucht, was Leiden schafft*: Recte nicht von Schleiermacher, dem die Definition üblicherweise zugeschrieben wurde, sondern aus der von Hermann Kurz in Bd 2 der Sammlung »Spanisches Theater« besorgten Übersetzung von Miguel de Cervantes Saavedras Zwischenspiel »Der wachsame Posten« (»La guarda cuydadosa«, Szene 4): »O Eifersucht, Eifersucht, du Leidenschaft, die mit Eifer sucht, was Leiden schafft.« Miguel de Cervantes: Der wachsame Posten. In: Spanisches Theater. Hrsg. von Moriz Rapp, Hermann Kurz, Ludwig Braunfels. Bd II/2: Cervantes' Zwischenspiele von Hermann Kurz. Leipzig, Wien: Bibliographisches Institut [1872], S. 67-88, hier S. 79 / *wie La Rochefoucauld sagt*: Undatierte Sentenz.

Eigensinn / *Eignen Sinn soll man sich laut Goethe nicht rauben lassen*: »Ursprünglich eignen Sinn / Laß dir nicht rauben! / Woran die Menge glaubt, / Ist leicht zu glauben.« Johann Wolfgang Goethe: Zahme Xenien. In: J. W. G.: Gedichte 1800-1832. Hrsg. von Karl Eibl. Frankfurt a. M.: Deutscher Klassiker Verlag 1998, S. 621-747, hier S. 679.

Einsamkeit / *Talmi*: Übertragen für unecht, nach der »Tallois-demi-or« genannten, seit ca. 1840 produzierten Kupfer-Zink-Legierung des französischen Erfinders Tallois.

Eukalyptusöl / *Masdasnan*anhänger: Religiöse Heils- und Heilungsbewegung, die auf Otoman Zar-Adush Hanish in Chicago zurückgeht und sich ohne sachliche Berechtigung auf Zarathustra beruft. Im Mittelpunkt der Mazdaznan-Lehre, die auf Hanishs um 1900 in Chicago begonnene Vortragstätigkeit zurückgeht und 1917 in Los Angeles als »Reorganised M. Temple Association of Associates of God« institutionalisiert wurde, steht eine Rassenlehre, in der die sog. arische Rasse, zu der auch die Semiten gehören, allen anderen als überlegen gilt. Ziel ist die Erreichung eines universalen Friedensreiches.

Faschismus / *Faschieren* (österr.): Fleisch durch den Fleischwolf drehen, davon Faschiertes, faschierte Laibchen: Frikadellen.

Frauenemanzipation / *Mortur*: Verweslichkeit, Endlichkeit der Erscheinungen, im Gegensatz zur »Natur«, dem Neuen.

Freud, Sigmund / *»Im Schöpfungsplan ist nicht enthalten … « … von Freud*: »man möchte sagen, die Absicht, daß der Mensch ›glücklich‹ sei, ist im Plan der ›Schöpfung‹ nicht enthalten.« Sigmund Freud: Das Unbehagen in der Kultur. (1930.) In: S. F.: Studienausgabe. Hrsg. von Alexander Mitscherlich, Angela Richards und James Strachey. Bd IX. 3., korr. Aufl. Frankfurt a. M.: S. Fischer 1980, S. 191-270, hier S. 208.

Gäa / Bei den Griechen die göttliche »Urmutter Erde«, die alles Sterbliche hervorbringt und wieder in sich aufnimmt. Sie erzeugt als Urprinzip aus sich selbst den Himmel, die Gebirge und das Meer.

Geburt / *»Ins Leben treten …« sagt Laotse*: Beginn von Spruch 50 aus dem Tao-Tê-King in der Nachdichtung von Klabund: »Ins Leben treten heißt in den Tod eingehn / dreizehn Helfer helfen dem Leben / dreizehn Helfer helfen dem Tod / der Mensch wird gelebt anstatt daß er erlebt«. Laotse: Mensch / werde wesentlich! Sprüche / deutsch von Klabund. In: Klabund: Sämtliche Werke. Bd V: Nachdichtungen und Übersetzungen. I. Hrsg. von Jutta Dahn-Liu. Amsterdam, Atlanta: Rodopi, Würzburg: K&N 2001,153-169, hier S. 163. Günther Debon übersetzt mit »Austritt ist Leben, Eintritt ist Tod.« Laotse: Tao-Tê-King. Das heilige Buch vom Weg und von der Tugend. Übersetzung, Einleitung und Anmerkungen von Günther Debon. Stuttgart: Reclam 1974. (=Universal-Bibliothek. 6798/98a.) S. 81. / *Und Nestroy meint: »Das Leben des Menschen …«*: »Was kann der Mensch, dessen Leben nix Ander's, als ein an seinem Geburts Tag [!] gefälltes Todesurtheil is, G'scheidteres thu'n, als er laßt sich in resignierter Delinquenten-Manier noch nach Möglichkeit gut g'scheh'n mit einer Gustospeiß?« Figur des Schlicht in Johann Nepomuk Nestroy: Mein Freund. Posse mit Gesang in drei Akten. (UA 1851.) In: J. N.: Sämtliche Werke. Historisch-kritische Ausgabe von Jürgen Hein [u. a.]. Stücke 30. Hrsg. von Hugo Aust. Wien: Deuticke 2001, S. 5-112, hier S. 9.

Geburtenrückgang / *»sahe, daß es gut war«*: Gen. 1,31: »Gott sah alles an, was er gemacht hatte: Es war sehr gut.«

Geld / *das Menschenherz hat keine Stimme…*: Aus der zweiten Strophe des Gedichts »Aus!« (entstanden 1833/34) von Nikolaus Lenau, in: N.L.: Gedichte. Hrsg. von Hartmut Steinecke. Stuttgart: Reclam 1999. (=Universal-Bibliothek. 1449.) S. 62. / *Stolgebühren*: Beitrag zum Lebensunterhalt des Pfarrers, als dieser noch kein Gehalt bezog. Sie wurden beim Anlegen der Stola zu Taufe, Trauung und Begräbnis eingehoben. / *Gesang der Arbeiter in Upton Sinclairs Roman »Petroleum«*: Upton Sinclair: Petroleum. (Oil!, ED 1927, dt.) Aus dem Amerikanischen von Hermynia zur Mühlen. 101.-105. Tsd. Berlin: Malik-Verlag 1931, S. 462. / *drückt wieder Alfons Petzold, der Dichter, … am überzeugendsten aus: »Da stehen sie und regen schwer die Glieder«*: Im hier von Müller-Guttenbrunn vollständig wiedergegebenen Gedicht »Die Teilnahmslosen«. In: Alfons Petzold: Pfad aus der Dämmerung. Gedichte und Erinnerungen. Wien: Wiener Verlag 1947, S. 26. / *»Wozu ist Geld doch gut? …«*: Fälschlich von Müller-Guttenbrunn Angelus Silesius zugeschrieben. Es handelt sich um Logaus 1.414. Sinngedicht: Friedrichs von Logau sämmtliche Sinngedichte. Hrsg. von Gustav Eitner. Stuttgart: Literarischer Verein in Stuttgart 1872. (=Bibliothek des litterarischen Vereins In Stuttgart. CXIII.) S. 81. / *Zum Krenreiben!* Kren (süddt.-österr.): Meerrettich, idiomatische Wendung »Zum Krenreiben« für zu vergessen, sinnlos, nicht zu gebrauchen.

Gemeinheit / *Gemeinnutz geht vor Eigennutz*: Aus dem »Programm« der NSDAP (Punkt 24).

Gemeinschaft / *Wenn aber die Regierenden gut sind …*: Vgl. Laotse: Tao-Tê-King . Das heilige Buch vom Weg und von der Tugend. Übersetzung, Einleitung und Anmerkungen von Günther Debon. Stuttgart: Reclam 1974. (=Universal-Bibliothek. 6798/98a.) S. 29 und S. 89-91 (Spruch 3, 58, 59, 60).

Geschichtsnebel / *Niflheim*: In der nordischen Mythologie Raum des Nebels und Eises, der Finsternis und Kälte sowie Stätte der Verstorbenen, wo die Totengöttin Hel herrscht. / *Friedrich der Zweite …: »Wenn meine Soldaten …«*: Recte: »Wenn meine Soldaten das Denken anfingen, so würde mir nicht einer verbleiben.« / *Zeitschrift »Fridericus«*: Fridericus (Berlin, München, Hamburg, Köln, Oeynhausen) 1 (1922) bis 26 (1943).

Geschichtsschweinehandel / *Gemeinnutz geht vor Eigennutz*: siehe Gemeinheit.

Gewalt / *wie Stirner sagt, mit vollem Recht*: Vgl. Max Stirner: Der Einzige und sein Eigentum. Bottrop: Verlag der Mackay-Gesellschaft 1986, S. 180-203 (2. Abteilung: Ich. II. Der Eigner. 1. Meine Macht).

Gott / *I. Mos. 18*: Gen. 18, 7-8.

Götz / *Mit Götz fang an …*: In der Urfassung von Goethes »Götz von Berlichingen« (entstanden 1771) gibt Götz im III. Aufzug dem Trompeter der Kaiserlichen Armee die klassische Antwort: »Sag deinem Hauptmann von ihro Kayserlichen Majestät hab ich, wie immer, schuldigen Respekt. Er aber, sags ihm, er kann mich im Arsch lecken (schmeißt das Fenster zu).« In der umgearbeiteten Fassung von 1773 findet sich stattdessen ein verschämtes »er soll mich«. Johann Wolfgang Goethe: Götz von Berlichingen mit der eisernen Hand. In: Goethes Werke. Hamburger Ausgabe. Bd IV. Textkritisch durchgesehen und kommentiert von Wolfgang Kayser. 11. Aufl. München: Beck 1982, S. 73-175, hier S. 139.

Hauptmann, Gerhart / *»Komm, wir wollen sterben gehen …«*: Kompilation von Vers 1-2 und 11-12 aus dem sechsstrophigen, ursprünglich in der »Österreichischen Rundschau«, Bd 42: Liebesgaben aus dem Deutschen Reiche (Januar/März 1915) gedruckten Hetzgedicht von Gerhart Hauptmann. In: G. H.: Sämtliche Werke. Hrsg. von Hans-Egon Hass. Fortgeführt von Martin Machatzke. Bd XI. Hrsg. von Wolfgang Bungies unter Mitwirkung von Lothar Büchner und Hans von Brescius. Frankfurt a.M., Berlin, Wien: Propyläen Verlag 1974, S. 663f.

Hitler / *Anstreicher*: Allgemein bekannte verächtliche Bezeichnung für Hitler, der in seiner Jugend kurzfristig als (von der Akademie zweimal abgelehnter) »Kunstmaler« vom Verkauf selbstgemalter Bilder gelebt hatte.

Jagdausstellungsbesucher / *Hubertus*: Den Missionar und Bischof des 8. Jh.s (Hl. 3. November) machte erst das 15. Jh. zum weltlichen Jäger, dem ein mächtiger Hirsch mit dem Kruzifix zwischen dem Geweih erschien und ihn bekehrte (übernommen aus der Eustachius-Placidus-Legende).

Justiz / *Bersons Gummiabsätze*: Berson-Palma-Gummiabsätze, ein Erzeugnis der Semperit Österr.-Amerikan. Gummiwerke AG, Wien. / *Die Justiz basiert auf Gesetzen … nach Laotse*: In der Nachdichtung von Walter Jerven: »Gesetzmäßigkeit tut nicht gesetzmäßig / Daher Gesetzmäßigkeit. / Gesetze tun gesetzmäßig / Daher nicht Gesetzmäßigkeit. / Gesetzmäßigkeit waltet und ist ohne Tun. / Gesetze verwalten und sind voll Tun. / Der Gesetzmäßige wirkt / ohne Tun. / Der Gesetzliche bewirkt / und tut. / Gesetzlichkeit verwaltet / Waltendes wird vergewaltet. / Darum: / Fehlt Gesetzmäßigkeit / erscheint Liebe. / Fehlt Liebe / erscheint Wohlwollen. / Fehlt Wohlwollen / erscheint Schicklichkeit. / Fehlt Schicklichkeit / erscheint Gesetzlichkeit. / Gesetzlichkeit ist verdorrte Form von Gesetzmäßigkeit. / Gesetzlichkeit ist nur äußerlich Gesetzmäßigkeit.« Laotse: Tao-te-king. (Daodejing.) Das Buch vom Weltgesetz und seinem Wirken. Wiedergabe des chinesischen Textes durch Walter Jerven. 10. Aufl. Bern [u.a.]: Barth 1993, Spruch 38. Die Übersetzung von Günther Debon setzt »Tugend« an die Stelle von »Gesetzmäßigkeit«. Laotse: Tao-Tê-King. Das heilige Buch vom Weg und von der Tugend. Übersetzung, Einleitung und Anmerkungen von Günther Debon. Stuttgart: Reclam 1974. (=Universal-Bibliothek. 6798/98a.) S. 67. / *Fiat justitia, pereat mundus* (lat.): Man spreche Recht, und wenn die Welt zugrunde geht.

Justizpalastbrand, Wien 1927 / Siehe Tourismus.

Kanonisches Recht / *wenn in einem besonders ›christlichen‹ Staat mit Kanonen auf von Weibern und Kindern bewohnte Häuser bei jedem kleinsten Aufstand geschossen wird*: Während der Februarkämpfe 1934 in Wien (siehe auch Sozialdemokratie) hatte sich der paramilitärische sozialdemokratische Schutzbund u. a. in die Gemeindebauten (»Höfe«) zurückgezogen und war dort von Artillerie beschossen worden.

Kant / *Freund des ewigen Friedens*: Immanuel Kant: Zum ewigen Frieden. Ein philosophischer Entwurf. Königsberg 1795.

Kastration / *»Panther«*: Der Panther. Steirische Heimatschutzzeitung (Graz) 1 (1930) bis 4 (1933). / *Dies scheint mir das 345. Welträtsel zu sein. Heiliger Haeckel, erleuchte uns!* Anspielung auf »Die Welträthsel. Gemeinverständliche Studien über monistische Philosophie« (1899) des Zoologen und Philosophen Ernst Haeckel.

Katholische Kirche / *Matth. 23,9*: »Auch sollt ihr niemand auf Erden euren Vater nennen; denn nur einer ist euer Vater, der im Himmel.« / *ausdrücklich das stille Kämmerlein zum Orte des Betens bestimmt hat*: Matth. 6, 5-6. / *Stolgebühren*: Siehe Geld V. / *daß im Himmel Osterlämmer gespeist werden (Luk. 12, 15-16)*: Gemeint ist vermutlich Luk. 14,15. / *Opium fürs Volk*: Karl Marx in der Einleitung »Zur Kritik der hegelschen Rechtsphilosophie« (1844): »Religion ist der Seufzer der bedrängten Kreatur, das Gemüt einer herzlosen Welt, wie sie der Geist geistloser Zustände ist. Sie ist das Opium des Volks.« Statt »Opium des Volkes« bürgerte sich »Opium für das Volk« ein. Karl Marx: Zur Kritik der Hegelschen Rechtsphilosophie. In: Karl Marx, Friedrich Engels: Werke. Bd 1. Berlin / DDR: Dietz Verlag 1976, S. 378. / *»Was nennst du mich gut!*: Mark. 10,18.

Koitus / *p. t.*: Abk. für praemisso titulo (lat., veraltet, hier ironisch gebraucht): Nach vorausgeschicktem, gebührendem Titel.

Konjunktur / *zipfeln* (süddt.-österr.): Auslosen.

Kralik, Richard / *katholischer Seifensieder größten Formats*: Kralik gründete 1905 als Wortführer des Katholizismus in Österreich den »Gral-Bund«, eine Schriftstellervereinigung, die sich der kulturellen Erneuerung im Sinne der katholischen Romantik verschrieb. Als Christlichsozialer großdeutscher Ausrichtung ebnete er innerhalb katholischer Kreise den Weg für den Nationalsozialismus. Neben kulturhistorischen Schriften verfaßte zahlreiche katholische Festspiele.

Krieg / *Tolstoierln*: Die Tolstoianer, Anhänger des christlich-anarchistischen Radikalpazifismus von L. Tolstoi, lehnten mit Berufung auf die Bergpredigt (Matth. 5,39) selbst jegliche Notwehr ab.

Krone der Schöpfung / *jene Kraft, die zwar was Gscheites will, doch stets was Dummes schafft*: Analogiebildung zu Mephistos sprichwörtlich gewordener Antwort auf Fausts Frage, wer er denn sei: »Ein Teil von jener Kraft, / Die stets das Böse will und stets das Gute schafft.« Johann Wolfgang Goethe: Faust. In: Goethes Werke. Hamburger Ausgabe. Bd III. Textkritisch durchgesehen und kommentiert von Erich Trunz. 12. Aufl. München: Beck 1982, S. 7-364, hier S. 47 (Faust I, Studierzimmer).

Krückenkreuz 1934 / Das Krückenkreuz (auch Krükenkreuz) war das Symbol der Vaterländischen Front, einer von Engelbert Dollfuß 1933 gegründeten Sammelbewegung des autoritären Regimes im österreichischen Ständestaat.

Lebenssinn / *Richtigkeit der Worte LaoTses*: *»Verstand ist Verschließung des Lebens«*: Vermutlich Spruch 20 aus Laotse: Tao-Tê-King. Das heilige Buch vom Weg und von der Tugend. Übersetzung, Einleitung und Anmerkungen von Günther Debon. Stuttgart: Reclam 1974. (=Universal-Bibliothek. 6798/98a.) S. 46.

Lesen und Schreiben / *Nestroy hat recht, wenn er sagt*: *»Der Mensch ist endlich auch ein Federvieh ...«*: Willibald in Johann Nepomuk Nestroy: Die schlimmen Buben in der Schule. Burleske mit Gesang in 1 Acte. (UA 1847.) In: J. N.: Sämtliche Werke. Historisch-kritische Ausgabe von Jürgen Hein [u. a.]. Stücke 25/I. Hrsg. von Friedrich Walla. Wien: Deuticke 2000, S. 5-47, hier S. 27.

Liebespartner / *Tarockieren*: Tarock: Kartenspiel für drei bis vier Personen.

Maßstäbe / *ist aber der Güter höchstes nicht. Und das Leben ebenfalls nicht*: Siehe Zivilcourage.

Mord 1927 / *Sacco und Vanzetti*: Im sog. Sacco-Vanzetti-Fall, nach dem Schuhmacher Nicola Sacco und dem Fischhändler Bartolomeo Vanzetti benannt, wurden die beiden angeklagten Anarchisten trotz gegenteiliger Beweislage 1921 wegen Mordes schuldig gesprochen und 1927 in Charleston, Mass. hingerichtet. Der offensichtliche Justizmord erregte weltweites Aufsehen. Sacco und Vanzetti wurden 1977 (!) vom Gourverneur von Massachusetts rehabilitiert. / *»Fiat justitia ...«*: Siehe Justiz.

Nachttopf / *»Memento Faecium!« zu deutsch: »Gedenke, daß Du ein Stoffwechsler bist!«*: Recte »Gedenke der Fäkalien!« (zu lat. faex, -cis: Exkrement).

Natur / *nach der Hinterbrühl oder nach Weidlingau*: Randgemeinden von Wien, zur Zeit Müller-Guttenbrunns noch Ausflugsgebiete.

Parlamentarier / *Gaurisankar*: Gauri Sankar (Gauri Shankar), Berg im Himalaya an der Grenze zwischen China und Nepal, zweithöchster Gipfel des Rolwaling Himal nach dem Melungtse (7.181m).

Pi / *Die Welträtsel konnten sie mit Hilfe ihres Häkel zum Gelächter der Welt ja noch zur Not lösen*: Verballhornende Zusammenfügung aus »häkel[n]« und Ernst »Haeckel«; siehe Kastration.

Plebs / *Befolgung des Nestroyschen Rezeptes: »Das Volk muß physisch am Gnack gepackt ...«*: Peter in Johann Nepomuk Nestroy: Der Unbedeutende. Posse mit Gesang in drei Akten. (UA 1846.) In: J. N.: Sämtliche Werke. Historisch-kritische Ausgabe von Jürgen Hein [u. a.]. Stücke 23/II. Hrsg. von Jürgen Hein. Wien: Jugend und Volk 1995, S. 5-83, hier S. 47.

Politik / *Sprache Götz von Berlichingens*: Siehe Götz. / *Vorstadtgreißlerei*: Siehe Vatikan. / *Milch der frommen Denkungsart*: Statt der sprichwörtlich gewordenen »Denkungsart« steht bei Schiller »Denkart«: Friedrich Schiller: Wilhelm Tell. Schauspiel. In: Friedrich Schiller: Sämtliche Werke. Bd 2. Hrsg. von Gerhard Fricke und Herbert G. Göpfert in Verbindung mit Herbert Stubenrauch. 4., durchges. Aufl. München: Hanser 1965, S. 913–1029, hier S. 1003 (IV/3).

Prärie / *Prater*: Weitläufige Erholungsanlage im 2. Wiener Bezirk Leopoldstadt, bestehend aus Park und Wurstlprater. Die Bezeichnung Wurstlprater kam nach der teilweisen Öffnung des Praters durch Josef II. im Jahre 1766 auf, meinte den Volksprater mit Wirtshäusern, Kegelbahnen, Schaukeln und Ringelspielen im Gegensatz zum »grünen Prater«, dem Jagdgebiet des Hofs, und leitete sich von den hier beheimateten Wurstel- oder Kasperltheatern ab.

Preisscheißen / *Breslauer Stahlhelms*: Der kurz nach Kriegsende im Dezember 1918 vom Reserveoffizier Franz Seldte in Magdeburg gegründete »Stahlhelm. Bund der Frontsoldaten« beanspruchte eine Organisation zu sein, in der das Wirken aller Kriegsteilnehmer Anerkennung finden sollte. »Der Stahlhelm« war paramilitärisch organisiert; für körperlich taugliche Mitglieder galt ab 1928 die Wehrsportdienstpflicht. Trotz nomineller Überparteilichkeit stand der mit seinen 1930 rund 500.000 Mitgliedern stärkste Wehrverband Deutschlands in eindeutiger Opposition zum politischen System der Weimarer Republik. Er hatte ausgezeichnete Verbindungen zur Reichswehr sowie zu antirepublikanischen Parteien und Organisationen. 1934 erfolgte die Gleichschaltung des Wehrverbands; unter der Bezeichnung »NS-Frontkämpferbund« wurde er organisatorisch in die SA eingegliedert und 1935 ganz aufgelöst.

Protokoll über die *»Protokolle der Weisen von Zion«* / Die »Protokolle« sind ein fiktives »Dokument«, das vorgab, jüdische »Machenschaften« zur Beherrschung der ganzen Welt aufzudecken. Es war aus einer 1864 in Brüssel erschienenen Satire von Maurice Joly gegen Napoleon III., dem »Dialogue aux Enfers entre Montesquieu et Machiavel« übernommen worden und war zunächst in Rußland weit verbreitet. Den »Protokollen« zufolge unterminierten die Juden die europäische Gesellschaft, indem sie die Französische Revolution, den Liberalismus, den Sozialismus, den Kommunismus und die Anarchie heraufbeschworen hätten. Bald tauchten derartige Behauptungen auch in der deutschen Presse auf. Eine erste Fassung der Protokolle erschien im Roman »Biarritz« (1868) von Hermann Goedsche und später in Berlin unter dem Pseudonym Sir John Retcliffe (später Readclif). In dem Kapitel »Auf dem jüdischen Friedhof in Prag« werden die Vertreter der zwölf Stämme Israels bei ihrer einmal jährlich stattfindenden Zusammenkunft geschildert, wo sie über die Fortschritte des Plans, die Weltherrschaft zu übernehmen, berichten. Am Ende der Sitzung drückt der Vorsitzende Levit die Hoffnung aus, daß bei der nächsten Zusammenkunft, 100 Jahre später, die Juden die »Könige der Welt« sein werden. Diese Rede, bekannt geworden als die »Rede des Rabbiners«, bildete ein Grundelement der »Protokolle« und wurde in breiten

Kreisen rezipiert. Bis zum Zusammenbruch des NS-Systems wurden die Protokolle häufig in dem von Julius Streicher herausgegebenen Parteiblatt »Der Stürmer« und in der Zeitung der NSDAP, dem »Völkischen Beobachter«, zitiert; 1933 erschien eine Ausgabe für die NSDAP. / *»Die Nichtjuden haben mehr unter den Judenverfolgungen gelitten«*: Das Zitat dürfte aus einer voluminösen Hetzschrift stammen, die auf den »Protokollen« fußt und während der 1920er Jahre in mehreren Auflagen erschien: Henry Ford: Der internationale Jude. 26. Aufl. Leipzig: Hammer-Verlag 1924, S. 195.

Psyche / *Ein Möbelstück* (österr.): Mit Spiegel versehene Frisiertoilette. / *wodurch Weininger widerlegt erscheint, der behauptet hat, sie hätten keine*: Siehe Weininger, Otto.

Psychoanalyse / *Nestroys Verse ...*: *»Sagt man zu d'Gelehrten: s'geht um ...«*: Aus dem Lied Wendelins in Johann Nepomuk Nestroy: Höllenangst. Posse mit Gesang in drei Akten. (UA 1849.) In: J. N.: Sämtliche Werke. Historisch-kritische Ausgabe von Jürgen Hein [u.a.]. Stücke 27/II. Hrsg. von Jürgen Hein. Wien: Deuticke 1996, S. 5-90, hier S. 54. / *Freuds jüngstem Schmöker*: Das Unbehagen in der Kultur. 1.-12. Tsd. Wien: Internationaler Psychoanalytischer Verlag 1930. / *das Wiederkäuen der Hasen*: Lev. 11,6. / *Schicksal ..., das es nach den Grundsätzen des Fortschritts, wie Nestroy behauptete, schon lange nicht mehr geben sollte*: Mehrfach variiert in Gottfrieds Lied in Johann Nepomuk Nestroy: Der Schützling. Posse mit Gesang in vier Akten. (UA 1847.) In: J. N.: Sämtliche Werke. Historisch-kritische Ausgabe von Jürgen Hein [u. a.]. Stücke 24/II. Hrsg. von John R. P. McKenzie. Wien: Deuticke 2000, S. 7-107, hier S. 91-96.

Regietheater / *daß Reinhardt »Hoffmanns Erzählungen« so gründlich inszeniert habe*: Jacques Offenbach: Hoffmanns Erzählungen. Phantastische Oper in drei Akten, Inszenierung am Großen Schauspielhaus in Berlin, Saison 1931/32.

Reklame / *Hetzendorf*: Ehemalige Vorortgemeinde Wiens, seit 1890/92 Teil des 12. Bezirks Meidling.

Religion / *Riesengreißlerei*: Siehe Vatikan. – *Midas*gabe: Gestalt der griechischen Mythologie, der von Dionysos die Gabe erbittet, alles Berührte in Gold zu verwandeln. Als ihm die Erfüllung des Wunsches bald zur Last wird, erlangt er Befreiung durch ein Bad im Flusse Paktolos, der seither Gold führt. / *Verstand hat mit Religion nichts zu tun*: Anspielung auf das Tao-Tê-King; siehe Lebenssinn.

Resignation / *Nestroy ...: »Die edelste Nation...«*: Schnoferl in Johann Nepomuk Nestroy: Das Mädl aus der Vorstadt oder Ehrlich währt am längsten. Posse mit Gesang in 3 Akten. (UA 1841.) In: J. N.: Sämtliche Werke. Historisch-kritische Ausgabe von Jürgen Hein [u. a.]. Stücke 17/II. Hrsg. von W. Edgar Yates. Wien: Deuticke 1998, S. 7-97, hier S. 29.

Revolutionäre / *Laotse der Überzeugung ist, daß »Rückkehr der Bewegungsrichtung des Anschlusses«*: Vermutlich Spruch 40 aus Laotse: Tao-Tê-King . Das heilige Buch vom Weg und von der Tugend. Übersetzung, Einleitung und Anmerkungen von Günther Debon. Stuttgart: Reclam 1974. (=Universal-Bibliothek. 6798/98a.) S. 71.

Richter / *stazen* (wienerisch): Eingebildet, geziert einherstolzieren.

Ridiculus [lat.] Schmus: Lächerlich.

Schmutz und Schund / *»Nick Carter«-Hefte*: Die Figur des schieß- und prügelwütigen Detektivs stammt aus einer seit 1886 in den USA publizierten Reihe von »Dime-novels« (Romanheftserien). 1905 kaufte der Dresdner Verleger Adolf Eichner die Rechte an »Nick Carter«, der zu einem der erfolgreichsten Serienhelden überhaupt wurde.

Schumpeter / Der österr. Nationalökonom entwickelte, von der Wiener Grenznutzenschule herkommend, als einer der Wegbereiter der Ökonom ein geschlossenes Modeller kapitalistischen Dynamik.

Schwangerschaftsabbruch / *§ 144*: In Österreich seit Maria Theresia der Abtreibungsparagraph, der Schwangerschaftsabbrüche unter Strafe stellte (1973/74 abgeschafft).

Schweiß / *»Im Schweiße deines Angesichts sollst du dein Brot essen!«*: Gen. 3,19.

Sklavenfreiheit / *Wiener »Arbeiterzeitung«*: »AZ« (Wien), 1889 von Viktor Adler gegründetes Zentralorgan der österreichischen

Sozialdemokraten. Erschien ab 12. Juli 1889 14-tägig, ab 18. Oktober 1889 wöchentlich, von 1. Januar 1895 bis zum Verbot am 12. Februar 1934 täglich. Nach dem 2. Weltkrieg wurde die AZ als Parteizeitung der SPÖ wiedergegründet und seit 1989 bis zu ihrer Einstellung am 31. Oktober 1991 als parteiunabhängige Zeitung geführt. / *die eben, ohne mit einem Ohrwaschel zu wackeln, der Vernichtung der republikanischen Freiheit zugesehen haben*: Gegen die Ausschaltung des Parlaments durch Dollfuß (siehe auch *Dollfuß*indianer) sowie die Installierung eines autoritären Regimes hatten die Sozialdemokraten weder massenhaften zivilen noch militärischen Widerstand geleistet. / *»Roter Falke«*: Die »Roten Falken« wurden 1925 von Anton Tesarek als Teilorganisation der sozialdemokratischen »Kinderfreunde« gegründet.

Soldaten / Matratzen*gradl* (süddt.-österr.): Gewebe.

Soldatenmörder / *des »Neuen Grazer Tagblattes«*: Grazer Tagblatt. Organ der Deutschen Volkspartei für die Alpenländer (Graz) 1 (1891) bis 29 (1919); Fortsetzung u.d.T.: Neues Grazer Tagblatt. Morgen- und Abendausgabe (Graz) 29 (1919) bis 38 (1928), nationalliberale Tageszeitung.

Sozialdemokratie / *der Partei zwischen den drei Pfeilen*: Die drei Pfeile wurden 1932 als sozialdemokratisches Symbol bzw. Kampfabzeichen gegen Kapitalimus, Faschismus und Reaktion eingeführt. / *einen Bund zum Schutz dieser Republik*: Gemeint ist der 1923/24 gebildete »Republikanische Schutzbund«. Die paramilitärische Organisation war einheitlich uniformiert, in Kompanien, Bataillone und Regimenter gegliedert und mit Infanteriewaffen ausgerüstet. Er sollte für die Sozialdemokraten ein Ersatz für das von den Christlichsozialen beherrschte Bundesheer und Zeichen »proletarischer Wehrhaftigkeit« sein, ging teilweise aus Mitgliedern der Volkswehr hervor und war später das Pendant zur christlichsozialen Heimwehr (siehe Aufmarsch 1931). 1933 wurde er von der Regierung Dollfuß (siehe auch *Dollfuß*indianer) aufgelöst, blieb aber illegal bestehen und begann am 12. Februar 1934 in Linz den Kampf gegen die Regierung. In den folgenden Februarkämpfen wurden fast

200 Schutzbündler getötet und rund 300 verwundet. Nach der Niederlage wurden viele Mitglieder verhaftet, einige 100 flüchteten in die ČSR und in die Sowjetunion. / *Räder … mit der Drohung, sie stillstehen zu lassen*: »Alle Räder stehen still, / wenn unser starker Arm es will«: Einer der bekanntesten Parolen der Arbeiterbewegung. / *die noch vor kurzem die Verteidigung der Arbeiterrechte gekostet hätte, … ablehnt*: siehe *Dollfuß*indianer. / *Kleinheit eines Bundeskanzlers*: Bundeskanzler Engelbert Dollfuß wurde wegen seiner autoritären Politik bei gleichzeitig 151 cm Körpergröße als »Millimetternich« verspottet.

Spekulation auf Sinnlichkeit / *Die Parallele zwischen Hunger und Liebe, die wir Schiller verdanken*: Friedrich Schiller, 6. Strophe des Gedankengedichts »Die Weltweisen« (»Die Taten der Philosophen«, 1795): »Doch weil, was ein Professor spricht, / Nicht gleich zu allen dringet, / So übt Natur die Mutterpflicht / Und sorgt, daß nie die Kette bricht / Und daß der Reif nie springet. / Einstweilen, bis den Bau der Welt / Philosophie zusammenhält, / Erhält sie das Getriebe / Durch Hunger und durch Liebe.« In: Friedrich Schiller: Sämtliche Werke. Bd 1. Hrsg. von Gerhard Fricke und Herbert Stubenrauch. 4., durchges. Aufl. München: Hanser 1965, S. 221-223, hier S. 223.

Spermatozoon politikon: Spermium, reife männliche Keimzelle.

Stadt / *ihr Wahlspruch steht im »Götz von Berlichingen«*: siehe Götz. / *In der großen Stadt, – heißt es in Nietzsches Zarathustra*: »Also, durch viel Volk und vielerlei Städte langsam hindurchschreitend, ging Zarathustra auf Umwegen zurück zu seinem Gebirge und seiner Höhle. Und siehe, dabei kam er unversehens auch an das Stadtthor der großen Stadt: hier aber sprang ein schäumender Narr mit ausgebreiteten Händen auf ihn zu und trat ihm in den Weg. Dies aber war der selbige Narr, welchen das Volk ›den Affen Zarathustras‹ hieß: denn er hatte ihm etwas vom Satz und Fall der Rede abgemerkt und borgte wohl auch gerne vom Schatze seiner Weisheit. Der Narr aber redete also zu Zarathustra: ›Oh Zarathustra, hier ist die grosse Stadt: hier hast du Nichts zu suchen und alles zu verlieren.
Warum wolltest du durch diesen Schlamm waten? Habe doch

Mitleiden mit deinem Fuße! Speie lieber auf das Stadtthor und – kehre um!
Hier ist die Hölle für Einsiedler-Gedanken: hier werden große Gedanken lebendig gesotten und klein gekocht.
Hier verwesen alle großen Gefühle: hier dürfen nur klapperdürre Gefühlchen klappern!
Riechst du nicht schon die Schlachthäuser und Garküchen des Geistes? Dampft nicht diese Stadt vom Dunst geschlachteten Geistes?‹«, Friedrich Nietzsche: »Also sprach Zarathustra. Ein Buch für Alle und Keinen.« In: F. N.: Werke in drei Bänden. Bd 2. Hrsg. von Karl Schlechta. München: Hanser 1966, S. 275-561, hier S. 425.

Stände / *denn gespalten muß werden und ohne divide gibt's kein impera*: »Divide et impera« (»Teile und herrsche«) geht vermutlich auf den französischen König Ludwig XI. (1461-1483) zurück. / *den sogenannten autoritären Ständestaat*: Der autoriäre, klerikofaschistoide, seiner Selbstbezeichnung nach christliche Ständestaat unter Dollfuß und Kurt Schuschnigg (1933-1938) griff ideologisch wie politisch auf das mittelalterliche Konzept einer staatlichen Ordnung zurück, in der die Berufsstände als Vertreter der gesellschaftlichen Interessen Träger des Staates sein sollten. Daraus folgt logisch die Ablehnung bzw. Auflösung der Parteiendemokratie.

Tag des … / *Muttertag*: Im Jahr 1905 rief die Amerikanerin Ann Jarvis nach dem Tod ihrer Mutter zu einem jährlichen Gedenktag auf, an dem der Fürsorge der Mütter gedacht werden sollte. Neun Jahre später erklärte Präsident Woodrow Wilson den Muttertag zum offiziellen Staatsfeiertag. In Deutschland feiert man den Muttertag, den jeweils zweiten Sonntag im Mai, seit 1923, in Österreich seit 1926. / *Krupnik*: Wiener Bekleidungshaus. / *Tabak-Trafikant* (österr.): Pächter eines Tabakladens. / *Greißlertag*: Siehe Vatikan. / *Journaille* (österr.): Gewissenlos hetzende Tagespresse, eine von Karl Kraus geprägte und bildungssprachlich gewordene Fügung aus Journal und Kanaille (österr.: Schurke). / *Klio*: Die »Rühmerin«, griech. Muse der Geschichtsschreibung (Attribut: Papyrusrolle und Griffel).

Tag des Buches / Am 22. März 1929, dem Todestag Goethes, veranstaltete der Börsenverein des deutschen Buchhandels erstmals den »Tag des Buches«. / *»Muskete«*: Die Muskete. Humoristische Wochenschrift (Wien) (1905-1941). / *»Oesterreichischen Woche«*: (Wien) 1 (1924) bis 5 (1928). / *Erstausgabe des »Götz von Berlichingen« ... als Tag des Klosettpapiers*: Wegen des sprichwörtlichen »Götz«-Zitats; siehe Götz.

Todesstrafe / *einen überirdischen Kren zu geben*: Siehe Geld V. / *Kennt, wie Richard III. sagt, das wildeste Tier noch des Mitleids Regung*: »Lady Anne: No beast so fierce but knows some touch of pity. / Gloucester: But I know none, and therefore am no beast.« William Shakespeare: »The Tragedy of King Richard III.« In: »The Complete Works of William Shakespeare.« Hrsg. von William J. Craig. London: Henry Pordes 1983, S. 644-685, S. 647 (I/2).

Tourismus / *Polizeipräsidenten ... von Karl Kraus öffentlich der Lüge ... geziehen*: Am 15. Juli 1927 legten in Wien wegen eines offensichtlichen Fehlurteils kurz nach Arbeitsbeginn Tausende die Arbeit nieder. Es kam zu Demonstrationen und zu Zusammenstößen mit der Polizei, die mit dem Brand des Justizpalastes endeten. Die Feuerwehr wurde an Löschaktionen gehindert. Bürgermeister Karl Seitz und andere sozialdemokratische Führer versuchten vergeblich, die aufgebrachte Menschenmenge zu beruhigen. Polizeipräsident Johann Schober befahl den Einsatz von Schußwaffen, um die Umgebung des Justizpalastes zu »säubern«. 89 Menschen, darunter vier Polizisten, kamen ums Leben, 600 wurden schwer, 1.000 leicht verletzt. Karl Kraus ließ nach dem Massaker in ganz Wien ein Plakat affichieren, das in der Aufforderung gipfelte: »Polizeipräsident Schober, treten Sie zurück«. / *Felonie*: Untreue (gegenüber dem Lehensherrn). / *Auf den Bergen ist Freiheit!* Aus Friedrich Schillers »Braut von Messina«: »Chor: Auf den Bergen ist die Freiheit! Der Hauch der Grüfte / Steigt nicht hinauf in die reinen Lüfte; / Die Welt ist vollkommen überall, / Wo der Mensch nicht hinkommt mit seiner Qual.« Friedrich Schiller: »Die Braut von Messina oder Die feindlichen Brüder.« In: »Friedrich Schiller: Sämtliche Werke.« Bd 2. Hrsg. von Gerhard Fricke und

Herbert G. Göpfert. 4., durchges. Aufl. München: Hanser 1965, S. 812-912, hier S. 904.

Transsubstantiation / (lat.): Wesensverwandtschaft. In der katholischen Theologie eine seit dem 12. Jh. gebräuliche Bezeichnung für die Lehre von der »Realpräsenz« des ganzen und ungeteilten Christus in der Eucharistie in den beiden Gestalten von Brot und Wein, nach der während der Messe Brot und Wein durch »Konsekration« in Leib und Blut Christi »verwandelt« werden.

Treue / *Fall Rüdiger von Bechelarens*: Die Figur des Rüdiger von Pöchlarn erscheint in der Dietrichepik und im »Nibelungenlied« als Vorbild staufischen Rittertums; er scheitert am Widerspruch zwischen Gefolgschaftspflicht und Verwandtschaftstreue.

Unfehlbarkeit / *1507 … Kopernikus … »De revolutionibus orbium coelestium«*: Recte Nürnberg 1543, entstanden zwischen 1520 und 1541.

Variatio / *Variatio delectat* (lat.): »Abwechslung macht Freude«; schon in der griechischen und dann seit der römischen Antike geflügeltes Wort.

Vaterland / *»Ubi bene, ibi patria«* (lat.): »Wo es mir gut geht, da ist mein Vaterland«; auf Aristophanes zurückgehendes und über Cicero tradiertes geflügeltes Wort.

Vatikan / *Riesengreißlerei*: Greißlerei (österr.): Krämerladen.

Vernebelung / *Pandekten*: Sammlung altrömischen Privatrechts im Corpus juris civilis.

Verteidigungskrieg / *contradictio in adjecto* (lat.): Widerspruch zwischen dem Substantiv und dem hinzugefügten Adjektiv, allg.: Widerspruch in sich.

Volk der Dichter und Denker / Das geflügelte Wort für das »deutsche Volk« geht auf Karl Musäus zurück, bildete sich jedoch in dieser Wortfolge erst allmählich heraus.

Volksvertreter / *semen diabolicum* (lat.): Teufelssamen. / *Abschaffung des §144*: siehe Schwangerschaftsabbruch I. / *Xanthippe*: Frau des Sokrates, Bezeichnung für ein zänkisches Weib.

Vorhaut Christi / *von Benediktinerpater Pez herausgegebene und im Jahre 1731 in Wien erschienene Biographie der Jungfer Agnes Blanbekin*: Ven. Agnetis Blanbekin, quae sub Rudolpho Habspurgico [et]

Alberto I. Austriacis Impp. Wiennae floruit, Vita et Revelationes auctore Anonymo Ord. FF. Min. é Celebri Conu. S. Crucis Wiennensis, ejusdem Virg. Confess. Accessit Pothonis Presbyteri [et] Monachi celeberr. Monast. Prunveningensis nunc Prifligensis, prope Ratisbonam, Ord. S.B. qui seculo Christi XII. Claruit, Liber de miraculis sanctae dei genitricis Mariae. Utrumque Opusculum ex MSS. Codd. Primum edidit R. P. Bernardus Pez, Benedictinus [et] Bibliothecarius Mellicensis [1731]. – *in dem kleinen Örtchen Calcata bei Rom wird die Vorhaut Christi*: Auch heute noch, vgl. unter http://wikipedia.org.

Weininger, Otto / *humorlos, sehr sinnlich … sein Werk »Geschlecht und Charakter«*: Weininger, der 1903 mit 23 Jahren im Sterbehaus Beethovens den Freitod wählte, galt mit seiner philosophischen Schrift »Geschlecht und Charakter« (1903), einem rabiaten frauen-, juden- und körperfeindlichen Machwerk mit philosophisch-wissenschaftlichen Anspruch, vielen Zeitgenossen als frühvollendetes Genie.

Wilde, Oscar / *»Der Sozialismus und die Seele des Menschen«*: Dem unter dem Titel »The soul of man under socialism« 1891 in der »Fortnightly Review« erschienenen und von Gustav Landauer ins Deutsche übersetzten sozialutopischen Essay widmet Müller-Guttenbrunn ein ganzes Heft seines »Nebelhorns« (NH IV, Nr. 83, 1. Juni 1930).

Worte / *»Te verbum laudamus«* (lat.): »Dich, Wort, loben wir.«

Zivilcourage / *Pappeln ihren Dichtern blödsinnig nach*: *Das Leben ist der Güter höchstes nicht*: Vorletzter Vers aus: Friedrich Schiller: Die Braut von Messina oder Die feindlichen Brüder. In: Friedrich Schiller: Sämtliche Werke. Bd 2. Hrsg. von Gerhard Fricke und Herbert G. Göpfert. 4., durchges. Aufl. München: Hanser 1965, S. 812-912, hier 912.

Herbert
Müller-Guttenbrunn
MYSTIK
DER
SPRACHE
Erschienen 1934

Editorische Notiz

Ausgewählt wurden Einträge aus allen gedruckten und ungedruckten expositorischen Schriften Herbert Müller-Guttenbrunns. Zu einem geringen Teil waren die Aphorismen, Sentenzen und Betrachtungen vom Autor eigens betitelt, die meisten wurden jedoch längeren journalistischen Beiträgen entnommen und von der Herausgeberin bestichwortet. Als Auswahlprinzipien galten die Prägnanz des Gedankens oder der Beobachtung über den Anlaß hinaus sowie die Schärfe im Ausdruck. Die Anordnung versucht dem Denken Herbert Müller-Guttenbrunns, einem Denken wider allen Methoden-, System- und Ideologiezwang, möglichst nahezukommen und knüpft der alphabetischen Gliederung nach an eine 1931/32 im »Nebelhorn« in loser Folge erschienenen Serie »Zur Richtigstellung der Begriffe« an. Bedingt durch die Einstellung der Zeitschrift blieb dieses mit »Aas« beginnende Alphabet Fragment; es bricht mit dem nicht gerade schmeichelhaften Eintrag zum »Expressionismus« ab: »Behauptet, etwas auszudrücken. Aber niemand weiß, was.« (NH VI, Nr. 143/144, Ende Dezember 1932, S. 392). Die Aufnahme eines Großteils dieser kauzigen Etymologien und Nonsense-Definitionen brachte es mit sich, daß die Buchstaben A bis E quantitativ überrepräsentiert sind.

Orthographie und Interpunktion, in manchem auch von der damaligen Norm abweichend, wurden wegen ihres programmatisch individualistischen Gepräges beibehalten, eindeutige Druckfehler stillschweigend korrigiert, Anfangsbuchstaben am Beginn des Eintrags bei Bedarf großgesetzt.

Literatur- und Siglenverzeichnis

Werke

H / Aus der Hinterdreinsicht. Ein Rückblick auf mein Leben. [Autobiographie bis 1915.] [Klosterneuburg: Zwischen 1940 und 1945.] 124 S. [Masch.]

BrA / Briefe aus dem Arrest! I. Der Irrweg. 1. Im Arrest! S. 1-8; 2. Von der Erde und von den Bauern, S. 9-18; 3. Von den Arbeitern, S. 19-38; 4. Von den »Angestellten«, S. 39-44; 5. Vom Handel, S. 45-53; 6. Von den Maschinen, S. 53-64; 7. Vom verfluchten Geld, S. 65-72; 8. Von den Menschen im Allgemeinen, S. 73-81; 9. Von Politik und Krieg, S. 82-95; 10. Von der Justiz, S. 96-110; 11. Von den Kirchen, S. 111-121. Klosterneuburg: [Um 1934.] 121 S. [Masch.]

Die Frauen von Utopia / Komödie. Wien: Gerlach & Wiedling 1914.

NH / Das Nebelhorn. [Zeitweiser Untertitel:] Satirische Halbmonatsschrift für die Interessen vorurteilslosen Menschentums Nr. 1-149/59, Jg I-VII + 5 Lieferungen unnumeriert. Herausgeber: Herbert Müller-Guttenbrunn. Graz, dann Wien: Verlag »Das Nebelhorn« 1927-1934.

Kleines Dekamerone / [Zyklische Rahmenerzählung.] [Klosterneuburg: Um 1940.] 200 S. [Masch.]

Mensch und Erde / Der Weg zur äußeren Freiheit. Wien: Saturn-Verlag 1937.

MdS / Mystik der Sprache. Zeit aus den Fugen. Klosterneuburg, Leopoldsgraben 4: Hergestellt vom Verfasser 1934. [Hektographiert.] 159 S.

PdM / Müller-Guttenbrunns Panopticum der Maschinenzeit. Band I. [Mehr nicht erschienen.] Hervorgegangen aus der Zeitschrift »Das Nebelhorn«. Klosterneuburg bei Wien, Leopoldsgraben 4: Im Selbstverlag des Verfassers Dr. Herbert Müller-Guttenbrunn [1933]. [Hektographiert.] 188 S.

Qu / Qual des Lebens – Lust des Denkens! Eigenes und zu Eigen Gewordenes. [Aphorismen, Sentenzen und Betrachtungen.] [Klosterneuburg: Bis um 1940.] 278 S. [Masch. mit handschriftlichen Korrekturen und Einfügungen.]

Tagebuch eines politischen Häftlings / (Fragment, ungedruckt).

Der Weg zur inneren Freiheit / Eine Schule des Willens. Wien: Saturn-Verlag 1936.

Z / Zarathustras Wiederkehr. Ein Buch für Alle von Einem. Tl I-III. [Bl. 2, handschriftlicher Vermerk: Erste Idee am 22. Okt. 1930, ? 8 früh. Beendet am 29. Dez. 1930, 4^{h} nach.] 294 S. [Masch.]

Literatur

Reinhard Müller / Anarchisten: Inmitten des Randes. Handbuch zur Geschichte des deutschsprachigen Anarchismus in Österreich 1887-1970 in Selbstdarstellungen (in Vorbereitung).

Barbara Weinzierl / »›Man möchte Feuer speien, man möchte weinen‹«. Herbert Müller-Guttenbrunns Zeitschrift »Das Nebelhorn«. Graz, Dipl.-Arb. 2001.

Eckart Früh / Die graue »Fackel«. Herbert Müller-Guttenbrunns Zeitschrift »Das Nebelhorn«. In: »Österreichische Literatur der dreißiger Jahre. Ideologische Verhältnisse. Institutionelle Voraussetzungen. Fallstudien.« Hrsg. von Klaus Amann und Albert Berger. Wien, Köln, Graz: Böhlau 1985, S. 320-353.

Personenregister

Angelus Silesius / 314
Augustus / 112
Becker, Carl Heinrich / 258
Blanbekin, Agnes / 260, 327
Buddha / 50, 196
Caligula / 112
Carnegie, Andrew / 47, 307
Chamberlain, Houston Stewart / 47, 307 f.
Courths-Mahler, Hedwig / 51
Dollfuß, Engelbert / 153, 310, 318, 323, 324, 325
Dschinghis-Khan / 306
Edison, Thomas / 70, 310
Elias von Parma, Prinz / 118
Franz Ferdinand / 110
Franz Josef I. / 277 f.
Freud, Sigmund / 94, 195 ff., 288, 313, 321
Friedrich II. (der Große) / 108, 314
Gandhi, Mahatma / 60, 115, 309
Goethe, Johann Wolfgang / 51, 62 f., 77, 176, 240, 287, 306 ff., 318, 326
Haeckel, Ernst / 136, 317, 319
Hanish, Otoman Zar-Adush / 312
Hauptmann, Gerhart / 120, 315
Heß, Rudolf / 258
Hirsch, Franz / 261
Hitler, Adolf / 123, 178 f., 223, 258, 315
Hubertus / 128
Jesus von Nazareth / 260
Kant, Immanuel / 135, 317
Karl der Große / 107
Karl V. (I.) / 261
Konfuzius / 191
Kralik, Richard / 147
Kraus, Karl / 179, 245, 281, 285, 292, 298, 325 f.
Kubyszew, Walerian / 227 f.
La Rochefoucauld, François / 76, 312
Laotse / 17, 96, 129, 155, 208, 305, 313 f., 316, 318, 322
Lenin, Wladimir Iljitsch / 165
Lippowitz, Jakob / 94
Locke, John / 38
Ludendorff, Erich / 94
Ludwig XI. / 325
Marx, Karl / 165 f., 317
May, Karl / 66, 197
Mehely, Ludwig / 106
Muckermann, Friedrich / 66
Musäus, Johann Karl August / 327
Nestroy, Johann Nepomuk / 96, 159, 186, 195 f., 208, 313 f., 318 f., 321 f.
Nietzsche, Friedrich / 236, 287, 324 f.
Peter Ferdinand / 118
Petzold, Alfons / 102, 314
Pez, Hieronymus / 261, 327
Rasponi, Cesare / 260 f.
Reinhardt, Max / 203 f., 299, 321
Rocca, Angelo / 260
Rosegger, Peter / 35
Sacco, Nicola / 173, 318 f.
Salmerón, Alfonso / 260
Schiller, Friedrich / 44, 232, 306 f., 319, 324, 326 ff.
Schleiermacher, Friedrich / 75, 312
Schopenhauer, Arthur / 52, 74, 83, 284, 297, 308 ff., 311
Schumpeter, Joseph Alois / 239, 322
Sinclair, Upton / 101, 314
Sokrates / 28, 37, 85, 327
Steiner, Rudolf / 237
Stirner, Max / 114, 315
Tamerlan / siehe Timur-Leng
Tiberius / 112
Timur-Leng / 39, 306
Titus / 112
Tolstoi, Lew Nikolajewitsch Graf / 148, 287, 317
Vanzetti, Bartolomeo / 173, 318 f.
Wagner, Richard / 47, 307
Weininger, Otto / 170, 194, 268, 321, 328
Widukind / 107
Wilde, Oscar / 270, 284, 287, 298, 328
Xanthippe / 259, 328
Xenophon / 37
Zenon von Kition / 118
Zita von Bourbon-Parma / 118

Stichwortregister

Abbau / 9
Abend / 9
Abenteuer / 9
Abgeordneter / 9
Abhängig / 9
Ablaß / 9, 305
Abonnement / 9
Abort / 10
Abrechnung / 10
Abrüstung / 10
Abrüstungskonferenzen / 10
Absatz / 11
Abstinenz / 11
Absurd / 11, 305
Abwiegeln / 11
Acker / 11
Adel / 11, 305
Affe / 12
Afrika / 12
Agent / 12
Agitation / 12
Agrarier / 12
Akademie / 12
Akademisch / 12
Akt / 12
Aktuell / 13
All / 13
Allgemeinheit / 13
Akkord / 13
Altar / 13
Altern / 13
Altvordere / 13
Amateur / 13
Amerika / 13
Amerikaner / 13
Amerikanisches / 14
Amt / 16
Anarchie / 16
Anarchismus / 17
Anarchist / 19 ff., 171, 300, 286, 305, 307, 318
Anfang / 22
Anführer / 22
Angestellte / 22
Anleihe / 23
Anonym / 23
Ansehen / 23
Anstand / 23
Anstoß / 23
Antimetaphysik / 23
Antisemitismus 1929 / 23
Apathie / 24
Applaus / 24
Approbation / 24
Arbeit / 24
Arbeiter / 25
Arbeitnehmer / 25
Arbeitsbeschaffung / 25 ff., 205
Arbeitslosenunterstützung / 27
Arbeitsmarkt / 27
Archimandrit / 27, 305
Areligiös / 28
Ärger / 28
Aristokrat / 28
Armee / 28
Armut / 28
Arrangement / 28
Arrest / 28
Arteigen / 29
Astrologe / 29
Atheist / 29
Atonalität / 29
Auf die Welt kommen / 29
Auferstehung des Fleisches / 29
Aufklärung / 29
Auflauf / 30
Aufmarsch 1931/ 30
Aufstand / 30
Auge / 30
Ausbauen / 30
Ausbeutung / 30
Aussatz / 31
Ausschuß / 31
Ausstand / 31
Austria / 31, 305
Auswanderung / 31
Auto / 31
Autogramm / 31
Automat / 32
Autor / 32

Autorität / 32

//

B-Liebe (W-Liebe) / 32
Badebetrieb / 33
Bahre / 33
Bandit / 33
Bank / 33
Bann / 34
Banner 34/
Bar / 34
Barbaren / 35
Bart / 35
Bauch / 35
Bauer / 35
Baum / 35
Becken / 36
Bedürfnisse / 36
Befehlen / 38
Begierde / 38
Begriffe / 38
Behörde / 39, 306
Behufs / 39
Beichte / 39
Beischlaf / 39
Beliebt / 39
Beneiden / 39
Bequemlichkeit / 39
Berg / 39
Berichten / 40
Berufen / 40
Beschlagnahmung / 40
Besitz / 40
Besitzer / 40
Bestialität / 40
Betrachtung / 40
Betrieb / 40
Bett / 40
Bewußtsein / 41
Bezahlte Anzeige / 41
BGBL / 41, 306
Bibel / 41
Bilanz / 41
Bildung / 41
Blech / 41
Blind / 41
Blockade / 42
Blond / 42
Blüte / 42
Blut / 42, 306
Blutmysterium / 42
Blutstropfen / 42
Börsianer / 42
Bollwerk / 43
Botschaft / 43
Bourgeois / 43
Branche / 43
Branntwein / 43
Brauchtum / 43
Broadway / 43
Brot / 43
Brüderlichkeit / 44
Brüste / 44, 306
Brunft / 44
Buchstabe / 44
Buddhismus / 44
Budget / 45
Bürgerlich / 45
Bürgerseele / 45
Bundespräsident / 45
Burg / 45
Burgtheater Wien/ 45
Busen / 46
Butter / 46

//

Café / 46
Caprice / 46
Caritas / 46
Carnegie / 47, 307
Casus belli / 47
Chamäleon / 47
Chamberlain, Houston Stewart / 47
Chaos / 48
Charakter / 49
Chauffieren / 49
Chef / 49
Chiffre / 49

Christ / 50
Christentum / 50
Christus / 50, 308
Citoyen / 51
Claque / 51
Clique / 51
Communiqué / 51
Couleur / 51, 308
Courths-Mahler / 51
Credit / 52
Creditanstalt / 52
Cruzifix / 52, 308
Cunnilingus / 52

//

Dach / 52
Dadaismus / 52
Damen / 52, 308
Dämon / 53
Dandyismus / 53
Dankbarkeit / 53
Darben / 53
Darmputzer / 53
Dasig / 54
Dauern / 54
Debatte / 54
Defaitist / 54
Defensive / 54
Defilee / 54
Defilirium tremens teutonicus 1933 / 54
Defloration / 55
Dekalog / 55, 309
Dekolleté / 56
Dekorierung / 56
Delikatesse / 56, 309
Dementi / 56
Demokratie / 56
Demut / 60, 309
Denaturieren / 60
Denken / 61
Deppesche / 61
Derb / 61
Detektiv / 61
Deutsch / 62
Deutsche Blödheit / 62
Diäten / 62
Dichter / 62
Dichtung / 63
Dienen / 64
Diktatur / 64
Diktatur des Proletariats 1934 / 64
Diplomat / 64
Diplomaten / 65
Diva / 65
Doktor / 65
Dokument / 66
Dollar / 66
Dollfußindianer / 66
Don Juan / 66
Dreschen / 66
Drohne / 66, 310
Druckerschwärze / 66
Dünger / 67
Dünkel / 67
Dumm / 67
Dunst / 67

//

Ebenbild / 68
Ecclesia militans / 69
Echt / 69
Edel / 70
Edison / 70, 311
Effekt / 70
Egoismus / 71
Ehe / 71
Ehebruch / 74
Ehre / 74, 311
Ehrgeiz / 75
Eiche / 75
Eid / 75
Eifersucht / 75
Eigenbrötler /76
Eigensinn / 77, 312
Eigentum / 77
Einbildungsgeschwülste / 77
Einfach lächerlich / 78
Einfall / 78

Einfalt / 78
Eingabe / 78
Eingeweide / 78
Einlauf / 78
Einleiten / 79
Einsamkeit / 79, 312
Eiter / 79
Elend / 79
Ellbogengenies / 79
Empfängnisverhütung / 79 f.
Empörer / 80
Entpolitisierung / 80
Entschuldigung / 81
Enttäuschen / 81
Erde / 81
Erfolg / 83
Ergötzen / 83
Erlebnisse / 84
Erobern / 84
Erster Schultag / 84
Erziehung / 85
Eselsführer / 85
Ethik / 85
Eukalyptusöl / 86, 312
Europa / 86
Evangelium / 86
Evangelische Kirche / 86
Evolution / 86
Exegese / 86
Exekution / 86
Exekutive / 86
Exkremente / 87
Export / 87
Expressionismus / 87

//

Fahnen / 87
Familie / 87
Faschismus / 87, 313
Faschist / 88
Fatal / 88
Feigheit / 88
Fernsehen / 88
Fische / 88
Flinte ins Korn / 88
Folter / 89
Fortschritt und Technik / 89
Frage der Zeit / 89
Frauen / 89
Frauenemanzipation / 90
Freidenker / 92f.
Freiheit / 93
Freiheit, Gleichheit, Bürderlichkeit / 93
Freizeit / 93
Fremdenverkehrswerbung / 93
Freud, Sigmund / 94, 313

//

Gäa / 95, 313
Gans / 95
Gebete / 96
Geburt / 96
Geburtenrückgang / 97, 314
Gegensatz / 97
Gegenwarterei / 97
Gehirnerweichung / 97
Gehupft wie gesprungen / 97
Geist, Körper / 97
Geistesmenstruation / 97
Geistesverirrungen / 98
Geld / 98
Geld und Ware / 103
Gelebter Tod / 104
Gelehrte / 104
Gemeinheit / 104, 314
Gemeinschaft / 104
Generationen / 105
Genitaliengarderobe / 105
Genpolitik / 106
Gerechtigkeit / 107
Gescheiter / 107
Geschichtsnebel / 107, 315
Geschichtstaumel / 108
Geschichtsschweinehandel / 110, 315
Geschlechtslebensmüde / 110
Geschlechtsverkehrsopfer / 110
Geschwätz / 110
Geschworenengerichte / 110

Gesetzgeber / 111
Gesichterkonfektion / 111
Gewalt / 112
Gewaltlosigkeit / 114
Gewalttätigkeit / 114
Glaubensverlust / 115
Gleichheit / 116
Globalisierung / 116
Globus / 117
Glocken / 117
Gott / 117
Gottesbeweis / 118
Götz / 118, 315
Größe / 118
Größenwahn / 118

//

Habenichtse / 118
Habsburgisches 1914 / 118
Halbnarren / 118
Hammelreich / 119
Handel / 119
Händler / 119
Harnindustrie / 120
Hauptmann, Gerhart / 120, 315
Haushund / 120
Heiliger Stuhl / 120
Heiliger Vater / 121
Heiraten / 121
Helden / 121
Hemmungslosigkeit / 122
Herbergssuche / 122
Herzensbeulen / 122
Hirnverbrannt / 123
Hitler / 123, 316
Hitlers Phrasengurgeln / 123
Höhere Zwecke / 123
Höllenfeuerversicherungsgesellschaft / 123
Homo sapiens / 124
Hormonie / 124
Hungerrevolten / 124

//

Ideale / 124
Ideen / 124
Ideengebäude / 124
Impotenz / 125
In sich gehen / 125
Individualismus / 125
Industrie / 125
Inflation / 126
Inflationshaderlumpen / 126
Innen, -innen, innen / 127
Intellektuelle / 127

//

Ja / 127
Jagdausstellungsbesucher / 127, 316
Jägerei / 128
Jauche / 128
Jugend / 128
Journale / 128
Journalisten / 128
Juristen / 128
Justiz / 128 f., 132 f.
Justiz der Zukunft / 132
Justizpalastbrand, Wien 1927 / 132, 316
Justizsabotage / 133

//

Kaiser und König / 133
Kampf / 134
Kanonisches Recht / 134, 316
Kant / 135, 317
Kapitalismus / 135
Kastration / 135, 317
Katholische Kirche / 136
Käuflich / 140
Kinder / 140
Kindermangel / 141
Kirche / 141
Klasseninteresse / 141
Klassenkampf / 141
Kleinstaaterei / 141
Klinik für Plastische Chirurgie / 142
Klugheit / 142

Kochirrsinn / 142
Koitus / 142
Komfort / 146
Konferenzen / 146
Konjunktur / 146, 317
Körper / 146
Kralik, Richard (von)/ 147, 317
Krieg / 147
Kriegsauslese / 151
Kriegsspielzeug 1932 / 151
Kritik 1940 / 151
Krone der Schöpfung / 152, 318
Krückenkreuz 1934 / 152, 318
Kultur / 153
Kulturstufen / 153
Kunst / 153
Kunstkritiker / 153
Künstler / 154

//

Läufer / 154
Leben / 154
Lebenssinn / 154
Lebensstümper / 155
Lebensunsinn / 156
Lebenswunder / 157
Lebenszweck / 158
Leiden / 159
Lesen und Schreiben / 159, 318
Liebe / 159
Liebeshochschule / 161
Liebesmathematik / 161
Liebespartner / 161, 318
Liebesschlachtfeld / 162
Liebesvolksschule / 162
Literatur / 164
Losung / 164
Lotterie / 164
Luzifer / 164

//

Männer / 165
Marxismus / 165
Marxyrium / 165
Maschine / 166
Massenproduktion / 168
Maßstäbe / 168, 318
Materialismus / 169
Maulkultur / 170
Mensch / 170
Menschen / 171
Menschenliebe / 171
Menschenzoo / 171
Militär / 172
Missionare / 172
Modern / 172
Monogamie / 172
Monstranz / 172
Mord 1927/ 172, 318
Motorisiert / 174
Motorrad / 174
Musik / 174
Mut Gottes / 174
Mystik / 174

//

Nabelstrang / 175
Nachttopf / 175, 319
Nackt / 175
Nacktkultur / 176
Nagel / 176
Nationaler Nebel / 176
Natur / 177
Nervenanschluß / 178
Nihilistisch / 178
Nirwana / 178
NS / 178
NS-Partei / 178
NS-Phantasie / 178
NS-Revolution / 178
NS-Sympathisant / 178
NS-Versand / 179

//

Obertanen / 179
Objektiv / 179

Ödipuskomplex / 180
Offenbarungen / 180
Oper / 180
Ordensverleihungen / 181
Ordnung / 181
Österreich / 181

//

Papst / 182
Parade / 182
Parlamentarier / 182
Parlamentarismus / 182
Parteien / 183
Patriotismus / 183
Pensionsberechtigung / 184
Pflicht / 184
Phantasie / 184
Phantasielos / 184
Philosophen / 184
Phrase / 184
Pi / 185, 319
Plebs / 186, 319
Pofelmenschheit / 186
Politik / 186
Politiker / 187 f.
Polizei / 189
Polysexuell / 189
Porzellanhelme / 189
Positivisten / 189
Prärie / 190, 319
Preisscheißen / 190, 320
Presse / 190
Pressefreiheit / 191
Priester / 191
Primitiv / 191
Privateigentum / 192
Proletarierfluch / 192
Proletariat / 192
Propaganda / 192
Prostitution / 192
Protokoll über die »Protokolle der Weisen von Zion« / 193, 320
Psyche / 194, 321
Psychoanalyse / 194
Psychoanalytiker / 197
Psychose / 197
Puerilismus / 197

//

Quantitäts- und Schnelligkeitswahnsinn / 198

//

Radio / 198
Rassengerassel / 198
Rationalisierung / 199
Rätselhaft / 199
Raufleute / 199
Recht / 199
Rechte Hauptgefahr / 199
Rechtsanwälte / 200
Rechtspflege / 200
Rechtspflege einmal anders / 201
Rechtsrechtslinks / 201
Rechtsstudium / 201
Reform / 201
Reformation / 201
Regierende / 202
Regierungen / 202
Regietheater / 203, 321
Reichweite / 204
Reif / 204
Reklame / 204
Rekrutenabrichtung / 205
Religion / 205
Religionsverdummung / 207
Republik / 207
Resignation / 208, 322
Revolutionäre / 208, 322
Revolutionen / 209
Richter / 209
Ridiculus Schmus / 211, 322
Ruhe / 211
Ruhm / 211
Russische Volkslieder / 211

//

»Sachzwänge« / 212
Satire / 213
Schachzüge / 213
Schlächterpädagogik / 213
Schleimer / 214
Schmutz und Schund / 214, 322
Schnitzerl / 214
Schuhwichsagenten / 215
Schuld / 215
Schule / 215
Schwachsinnsdelogierung / 217
Schwangerschaftsabbruch / 217
Schweiß / 218, 322
Seele / 219
Sekrete / 219
Selbstachtung / 219
Selbstbeherrschung / 219
Selbstständig / 220
Selig / 220
Sex / 220
Sexualjustiz / 220
Siebenstundenwoche / 221
Sinnesverwirrung / 221
Sklavenfreiheit / 221, 323
Sklavenmoral / 223
Soldaten / 224, 323
Soldatenmörder / 225, 323
Sowjetisches / 226
Sozialdemokratie / 228
»Soziale Frage« / 230
Spekulation auf die Sinnlichkeit / 232, 324
Spermatozoon politikon / 233, 324
Spezialisten / 233
Spiel / 233
Spießer / 233
Sport / 233
Sprache / 233
Sprachwissenschaftler / 234
Staatsanarchismus / 234
Staatsautorität / 234
Staatsfeindlichkeit / 235
Staatsgewalt / 235
Staatsordnung / 236
Stadt / 236, 324
Stände / 236, 325
Steiner, Rudolf / 237
Steuer / 237
Steward / 238
Stil / 238
Strafe / 238
Strafgesetz / 238

//

Tag des … / 238
Tag des Buches / 239, 326
Taufe / 240
Technik / 240
Teppert gemacht / 241
Theologen / 241
Tod / 241
Todesstrafe / 242
Toleranz / 243
Totwendigkeit / 243
Tourismus / 243
Transsubstantiation / 246, 327
Trauermärsche / 246
Treue / 247

//

Überfluß / 247
Unersättlich / 248
Unethische Unsittlichkeit / 248
Unfehlbarkeit / 248
Unglück / 248
Uniformiert / 248

//

Variatio / 248, 327
Vaterland / 248
Vatikan / 250, 327
Vegetarismus / 250
Verantwortung / 251
Verdienst / 251
Vergeben / 251
Vergewaltigung / 252
Vergnügen / 252

Verkehrsopfer / 252
Verlangen / 252
Verle/ogen / 252
Vermögen / 252
Vernebelung / 252, 327
Verpflichtungen / 253
Versäumt / 253
Versicherung / 253
Versauung / 254
Versöhnungsmeierei / 254
Verstand / 254
Verstandesverlust / 255
Verteidigungskrieg / 255, 327
Vertepscht / 256
Vieh / 256
Vitamine / 256
Volk / 256
Volk der Dichter und Denker / 257, 327
Völkerzwist / 257
Völkisches / 258
Volkstum / 258
Volksunordnung / 259
Volksvertreter / 259, 328
Voll / 260
Vorhaut Christi / 260, 328
Vorurteile / 261

//

W.C.-Visage / 263
Waffen / 263
Waffenindustrie / 264
Wahl / 264
Wahlkampf / 264
Wahlkrampf / 265
Wahlreden / 266
Wahlsieg / 267
Wehrdienstverweigerung / 267
Wehrhaftigkeit / 267
Weininger, Otto / 268, 328
Weisheit / 269
Welten / 269
Welthändel / 269
Weltrevolution / 269
Weltverbesserer / 270
Werktätige Massen / 270
Wertpapiere / 270
Wespe / 270
Wilde, Oscar / 270, 328
Willensfreiheit / 270
Willensübung / 271
Wir / 271
Wirtschaft / 271
Wirtschaftskrise / 275
Wirtschaftsliberal / 275
Wirtschaftsordnung / 275
Wissenschaft / 276
Wohlgestorben / 277
Wohltun / 277
Worte / 277, 328
Würden / 277
Wurmstichig / 277
Wurst / 277
Wut / 277

//

Zeittotschlag / 278
Zeitungstext / 278
Zivilcourage / 278, 328
Zölibatskomik / 278
Zufall / 278
Zukunftsmensch / 279
Zurechnungsfähig / 280
Zusammenhänge / 280

Stichworteverzeichnis

Abbau / Qu, S. 182. / NH V, Nr. 118 (Anfang November 1931), S. 457.
Abend / NH V, Nr. 118 (Anfang November 1931), S. 457.
Abenteuer / NH V, Nr. 118 (Anfang November 1931), S. 457.
Abgeordneter / NH V, Nr. 118 (Anfang November 1931), S. 458.
Abhängig / NH V, Nr. 118 (Anfang November 1931), S. 458.
Ablaß / NH V, Nr. 118 (Anfang November 1931), S. 458.
Abonnement / NH V, Nr. 118 (Anfang November 1931), S. 458.
Abort / NH V, Nr. 118 (Anfang November 1931), S. 458.
Abrechnung / NH V, Nr. 118 (Anfang November 1931), S. 458.
Abrüstung / NH V, Nr. 118 (Anfang November 1931), S. 458.
Abrüstungskonferenzen / NH I, Nr. 10 (15. Mai 1927), S. 22f. / NH V, Nr. 113/114 (Mitte September 1931), S. 398.
Absatz / NH V, Nr. 118 (Anfang November 1931), S. 458.
Abstinenz / NH V, Nr. 118 (Anfang November 1931), S. 458.
Absurd / Qu, S. 198.
Abwiegeln / NH V, Nr. 118 (Anfang November 1931), S. 458.
Acker / NH V, Nr. 118 (Anfang November 1931), S. 458f.
Adel / NH VI, Nr. 129/130 (Mitte Mai 1932), S. 158.
Affe / NH V, Nr. 118 (Anfang November 1931), S. 459.
Afrika / NH V, Nr. 118 (Anfang November 1931), S. 459.
Agent / NH V, Nr. 118 (Anfang November 1931), S. 459.
Agitation / NH V, Nr. 118 (Anfang November 1931), S. 459.
Agrarier / NH V, Nr. 118 (Anfang November 1931), S. 459.
Akademie / NH V, Nr. 118 (Anfang November 1931), S. 459.
Akademisch / NH II, Nr. 33 (1. Mai 1928), S. 7.
Akkord / NH V, Nr. 118 (Anfang November 1931), S. 459.
Akt / NH V, Nr. 118 (Anfang November 1931), S. 459.
Aktuell / NH V, Nr. 118 (Anfang November 1931), S. 459.
All / NH V, Nr. 118 (Anfang November 1931), S. 459.
Allgemeinheit / H, S. 21.
Altar / NH V, Nr. 118 (Anfang November 1931), S. 460.
Altern / NH VI, Nr. 131/132 (Ende Juni 1932), S. 198.
Altvordere / NH V, Nr. 118 (Anfang November 1931), S. 460.
Amateur / NH V, Nr. 118 (Anfang November 1931), S. 460.
Amerika / NH V, Nr. 118 (Anfang November 1931), S. 460.
Amerikaner / NH II, Nr. 30 (15. März 1928), S. 8. / NH II, Nr. 29 (1. März 1928), S. 6.
Amerikanisches / NH III, Nr. 49 (1. Januar 1929), S. 20. / NH III, Nr. 49 (1. Januar 1929), S. 21. / NH I, Nr. 8 (15. April 1927), S. 14. / NH IV, Nr. 74 (15. Januar 1930), S. 8. / NH V, Nr. 119/120 (Mitte Dezember 1931), S. 503f.
Amt / NH V, Nr. 118 (Anfang November 1931), S. 460.
Anarchie / NH VI, Nr. 121/122 (Mitte Januar 1932), S. 26. / NH I, Nr. 10 (15. Mai 1927), S. 8f. / Qu, S. 188.
Anarchismus / NH IV, Nr. 83 (1. Juni 1930), S. 5. / NH IV, Nr. 91 (1. Oktober 1930), S. 7. / NH VI, Nr. 121/122 (Mitte Januar 1932), S. 23f. / NH I, Nr. 10 (15. Mai 1927), S. 7f.

Anarchist / NH I, Nr. 10 (15. Mai 1927), S. 1 ff.
Anfang / NH V, Nr. 118 (Anfang November 1931), S. 460.
Anführer / NH V, Nr. 118 (Anfang November 1931), S. 460.
Angestellte / MdS, S. 19. / BrA, S. 41.
Anleihe / NH V, Nr. 118 (Anfang November 1931), S. 460.
Anonym / NH V, Nr. 118 (Anfang November 1931), S. 460.
Ansehen / Qu, S. 172.
Anstand / NH V, Nr. 118 (Anfang November 1931), S. 461.
Anstoß / NH V, Nr. 118 (Anfang November 1931), S. 461.
Antimetaphysik / NH VI, Nr. 125/126 (Ende März 1932), S. 93.
Antisemitismus 1929 / NH III, Nr. 58 (15. Mai 1929), S. 3.
Apathie / NH V, Nr. 118 (Anfang November 1931), S. 461.
Applaus / NH III, Nr. 55 (1. April 1929), S. 22.
Approbation / NH V, Nr. 118 (Anfang November 1931), S. 461.
Arbeit / NH III, Nr. 55 (1. April 1929), S. 23. / Qu, S. 4.
Arbeiter / NH VI, Nr. 143/144 (Ende Dezember 1932), S. 388.
Arbeitnehmer / NH V, Nr. 118 (Anfang November 1931), S. 461. / MdS, S. 20.
Arbeitsbeschaffung / PdM, S. 104 ff.
Arbeitslosenunterstützung / NH V, Nr. 118 (Anfang November 1931), S. 461.
Arbeitsmarkt / NH VI, Nr. 143/144 (Ende Dezember 1932), S. 378.
Archimandrit / NH V, Nr. 118 (Anfang November 1931), S. 461.
Areligiös / Qu, S. 67.
Ärger / NH V, Nr. 118 (Anfang November 1931), S. 461.
Aristokrat / NH V, Nr. 118 (Anfang November 1931), S. 461 f.
Armee / NH V, Nr. 118 (Anfang November 1931), S. 462.
Armut / NH V, Nr. 118 (Anfang November 1931), S. 462. / NH V, Nr. 118 (Anfang November 1931), S. 462.
Arrangement / NH V, Nr. 118 (Anfang November 1931), S. 462.
Arrest / NH V, Nr. 118 (Anfang November 1931), S. 462.
Arteigen / Qu, S. 225.
Astrologe / NH V, Nr. 118 (Anfang November 1931), S. 462.
Atheist / NH V, Nr. 118 (Anfang November 1931), S. 462.
Atonalität / NH V, Nr. 118 (Anfang November 1931), S. 462.
Auf die Welt kommen / H, S. 1.
Auferstehung des Fleisches / Qu, S. 142.
Aufklärung / NH V, Nr. 118 (Anfang November 1931), S. 463. / PdM, S. 93.
Auflauf / NH V, Nr. 118 (Anfang November 1931), S. 463.
Aufmarsch 1931 / NH V, Nr. 118 (Anfang November 1931), S. 463.
Aufstand / NH V, Nr. 118 (Anfang November 1931), S. 463.
Auge / NH V, Nr. 118 (Anfang November 1931), S. 463.
Ausbauen / NH V, Nr. 118 (Anfang November 1931), S. 463.
Ausbeutung / NH V, Nr. 118 (Anfang November 1931), S. 463.
Aussatz / NH V, Nr. 118 (Anfang November 1931), S. 463.
Ausschuß / MdS, S. 118.
Ausstand / NH V, Nr. 118 (Anfang November 1931), S. 464.
Austria / NH V, Nr. 118 (Anfang November 1931), S. 464.
Auswanderung / NH V, Nr. 118 (Anfang November 1931), S. 464.
Auto / NH V, Nr. 118 (Anfang November 1931), S. 464.

Autogramm / NH V, Nr. 118 (Anfang November 1931), S. 464.
Automat / NH V, Nr. 118 (Anfang November 1931), S. 464.
Autor / NH V, Nr. 118 (Anfang November 1931), S. 464.
Autorität / NH V, Nr. 118 (Anfang November 1931), S. 464.

//

B-Liebe / W-Liebe / NH IV, Nr. 82 (15. Mai 1930), S. 10 ff.
Badebetrieb / NH V, Nr. 118 (Anfang November 1931), S. 464 f.
Bahre / NH V, Nr. 118 (Anfang November 1931), S. 465.
Bandit / NH V, Nr. 118 (Anfang November 1931), S. 465.
Bank / NH V, Nr. 118 (Anfang November 1931), S. 465. / PdM, S. 63.
Bann / NH V, Nr. 118 (Anfang November 1931), S. 465.
Banner / NH V, Nr. 118 (Anfang November 1931), S. 465.
Bar / NH V, Nr. 118 (Anfang November 1931), S. 465. / NH V, Nr. 118 (Anfang November 1931), S. 466.
Barbaren / NH V, Nr. 118 (Anfang November 1931), S. 466.
Bart / NH V, Nr. 118 (Anfang November 1931), S. 466.
Bauch / NH V, Nr. 118 (Anfang November 1931), S. 466.
Bauer / NH V, Nr. 118 (Anfang November 1931), S. 466 f. / NH V, Nr. 100/101 (Ende Februar 1931), S. 122.
Baum / NH V, Nr. 118 (Anfang November 1931), S. 467.
Becken / NH V, Nr. 118 (Anfang November 1931), S. 467.
Bedürfnisse / NH V, Nr. 118 (Anfang November 1931), S. 467. / NH III, Nr. 58 (15. Mai 1929), S. 7. / NH V, Nr. 100/101 (Ende Februar 1931), S. 114f. / NH II, Nr. 42 (15. September 1928), S. 8 f.
Befehlen / MdS, S. 118.
Begierde / NH V, Nr. 118 (Anfang November 1931), S. 467.
Begriffe / NH V, Nr. 118 (Anfang November 1931), S. 467. / PdM, S. 119 f.
Behörde / NH V, Nr. 118 (Anfang November 1931), S. 467.
Behufs / NH V, Nr. 118 (Anfang November 1931), S. 467.
Beichte / NH V, Nr. 118 (Anfang November 1931), S. 467.
Beischlaf / NH V, Nr. 118 (Anfang November 1931), S. 468.
Beliebt / NH V, Nr. 118 (Anfang November 1931), S. 468.
Beneiden / NH V, Nr. 118 (Anfang November 1931), S. 468.
Bequemlichkeit / NH V, Nr. 118 (Anfang November 1931), S. 468.
Berg / NH V, Nr. 118 (Anfang November 1931), S. 468.
Berichten / NH V, Nr. 118 (Anfang November 1931), S. 468.
Berufen / NH V, Nr. 118 (Anfang November 1931), S. 468.
Beschlagnahmung / NH V, Nr. 118 (Anfang November 1931), S. 468.
Besitz / MdS, S. 19f.
Besitzer / Qu, S. 66.
Bestialität / NH V, Nr. 118 (Anfang November 1931), S. 469.
Betrachtung / NH V, Nr. 118 (Anfang November 1931), S. 469.
Betrieb / NH V, Nr. 118 (Anfang November 1931), S. 469.
Bett / NH V, Nr. 118 (Anfang November 1931), S. 469.
Bewußtsein / NH V, Nr. 118 (Anfang November 1931), S. 469.
Bezahlte Anzeige / NH V, Nr. 118 (Anfang November 1931), S. 460.

BGBL / NH I, Nr. 7 (1. April 1927), S. 14.
Bibel / NH V, Nr. 118 (Anfang November 1931), S. 469.
Bilanz / NH V, Nr. 118 (Anfang November 1931), S. 469.
Bildung / NH V, Nr. 118 (Anfang November 1931), S. 469. / Qu, S. 104.
Blech / NH V, Nr. 118 (Anfang November 1931), S. 469.
Blind / Qu, S. 91.
Blockade / NH V, Nr. 118 (Anfang November 1931), S. 469.
Blond / NH V, Nr. 118 (Anfang November 1931), S. 470.
Blut / NH V, Nr. 118 (Anfang November 1931), S. 470.
Blüte / NH V, Nr. 118 (Anfang November 1931), S. 470.
Blutmysterium / Qu, S. 69.
Blutstropfen / Qu, S. 32.
Bollwerk / NH V, Nr. 118 (Anfang November 1931), S. 470.
Börsianer / NH I, Nr. 11 (1. Juni 1927), S. 11.
Botschaft / NH V, Nr. 118 (Anfang November 1931), S. 470.
Bourgeois / NH V, Nr. 118 (Anfang November 1931), S. 470.
Branche / NH V, Nr. 118 (Anfang November 1931), S. 470.
Branntwein / NH V, Nr. 118 (Anfang November 1931), S. 470.
Brauchtum / BrA, S. 13.
Broadway / NH V, Nr. 118 (Anfang November 1931), S. 471.
Brot / NH V, Nr. 118 (Anfang November 1931), S. 471.
Brüderlichkeit / NH V, Nr. 118 (Anfang November 1931), S. 471.
Brunft / NH V, Nr. 118 (Anfang November 1931), S. 471.
Brüste / NH V, Nr. 118 (Anfang November 1931), S. 471 f.
Buchstabe / Qu, S. 240.
Buddhismus / Qu, S. 250. / Qu, S. 270. / Qu, S. 277.
Budget / NH V, Nr. 118 (Anfang November 1931), S. 472.
Bundespräsident / NH V, Nr. 118 (Anfang November 1931), S. 472.
Burg / NH V, Nr. 118 (Anfang November 1931), S. 472.
Bürgerlich / NH V, Nr. 118 (Anfang November 1931), S. 472.
Bürgerseele / NH I, Nr. 22 (15. November 1927), S. 2.
Burgtheater Wien / NH V, Nr. 118 (Anfang November 1931), S. 472. / NH IV, Nr. 75 (1. Februar 1930), S. 29.
Busen / NH III, Nr. 55 (1. April 1929), S. 22.
Butter / NH V, Nr. 118 (Anfang November 1931), S. 472.

//

Café / NH VI, Nr. 125/126 (Ende März 1932), S. 65.
Caprice / NH VI, Nr. 125/126 (Ende März 1932), S. 65.
Caritas / NH VI, Nr. 125/126 (Ende März 1932), S. 65.
Carnegie / NH VI, Nr. 125/126 (Ende März 1932), S. 65f.
Casus belli / NH VI, Nr. 125/126 (Ende März 1932), S. 66.
Chamäleon / NH VI, Nr. 125/126 (Ende März 1932), S. 66.
Chamberlain, Houston Stewart / NH VI, Nr. 125/126 (Ende März 1932), S. 66.
Chaos / NH VI, Nr. 125/126 (Ende März 1932), S. 66. / NH V, Nr. 100/101 (Ende Februar 1931), S. 116 f.
Charakter / NH VI, Nr. 125/126 (Ende März 1932), S. 66f.
Chauffieren / NH VI, Nr. 125/126 (Ende März 1932), S. 67.

Chef / NH VI, Nr. 125/126 (Ende März 1932), S. 67.
Chiffre / NH VI, Nr. 125/126 (Ende März 1932), S. 67 f.
Christ / NH VI, Nr. 125/126 (Ende März 1932), S. 68.
Christentum / NH VI, Nr. 125/126 (Ende März 1932), S. 68. / PdM, S. 63. / NH I, Nr. 8 (15. April 1927), S. 7 f. / Qu, S. 30.
Christus / NH II, Nr. 41 (1. September 1928), S. 12 f.
Citoyen / NH VI, Nr. 125/126 (Ende März 1932), S. 68.
Claque / NH VI, Nr. 125/126 (Ende März 1932), S. 68.
Clique / NH VI, Nr. 125/126 (Ende März 1932), S. 68.
Communiqué / NH VI, Nr. 125/126 (Ende März 1932), S. 69.
Couleur / NH VI, Nr. 125/126 (Ende März 1932), S. 69.
Courths-Mahler / NH II, Nr. 41 (1. September 1928), S. 20.
Credit / NH VI, Nr. 125/126 (Ende März 1932), S. 69.
Creditanstalt / NH VI, Nr. 125/126 (Ende März 1932), S. 69.
Cruzifix / NH IV, Nr. 77 (1. März 1930), S. 10.
Cunnilingus / NH VI, Nr. 125/126 (Ende März 1932), S. 69.

//

Dach / NH VI, Nr. 125/126 (Ende März 1932), S. 70.
Dadaismus / NH VI, Nr. 125/126 (Ende März 1932), S. 70.
Damen / NH VI, Nr. 125/126 (Ende März 1932), S. 70.
Dämon / NH VI, Nr. 125/126 (Ende März 1932), S. 70.
Dandyismus / H, S. 52.
Dankbarkeit / NH VI, Nr. 125/126 (Ende März 1932), S. 70.
Darben / NH VI, Nr. 125/126 (Ende März 1932), S. 70 f.
Darmputzer / NH VI, Nr. 125/126 (Ende März 1932), S. 71.
Dasig / NH VI, Nr. 125/126 (Ende März 1932), S. 71.
Dauern / NH VI, Nr. 125/126 (Ende März 1932), S. 71.
Debatte / NH VI, Nr. 125/126 (Ende März 1932), S. 71.
Defaitist / NH VI, Nr. 125/126 (Ende März 1932), S. 71.
Defensive / NH VI, Nr. 125/126 (Ende März 1932), S. 71.
Defilee / NH VI, Nr. 125/126 (Ende März 1932), S. 71.
Defilirium tremens teutonicus 1933 / PdM, S. 75.
Defloration / NH VI, Nr. 125/126 (Ende März 1932), S. 72.
Dekalog / NH VI, Nr. 125/126 (Ende März 1932), S. 72.
Dekolleté / NH VI, Nr. 125/126 (Ende März 1932), S. 73.
Dekorierung / NH VI, Nr. 125/126 (Ende März 1932), S. 73.
Delikatesse / NH VI, Nr. 125/126 (Ende März 1932), S. 73.
Dementi / NH VI, Nr. 125/126 (Ende März 1932), S. 73.
Demokratie / MdS, S. 46 f. / NH VI, Nr. 125/126 (Ende März 1932), S. 73 ff. / PdM, S. 81. / Qu, S. 251 f.
Demut / NH VI, Nr. 125/126 (Ende März 1932), S. 76.
Denaturieren / NH VI, Nr. 125/126 (Ende März 1932), S. 76.
Denken / NH VI, Nr. 125/126 (Ende März 1932), S. 76 f.
Deppesche [!] / NH VI, Nr. 125/126 (Ende März 1932), S. 77.
Derb / NH VI, Nr. 125/126 (Ende März 1932), S. 77.

Detektiv / NH VI, Nr. 125/126 (Ende März 1932), S. 77.
Deutsch / NH VI, Nr. 125/126 (Ende März 1932), S. 77.
Deutsche Blödheit / Qu, S. 165.
Diäten / NH VI, Nr. 125/126 (Ende März 1932), S. 77
Dichter / NH VI, Nr. 125/126 (Ende März 1932), S. 78. / NH VI, Nr. 131/132 (Ende Juni 1932), S. 183 f. / NH I, Nr. 5 (1. März 1927), S. 16. / Qu, S. 249. / Qu, S. 134.
Dichtung / NH VI, Nr. 125/126 (Ende März 1932), S. 78.
Dienen / NH VI, Nr. 125/126 (Ende März 1932), S. 78.
Diktatur / Qu, S. 232.
Diktatur des Proletariats 1934 / BrA, S. 26.
Diplomat / NH VI, Nr. 125/126 (Ende März 1932), S. 79.
Diplomaten / Qu, S. 187.
Diva / MdS, S. 119 f.
Doktor / NH III, Nr. 65 (1. September 1929), S. 5 ff.
Dokument / NH VI, Nr. 125/126 (Ende März 1932), S. 79.
Dollar / NH VI, Nr. 125/126 (Ende März 1932), S. 79.
Dollfußindianer / PdM, S. 65.
Don Juan / Qu, S. 88.
Dreschen / NH VI, Nr. 125/126 (Ende März 1932), S. 79.
Drohne / NH VI, Nr. 125/126 (Ende März 1932), S. 79.
Druckerschwärze / NH VI, Nr. 125/126 (Ende März 1932), S. 79.
Dumm / Qu, S. 223. / Qu, S. 15.
Dünger / NH VI, Nr. 125/126 (Ende März 1932), S. 80.
Dünkel / NH VI, Nr. 125/126 (Ende März 1932), S. 79.
Dunst / NH VI, Nr. 125/126 (Ende März 1932), S. 80.

//

Ebenbild / NH VI, Nr. 143/144 (Ende Dezember 1932), S. 385.
Ecclesia militans / MdS, S. 120. / NH VI, Nr. 143/144 (Ende Dezember 1932), S. 385 f.
Echt / NH VI, Nr. 143/144 (Ende Dezember 1932), S. 386.
Edel / NH VI, Nr. 143/144 (Ende Dezember 1932), S. 386 f.
Edison / NH VI, Nr. 143/144 (Ende Dezember 1932), S. 387.
Effekt / NH VI, Nr. 143/144 (Ende Dezember 1932), S. 387.
Egoismus / NH VI, Nr. 143/144 (Ende Dezember 1932), S. 387.
Ehe / NH VI, Nr. 143/144 (Ende Dezember 1932), S. 388. / NH VI, Nr. 143/144 (Ende Dezember 1932), S. 389. / NH V, Nr. 100/101 (Ende Februar 1931), S. 94 f. / NH V, Nr. 100/101 (Ende Februar 1931), S. 95. / NH V, Nr. 100/101 (Ende Februar 1931), S. 92 ff.
Ehebruch / NH VI, Nr. 143/144 (Ende Dezember 1932), S. 388.
Ehre / NH III, Nr. 64 (15. August 1929), S. 20 f.
Ehrgeiz / Qu, S. 86.
Eiche / NH VI, Nr. 143/144 (Ende Dezember 1932), S. 388.
Eid / NH VI, Nr. 143/144 (Ende Dezember 1932), S. 388.
Eifersucht / NH VI, Nr. 143/144 (Ende Dezember 1932), S. 388f. / NH II, Nr. 29 (1. März 1928), S. 25 f. / Qu, S. 240.
Eigenbrötler / NH VI, Nr. 143/144 (Ende Dezember 1932), S. 389.
Eigensinn / NH VI, Nr. 143/144 (Ende Dezember 1932), S. 389.
Eigentum / NH VI, Nr. 143/144 (Ende Dezember 1932), S. 389.

Einbildungsgeschwülste / NH III, Nr. 72 (15. Dezember 1929), S. 4 f. / NH III, Nr. 72 (15. Dezember 1929), S. 9 f.
Einfach lächerlich / Qu, S. 68.
Einfall / NH VI, Nr. 143/144 (Ende Dezember 1932), S. 389.
Einfalt / NH VI, Nr. 143/144 (Ende Dezember 1932), S. 389.
Eingabe / NH VI, Nr. 143/144 (Ende Dezember 1932), S. 389.
Eingeweide / NH VI, Nr. 143/144 (Ende Dezember 1932), S. 390.
Einlauf / NH IV, Nr. 91 (1. Oktober 1930), S. 3.
Einleiten / NH VI, Nr. 131/132 (Ende Juni 1932), S. 198.
Einsamkeit / NH VI, Nr. 143/144 (Ende Dezember 1932), S. 390.
Eiter / NH VI, Nr. 143/144 (Ende Dezember 1932), S. 390.
Elend / NH VI, Nr. 143/144 (Ende Dezember 1932), S. 390.
Ellbogengenies / Qu, S. 19.
Empfängnisverhütung / NH II, Nr. 32 (15. April 1928), S. 9 f. / Qu, S. 119.
Empörer / NH V, Nr. 109/110 (Anfang Juli 1931), S. 311.
Entpolitisierung / NH IV, Nr. 88 (15. August 1930), S. 1 f.
Entschuldigung / Qu, S. 31.
Enttäuschen / NH VI, Nr. 143/144 (Ende Dezember 1932), S. 390.
Erde / NH VI, Nr. 143/144 (Ende Dezember 1932), S. 390. / NH VI, Nr. 131/132 (Ende Juni 1932), S. 187. / NH VI, Nr. 131/132 (Ende Juni 1932), S. 194 f.
Erfolg / Qu, S. 99. / NH III, Nr. 54 (15. März 1929), S. 10.
Ergötzen / NH VI, Nr. 143/144 (Ende Dezember 1932), S. 391.
Erlebnisse / NH IV, Nr. 82 (15. Mai 1930), S. 19f.
Erobern / NH VI, Nr. 143/144 (Ende Dezember 1932), S. 391.
Erster Schultag / H, S. 24.
Erziehung / NH VI, Nr. 143/144 (Ende Dezember 1932), S. 391.
Eselsführer / Qu, S. 133.
Ethik / NH II, Nr. 32 (15. April 1928), S. 8 f. Auch in: NH V, Nr 100/101 (Ende Februar 1931), S. 104 f.
Eukalyptusöl / NH VI, Nr. 143/144 (Ende Dezember 1932), S. 391.
Europa / NH VI, Nr. 143/144 (Ende Dezember 1932), S. 391.
Evangelium / NH VI, Nr. 143/144 (Ende Dezember 1932), S. 392.
Evangelische Kirche / Qu, S. 98.
Evolution / NH VI, Nr. 143/144 (Ende Dezember 1932), S. 391.
Exegese / NH VI, Nr. 143/144 (Ende Dezember 1932), S. 391.
Exekution / NH VI, Nr. 143/144 (Ende Dezember 1932), S. 391 f.
Exekutive / NH VI, Nr. 121/122 (Mitte Januar 1932), S. 22.
Exkremente / NH VI, Nr. 143/144 (Ende Dezember 1932), S. 392.
Export / NH VI, Nr. 143/144 (Ende Dezember 1932), S. 392.
Expressionismus / NH VI, Nr. 143/144 (Ende Dezember 1932), S. 392.

//

Fahnen / PdM, S. 99.
Familie / MdS, S. 127.
Faschismus / MdS, S. 47 f.
Faschist / NH II, Nr. 30 (15. März 1928), S. 4 f.
Fatal / MdS, S. 127.
Feigheit / NH V, Nr. 113/114 (Mitte September 1931), S. 399.
Fernsehen / NH II, Nr. 42 (15. September 1928), S. 9. / NH III, Nr. 55 (1. April 1929), S. 18.
Fische / Qu, S. 132.

Flinte ins Korn / Qu, S. 143.
Folter / NH III, Nr. 49 (Januar 1929), S. 23.
Fortschritt und Technik / NH V, Nr. 100/101 (Ende Februar 1931), S. 109 f. / NH V, Nr. 100/101 (Ende Februar 1931), S. 111.
Frage der Zeit / Qu, S. 140.
Frauen / NH VI, Nr. 131/132 (Ende Juni 1932), S. 198.
Frauenemanzipation / MdS, S. 123. / NH VI, Nr. 143/144 (Ende Dezember 1932), S. 390. / NH III, Nr. 55 (1. April 1929), S. 19. / Qu, S. 63. / NH VI, Nr. 131/132 (Ende Juni 1932), S. 168 f. / NH VI, Nr. 139/140 (Ende Oktober 1932), S. 325 f. / NH VI, Nr. 131/132 (Ende Juni 1932), S. 168.
Freidenker / NH VII, Nr. 145/146 (Ende Januar 1933), S. 31 f.
Freiheit / Qu, S. 178f. / NH III, Nr. 56 (15. April 1929), S. 9. / Qu, S. 182.
Freiheit, Gleichheit, Brüderlichkeit / PdM, S. 67.
Freizeit / Qu, S. 179.
Freud, Sigmund / NH V, Nr. 100/101 (Ende Februar 1931), S. 126 f.

//

Gäa / NH VI, Nr. 131/132 (Ende Juni 1932), S. 197.
Gans / NH IV, Nr. 88 (15. August 1930), S. 17 f.
Gebete / NH VI, Nr. 131/132 (Ende Juni 1932), S. 179.
Geburt / H, S. 3. / MdS, S. 72.
Geburtenrückgang / NH V, Nr. 100/101 (Ende Februar 1931), S. 103.
Gegensatz / Qu, S. 160.
Gegenwarterei / Qu, S. 123.
Gehirnerweichung / Qu, S. 28.
Gehupft wie gesprungen / Qu, S. 129.
Geist, Körper / NH VI, Nr. 143/144 (Ende Dezember 1932), S. 377.
Geistesmenstruation / Qu, S. 146.
Geistesverirrungen / Qu, S. 30.
Geld / MdS, S. 111. / NH III, Nr. 56 (15. April 1929), S. 10 f. / Qu, S. 185. / BrA, S. 71. / NH II, Nr. 42 (15. September 1928), S. 3 ff.
Geld und Ware / NH V, Nr. 100/101 (Ende Februar 1931), S. 119.
Gelebter Tod / Qu, S. 85.
Gelehrte / MdS, S. 91 f.
Gemeinheit / Qu, S. 47.
Gemeinschaft / PdM, S. 100.
Generationen / NH VI, Nr. 131/132 (Ende Juni 1932), S. 186.
Genitaliengarderobe / Qu, S. 100.
Genpolitik / NH I, Nr. 21 (1. November 1927), S. 18 f.
Gerechtigkeit / NH II, Nr. 46 (15. November 1928), S. 18.
Gescheiter / Qu, S. 15.
Geschichtsnebel / NH I, Nr. 6 (15. März 1927), S. 2 f.
Geschichtstaumel / NH VI, Nr. 143/144 (Ende Dezember 1932), S. 381 ff.
Geschichtsschweinehandel / BrA, S. 48.
Geschlechtslebensmüde / NH VI, Nr. 131/132 (Ende Juni 1932), S. 198.
Geschlechtsverkehrsopfer / Qu, S. 19.
Geschwätz / Qu, S. 41.
Geschworenengerichte / NH I, Nr. 21 (1. November 1927), S. 4.
Gesetzgeber / NH III, Nr. 56 (15. April 1929), S. 5.
Gesichterkonfektion / NH VI, Nr. 127/128 (Ende April 1932), S. 97 f.
Gewalt / NH II, Nr. 43 (1. Oktober 1928), 9 f. / NH II, Nr. 34 (15. Mai 1928), S. 5 f. / Qu, S. 18.
Gewaltlosigkeit / BrA, S. 23. / NH VI, Nr. 127/128 (Ende April 1932), S. 129 f.
Glaubensverlust / Qu, S. 141.
Gleichheit / Qu, S. 24. / Qu, S. 187.

Globalisierung / NH II, Nr. 42 (15. September 1928), S. 9. / NH I, Nr. 2 (15. Januar 1927), S. 11f.
Globus / Qu, S. 172.
Glocken / Qu, S. 156.
Gott / MdS, S. 38f. / Qu, S. 239.
Gottesbeweis / Qu, S. 121.
Götz / Qu, S. 164.
Größe / PdM, S. 99. / Qu, S. 149.
Größenwahn / Qu, S. 32.

//

Habenichtse / Qu, S. 42.
Habsburgisches 1914 / NH I, Nr. 15 (1. August 1927), S. 5.
Halbnarren / Qu, S. 30.
Hammelreich / Qu, S. 55.
Handel / PdM, S. 176. / NH IV, Nr. 91 (1. Oktober 1930), S. 7. / Qu, S. 164f.
Händler / H I, Nr. 1 (1. Januar 1927), S. 18. / NH III, Nr. 55 (1. April 1929), S. 21. / Qu, S. 153f.
Harnindustrie / NH V, Nr. 119/120 (Mitte Dezember 1931), S. 511.
Hauptmann, Gerhart / NH III, Nr. 64 (15. August 1929), S. 7.
Haushund / Qu, S. 234.
Heiliger Stuhl / Qu, S. 97. / PdM, S. 65.
Heiliger Vater / NH II, Nr. 30 (15. März 1928), S. 13.
Heiraten / NH V, Nr. 100/101 (Ende Februar 1931), S. 92.
Helden / NH III, Nr. 55 (1. April 1929), S. 19. / NH II (1928), Nr. 47, S. 4f.
Hemmungslosigkeit / NH I, Nr. 8 (15. April 1927), S. 5.
Herbergssuche / Qu, S. 10.
Herzensbeulen / NH III, Nr. 72 (15. Dezember 1929), S. 5.
Hirnverbrannt / Qu, S. 27.
Hitler / Qu, S. 228.
Hitlers Phrasengurgeln / NH VII, Nr. 147/148 (Mitte Februar 1933), S. 64.
Höhere Zwecke / MdS, S. 20.
Höllenfeuerversicherungsgesellschaft / Qu, S. 67.
Homo sapiens / NH VI, Nr. 121/122 (Mitte Januar 1932), S. 22.
Hormonie / Qu, S. 252.
Hungerrevolten / NH VI, Nr. 131/132 (Ende Juni 1932), S. 179.

//

Ideale / NH IV, Nr. 82 (15. Mai 1930), S. 22.
Ideen / Qu, S. 15.
Ideengebäude / Qu, S. 58.
Impotenz / NH I, Nr. 8 (15. April 1927), S. 5. / NH III, Nr. 55 (1. April 1929), S. 22. / Qu, S. 156.
In sich gehen / Qu, S. 43.
Individualismus / Qu, S. 245f.
Industrie / NH V, Nr. 100/101 (Ende Februar 1931), S. 112f. / NH V, Nr. 100/101 (Ende Februar 1931), S. 113. / NH V, Nr. 100/101 (Ende Februar 1931), S. 113.
Inflation / Qu, S. 107.
Inflationshaderlumpen / BrA, S. 70.
Innen, -innen, /innen / NH V, Nr. 118 (Anfang November 1931), S. 475.
Intellektuelle / Qu, S. 68.

//

Ja / Qu, S. 101.
Jagdausstellungsbesucher / NH II (1928), Nr. 44, S. 27f.
Jägerei / Qu, S. 115.
Jauche / MdS, S. 114.
Jugend / Qu, S. 14.
Journale / Qu, S. 92.
Journalisten / Qu, S. 206.
Juristen / PdM, S. 63.

Justiz / MdS, S. 80. / NH VI, Nr. 143/144 (Ende Dezember 1932), S. 376. / NH III, Nr. 55 (1. April 1929), S. 19. / NH III, Nr. 53 (1. März 1929), S. 5 ff. / Qu, S. 130. / Qu, S. 111.
Justiz der Zukunft / Qu, S. 173.
Justizpalastbrand, Wien 1927 / NH I, Nr. 16 (15. August 1927), S. 2.
Justizsabotage / NH IV, Nr. 77 (1. März 1930), S. 4.

//

Kaiser und König / NH III, Nr. 56 (15. April 1929), S. 4.
Kampf / NH III, Nr 69 (1. November 1929), S. 4f.
Kanonisches Recht / MdS, S. 114.
Kant / Qu, S. 169.
Kapitalismus / NH V, Nr. 100/101 (Ende Februar 1931), S. 113f. / Qu, S. 263.
Kastration / NH IV (15. Juni 1930), Nr. 84, S. 24.
Katholische Kirche / NH VI, Nr. 143/144 (Ende Dezember 1932), S. 362. / NH III, Nr. 50 (15. Januar 1929), S. 4 ff. / NH VI, Nr. 135/136 (Ende August 1932), S. 292 ff.
Käuflich / Qu, S. 56.
Kinder / NH V, Nr. 109/110 (Anfang Juli 1931), S. 311. / NH V, Nr. 100/101 (Ende Februar 1931), S. 96 f.
Kindermangel / Qu, S. 22.
Kirche / Qu, S. 45.
Klasseninteresse / BrA, S. 29.
Klassenkampf / NH VI, Nr. 131/132 (Ende Juni 1932), S. 187.
Kleinstaaterei / Qu, S. 13. / Qu, S. 40.
Klinik für Plastische Chirurgie / NH V, Nr. 118 (Anfang November 1931), S. 470.
Klugheit / Qu, S. 1.
Kochirrsinn / Qu, S. 180.
Koitus / NH V, Nr. 100/101 (Ende Februar 1931), S. 98 f. / NH II, Nr. 32 (15. April 1928), S. 10 f. / NH II, Nr. 32 (15. April 1928), S. 4 ff.
Komfort / MdS, S. 114.
Konferenzen / Qu, S. 124.
Konjunktur / NH VII, Nr. 147/148 (Mitte Februar 1933), S. 63.
Körper / NH VI, Nr. 135/136 (Ende August 1932), S. 252.
Kralik, Richard (von) / NH III, Nr. 52 (15. Februar 1929), S. 11.
Krieg / NH III, Nr. 64 (15. August 1929), S. 3. / MdS, S. 142 ff. / NH V, Nr. 108 (Mitte Juni 1931), S. 282 ff. / NH V, Nr. 108 (Mitte Juni 1931), S. 291 f. / NH III, Nr. 64 (15. August 1929), S. 4. / NH III, Nr. 64 (15. August 1929), S. 27 f. / Qu, S. 181. / NH III, Nr. 64 (15. August 1929), S. 30 f.
Kriegsauslese / Qu, S. 61. / Qu, S. 221.
Kriegsspielzeug 1932 / NH VI, Nr. 131/132 (Ende Juni 1932), S. 166.
Kritik 1940 / Qu, S. 237.
Krone der Schöpfung / Qu, S. 148.
Krückenkreuz 1934 / MdS, S. 152.
Kultur / PdM, S. 63.
Kulturstufen / Qu, S. 125.
Kunst / NH I, Nr. 5 (1. März 1927), S. 19. / NH I, Nr. 5 (1. März 1927), S. 17.
Kunstkritiker / NH III, Nr. 55 (1. April 1929), S. 23.
Künstler / Qu, S. 102.

//

Läufer / Qu, S. 134.
Leben / NH III, Nr. 55 (1. April 1929), S. 21. / Qu, S. 42. / Qu, S. 53.
Lebenssinn / Qu, S. 13. / NH II, Nr. 35 (1. Juni 1928), S. 9. / Qu, S. 174.
Lebensstümper / NH III, Nr. 72 (15. Dezember 1929), S. 13 f.

Lebensunsinn / PdM, S. 65 ff.
Lebenswunder / NH IV, Nr. 82 (15. Mai 1930), S. 12.
Lebenszweck / Qu, S. 27. / NH II, Nr. 41 (1. September 1928), S. 1 ff.
Leiden / NH III, Nr. 55 (1. April 1929), S. 20.
Lesen und Schreiben / NH VI, Nr. 143/144 (Ende Dezember 1932), S. 368.
Liebe / NH III, Nr. 55 (1. April 1929), S. 21. / NH II, Nr. 41 (1. September 1928), S. 1 ff. Auch in: NH V, Nr 100/101 (Ende Februar 1931), S. 83 ff. / NH III, Nr. 55 (1. April 1929), S. 22.
Liebeshochschule / NH IV, Nr. 82 (15. Mai 1930), S. 3.
Liebesmathematik / Qu, S. 236.
Liebespartner / NH VI, Nr. 125/126 (Ende März 1932), S. 93 f.
Liebesschlachtfeld / NH IV, Nr. 82 (15. Mai 1930), S. 9.
Liebesvolksschule / NH IV, Nr. 82 (15. Mai 1930), S. 3. / NH IV, Nr. 82 (15. Mai 1930), S. 4. / NH IV, Nr. 82 (15. Mai 1930), S. 6 f.
Literatur / NH I, Nr. 5 (1. März 1927), S. 17.
Losung / Qu, S. 259.
Lotterie / PdM, S. 63.
Luzifer / Qu, S. 7.

//

Männer / NH VI, Nr. 131/132 (Ende Juni 1932), S. 168. / Qu, S. 139. / Qu, S. 264.
Marxismus / NH IV, Nr. 83 (1. Juni 1930), S. 4 f.
Marxyrium / NH V, Nr. 119/120 (Mitte Dezember 1931), S. 505 f.
Maschine / Qu, S. 17. / BrA, S. 17. / NH VI, Nr. 125/126 (Ende März 1932), S. 94 ff. / NH V, Nr. 100/101 (Ende Februar 1931), S. 111. / BrA, S. 55 f.
Massenproduktion / NH I, Nr. 2 (15. Januar 1927), S. 10.
Maßstäbe / Qu, S. 274 f.
Materialismus / Qu, S. 160. / NH VI, Nr. 143/144 (Ende Dezember 1932), S. 368.
Maulkultur / Qu, S. 121.
Mensch / NH III, Nr. 55 (1. April 1929), S. 21. / MdS, S. 50 ff. / NH VI, Nr. 121/122 (Mitte Januar 1932), S. 29 f.
Menschen / Qu, S. 57.
Menschenliebe / H, S. 67.
Menschenzoo / H, S. 68.
Militär / Qu, S. 245. / Qu, S. 246.
Missionäre / NH V, Nr. 119/120 (Mitte Dezember 1931), S. 501.
Modern / MdS, S. 21.
Monogamie / Qu, S. 162.
Monstranz / MdS, S. 112.
Mord 1927 / NH I, Nr. 17 (1. September 1927), S. 1 ff.
Motorisiert / Qu, S. 236.
Motorrad / NH I, Nr. 3 (1. Februar 1927), S. 13.
Musik / Qu, S. 138. / Qu, S. 244.
Mut Gottes / Qu, S. 29.
Mystik / NH II, Nr. 35 (1. Juni 1928), S. 8.

//

Nabelstrang / Qu, S. 21.
Nachttopf / BrA, S. 4.
Nackt / NH III, Nr. 55 (1. April 1929), S. 24. / NH VI, Nr. 139/140 (Ende Oktober 1932), S. 319. / Qu, S. 33.
Nacktkultur / NH III, Nr . 55 (1. April 1929), S. 24.
Nagel / NH V, Nr. 109/110 (Anfang Juli 1931), S. 310.
Nationaler Nebel / NH I, Nr. 6 (15. März 1927), S. 1. / PdM, S. 61. / NH I, Nr. 6 (15. März 1927), S. 9.

Natur / NH V, Nr. 109/110 (Anfang Juli 1931), S. 310. / NH II (1928), Nr . 48, S. 11 f.
Nervenanschluß / Qu, S. 227.
Nihilistisch / Qu, S. 88.
Nirwana / Qu, S. 233.
NS / Qu, S. 17. / Qu, S. 222. / Qu, S. 231.
NS-Partei / PdM, S. 85.
NS-Phantasie / NH III, Nr 69 (1. November 1929), S. 8.
NS-Revolution / Qu, S. 164.
NS-Sympathisant / NH I , Nr. 21 (1. November 1927), S. 15.
NS-Versand / NH IV, Nr. 91 (1. Oktober 1930), S. 13.

//

Obertanen / NH I, Nr. 8 (15. April 1927), S. 24.
Objektiv / NH VI, Nr. 135/136 (Ende August 1932), S. 255.
Ödipuskomplex / NH VI, Nr. 143/144 (Ende Dezember 1932), S. 368.
Offenbarungen / NH V, Nr. 100/101 (Ende Februar 1931), S. 105.
Oper / NH II (1928), Nr. 28, S. 22 f.
Ordensverleihungen / Qu, S. 134.
Ordnung / Qu, S. 18.
Österreich / NH I, Nr. 16 (15. August 1927), S. 6. / NH III, Nr. 55 (1. April 1929), S. 18. / NH IV, Nr. 77 (1. März 1930), S. 5 f. / NH I, Nr. 1 (1. Januar 1927), S. 14.

//

Papst / PdM, S. 63.
Parade / MdS, S. 112 f.
Parlamentarier / NH I, Nr. 1 (1. Januar 1927), S. 17.
Parlamentarismus / NH V, Nr. 109/110 (Anfang Juli 1931), S. 319.
Parteien / Qu, S. 135. / PdM, S. 63.
Patriotismus / NH III, Nr. 52 (15. Februar 1929), S. 21. Auch in NH VI, Nr. 125/126 (Ende März 1932), S. 66. / NH I, Nr. 6 (15. März 1927), S. 5 f.
Pensionsberechtigung / BrA, S. 42.
Pflicht / Qu, S. 223.
Phantasie / Qu, S. 191.
Phantasielos / Qu, S. 34.
Philosophen / NH V (1931), Nr. 98 ff, S. 43.
Phrase / NH III, Nr. 55 (1. April 1929), S. 22. / MdS, S. 43 f.
π (Pi) / NH VI, Nr. 131/132 (Ende Juni 1932), S. 182 f.
Plebs / NH VI, Nr. 143/144 (Ende Dezember 1932), S. 380 f.
Pofelmenschheit / Qu, S. 57.
Politik / NH I, Nr. 1 (1. Januar 1927), S. 12 f. / NH III, Nr. 55 (1. April 1929), S. 19. / MdS, S. 116. / Qu, S. 135. / Qu, S. 246.
Politiker / NH VI, Nr. 125/126 (Ende März 1932), S. 66. / NH VI, Nr. 129/130 (Mitte Mai 1932), S. 158. / NH I, Nr. 1 (1. Januar 1927), S. 14 f.
Polizei / NH IV, Nr. 91 (1. Oktober 1930), S. 1.
Polysexuell / NH III, Nr. 61 (1. Juli 1929), S. 11.
Porzellanhelme / Qu, S. 108.
Positivisten / Qu, S. 267.
Prärie / MdS, S. 116 f.
Preisscheißen / NH VI, Nr. 139/140 (Ende Oktober 1932), S. 320.
Presse / MdS, S. 117. / NH III, Nr. 49 (1. Januar 1929), S. 20. / NH VI, Nr. 139/140 (Ende Oktober 1932), S. 323. / Qu, S. 145.
Pressefreiheit / NH I, Nr. 7 (1. April 1927), S. 4.
Priester / NH II, Nr. 29 (1. März 1928), S. 10 f.
Primitiv / Qu, S. 257.
Privateigentum / MdS, S. 110 f.

Proletarierfluch / NH V, Nr. 100/101 (Ende Februar 1931), S. 112.
Proletariat / Qu, S. 147. / Qu, S. 147.
Propaganda / Qu, S. 107. / Qu, S. 219.
Prostitution / Qu, S. 126.
Protokoll über die »Protokolle der Weisen von Zion« / NH I, Nr. 17 (1. September 1927), S. 4 ff.
Psyche / MdS, S. 111.
Psychoanalyse / NH VII, Nr. 145/146 (Ende Januar 1933), S. 29 f. / NH VI, Nr. 143/144 (Ende Dezember 1932), S. 368 ff.
Psychoanalytiker / NH VI, Nr. 131/132 (Ende Juni 1932), S. 173.
Psychose / Qu, S. 111.
Puerilismus / Qu, S. 59.

//

Quantitäts- und Schnelligkeitswahnsinn / NH I, Nr. 2 (15. Januar 1927), S. 9 f.

//

Radio / NH II, Nr. 42 (15. September 1928), S. 9.
Rassengerassel / MdS, S. 132 f.
Rationalisierung / Qu, S. 96.
Rätselhaft / Qu, S. 108. / Qu, S. 111.
Raufleute / Qu, S. 25.
Recht / Qu, S. 35.
Rechte Hauptgefahr / NH IV, Nr. 90 (15. September 1930), S. 15.
Rechtsanwälte / MdS, S. 82f. / NH I, Nr. 18 (15. September 1927), S. 2.
Rechtspflege / Qu, S. 129.
Rechtspflege einmal anders / NH I, Nr. 8 (15. April 1927), S. 12.
Rechtsrechtslinks / Qu, S. 60.
Rechtsstudium / Qu, S. 188.
Reform / PdM, S. 63.
Reformation / NH III, Nr. 49 (1. Januar 1929), S. 20.
Regierende / Qu, S. 137.
Regierungen / NH V, Nr. 100/101 (Ende Februar 1931), S. 117. / NH II, Nr. 43 (1. Oktober 1928), S. 7. / NH VI, Nr. 121/122 (Mitte Januar 1932), S. 21. / NH VI, Nr. 121/122 (Mitte Januar 1932), S. 31. / NH V, V, Nr. 100/101 (Ende Februar 1931), S. 117 f. / NH VI, Nr. 143/144 (Ende Dezember 1932), S. 378. / NH V, Nr. 100/101 (Ende Februar 1931), S. 118 f.
Regietheater / NH V, Nr. 119/120 (Mitte Dezember 1931), S. 510.
Reichweite / MdS, S. 39.
Reif / Qu, S. 255.
Reklame / BrA, S. 51. / NH II, Nr. 34 (15. Mai 1928), S. 13. / NH IV, Nr. 82 (15. Mai 1930), S. 23.
Rekrutenabrichtung / Qu, S. 254.
Religion / NH III, Nr. 55 (1. April 1929), S. 19. / NH VI, Nr. 121/122 (Mitte Januar 1932), S. 30. / NH III, Nr. 50 (15. Januar 1929), S. 7 f. / NH I, Nr. 24 (15. Dezember 1927), S. 6. / NH V, Nr. 100/101 (Ende Februar 1931), S. 85f. / NH V, Nr. 100/101 (Ende Februar 1931), S. 86. / Qu, S. 250.
Religionsverdummung / Qu, S. 54.
Republik / NH II, Nr. 46 (15. November 1928), S. 5.
Resignation / NH VI, Nr. 143/144 (Ende Dezember 1932), S. 377.
Revolutionäre / MdS, S. 73 ff.
Revolutionen / Qu, S. 125.
Richter / NH I, Nr. 13/14 (15. Juli 1927), S. 5 f. / NH V, Nr. 109/110 (Anfang Juli 1931), S. 310. / NH V, Nr. 109/110 (Anfang Juli 1931), S. 310. / H, S. 100. / NH III, Nr. 53 (1. März 1929), S. 13.
Ridiculus Schmus / Qu, S. 109.
Ruhe / NH V, Nr. 108 (Mitte Juni 1931), S. 288.

Ruhm / NH III, Nr. 55 (1. April 1929), S. 20.
Russische Volkslieder / NH VI, Nr. 143/144 (Ende Dezember 1932), S. 378.

//

»Sachzwänge« / NH VII, Nr. 147/148 (Mitte Februar 1933), S. 56 f.
Satire / MdS, S. 127 f. / NH I, Nr. 5 (1. März 1927), S. 16. / NH I, Nr. 1 (1. Januar 1927), S. 3. / Qu, S. 17.
Schachzüge / NH VI, Nr. 135/136 (Ende August 1932), S. 260.
Schlächterpädagogik / NH I, Nr. 17 (1. September 1927), S. 18.
Schleimer / NH V, Nr. 108 (Mitte Juni 1931), S. 287 f.
Schmutz und Schund / NH II, Nr. 33 (1. Mai 1928), S. 6 f.
Schnitzerl / MdS, S. 126.
Schuhwichsagenten / Qu, S. 255.
Schuld / NH IV, Nr. 79 (1. April 1930), S. 9.
Schule / H, S. 24. / NH VI, Nr. 131/132 (Ende Juni 1932), S. 181f.
Schwachsinnsdelogierung / NH I, Nr. 1 (1. Januar 1927), S. 3.
Schwangerschaftsabbruch / NH II, Nr. 25 (1. Januar 1928), S. 11 f. / NH II, Nr. 25 (1. Januar 1928), S. 14.
Schweiß / NH V, Nr. 109/110 (Anfang Juli 1931), S. 311.
Seele / NH IV, Nr. 77 (1. März 1930), S. 25.
Sekrete / MdS, S. 122.
Selbstachtung / Qu, S. 179.
Selbstbeherrschung / Qu, S. 32.
Selbstständig / Qu, S. 60.
Selig / MdS, S. 128.
Sex / NH V, Nr. 100/101 (Ende Februar 1931), S. 98. / NH VI, Nr. 131/132 (Ende Juni 1932), S. 197. / Qu, S. 25.
Sexualjustiz / NH IV, Nr. 74 (15. Januar 1930), S. 3.
Siebenstundenwoche / NH V, Nr. 100/101 (Ende Februar 1931), S. 122 f.
Sinnesverwirrung / Qu, S. 53.
Sklavenfreiheit / PdM, S. 67 ff.
Sklavenmoral / NH V, Nr. 106/107 (Mitte Mai 1931), S. 252f.
Soldaten / NH III, Nr. 64 (15. August 1929), S. 23 f.
Soldatenmörder / NH I, Nr. 8 (15. April 1927), S. 20 f.
Sowjetisches / NH II, Nr. 43 (1. Oktober 1928), S. 7 f. / NH I, Nr. 8 (15. April 1927), S. 14. / NH VI, Nr. 131/132 (Ende Juni 1932), S. 187.
Sozialdemokratie / NH VII, Nr. 147/148 (Mitte Februar 1933), S. 61. / PdM, S. 53. / NH VII, Nr. 147/148 (Mitte Februar 1933), S. 62. / Qu, S. 159.
»Soziale Frage« / NH II, Nr. 45 (1. November 1928), S. 3 ff.
Spekulation auf die Sinnlichkeit / NH II, Nr. 33 (1. Mai 1928), S. 5 f.
Spermatozoon politikon / NH IV, Nr. 82 (15. Mai 1930), S. 6.
Spezialisten / Qu, S. 171.
Spiel / H, S. 25.
Spießer / Qu, S. 138. / Qu, S. 34.
Sport / H, S. 65.
Sprache / MdS, S. 13.
Sprachwissenschaftler / MdS, S. 16 f.
Staatsanarchismus / Qu, S. 108.
Staatsautorität / NH I, Nr. 17 (1. September 1927), S. 16 f.
Staatsfeindlichkeit / Qu, S. 139.
Staatsgewalt / Qu, S. 259.
Staatsordnung / NH I, Nr. 1 (1. Januar 1927), S. 3.
Stadt / NH VI, Nr. 135/136 (Ende August 1932), S. 262.
Stände / MdS, S. 106f.

Steiner, Rudolf / NH I, Nr. 4 (15. Februar 1927), S. 11.
Steuer / Qu, S. 186.
Steward / MdS, S. 124.
Stil / PdM, S. 101.
Strafe / PdM, S. 63.
Strafgesetz / NH I, Nr. 21 (1. November 1927), S. 1 ff. und NH VI, Nr. 137/138 (Ende September 1932), S. 268.

//

Tag des … / PdM, S. 54. / NH I, Nr. 13/14 (15. Juli 1927), S. 1 f.
Tag des Buches / NH IV, Nr. 82 (15. Mai 1930), S. 21.
Taufe / PdM, S. 100.
Technik / NH II, Nr. 42 (15. September 1928), S. 9 f.
Teppert gemacht / Qu, S. 62.
Theologen / NH II, Nr. 30 (15. März 1928), S. 22.
Tod / NH V, Nr. 109/110 (Anfang Juli 1931), S. 310. / NH I, Nr. 12 (15. Juni 1927), S. 13. / Z, S. 59.
Todesstrafe / Qu, S. 51. / NH I, Nr. 13/14 (15. Juli 1927), S. 8. / NH VI, Nr. 131/132 (Ende Juni 1932), S. 184. / NH I, Nr. 4 (15. Februar 1927), S. 21.
Toleranz / Qu, S. 5 f.
Totwendigkeit / PdM, S. 63.
Tourismus / Qu, S. 168. / Qu, S. 168. / Qu, S. 168. / Qu, S. 231. / NH II, Nr. 36 (15. Juni 1928), S. 2 f. / NH VI, Nr. 131/132 (Ende Juni 1932), S. 178. / NH II, Nr. 36 (15. Juni 1928), S. 6 ff.
Tourismuswerbung. Qu, S. 168.
Transsubstantiation / Qu, S. 103.
Trauermärsche / Qu, S. 185.
Treue / NH III, Nr. 56 (15. April 1929), S. 16. / NH III, Nr. 72 (15. Dezember 1929), S. 7 f.

//

Überfluß / MdS, S. 24.
Unersättlich / Qu, S. 40.
Unethische Unsittlichkeit / Qu, S. 58.
Unfehlbarkeit / NH VI, Nr. 143/144 (Ende Dezember 1932), S. 376.
Unglück / NH VI, Nr. 131/132 (Ende Juni 1932), S. 197.
Uniformiert / Qu, S. 221.

//

Variatio / Qu, S. 232.
Vaterland / MdS, S. 19. / NH V, Nr. 108 (Mitte Juni 1931), S. 289f. / NH I, Nr. 6 (15. März 1927), S. 5 f.
Vatikan / NH III, Nr. 50 (15. Januar 1929), S. 8.
Vegetarismus / NH II, Nr. 29 (1. März 1928), S. 5f. / NH III, Nr. 56 (15. April 1929), S. 26.
Verantwortung / NH III, Nr. 49 (1. Januar 1929), S. 25 f.
Verdienst / Qu, S. 26.
Vergeben / Qu, S. 39.
Vergewaltigung / Qu, S. 112.
Vergnügen / Qu, S. 232.
Verkehrsopfer / PdM, S. 82.
Verlangen / Qu, S. 106.
Verle/ogen / Qu, S. 43.
Vermögen / Qu, S. 239.
Vernebelung / NH I, Nr. 6 (15. März 1927), S. 4.
Verpflichtungen / NH IV, Nr. 78 (15. März 1930), S. 1 f.
Versäumt / Qu, S. 43.
Versauung / NH III, Nr. 58 (15. Mai 1929), S. 21.
Versicherung / MdS, S. 60 f.
Versöhnungsmeierei / Qu, S. 219.
Verstand / MdS, S. 126. / MdS, S. 61 ff. / NH V, Nr. 109/110 (Anfang Juli 1931), S. 311.

Verstandesverlust / Qu, S. 112.
Verteidigungskrieg / MdS, S. 141 f.
Vertepscht / Qu, S. 25.
Vieh / NH III, Nr. 55 (1. April 1929), S. 23.
Vitamine / Qu, S. 163.
Volk / NH III, Nr. 49 (1. Januar 1929), S. 9. / MdS, S. 32. / NH III, Nr. 64 (15. August 1929), S. 19 f.
Volk der Dichter und Denker / Z, S. 268.
Völkerzwist / NH V, Nr. 118 (Anfang November 1931), S. 474 f.
Völkisches / NH IV, Nr. 77 (1. März 1930), S. 20.
Volkstum / PdM, S. 119 f.
Volksunordnung / NH I, Nr. 20 (15. Oktober 1927), S. 6 f.
Volksvertreter / NH I, Nr. 1 (1. Januar 1927), S. 16.
Voll / Qu, S. 49.
Vorhaut Christi / PdM, S. 90 f.
Vorurteile / NH III, Nr. 49 (1. Januar 1929), S. 2 f. Auch NH V, Nr. 100/101 (Ende Februar 1931), S. 108f. / NH III, Nr. 51 (1. Februar 1929), S. 3 f. / NH III, Nr. 51 (1. Februar 1929), S. 6.

//

W.C.-Visage / Qu, S. 59.
Waffen / NH V, Nr. 108 (Mitte Juni 1931), S. 286.
Waffenindustrie / MdS, S. 141.
Wahl / Qu, S. 223.
Wahlkampf / NH VI, Nr. 131/132 (Ende Juni 1932), S. 185.
Wahlkrampf / NH I, Nr. 7 (1. April 1927), S. 22 f.
Wahlreden / NH IV, Nr. 90 (15. September 1930), S. 14.
Wahlsieg / NH II, Nr. 43 (1. Oktober 1928), S. 9.
Wehrdienstverweigerung / NH IV, Nr. 86/87 (15. Juli 1930), S. 2 f.
Wehrhaftigkeit / MdS, S. 147 ff.
Weininger, Otto / Qu, S. 277 f.
Weisheit / Qu, S. 234.
Welten / Qu, S. 28.
Welthändel / Qu, S. 67.
Weltrevolution / NH III, Nr. 53 (1. März 1929), S. 16 f.
Weltverbesserer / Qu, S. 276.
Werktätige Massen / NH VI, Nr. 131/132 (Ende Juni 1932), S. 190.
Wertpapiere / MdS, S. 122.
Wespe / NH VI, Nr. 131/132 (Ende Juni 1932), S. 198.
Wilde, Oscar / NH IV, Nr. 83 (1. Juni 1930), S. 5.
Willensfreiheit / MdS, S. 24 f.
Willensübung / NH III, Nr. 56 (15. April 1929), S. 22.
Wir / NH IV, Nr. 78 (15. März 1930), S. 1.
Wirtschaft / MdS, S. 93 f. / MdS, S. 96. / MdS, S. 101 ff. / MdS, S. 96 ff.
Wirtschaftskrise / NH VI, Nr. 129/130 (Mitte Mai 1932), S. 159.
Wirtschaftsliberal / Qu, S. 113.
Wirtschaftsordnung / MdS, S. 92 f.
Wissenschaft / NH VI, Nr. 143/144 (Ende Dezember 1932), S. 369. / Qu, S. 2. / Qu, S. 103. / NH V, Nr. 100/101 (Ende Februar 1931), S. 117.
Wohlgestorben / Qu, S. 269.
Wohltun / Qu, S. 37.
Worte / MdS, S. 59 f.
Würden / Qu, S. 35.
Wurmstichig / NH III, Nr. 55 (1. April 1929), S. 22.
Wurst / NH VI, Nr. 123/124 (Ende Februar 1932), S. 63.
Wut / Qu, S. 26.

//

Zeittotschlag / Qu, S. 31.
Zeitungstext / Qu, S. 186.

Zivilcourage / NH III, Nr. 64 (15. August 1929), S. 28.
Zölibatskomik / Qu, S. 51.
Zufall / PdM, S. 175 f.
Zukunftsmensch / NH I, Nr. 8 (15. April 1927), S. 2 f.
Zurechnungsfähig / NH III, Nr. 55 (1. April 1929), S. 19. / Qu, S. 52.
Zusammenhänge / Qu, S. 227.

Abbildungsverzeichnis

Seite 2 / Herbert Müller-Guttenbrunn. Archiv für die Geschichte der Soziologie in Österreich, Graz, Nachlaß Leopold Spitzegger [NLS].

Seite 5 / Herbert Müller-Guttenbrunn: Qual des Lebens – Lust des Denkens! Eigenes und zu Eigen Gewordenes. [Aphorismen, Sentenzen und Betrachtungen.] [Klosterneuburg: Bis um 1940.] 278 S. Masch. mit handschriftlichen Korrekturen und Einfügungen. Titelblatt, handschriftlich. Franz Nabl Institut für Literaturforschung, Graz, Sammlung Müller-Guttenbrunn [SMG].

S. 145 / Das Nebelhorn. Satirische Halbmonatsschrift für die Interessen vorurteilslosen Menschentums. Herausgeber: Herbert Müller-Guttenbrunn. Verlag »Das Nebelhorn«, Graz, Jakominigasse 38. 2. Jg., Nr. 32 (15. April), Titelblatt.

S. 281 / Das Nebelhorn. Herausgeber Dr. Herbert Müller-Guttenbrunn. Verlag »Das Nebelhorn«, Graz, Volksgartenstraße 12. 1. Jg., Nr. 1 (1. Jänner), Titelblatt.

S. 289 ff. / Das Nebelhorn. Wien IX., Liechtensteinstraße 16. 7. Jg., Nr. 149/150 (Ende März), S. 65 ff. Die letzte Nummer des »Nebelhorns« mit einem Bericht über Müller-Guttenbrunns Verurteilung wegen »Vergehens gegen die öffentliche Ruhe und Ordnung« zu sechs Wochen strengen Arrests, bedingt auf drei Jahre. Einstweilige Einstellung der Zeitschrift, um einem Verbot zuvorzukommen.

S. 294 / Herbert Müller-Guttenbrunn: Aus der Hinterdreinsicht. Ein Rückblick auf mein Leben. [Autobiographie bis 1915.] [Klosterneuburg: Zwischen 1940 und 1945.] 124 S. Masch., Titelblatt. SMG

S. 296 / Herbert Müller-Guttenbrunn. SMG

S. 298 / Familie Müller-Guttenbrunn (v.l.n.r.): Vater Adam, Geschwister Manfred, Eva und Herbert, Mutter Adele. SMG

S. 301 / Herbert Müller-Guttenbrunn während des 1. Weltkriegs. Mit freundlicher Genehmigung von Erhard Müller-Guttenbrunn.

S. 304 / Postkarte von Herbert Müller-Guttenbrunn an die Anarchistin Vilma Ritschel, 31. Mai 1936. [NLS].

S. 329 / Herbert Müller-Guttenbrunn: Mystik der Sprache. Zeit aus den Fugen. Klosterneuburg, Leopoldsgraben 4: Hergestellt vom Verfasser 1934. [Hektographiert.] 159 S. U1. Anarchiv Reinhard Müller, Graz.

S. 330 / Das Anwesen Herbert Müller-Guttenbrunns im steirischen Rötschgraben. SMG

S. 332 / Herbert Müller-Guttenbrunn. SMG

S. 334 / Herbert Müller-Guttenbrunn mit dem Freiwirtschaftstheoretiker Werner Zimmermann in Klosterneuburg. SMG

S. 336 / Herbert Müller-Guttenbrunn. NLS

S. 346 / Das Anwesen Herbert Müller-Guttenbrunns im steirischen Rötschgraben. SMG

S. 365 / Herbert Müller-Guttenbrunn. NLS

Für Reinhard. B. M.-K.

Matthes & Seitz Berlin · Paperback · 019

Erste Auflage dieser Ausgabe 2019
Copyright © 2007
MSB Matthes & Seitz Berlin Verlagsgesellschaft mbH
Göhrener Straße 7, 10437 Berlin,
info@matthes-seitz-berlin.de
Alle Rechte vorbehalten.
Umschlaggestaltung: Pauline Altmann, Berlin
Druck und Bindung: GGP Media GmbH, Pößneck
ISBN 978-3-95757-603-3
www.matthes-seitz-berlin.de